高等职业教育系列教材

汽车覆盖件模具设计

主　编　向小汉　陈文勇

副主编　李昌雪　彭定文

参　编　郑滢滢　关来德　蒙以嫦

　　　　陈湛军　冯　艺

主　审　林若森

机 械 工 业 出 版 社

本书以汽车覆盖件模具认知→覆盖件工法设计（即冲压工艺设计）→覆盖件模具设计为主线，以覆盖件模具设计为主要内容，介绍了三种基本的覆盖件模具，（即拉延模、修边冲孔模和翻边整形模）的结构设计。

本书共分 5 章，第 1 章是汽车覆盖件与覆盖件模具概述，第 5 章是翻边整形模设计知识。从第 2 章到第 4 章均以顶盖前横梁这一汽车零件作为载体，分别介绍了顶盖前横梁工法设计、拉延模设计和修边冲孔模设计三大项目教学内容。根据企业实际工作情况，将教学内容分成若干具体步骤，详细介绍了在 UG 中进行三维模具设计的全过程。本书考虑到模具知识的拓展，也介绍了其他的典型模具结构。本书综合了 CAD 软件、机械制图、冲压模具设计与制造、模具制造工艺和冲压设备等知识。

本书展示的模具图样丰富，图文并茂，内容丰富，详略适当，重点突出，文字叙述简练。本书由在企业工作多年的技术人员参与编写，偏重模具技术的应用，模具结构方面的知识占有较大的比重，理论联系生产实际，知识贴近汽车模具企业的生产需要，实用性强。

本书适用于高等职业技术院校模具设计与制造专业，也可供其他专业师生及工程技术人员参考。

本书配套有示例模型源文件及思考题参考答案，凡使用本书作为教材的教师可登录机械工业出版社教育服务网 www.cmpedu.com，注册后免费下载。咨询电话：010-88379375。

图书在版编目（CIP）数据

汽车覆盖件模具设计/向小汉，陈文勇主编. —北京：机械工业出版社，2013.4（2025.5 重印）
高等职业教育系列教材
ISBN 978-7-111-42008-8

Ⅰ.①汽… Ⅱ.①向…②陈… Ⅲ.①汽车-车体覆盖件-模具-设计-高等职业教育-教材 Ⅳ.①U463.820.2

中国版本图书馆 CIP 数据核字（2013）第 065144 号

机械工业出版社（北京市百万庄大街 22 号 邮政编码 100037）
策划编辑：于奇慧 责任编辑：于奇慧
版式设计：霍永明 责任校对：张莉娟
封面设计：陈 沛 责任印制：张 博
固安县铭成印刷有限公司印刷
2025 年 5 月第 1 版 · 第 8 次印刷
184mm×260mm · 14 印张 · 342 千字
标准书号：ISBN 978-7-111-42008-8
定价：44.00 元

电话服务	网络服务
客服电话：010-88361066	机 工 官 网：www.cmpbook.com
010-88379833	机 工 官 博：weibo.com/cmp1952
010-68326294	金 书 网：www.golden-book.com
封底无防伪标均为盗版	机工教育服务网：www.cmpedu.com

前　言

冲压是汽车制造的四大工艺之一，60%～70%的汽车金属零部件需经塑性加工成形。随着汽车工业的快速发展，新的车型不断涌现，服务于汽车工业的覆盖件模具近年来也得到快速发展。国内外汽车覆盖件模具行业发展的一个显著特点就是各种高新技术的广泛应用，包括数字化模具技术、冲压成形过程模拟、高速加工、自动化加工、拼焊板和高强度钢板冲压技术以及信息化管理技术等。目前，国内急需大量汽车覆盖件模具设计人才，同时也对这些人才提出了较高的要求。

本书是在高职机电类专业教学改革实践的基础上，以企业项目作为教学内容，深度结合汽车模具企业的生产实践经验，将机械类专业基础课程、CAD软件和汽车覆盖件模具的知识融合起来编写而成的。在讲清基本概念、设计过程的基础上，按照“项目教学、行动导向”的原则精心安排教学内容，重点培养学生运用理论知识进行汽车覆盖件模具设计的能力。

本书共分5章，第1章为汽车覆盖件与覆盖件模具概述，第2章为顶盖前横梁工法设计，第3章为顶盖前横梁拉延模设计，第4章为顶盖前横梁修边冲孔模设计，第5章为翻边整形模设计。其中，第2章介绍顶盖前横梁的冲压工艺即工法；第3章、第4章以顶盖前横梁这一零件为对象，结合企业实际，进行三维模具设计的项目教学，是本书的重点。

本书由柳州职业技术学院向小汉、陈文勇担任主编，广西机电职业技术学院李昌雪、柳州城市职业学院彭定文担任副主编，柳州职业技术学院林若森教授担任主审。参加本书编写工作的还有柳州职业技术学院郑滢滢、关来德、蒙以嫦、陈湛军、冯艺。其中，第1章由陈文勇、陈湛军、李昌雪编写，第2章由蒙以嫦、冯艺、彭定文编写，第3章、第4章由向小汉编写，第5章由郑滢滢、关来德编写。

在本书的编写过程中，得到了柳州职业技术学院机电工程系、广西机电职业技术学院机械工程系、柳州城市职业学院机电与汽车工程系、上汽通用五菱汽车股份有限公司、东风柳州汽车有限公司、柳州福臻车体实业有限公司的领导和同仁的诸多支持和热情帮助，在此一并表示感谢！

由于编者水平有限，加之本书所涉及的理论与实际问题非常广泛，书中难免有不妥和错误之处，恳请读者批评指正。

编　者

目　　录

第 1 章　汽车覆盖件与覆盖件模具概述

1.1　汽车覆盖件

汽车覆盖件（以下简称覆盖件）是指构成汽车车身或驾驶室、覆盖发动机和底盘的由薄金属板料制成的异形体表面和内部零件。轿车的车前板和车身、货车的车前板和驾驶室等都是由覆盖件和一般冲压件构成的。覆盖件组装后构成了车身或驾驶室的全部外部和内部形状，它既是外观装饰性零件，又是封闭薄壳状的受力零件。

1. 覆盖件的分类

按功能和部位分类，覆盖件可分为外部覆盖件、内部覆盖件和骨架类覆盖件三类。外部覆盖件和骨架类覆盖件的外观质量有特殊要求，内部覆盖件的形状往往更复杂。覆盖件表面一般都具有装饰性，除考虑好用、好修、好造外，还要求美观大方。图 1-1 所示为一个典型覆盖件的装配简图。图 1-2 所示为典型覆盖件图例。

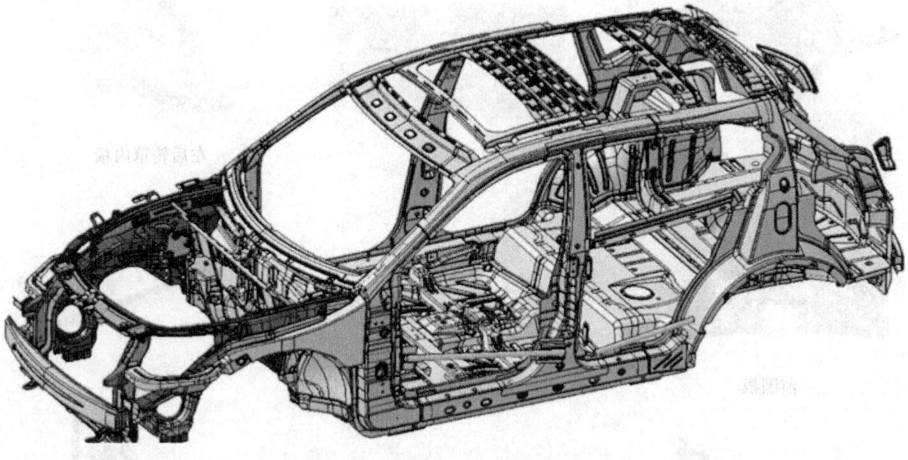

图 1-1　覆盖件的装配简图

覆盖件按工艺特征可以分为以下几种类型：

1）对称于一个平面的覆盖件。如发动机罩、前围板、后围板和散热器罩等。这类覆盖件又可分为深度浅呈凹形弯曲形状的、深度均匀且形状比较复杂的、深度相差大且形状复杂的和深度深的几种。

2）不对称的覆盖件。如车门的内、外板，翼子板和侧围板等。这类覆盖件又可分为深度浅且比较平坦的、深度均匀且形状较复杂的和深度深的几种。

3）可以成双冲压的覆盖件。所谓成双冲压是指左右件组成一个便于成形的封闭件，也指切开后变成两件的半封闭型覆盖件。

4）具有凸缘平面的覆盖件。如车门内板，其凸缘面可直接选作压料面。

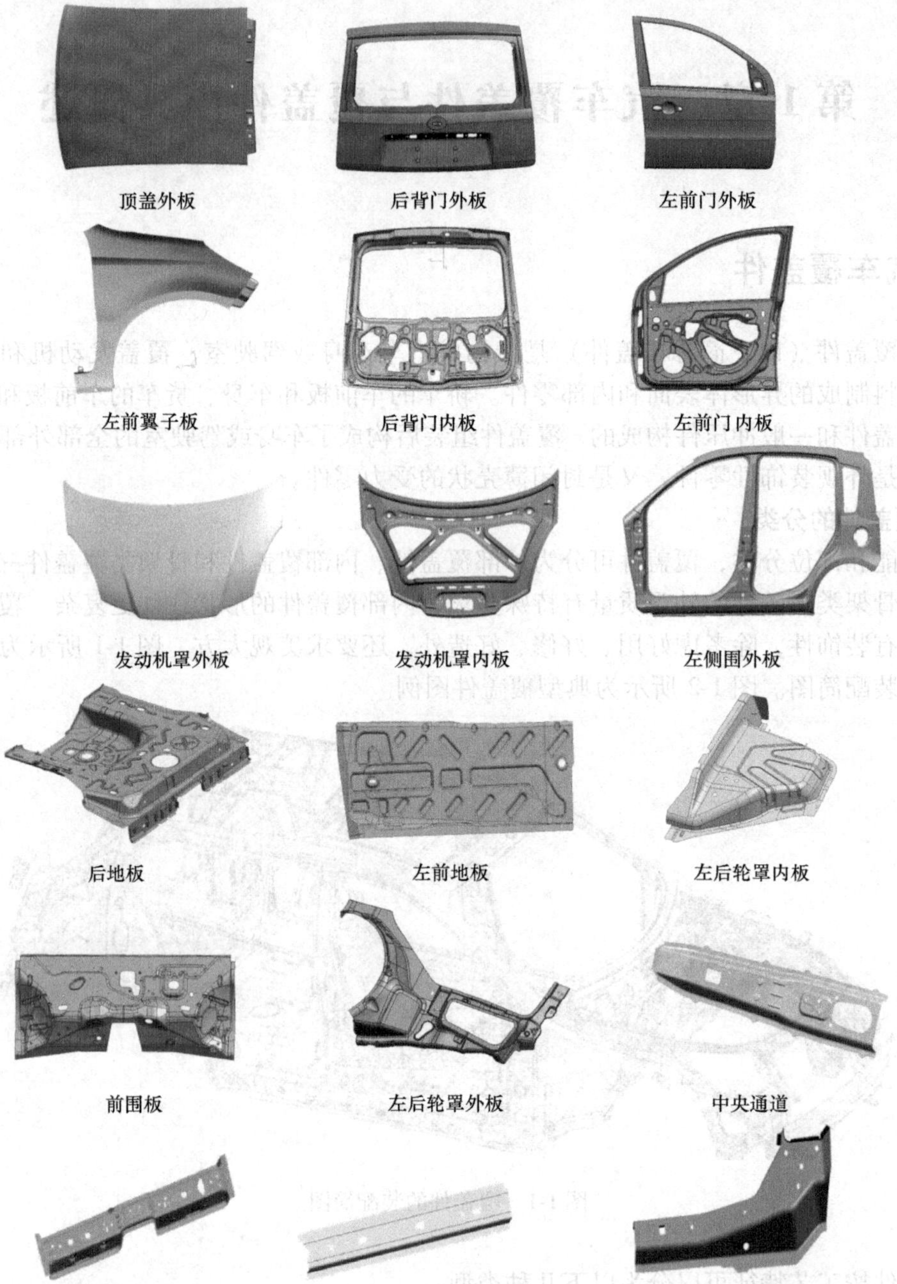

图1-2　典型覆盖件图例

5）压弯成形的覆盖件。

2. 覆盖件的特点和要求

与一般冲压件相比，覆盖件具有材料薄、形状复杂、结构尺寸大和表面质量要求高等特点。覆盖件的工艺设计、冲模结构设计和冲模制造工艺都具有特殊性。因此，在实践中常把覆盖件从一般冲压件中分离出来，作为一个特殊的类别加以研究和分析。覆盖件的特点决定了它的特殊要求。

（1）表面质量 覆盖件表面上任何微小的缺陷都会在涂装后引起光线的漫反射而损坏外形的美观，因此覆盖件表面不允许有波纹、皱折、凹痕、擦伤、边缘拉痕和其他破坏表面美感的缺陷。覆盖件上的装饰棱线和筋条要求清晰、平滑、左右对称和过渡均匀，覆盖件之间的棱线衔接应流畅，不允许参差不齐。总之覆盖件不仅要满足结构上的功能要求，更要满足表面装饰的美观要求。

（2）尺寸形状 覆盖件的形状多为空间立体曲面，其形状很难在覆盖件图上完整准确地表达出来，因此覆盖件的尺寸形状常常借助主模型来描述。主模型是覆盖件的主要制造依据，覆盖件图上标注出来的尺寸形状，包括立体曲面形状、各种孔的位置尺寸、形状过渡尺寸等，都应和主模型一致，图面上无法标注的尺寸要依赖主模型量取，从这个意义上看，主模型是覆盖件图必要的补充。

（3）刚性 覆盖件拉延成形时，由于其塑性变形的不均匀性，往往会使某些部位刚性较差。刚性差的覆盖件受到振动后会产生空洞声，用这样的零件装车，汽车在高速行驶时就会发生振动，造成覆盖件早期破坏，因此覆盖件的刚性要求不可忽视。检查覆盖件刚性的方法，一是敲打零件以分辨其不同部位声音的异同，二是用手按压检查其是否发生松弛和鼓动现象。

（4）工艺性 覆盖件的结构形状和尺寸决定了其工艺性。覆盖件的工艺性中拉延工艺性是关键。覆盖件一般都采用一次成形法，为了创造一个良好的拉延条件，通常将翻边展开，窗口补满，再添加上工艺补充部分，构成一个拉延件。

工艺补充是拉延件不可缺少的组成部分，它既是实现拉延的条件，又是增大变形程度获得刚性零件的必要补充。工艺补充的多少取决于覆盖件的形状和尺寸，也和材料的性能有关，形状复杂的深拉延件，要使用拉延性能好的钢板。工艺补充的多余料需要在以后工序中去除。

拉延之后各工序的工艺方案制订相对简单，主要任务为确定工序数和安排工序顺序。工艺设计中应考虑工序合并，尽量减少工序数。审查后续工序的工艺性要注意定位基准的一致性或定位基准的转换，前道工序要为后续工序创造必要的条件，后道工序要注意和前道工序衔接好。

由于冲压工艺具有生产效率高、质量稳定、成本低以及可加工复杂形状等一系列优点，在机械行业的应用非常广泛，占有十分重要的地位。

3. 覆盖件的成形特点

覆盖件结构尺寸大，形状复杂，相对厚度小，其成形特点如下：

1）需多道工序才能得到产品，也就是需几套模具才能得到产品。覆盖件多用拉延工序得到所需形状，拉延为关键成形工序。覆盖件成形时，内部的毛坯不是同时贴模，而是随着冲压过程的进行而逐步贴模。

2）拉延是复合成形，常采用一次拉延。覆盖件拉延往往不是单纯的拉延，而是拉延、胀形、弯曲等的复合成形。不论形状如何复杂，都常采用一次拉延成形。

3）拉延时变形不均匀，主要的成形障碍是起皱和拉裂。为此，常采用加工艺补充面和拉延筋等控制变形的措施。

4）拉延工序需要较大和较稳定的压边力，单动拉延时多用气垫提供压边力。

5）覆盖件材料多采用冲压性能好的钢板，且要求钢板表面质量好、尺寸精度高。

6）制订覆盖件的拉延工艺和设计模具时，要以覆盖件二维图样和三维数模为依据。

1.2 覆盖件模具

覆盖件形状复杂，需先制订冲压工艺方案才能进行模具结构设计。覆盖件的制造是汽车车身制造的关键环节，大多数覆盖件的形状通过拉延得到。覆盖件冲压工艺设计工作复杂、工序多，要做出工艺补充，做出各工序的工艺数模、特征曲线等。覆盖件常见工序有落料、拉延、修边、翻孔、冲孔、翻边、整形、侧冲孔和分离等，而一副模具有可能是多种工序模具的复合。覆盖件工艺设计实际是对各工序的工作内容做出具体的规定。工艺设计也是冲压工艺过程的分解和细化，对冲压工艺过程中每一工序的工作内容、工作形式等都做出详尽的设计和规定，并对模具结构设计起到指导作用。后面章节将进一步学习工艺设计。

各工序所压制出的制件称为工序件。拉延工序得到的制件称为拉延工序件，简称拉延件。修边工序得到的制件称为修边工序件，简称修边件，以此类推。最后一道工序得到产品零件。

1. 三类典型的覆盖件模具

本书主要内容是覆盖件模具设计，包括三类典型的覆盖件模具，即拉延模、修边冲孔模和翻边整形模。对于需要翻边整形的覆盖件来说，其冲压工序一般是先拉延，再修边冲孔，最后翻边整形。覆盖件模具外形尺寸大，上、下模座采用铸件，工作部分多数采用合金铸铁或铸钢，有时也用 Cr12MoV、T10A 和 SKD11（日本标准 JIS G4404 中的牌号，对应我国牌号 Cr12Mo1V1）等钢材。下面介绍这三种模具的结构简图。

（1）拉延模　拉延模是保证制成合格覆盖件的最重要的工艺装备，其作用是使平板状毛坯经拉延工序成为主体空间工件。拉延生产时，拉延毛坯是通过凹模圆角逐步进入凹模型腔的，直至拉延成凸模的形状。覆盖件的形状大部分或全部由拉延工序得到。拉延模的上、下模用导板导向。

图 1-3 所示为拉延模结构简图。拉延模工作部分分为凸模、凹模和压边圈三部分，工作部分材料为合金铸铁或模具钢。拉延模大多采用单动结构，凹模在上模，凸模和压边圈在下模，由机台气垫顶起顶杆提供压边力。

（2）修边冲孔模　修边模用于将拉延件的工艺补充部分和压料凸缘多余部分切除，为翻边和整形准备条件；在小批量生产时，可以用手工或其他简单设备代替。修边模往往兼用于冲孔。冲孔模是在毛坯或板料上，沿封闭的轮廓分离出废料得到带孔制件的冲模。

覆盖件修边冲孔模就是特殊的冲裁模，它与一般落料、冲孔模的主要区别是：所要修边的冲压件形状复杂，模具分离刃口所在的位置可能是任意的空间曲面；冲压件通常存在不同程度的弹性变形；分离过程通常存在较大的侧向压力等。

图 1-4 所示为修边冲孔模结构简图。修边冲孔模工作部分包括修边凸模、修边凹模、冲孔凸模、冲孔凹模和废料切断刀。其余主要部分为上模座、下模座和压料板。修边冲孔模工作部分常用材料有 7CrSiMnMoV（空冷钢）、Cr12MoV 和 SKD11 等。上模座、下模座和压料板材料一般为灰铸铁，如 HT300。废料切断刀的作用是把大块废料分成多个小块。修边冲孔模中大的废料要滑出机台或模具外，小废料用废料盒收集。修边冲孔模的上、下模用导柱导向，侧向力较大时，还用导板来导向。

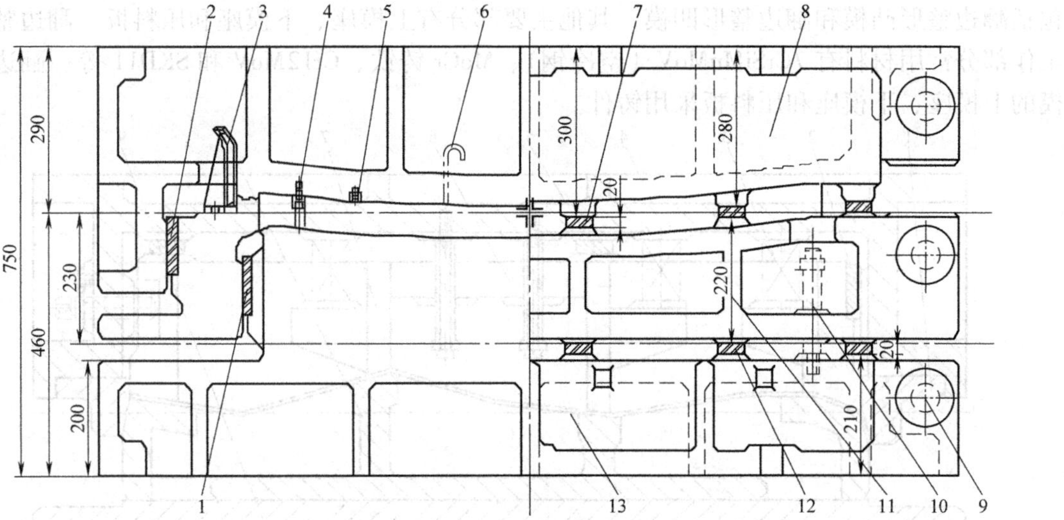

图 1-3　拉延模结构简图

1—内导板　2—外导板　3—定位器　4—CH 孔凸模　5—到底标记　6—排气弯管　7—平衡块　8—拉延凹模　9—铸入式起重棒　10—限位螺栓　11—压边圈　12—限位块　13—拉延凸模（下模座）

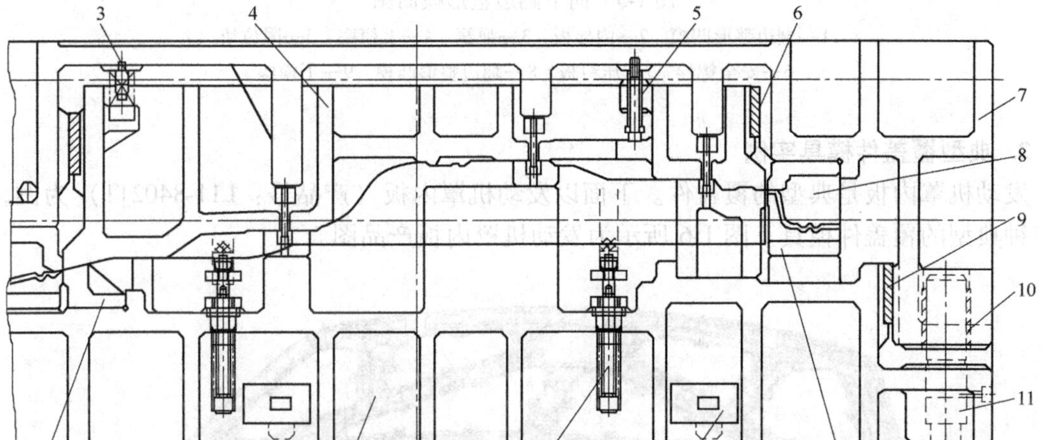

图 1-4　修边冲孔模结构简图

1—下模座　2—修边凸模　3—弹簧　4—压料板　5—等高套筒　6—内导板　7—上模座　8—修边凹模　9—外导板　10—导套　11—导柱　12—废料切断刀　13—废料盒　14—顶出气缸

（3）翻边整形模　翻边模是使半成品工件的一部分材料相对于另一部分材料产生翻转的冲模。整形模是用来调整半成品的轮廓尺寸以提高尺寸精度和表面质量的冲模。翻边整形模主要完成拉延无法成形或者能成形但后序无法处理的局部边及型面。按工作方向，翻边整形模分为向上翻边整形模、向下翻边整形模和上下同时翻边整形模三类。

图 1-5 所示为向下翻边整形模简图。翻边整形模的上、下模用导板导向。它的工作部分

包括翻边整形凸模和翻边整形凹模，其他主要部分有上模座、下模座和压料板。翻边整形模工作部分常用材料有 7CrSiMnMoV（空冷钢）、MoCr 铸铁、Cr12MoV 和 SKD11 等。翻边整形模的上模座、下模座和压料板采用铸件。

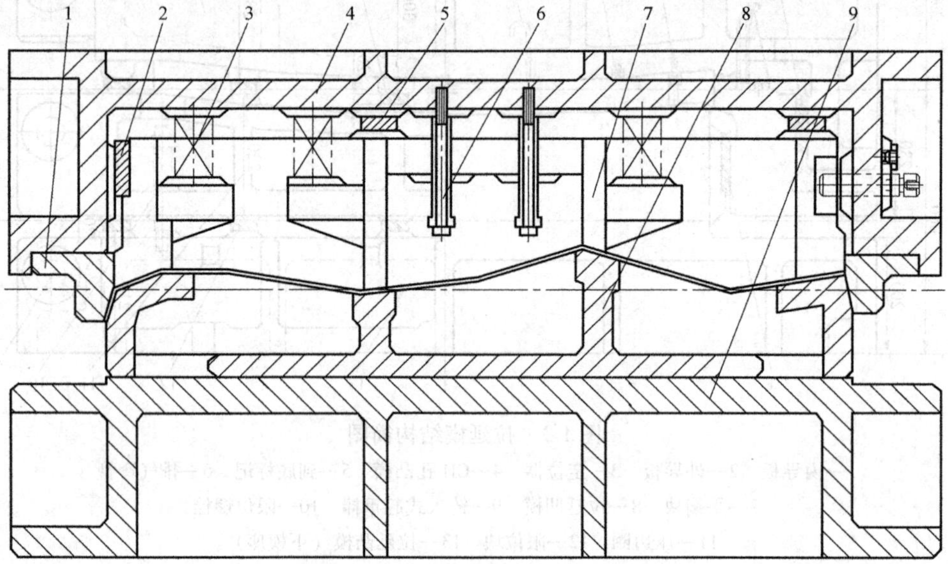

图 1-5　向下翻边整形模简图

1—翻边整形凹模　2—内导板　3—弹簧　4—上模座　5　限位块

6—安全螺栓　7—压料板　8—翻边整形凸模　9—下模座

2. 典型覆盖件模具实例

发动机罩内板是典型的覆盖件。下面以发动机罩内板（产品号：L11-840211）为例，介绍三种典型的覆盖件模具。图 1-6 所示为发动机罩内板产品图。

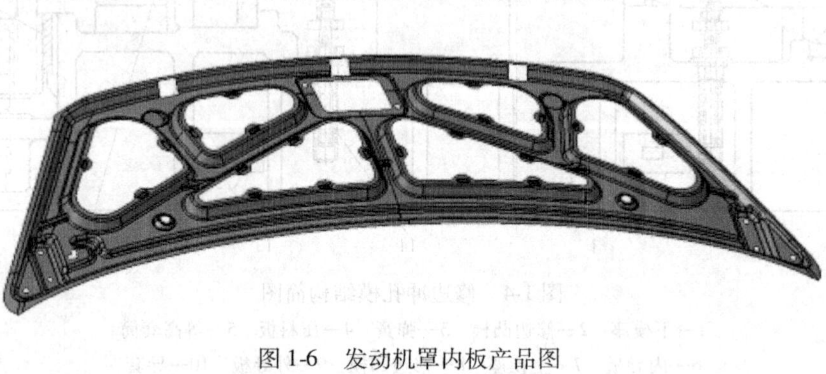

图 1-6　发动机罩内板产品图

发动机罩内板形状复杂，有必要采用拉延工序。发动机罩内板周边需与发动机罩外板包边，对周边曲面形状要求高，有必要在拉延之后对其整形。发动机罩内板上孔的数量多，如果一次冲完所有的孔，则模具强度低，废料排出困难，因此应分两道工序冲完。发动机罩内板的冲压工艺方案为：拉延→修边冲孔→冲孔整形。图 1-7 所示为发动机罩内板拉延工艺数模。

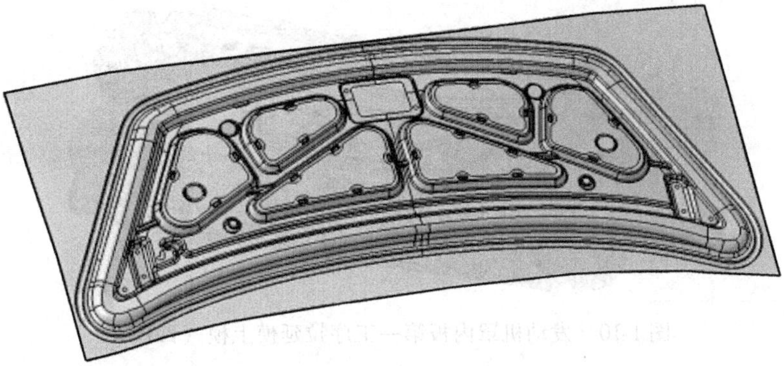

图1-7　发动机罩内板拉延工艺数模

下面简单介绍发动机罩内板三个工序模具的大致结构，分别是第一工序拉延模、第二工序修边冲孔模和第三工序冲孔整形模。

（1）发动机罩内板拉延模　图1-8所示为发动机罩内板第一工序拉延模装配图，图1-9所示为发动机罩内板第一工序拉延模下模，图1-10所示为发动机罩内板第一工序拉延模上模（即凹模）。拉延毛坯为矩形，初始状态时零件放在压边圈上，下模顶杆顶起压边圈进行压料，平衡块在凹模与压边圈之间起到平衡进料速度等作用。该拉延模工作部分材料均为MoCr铸铁。发动机罩内板产品的形状基本上在拉延工序得到。

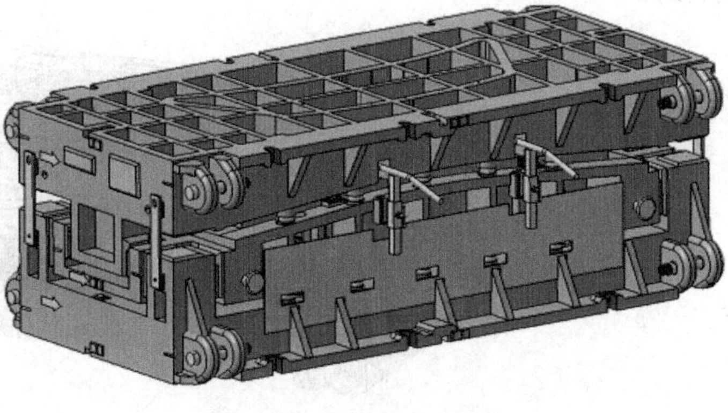

图1-8　发动机罩内板第一工序拉延模装配图

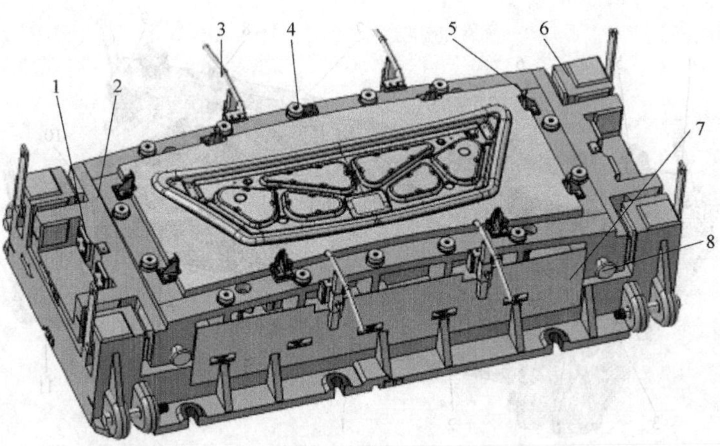

图1-9　发动机罩内板第一工序拉延模下模

1—导板　2—压边圈　3—托料架　4—平衡块　5—定位器

6—下模座　7—安全防护板　8—铸入式起重棒

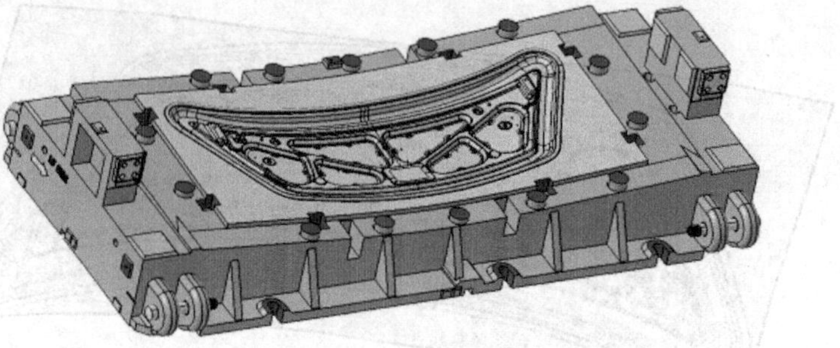

图 1-10　发动机罩内板第一工序拉延模上模（凹模）

（2）发动机罩内板修边冲孔模　图 1-11 所示为发动机罩内板第二工序修边冲孔模装配图，图 1-12 所示为发动机罩内板第二工序修边冲孔模下模图，图 1-13 所示为发动机罩内板第二工序修边冲孔模上模图，图 1-14 所示为发动机罩内板第二工序修边冲孔上模图（拆去压料板）。

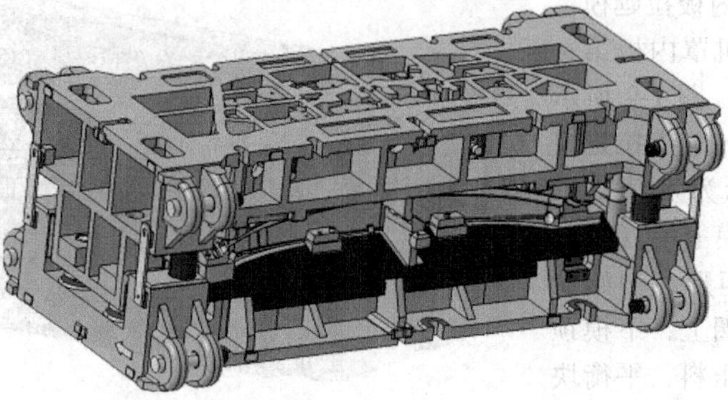

图 1-11　发动机罩内板第二工序修边冲孔模装配图

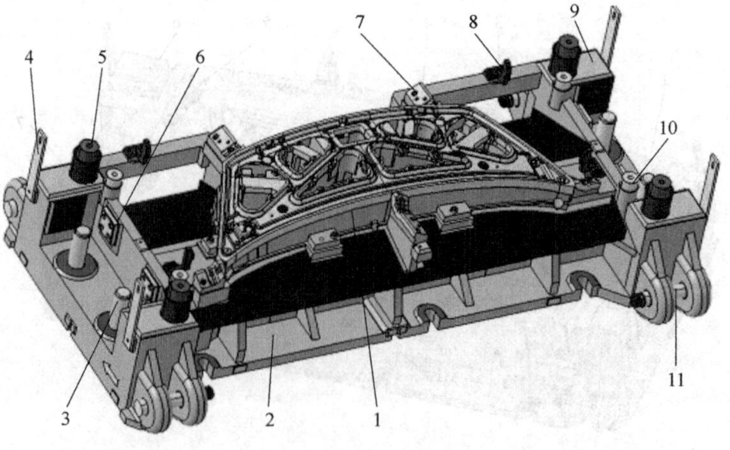

图 1-12　发动机罩内板第二工序修边冲孔模下模图

1—修边凸模　2—下模座　3—导柱　4—连模板　5—缓冲胶　6—导板
7—废料切断刀　8—定位器　9—下模安全区　10—限位器　11—起重棒

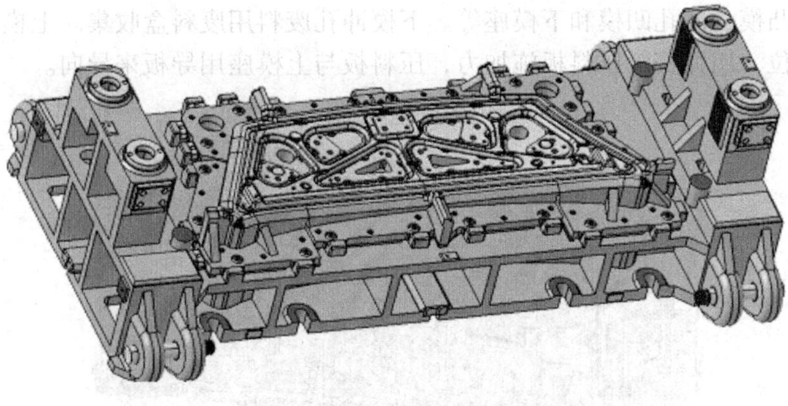

图 1-13　发动机罩内板第二工序修边冲孔模上模图

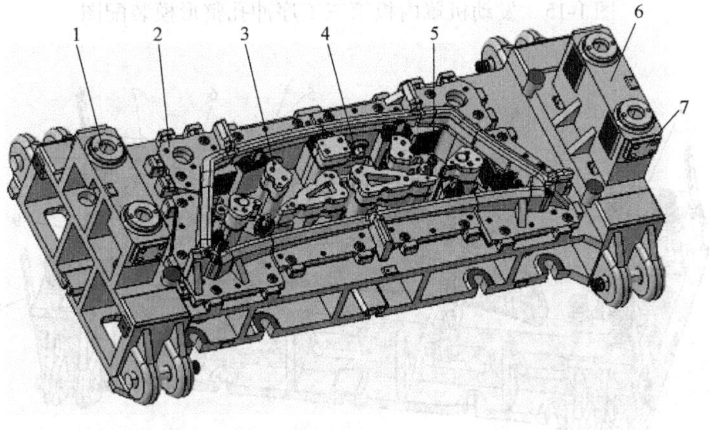

图 1-14　发动机罩内板第二工序修边冲孔上模图（拆去压料板）

1—导套及导套盖板　2—修边凹模　3—冲孔凸模　4—工作侧销
5—限位螺栓　6—上模座　7—导板

发动机罩内板修边冲孔模下模主要包括修边凸模、废料切断刀和下模座等。大块废料直接滑出模具外，小块废料用废料盒收集。发动机罩内板修边冲孔模上模主要包括修边凹模、压料板、冲孔凸模和上模座等。发动机罩内板修边冲孔模的上、下模用导柱、导套导向，还可采用导板来导向。

（3）发动机罩内板冲孔整形模　图 1-15 所示为发动机罩内板第三工序冲孔整形模装配图，图 1-16 所示为发动机罩内板第三工序冲孔整形模下模图，图 1-17 所示为发动机罩内板第三工序冲孔整形模上模图，图 1-18 所示为发动机罩内板第三工序冲孔整形模上模图（拆去压料板），图 1-19 所示为发动机罩内板第三工序冲孔整形模上模压料板图。

发动机罩内板冲孔整形模完成冲孔和整形两项工作，其上、下模除用导柱、导套导向外，还用导板导向。所有覆盖件模具均在上、下模的四角设有安全区，下模四角用限位器来限制模具闭合高度。发动机罩内板冲孔整形模上模设置了限位块，以便模具闭合时镦底，保证整形效果。

发动机罩内板冲孔整形模上模主要包括冲孔凸模、整形凹模、上模座和压料板等，下模主要包括整形凸模、冲孔凹模和下模座等。下模冲孔废料用废料盒收集。上模用工作侧销对压料板进行限位，用弹簧对压料板施加力，压料板与上模座用导板来导向。

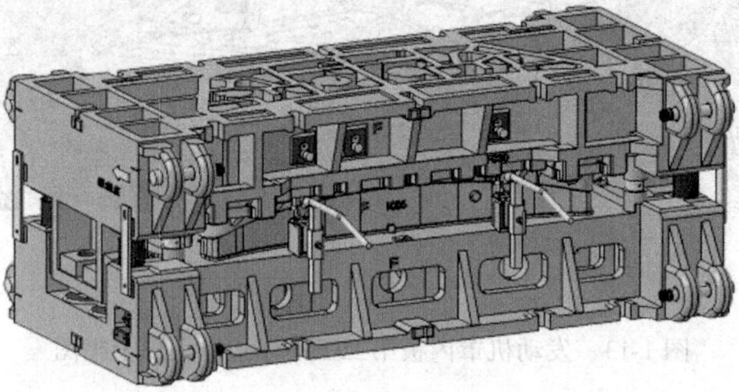

图 1-15　发动机罩内板第三工序冲孔整形模装配图

图 1-16　发动机罩内板第三工序冲孔整形模下模图

1—下模安全区　2—导板　3—下模座　4—整形凸模　5—托料架　6—定位器　7—限位器及存放块　8—缓冲胶　9—导柱　10—连模板

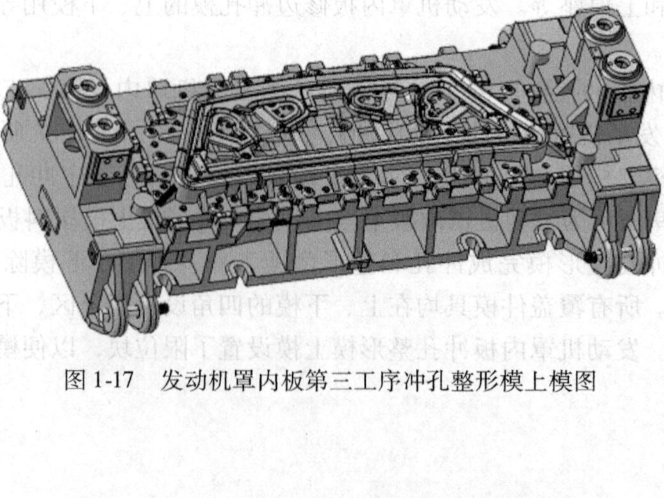

图 1-17　发动机罩内板第三工序冲孔整形模上模图

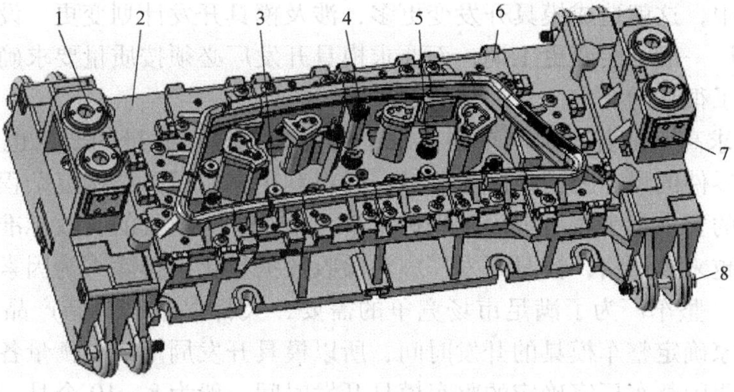

图1-18　发动机罩内板第三工序冲孔整形模上模图（拆去压料板）
1—导套及导套盖板　2—上模座　3—限位块　4—冲孔凸模
5—弹簧　6—整形凹模　7—导板　8—起重棒

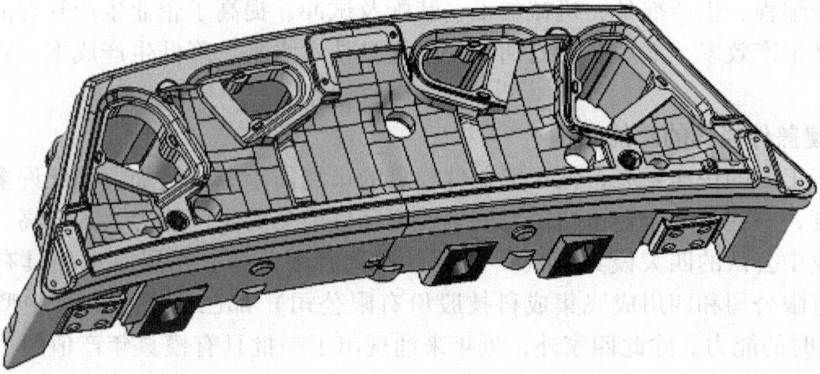

图1-19　发动机罩内板第三工序冲孔整形模上模压料板图

1.3　我国覆盖件模具的发展现状与趋势

1. 整车模具开发

覆盖件模具是生产覆盖件的工艺装备。覆盖件模具的生产过程为：汽车主机厂提供覆盖件产品图和数学模型给模具企业→冲压工艺设计（即DL设计）→模具设计→模具制造→模具调试→交给用户。

汽车整车车身模具开发涉及上百个零件、几百套模具，一般是多家企业同时开发。模具开发的核心内容主要包括进度控制、质量控制和成本控制三个方面，称为“TQCS”。“TQCS”即Time、Quality、Cost和Service。对某一个厂家而言，从企业运营角度来看，都是同时承担几个以上的模具项目，而且这些项目都是针对不同的用户交叉进行的。

整车模具开发具有以下几个特点。

（1）数据变更多　汽车整车车身数据量大，各部件和零件的协调工作量更大，经常出现数据反复更改的情况，这在开发过程中这是正常现象。模具开发厂要迅速将更改情况落实到模具开发过程中，这就造成模具开发变更多，涉及模具开发计划变更、设计变更和制造变更。但汽车整车厂一般不会变更工期，而要求模具开发厂必须按质量要求确保工期，这就对模具开发厂提出了很高的要求。

（2）质量要求高　随着我国汽车制造水平的提高，整车质量的要求也越来越高。对模具开发厂来说，零件的尺寸公差、表面质量、材料利用率、模具结构复杂程度、模具自动化水平和模具寿命的要求越来越接近国际先进水平。整车厂对模具的验收标准大都采用了国际标准，质量要求越来越严格，模具开发厂应将验收数据量化，排除人为因素。

（3）工期短　整车厂为了满足市场竞争的需要，大都尽量缩短新产品开发的周期。一般都是由整车厂家确定整车模具的开发时间，所以模具开发周期成了衡量各模具厂水平和能力的一个指标。我国整车厂家确定的整车模具开发时间一般为 8 ~ 10 个月，甚至更短。对于模具厂来说，如何在短周期内确保模具开发水平和质量是一个严峻的考验，也是管理水平的体现。

（4）单件生产　模具制造企业是典型的单件生产制造企业，每套模具都要进行创造性的设计、数控编程、生产准备、机械加工、装配及试冲，提高了企业生产管理的复杂性和难度。如何提高生产效率、缩短开发周期、提高模具技术水平、降低生产成本一直是模具企业面临的难题。

2. 我国覆盖件模具的产能结构

由于汽车工业的快速发展，汽车覆盖件模具的市场需求急剧增加，因此许多企业加大了技术改造力度，一些新建企业也快速发展，使覆盖件模具的生产能力大为提高。经过技术改造，原来行业中公认的四大模具厂（一汽模具制造有限公司、东风汽车模具有限公司、天津汽车模具有限公司和四川成飞集成科技股份有限公司）都已有了生产大中型覆盖件模具 500 万左右工时的能力。除此四家外，近年来涌现出了一批具有模具年产值超过 1 亿元生产能力的企业。

从近年来的发展情况看，民营企业发展很快，外资企业也开始进入我国，其中日资企业最为活跃。现在生产汽车覆盖件模具的企业越来越多了，仅在 2009 年 6 月第十四届国际模具技术和设备展览会上参展的厂家就有 100 多家，目前全国已有百家以上。

3. 我国覆盖件模具的发展现状

（1）设计水平　汽车工业比较发达的欧美国家在进行覆盖件模具设计时，大量采用三维 CAD 设计，比例高达 70% ~90%。利用这些软件创建的自动绘图精确度高，得出的计算数据可靠，数据库功能较强，因而设计效率很高。国内一批大、中型汽车模具生产企业陆续引进了一定数量的 CAD 系统，并配置了一些设计、分析的专用软件，取得了一定的经济效益。但是仍有不少中、小型企业还停留在手工设计模具的阶段，采用传统的设计方法和二维 CAD 设计，设计的标准化和开发应用水平低，效率不高，并且在设计理论和实践经验的积累上有待提高。

（2）制造水平　在覆盖件模具的制造上，国内外也有很大的差距。当前国内 CAM 技术的普及率还不够高，应用水平也高低不同，而在国外也普遍采用 CAM 技术。

高速切削是以高切削速度、高进给速度和高加工质量为主要特征的加工技术，其加工效率比传统的切削工艺要高几倍，甚至十几倍，国内这门技术的应用已经有很长一段时间了，但是近几年才真正用在模具制造上，并且应用水平低，应用企业少，很多技术工人还不能熟练掌握高速切削的关键技术，不熟悉其操作环境，导致高速切削技术在国内没有发挥其应有的作用。特别是在覆盖件模具加工方式上，仅有少数企业采用了高速切削加工技术，而更多的企业则以数控为主，大量引进数控机床进行分工序加工。由于没有很好地利用高速切削技术，因而生产效率低，生产出来的模具精度差、余量大、钳工研修量大。

高速切削技术及高速加工设备在国外得到了长足发展，高速加工及一次装夹完成多工序加工，不仅生产效率高，而且精度高，钳工研修量小，大大缩短了模具的生产周期，实现了从开发、设计到制造、经营一体化的计算机集成工程。

（3）标准化程度　当前，国内相关企业覆盖件模具设计、生产和制造方面的标准化工作多停留在初级阶段，覆盖件模具标准件的生产量少，产品水平低，虽然有不少汽车企业采用了标准件，但是许多依赖进口。汽车车身模具标准未能向国际靠拢，尚未建立和完善多种典型的模具结构和工艺。

（4）管理水平　在企业管理方面，信息化管理在国外已很普遍，而国内只有少数企业实施信息化管理。一个企业不管有多么先进的技术，管理上的不完善都会导致其产品的总体生产水平和企业综合能力落后于管理比较完善的企业。因此，企业管理是一个系统工程，信息化是发展方向，必须充分重视企业管理的信息化。

4. 我国覆盖件模具产业未来的发展趋势

虽然我国的覆盖件模具具有成本低、价格比较便宜等优势，而且随着近几年的发展，模具技术已经有了长足的发展，但是我国的覆盖件模具在设计、制造、标准和管理等方面与国际先进水平有很大差距。因此，在发展我国的覆盖件模具的过程中应该做到以下几点。

（1）调整产业结构　我国汽车市场的模具需求量不断增加，但是我国覆盖件模具的生产能力还不够。目前我国技术含量低的模具已供过于求，市场利润空间狭小；而技术含量较高的中、高档模具还远不能满足经济发展的需要，精密、复杂的冲压模具、轿车覆盖件模具等高档模具仍有很大的发展空间。只有调整我国覆盖件模具的产业结构，提高高档模具的生产能力，才能改变我国覆盖件模具等高档模具主要依靠进口的现状。

（2）提高技术创新水平　积极改进工艺和技术，不断创新，提高设计和制造水平，借鉴国外先进技术，引进先进设备；加快覆盖件模具标准化工作，做好标准的制订和推行工作；加快覆盖件模具技术的积累，提高研究开发能力。

（3）集群化发展　技术的跨越不仅仅是一个企业的行为，而且是一个行业的整体技术进步，只有行业整体实现技术跨越，才能推动装备制造业的技术跨越。所以要大力发展我国的覆盖件模具，单单依靠某个汽车模具企业是远远不够的，汽车模具企业间、汽车模具企业与汽车企业间应该加强沟通、联系，取长补短，在合作中发现问题、解决问题，加快覆盖件模具发展的步伐。在今后的发展中，应该注重产品结构的调整和定位，进一步提升模具的制造技术水平，占领结构复杂、精密度高、技术含量高的高档模具市场。从我国模具工业的发展情况看，模具产品适合朝着专业化、集团化方向发展，模具企业走联合之路是必然的发展趋势。

第2章　顶盖前横梁工法设计

2.1　相关预备知识：覆盖件冲压工序

2.1.1　覆盖件产品编号

覆盖件产品编号由汽车主机厂规定，覆盖件属于汽车零部件，它的编号要遵循我国对汽车零部件编号的统一规定。QC/T 265—2004《汽车零部件编号规则》规定了各类汽车、半挂车的总成和装置及零件号编制的基本规则和方法。

1. 汽车零部件编号表达式

汽车零部件编号表达式由企业名称代号、组号、分组号、源码、零部件顺序号和变更代号组成。零部件编号表达式有以下三种方式可供选择：

1）企业名称代号 + 组号 + 分组号 + 零部件顺序号 + 源码 + 变更代号。

2）企业名称代号 + 组号 + 分组号 + 源码 + 零部件顺序号 + 变更代号。

3）企业名称代号 + 组号 + 源码 + 分组号 + 零部件顺序号 + 变更代号。

对国产汽车零部件编号规则进行如下说明：

（1）源码　用3位字母、数字或字母与数字混合表示，企业自定。

（2）组号　用2位数字表示汽车各功能系统分类代号，按顺序排列。

（3）分组号　用4位数字表示各功能系统内分系统的分类顺序代号，按顺序排列。

（4）零部件顺序号　用3位数字表示功能系统内总成、分总成、子总成、单元体、零件等顺序代号，零部件顺序号表述应符合下列规则：总成的第三位应为零；零件第三位不得为零；3位数字为001～009，表示功能图、供应商图、装置图、原理图、布置图、系统图等为了技术、制造和管理的需要而编制的产品号和管理号；对称零件其上、前、左件应先编号且为奇数，下、后、右件后编号且为偶数；共用图（包括表格图）的零部件顺序号一般应连续。

（5）变更代号　变更代号为2位，可由字母、数字或字母与数字混合组成，由企业自定。

（6）代替图零部件编号　对零件变化差别不大，或总成通过增加或减少某些零部件构成新的零件和总成后，在不影响其分类和功能的情况下，其编号一般在原编号的基础上仅改变其源码。

2. 汽车零部件编号中组号和分组号的编制

国产汽车产品零部件编号共有64个组号、1 026个分组号。各组内均有缺号，故起止号与各分组总数不相符。表2-1列出了汽车零部件编号中部分组号的名称及其分组范围，有助于认识覆盖件编号的含义。

3. 覆盖件产品编号示例

车型代号和覆盖件产品编号由各汽车主机厂规定。表 2-2 列出了一些覆盖件产品编号及其名称，从其编号上可以看出它们各属于什么组别。

表 2-1　汽车零部件编号中部分组号

组号	名称	分组范围	组号	名称	分组范围
10	发动机	1 000 ~ 1 030	50	车身	5000 ~ 5014
11	供给系	1 100 ~ 1 156	51	车身地板	5100 ~ 5174
12	排气系	1 200 ~ 1 209	52	风窗	5200 ~ 5207
13	冷却系	1 300 ~ 1 314	53	前围	5300 ~ 5315
16	离合器	1 600 ~ 1 609	54	侧围	5400 ~ 5411
17	变速器	1 700 ~ 1 722	56	后围	5600 ~ 5614
22	传动轴	2 200 ~ 2 241	57	顶盖	5700 ~ 5713
23	前桥	2 300 ~ 2 311	60	车篷及侧围	6000 ~ 6005
28	车架	2 800 ~ 2 810	61	前侧面车门	6100 ~ 6112
29	汽车悬架	2 900 ~ 2 965	62	后侧面车门	6200 ~ 6212
30	前轴	3 000 ~ 3 011	63	后车门	6300 ~ 6312
31	车轮及轮毂	3 100 ~ 3 113	64	驾驶员车门	6400 ~ 6409
32	附加桥（附加轴）	3 200 ~ 3 203	81	空气调节系统	8100 ~ 8123
33	后轴	3 300 ~ 3 303	84	车前、后钣金件	8400 ~ 8405
34	转向系统	3 400 ~ 3 418	85	车厢	8500 ~ 8516
35	制动系	3 500 ~ 3 568	86	车厢倾斜机构	8600 ~ 8617

表 2-2　汽车零部件编号示例

产品编号	车型	产品名称	产品编号	车型	产品名称
M11-5701011	M11	顶盖	M11-6101101	M11	左前门外板
A11-8402111	A11	发动机罩内板	M11-6101102	M11	右前门外板
A11-8402101	A11	发动机罩外板	V11-6201101	V11	左后门外板
A11-5401101	A11	左侧围外板	V11-6201102	V11	右后门外板
A11-5401102	A11	右侧围外板	M11-6101111	M11	左前门内板
T11-5600011	T11	后围板本体	M11-6101112	M11	右前门内板
V11-8403011	V11	左翼子板	V11-6201111	V11	左后门内板
V11-8403012	V11	右翼子板	V11-6201112	V11	右后门内板
V11-2801111	V11	左纵梁前段	V11-5401131	V11	左前立柱上段
V11-2801112	V11	右纵梁前段	V11-5401132	V11	右前立柱上段

2.1.2　覆盖件模具工序

1. 覆盖件常见冲压工序的概念

冲压的基本工序包括成形和分离。成形工序包括拉延、成形、整形、翻边、翻孔等。分离工序包括落料、冲孔、修边、分切等。覆盖件形状复杂，大部分需通过拉延等得到。

拉延（简称 DR）：把平直的毛坯或工序件变成曲面形状的冲压工序，曲面主要靠凸模底部材料的延伸形成。

成形（简称 FO）：依靠材料的流动，但不依靠材料的分离使平直的毛坯改变形状的冲压工序的总称。

整形（简称 RST）：依靠材料的流动改变工序件的局部形状和尺寸，使之达到指定精度的冲压工序。

落料（简称 BL）：将平直的毛坯沿一定的轮廓线分离的冲压工序。

修边（简称 TR）：将拉延或成形工序件的工艺补充部分去除的冲压工序。它有时为翻边和整形的前道工序，也称为切边。

冲孔（简称 PC 或 PI）：将毛坯或工序件的废料沿封闭的轮廓线分离的冲压工序。

分切（简称 SEP）：将一件工序件分离成几对工序件的冲压工序。

2. 覆盖件常见冲压工序

表 2-3 中列出了覆盖件常见冲压工序名称。模具编号多以英文来表达，涉及覆盖件零件的产品编号、工序简称和工序顺序等。弄清工序简称的含义有助于理解模具编号的含义。

表 2-3　覆盖件常见冲压工序名称

工序简称	英文名称	中文名称	工序简称	英文名称	中文名称
BL	BLANKING	落料	BUR	BURRING	翻孔
DR	DRAW	拉延	CU	CURLING	卷边
TR	TRIM	修边	HEM	HEMMING	包边
CUT	CUT	切断	PRE	PRE	预备
SEP	SEPARATE	分切	PRO	PROGRESSIVE	级进（模）
PC 或 PI	PIERCE	冲孔	TRA	TRANS　FAR	多工位
FL	FLANGE	翻边	CFL	CAM　FLANGE	侧翻边
BND	BENDING	压弯	CRST	CAM　RESTRIKE	侧整形
RST	RESTRIKE	整形	CPI	CAM　FIERCE	侧冲孔
FO	FORM	成形	CTR	CAM　TRIM	侧修边
CAM	CAM	斜楔			

根据覆盖件的特点，覆盖件应由至少两副模具依次进行冲压得到，绝大多数覆盖件由 3 ~5 副模具冲压得到，就是说要用 3 ~ 5 道冲压工序。而一副模具可以是多种工序模具的复合，这一特点在拉延之后的工序中最常见。如修边、冲孔和侧修边工序，就是在一副模具中完成修边、冲孔和侧修边三种工作内容；而翻边、侧翻边、冲孔和切断工序，也是在一副模具中完成翻边、侧翻边、冲孔和切断四种工作内容。

在侧翻边、侧整形、侧修边或侧冲孔等工序中，某些工作零件的运动方向与该工序的冲压方向不一致，这时就要用到斜楔机构（或称凸轮机构），冲压生产时，这些斜楔机构把模具的上下运动转换为侧向运动，实现侧翻边、侧整形、侧修边或侧冲孔等工作内容。有些斜楔机构是外购标准件，而复杂、大型的斜楔机构需企业自制。

3. 覆盖件模具工序编号

覆盖件模具是有编号的，模具编号一般包括覆盖件产品编号、工序顺序和工序内容。从模具编号中可以看出覆盖件零件名称、工序顺序和工序内容。各个汽车厂家对覆盖件模具编号的规定基本上是一致的。覆盖件产品编号由汽车主机厂规定，工序内容和符号参照前面的知识。在这里，工序有时也称为工程，一个零件需要几道工序，也可称为几工程。模具编号中工序顺序的表达方式主要有以下三种：

1）用 op××表示工序号（或称工程序号）。op10 表示第一工序，op20 表示第二工序，op30 表示第三工序，op40 表示第四工序等。但当落料工序在拉延之前，即在拉延之前要对平板毛坯进行外形落料时，往往把拉延工序定为 op10，落料工序定为 op05。

2）用分数表示工序顺序，分母表示总的工序数，分子表示该工序为第几工序。如：1/2 工序表示此零件有两道工序，本工序为第一工序；3/4 工序表示此零件有四道工序，本工序为第三工序。

3）也可用-*X*-*Y* 表达，*X*、*Y* 为整数。如-4-3 或-3-4，都表示有四副模具，本模具为第三工序模具。

表 2-4 举例列出了几种模具编号及其具体含义。

表 2-4　覆盖件模具编号及其含义

模具编号	含　义
B11-8502111-4-3 CFL + CTR + CPI	B11 车型的车厢左边板外板共有四副模具，本模具为第三工序模具，工序内容为侧翻边、侧修边和侧冲孔
C11-6201102-1-4 DR	C11 车型的右后门外板共有四副模具，本模具为第一工序模具，工序内容为拉延
C11-6201102-2-4 TR + PI	C11 车型的右后门外板共有四副模具，本模具为第二工序模具，工序内容为修边和冲孔
V11-8403011/12-4-3 FL + CRST	V11 车型的左、右翼子板共有四副模具，本模具为第三工序模具，工序内容为翻边和侧整形，两件并模生产
V11-8403011/12-4-0 BL	V11 车型的左、右翼子板共有四副模具（不含落料模），本模具为拉延之前的落料模，一般单独落料生产
T11-5401102-4-3 RST + FL + CUT + CTR + BUR	T11 车型的右侧围外板共有四副模具，本模具为第三工序模具，工序内容为整形、翻边、切断、侧修边和翻孔
T11-5401101-4-2 TR + PI + CTR	T11 车型的左侧围外板共有四副模具，本模具为第二工序模具，工序内容为修边、冲孔和侧修边

根据上面介绍的知识，可以理解下面模具编号的含义：

1）A11-8402111-3/4 RST + PI。

2）V11-8403011/12-4-5 CPI + CRST。

3）T11-5401102-4-4 RST + FL + CUT + CTR + CPI + PI。

4）T11-5401101/02-4-0 BL。

5）V11-5701011-4-4 RST + CRST + CUT。

6）B11-8502111-4-3 CFL + CPI + RST。

下面以顶盖前横梁工法设计为例，来学习覆盖件工法设计的知识。

2.2 工法设计的概念及常见质量问题

2.2.1 工法设计的概念

1. 覆盖件工法设计

覆盖件冲压工艺方案（Die Layout）的制订是指对某覆盖件产品的形状和尺寸进行科学分析后，制订出最合理的冲压工艺方案，并对各工序模具设计提出具体要求。覆盖件冲压工艺方案制订又称为工法设计，简称DL设计，工法图也称为DL图。

汽车覆盖件冲压工艺方案的确定原则和其他产品一样，都应做到产品高质量、生产高效率和材料低消耗。冲压工艺方案确定的依据主要是产品设计性质和产品生产性质。

从产品设计性质方面考虑，要求压制出合格的覆盖件，满足使用要求。从产品生产性质考虑，生产批量的大小、连续生产还是间断生产以及长期生产还是临时生产对工艺方案的影响都是相当明显的。因此，确定工艺方案的主要依据是产品的生产性质。在生产性质诸因素中，生产纲领（也称生产批量）是影响冲压工艺方案的最主要因素。所以说确定覆盖件冲压工艺的最主要依据是生产纲领。生产纲领的大小在技术协议中应有明确说明，以便确定冲压工艺方案时有所根据。生产纲领不大时，切忌一味追求自动化程度。

覆盖件的主要冲压工序有落料、拉延、整形、修边、切断、翻边和冲孔等，其中最关键的工序是拉延，绝大多数覆盖件通过拉延工序得到全部或部分形状。确定拉延工艺方案是覆盖件冲压分析的第一步。合理的工艺方案能改善工件的成形工艺性，降低工件成形的复杂程度。

2. 覆盖件工法设计专业术语

汽车行业和汽车模具行业近几年得到了飞速发展，国内外的合作非常频繁。在各企业通过技术标准和图样进行交流的过程中，经常会涉及一些专业术语。覆盖件工法设计常见专业术语，见表2-5。

表2-5　覆盖件工法设计常见专业术语

英　文	中　文	英　文	中　文
DIE LAYOUT	工法图	BLANK SIZE	坯料尺寸
DIE FACE	模面	PATTERN	泡沫模型
SINGLE ACTION DRAW DIE	单动拉延模	DOUBLE ACTION PRESS	双动压力机
DRAW BEAD	拉延筋	DIE DESIGN	模具设计
DRAW DIE	拉延模	PRE BENDING	预弯曲
PUNCH PROFILE	凸模分模线	TOOL TRY OUT	机械手调试
BLANK HOLDER STROKE	压边圈行程	PROGRESSIVE DIE	连续模
PAD	压料板	PITCH	步距
BLANKING DIE	落料模	NECK	暗裂
TRIM DIE	修边模	BURR	毛刺
FLANGE DIE	翻边模	CRACK	开裂

（续）

英　文	中　文	英　文	中　文
ROTATE CAM	旋转斜楔	WRINKLE	起皱
SPRING BACK	回弹	TRIM LINE	修边线
SHOCK LINE	冲击线	OVER DRAW	过拉延
UNDER CUT	加工死角	LOWER DIE	下模
CHECK HOLE	CH 孔（合模基准孔）	UPPER DIE	上模
BOTTOM MARK	到底标记	LOWER DIE BASE	下模座
SCRAP	废料	UPPER DIE BASE	上模座
MASTER	基准侧	MATCH FACE	匹配面
TOLERANCE	公差	TRIM STEEL	修边刀块
CAD DATA	CAD 数据	FL UP	向上翻边
CLEARANCE	刃口间隙	FL DOWN	向下翻边
RELIEF	让空	MATERIAL	材质
STAMPING	冲压	FINISH	精加工
ROUGH	粗加工	CONCAVE	凹
LOWER WEIGHT	下模质量	CONVEX	凸
UPPER WEIGHT	上模质量	DIE HEIGHT	模具闭合高度
TOTAL WEIGHT	总质量	FEED LEVEL	送料高度
DIRECTION OF PRESS	冲压方向	PUNCH RETAINER	凸模固定板
FEED STROKE	送料行程	START POINT	基准点
DOUBLE CAM	双凸轮	PART DRAWING	零部件图
HORIZONTAL CAM	水平凸轮	CHECKING FIXTURE	检具

2.2.2　覆盖件成形时的常见质量问题

1. 起皱

由于板料厚度方向上的尺寸和平面方向上的尺寸相差较大，造成厚度方向不稳定，当平面方向的应力达到一定程度时，厚度方向失稳，从而产生起皱现象。

（1）起皱形式　起皱主要有以下两种形式：

1）材料堆积起皱。由于进入凹模型腔的材料过多而形成的皱纹。

2）失稳起皱。一种是板料厚度方向约束力弱的压缩凸缘失稳而产生的皱纹，另一种是在不均匀的拉延部位失稳而产生的皱纹。

（2）解决措施

1）在产品设计方面。检查原始产品模型设计的合理性，避免产品出现鞍形形状，产品易起皱部位增加吸料筋等。

2）冲压工艺方面。合理安排工序；检查压料面和拉延补充面的合理性；检查拉延毛坯、压料力、局部材料流动情况的合理性；用内筋方式舒皱，提高压料力；调整拉延筋、冲压方向，增加成形工序、板料厚度，改变产品结构及工艺以吸收多余材料等。

3）产品材料方面。在满足产品性能的情况下，对于一些易起皱的零件，改用成形性较好的材料。

2. 开裂

开裂的主要原因是材料在拉延过程中，应变超过其极限而形成失稳。

（1）开裂形式　开裂主要有以下几种形式：

1）材料抗拉强度不足而产生的破裂。如凸、凹模圆角附近，工件局部受力过大而破裂。

2）材料变形量不足而破裂。如在胀形变形时，工件靠近凸模顶部区域产生的破裂，或凸缘伸长变形流入引起的破裂。

3）时效裂纹。是指严重成形硬化部分经应变时效后脆化加重，并且由成形时的残余应力作用引起的制件晚期破裂。

4）材料受拉延弯曲而后又弯曲折回以致产生破裂。多产生于凸筋或凹模口处。

5）条纹状裂纹。由于材料内有杂质而引起的裂纹，一般平行于板料轧制方向。

（2）解决措施

1）材料方面。应选用拉延性能较好的材料。

2）减少应变方面。选择合理的坯料尺寸和形状，调整拉延筋参数，增加工艺切口，改善润滑条件，修改工艺补充面，调整压料力。

3. 回弹

回弹是指零件在冲压成形后，由于弹性卸载而导致局部或整体发生变形。

（1）影响回弹的因素　影响回弹的因素很多，例如产品材料、各种冲裁压力和模具状态等，实际生产中很难彻底解决。

（2）解决措施

1）补偿法。原理是根据弯曲成形后板料回弹量的大小预先在模具上做出等于工件回弹量的斜度，来补偿工件成形后的回弹，这种方法依赖于经验和CAE模拟。

2）拉弯法。在板料弯曲的同时施加拉力来改变板料内部的应力状态和分布情况，使应力分布较为均匀，减少回弹量。

3）采用成形性较好的材料。

4. 表面质量问题

覆盖件成形表面质量问题有冲击线、滑移线、塌陷、暗坑和表面扭曲等几种类型。对于外板零件来说，外表面产生缺陷是不允许的。

（1）表面质量问题的形成原因　冲击线和滑移线主要是由于在冲压过程中，板料和模具接触后，在应力集中处的摩擦造成了表面划痕。塌陷、暗坑和表面扭曲主要是由于零件变形不充分，局部材料应变较小，外力释放后出现了缺陷。

（2）解决措施

1）可以通过改变冲压圆角和凹模圆角、增加拉延深度以及更改压料面等方法消除冲击线。

2）可以通过改变产品形状、增大阻力等方法消除滑移线。

3）了解零件在变形区产生的应力梯度的等级，尽量保证产品塑性变形的均匀性，同时通过增大阻力、增大局部应变等方法消除塌陷和表面扭曲。

2.3 顶盖前横梁工艺分析

汽车主机厂家为模具企业提供覆盖件产品数据。这些原始产品数据主要包括三维的数学模型和二维的 GD&T 图。

由于覆盖件多具有复杂的空间曲面，只用几个视图或剖视图不可能把覆盖件各处的位置和尺寸表达清楚，而必须辅以主模型或直接利用计算机几何造型技术，用解析数学式和坐标数据信息来表示覆盖件的完整形状和尺寸，从而进行模具设计和制造。

1. 覆盖件产品图与主模型

（1）汽车线与汽车整体坐标系　覆盖件及汽车车身的图形都是以三组互相正交的直线为基准来绘制的，这三组基准线在汽车制造行业就称为汽车线。

1）水平线，简写为 WL，它以底盘表面所在水平位置为零点。

2）纵线，简写为 BL，它以车身中心为零点。

3）横线，简写为 TL，它以前轴（轮）中心为零点。

以汽车线为基准绘图，尺寸线较简单，便于表明零件的坐标位置和安装位置，并且由于车身零件在制造过程中常以汽车线为基准，这样就使设计、绘图与制造统一。每一个汽车产品都有一个完整的汽车整体坐标系。汽车整体坐标系的原点是两前车轮轴的中心点，此点到车尾方向为 +X，到副驾驶座方向为 +Y，到车顶方向为 +Z。

（2）覆盖件图　覆盖件图是以汽车线为基准，仅表示一些主要投影关系，标注覆盖件的外轮廓尺寸及某些孔、凸包的特征尺寸的图样。它不能将覆盖件所有相关点的位置都表示出来，否则将使图形繁乱、尺寸线过多而模糊不清，难以使用。

覆盖件产品二维图以 GD&T 图表示，GD&T 是 Geometric Dimensioning and Tolerancing 的简称，中文名称为几何尺寸和公差。其标准中包含尺寸标注方法（属于我国技术制图标准）和几何公差（属于我国几何公差标准）两大部分。汽车主机厂会提供每个覆盖件的 GD&T 图，用于指导模具、检具和焊具的设计，它是可以打印的二维图样。

GD&T 图样标准采用了国际 ISO 标准，有关 GD&T 图样的主要概念和原则如下：

1）基准（Datum）。所谓基准就是与被测要素有关且用来定义其几何位置关系的一个几何理想要素（如轴线、直线和平面等），可由零件上的一个或多个要素构成。

2）基准要素（Datum Feature）。此处的基准要素就是指在加工和检测过程中用来建立基准并与基准要素相接触，且具有足够精度的实际表面。

3）基准目标（Datum Target）。考虑到制造上的误差，仅选用基准要素的部分表面（点、线或区域面）作为基准参考公差（Tolerance）。

以上三者的关系为：基准要素的理想形状称为基准，基准目标是基准要素的一部分。

表 2-6 列出了 GD&T 图的 14 个几何公差特征项目，每一个项目用一个符号表示。GD&T 图是产品设计思路［定位方式与 DTS（Dimensional Technical Specification，尺寸技术标准或三维技术规范）要求］的表达，是模具、检具和焊具设计的依据，同时也是零件重要特征的粗略定义。

（3）覆盖件的主模型　覆盖件的主模型（简称主模型）是覆盖件图的补充，它是能够真正完整地表示覆盖件的立体模型。主模型是按主图板上的视图和剖视图做出的表现单个覆盖件内表面形状的立体实物模型。为了满足制造模具的需要，主模型都是按覆盖件内表面形状来制作的，如要按覆盖件外表面形状来制作主模型，则必须特别提出并加注说明。主模型既是制造覆盖件冲模、焊装夹具和检验夹具的标准，又是覆盖件检查、焊装夹具和检验夹具调整不可缺少的标准样品。一般由容易加工、具有一定硬度和不易变形的材料来制造，常用的主模型材料有木材和塑料两类。

表 2-6 几何公差特征项目

公 差	特征项目	符号	有或无基准要求	公 差	特征项目	符号	有或无基准要求
形 状	直线度	—	无	位 置	位置度	⌖	有或无
	平面度	▱	无		同轴(同心)度	◎	有
	圆度	○	无		对称度	⌯	有
	圆柱度	⌭	无		面轮廓度	⌓	有
方 向	平行度	//	有	跳 动	圆跳动	↗	有
	垂直度	⊥	有		全跳动	⌰	有
	倾斜度	∠	有				
	线轮廓度	⌒	有				

（4）计算机几何造型　随着计算机辅助技术的不断发展，利用几何造型技术来设计和表示覆盖件已成为主流发展趋势，它将逐步取代传统的设计方法和图样。常用的曲面可用曲线生成方法得到，也可用拟合、倒圆、修剪、延伸等方法来间接生成。

计算机几何造型又称为数据模型，简称数模，或称为三维数模。汽车主机厂提供覆盖件原始数模，模具厂家要对原始数模进行处理，做出工艺补充，得到各工序的工艺数模。目前汽车主机厂提供的产品数据主要用 CATIA 或 UG 软件进行处理。

2. 顶盖前横梁原始数据

根据汽车主机厂家提供的顶盖前横梁三维数模，用 UG 软件打开 L11-5701012. prt 文件。顶盖前横梁三维数模主要包括一个已缝合好的片体，还有一条起于三维数模的长为 80mm 的线段，它表示覆盖件料厚为 0. 8mm，线段相对于片体的方向表示片体的偏置方向，偏置后得到有厚度的覆盖件实体。有些汽车主机厂家提供的三维数模是实体的，进行工艺补充时需抽取上表面或下表面进行数模处理。

图 2-1 所示为顶盖前横梁原始数模，形状不算复杂，基本上为左右对称。顶盖前横梁有两处翻孔、多处冲孔，还有一些是突破孔。

3. 工艺分析

工艺方案的制订依赖于设计者和软件，一方面根据设计者冲压工艺方面的工作经验，另一方面要借助软件进行初步分析计算。

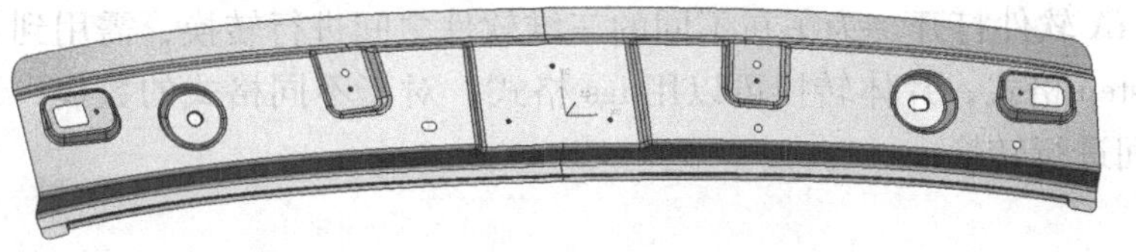

图 2-1　顶盖前横梁原始数模

零件的成形质量是衡量工法设计成败的关键。对大多数覆盖件来说，必须在前期通过 CAE 分析进行验证。对本例来说，首先考虑的是顶盖前横梁如何成形，即确定是先落料再直接成形，还是先拉延再修边。覆盖件一般应采用拉延工序得到产品形状。经过拉延工序最终得到的产品与直接成形相比质量更好。故顶盖前横梁应采用拉延工序，拉延后再修边。

顶盖前横梁的结构特点为：没有翻边，形状不复杂，不需要整形；有两处翻孔，应先冲孔再翻孔。综上所述，顶盖前横梁应有三道工序：拉延→修边冲孔→翻孔。考虑到冲孔较多，如果在第二工序修边时冲完所有的孔，模具设计有困难，上模没有足够的空间来布置弹簧、导板、限位螺栓等，模具强度弱，所以应移一部分孔到第三工序。调整后的冲压工艺方案为：拉延→修边冲孔→冲孔、翻孔。

接下来要从其他方面对工艺方案进行复核和优化，在后文的工法设计中将会进一步介绍。在冲压方向确定的情况下，对修边角度和冲孔角度进行检查，避免结构过于复杂，尽可能不用斜楔结构。应使工序数（即模具数）最少，使模具强度和结构合理。最后还要检查修边冲孔工序废料排出是否畅通，定位、取料是否方便等。

进行工艺分析时，要用到 CAE 分析软件。借助 CAE 技术进行分析可以解决如下问题：

1）利用计算机数字化模拟，能预测零件在生产过程中的所有问题，例如开裂、起皱、塌陷、滑移和冲击等缺陷。

2）通过成形的切线位移场可以了解材料的流动情况，为更好地消除零件成形时产生的缺陷提供帮助。

3）通过和产品的同步开发，确定零件的局部形状以及一些重要特征。

4）通过对拉延、修边和翻边等各种工艺环境的仿真，模拟实际的冲压过程，预测及修正模型设计和工艺参数。

覆盖件有凸缘时，需要进行平顺改造使其成为有利于成形的压料面，无凸缘时则需要增补压料面，这些增添的部分称为工艺补充部分。工艺补充是拉延工艺不可缺少的部分，拉延后又需要将它们修切掉，所以应尽量减少工艺补充部分，以提高材料的利用率。

2.4　顶盖前横梁三维工法图

下面对顶盖前横梁进行三维工法设计，首先进行拉延件设计。

1. 读入数模

顶盖前横梁是与顶盖搭接的一个零件，它的产品编号为 L11-5701012，料厚为 0.8mm，材料为 DC03。在不同软件之间打开数模时，有必要转换数据。如用 AutoForm 进行成形分析时，要以 igs 格式输入。

读入原始数模，如图 2-2 所示。覆盖件数模文件的后缀一般为 . prt 或 . CATPart，分别用

UG 软件和 CATIA 软件打开。为了在不同的三维软件之间进行转换，需用到 igs 或 step 格式。实体转换要用 step 格式，片体转换可以用 igs 格式。对于不同格式的数模，下面介绍如何在这两个软件之间进行转换。

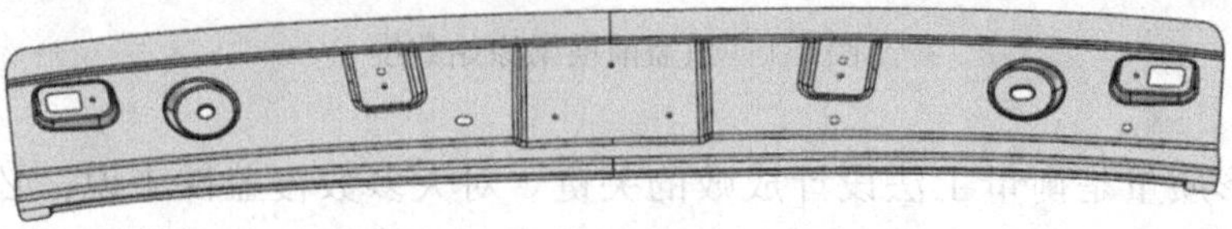

图 2-2　顶盖前横梁产品图

（1）UG 转 CATIA　把 UG 格式的文件打开后，用“导出 igs（或 step）格式”命令生成一个 igs（或 step）格式的文件。然后用 CATIA 软件直接打开此 igs（或 step）格式的文件，并命名保存。

（2）CATIA 转 UG　把 CATIA 格式的文件打开后，用“另存为 igs（或 step）”命令生成一个 igs（或 step）格式的文件。然后打开 UG 软件，新建文件并给出文件名，再导入此 igs（或 step）格式的文件，保存文件。

2. 确定数模基准点和冲压方向

在 UG 软件中打开数模后，回到绝对坐标即车体坐标，单击实用工具下的“设为绝对 WCS”命令，确定数模基准点。数模基准点应方便模具设计，最好与预计的工序模具中心重合。如有可能，数模基准点的坐标值应为整数。使用 AutoForm 软件对原始数模进行分析时，可以先找到零件重心的坐标值，以此为依据进行手工调整。顶盖前横梁的数模基准点坐标为（X900，Y0，Z1150）。

冲压方向的确定是工法设计中重要的一步。数模基准点和冲压方向确定了各工序的工作坐标系。确定冲压方向要考虑的因素较多，各工序的冲压方向可能不相同。对于顶盖前横梁，各工序的冲压方向是一致的。

确定冲压方向时主要考虑以下因素：

1）拉延工序的工作内容不能有负角，且工件定位应可靠。

2）要考虑后面工序的角度，如拉延之后有修边工序、冲孔工序和翻边工序，则要考虑修边角度、冲孔角度和翻边角度，尽量不用斜楔结构。

3）拉延工序中各处拉延深度应尽量小，且各处拉延深度不能相差太大，还要保证坯料与工作零件的接触面尽量大。

压料面应尽量保证坯料平放，方便零件可靠定位。压料面各部位的进料阻力应均匀。拉延深度均匀、拉入角相近，才能有效地保证进料阻力均匀。

4）要求凸模中央先接触，慢慢向外扩展，或者说开始拉延时凸模与凹模接触面积要大，接触地方要多，要分散，避免点接触，接触部位应处于冲模中心，以避免成形时材料窜动。图 2-3 所示为各种接触毛坯的形式。

冲压方向一般通过旋转数模得到。通常要旋转三次，依次绕 X 轴、Y 轴和 Z 轴旋转一定的角度。顶盖前横梁的旋转角度为 X0Y－164Z90，即以基准点为中心，先绕 X 轴转 0°（不转），再绕 Y 轴转－164°，然后绕 Z 轴转 90°，如图 2-4 所示。

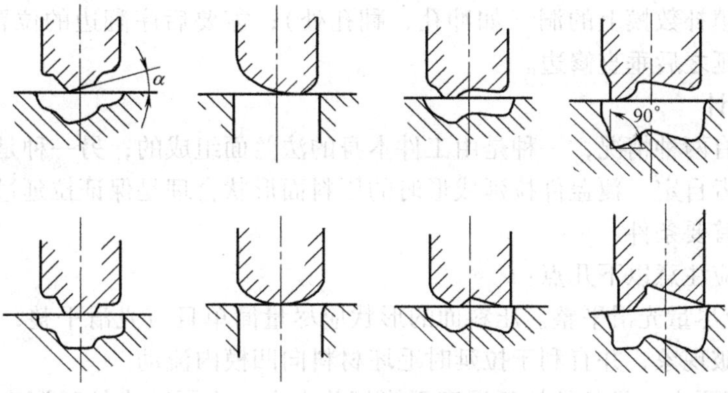

图 2-3　各种接触毛坯的形式

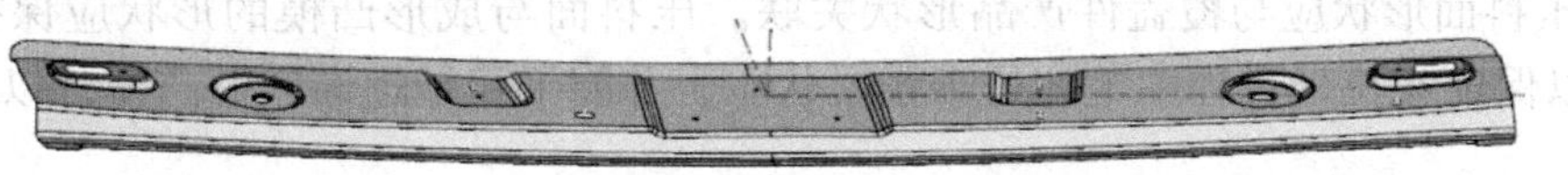

图 2-4　确定了冲压方向的顶盖前横梁

在数模基准点定义为工作坐标的原点后，就可以进行坐标旋转。在实用工具栏中单击“旋转 WCS”命令，单击“＋YC”，在角度一栏中输入“164°”，单击“应用”，然后单击“－ZC”，在角度一栏中输入“90°”，单击确定并保存当前坐标系。按当前工作坐标系的三个坐标轴画出三根中心线，当前坐标系的 Z 轴就是冲压方向。坐标旋转与数模旋转的概念是不同的。

修边冲孔工序也要考虑冲压方向，应尽量采取垂直修边。在零件侧壁上的孔，应采用斜楔冲孔，保证冲压方向与侧壁垂直。一般斜楔标准件的角度为 5°～75°（隔 5°一个规格），碰到特殊的角度需要特制斜楔。

3. 前期数模处理

下面开始进行拉延工艺数模设计。拉延工艺数模设计应考虑以下几个方面：

1）拉延时的进料条件。

2）压料面的形状和位置。

3）修边线的位置和修边方式、翻边线的位置和翻边方式。

为了给覆盖件创造一个良好的拉延条件，需要将覆盖件上的窗口填平，开口部分连接成封闭形状。工艺补充部分除考虑拉延工艺和压料面的需要外，还要考虑修边和翻边工序的要求，应尽量采取垂直修边。

在制件上压出深度较大的局部突起或鼓包时，有时靠从外部流入材料已很困难，继续拉延将产生破裂。这时，可考虑冲工艺孔或工艺切口，以从变形区内部得到材料补充。工艺孔或工艺切口设在拉应力最大的拐角处，工艺孔或工艺切口的位置、大小和形状可以预先确定，调试模具时注意控制冲切的时间点。

对原始数模进行前期处理时，要用到三维软件中的曲面、曲线等功能及命令。在 UG 软件中常以图层来管理各个对象，各个企业对此有不同的管理规定。前期数模处理包括去掉不用的对象，并以片体作为后一步数模设计的对象。如果原始数模是实体的，则应抽取出它所有的片体，还要填补数模上的洞（如冲孔、翻孔处）；需要后序翻边的位置应把曲面摆平、延长，以便于拉延之后垂直修边。

4. 压料面设计

拉延压料面有两种情况，一种是由工件本身的法兰面组成的，另一种是由工艺补充部分组成的，由设计者自定。覆盖件拉延成形时的压料面形状合理是保证拉延过程中材料不破不裂和顺利成形的首要条件。

压料面设计应注意以下几点：

1）压料面应尽量光滑平整。压料面的形状应尽量简单且应光滑平整，防止毛坯在压料过程中就出现起皱现象，并有利于拉延时毛坯材料向凹模内流动。

2）拉延深度要小，且各处拉延深度不能相差太大。为了减小拉延深度，压料面可以设计成一定的弯曲形状，使毛坯拉延前先弯成一定的形状，以保证产品质量。

(3）压料面形状应与覆盖件产品形状关联。压料面与成形凸模的形状应保持一定的几何关系，以保证在拉延过程中毛坯处于张紧状态，并能平稳地逐渐紧贴凸模，以防止产生皱纹。

图 2-5 所示为顶盖前横梁产品及压料面主视图，图 2-6 所示为顶盖前横梁产品及压料面侧视图，可以观察到压料面与顶盖前横梁产品之间的位置关系。

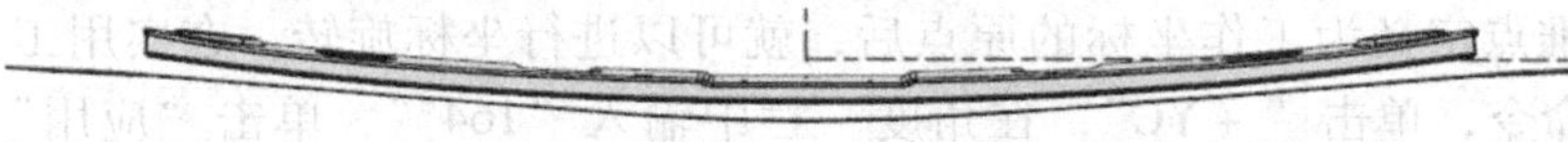

图 2-5　顶盖前横梁产品及压料面主视图

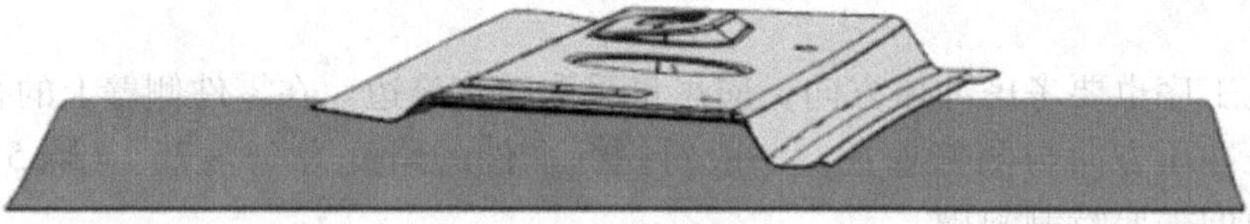

图 2-6　顶盖前横梁产品及压料面侧视图

5. 拉延立面和拉延圆角设计

拉延立面俗称墙面，它把压料面与原始数模处理后的片体连接起来。立面是有拔模斜度的，如果立面太陡，拉延生产时可能出现开裂；如果立面角度太平缓，会浪费材料。立面的角度与拉延深度也有关系，一般来说，立面与冲压方向的角度为 3°～15°。

拉延立面与压料面的交线称为拉延分模线。拉延分模线是三维曲线，它对拉延模的结构设计很重要。拉延分模线是拉延凸模与压边圈的分界线，是拉延模受力大的区域。在压料面上预成形的材料自分模线处沿拉延立面进入凸模完成拉延。简单的拉延立面可以用分模线进行有角度的拔模来构建。

拉延立面与压料面、拉延面与处理过的原始数模片体一般通过圆角连接起来。在 UG 中可以用“倒圆角”命令把两组曲面接合起来。拉延工艺补充中，立面圆角的大小对工法设计是有影响的，如果圆角太大，会加大坯料尺寸，浪费材料；如果立面圆角太小，拉延生产时工件有可能破裂。构建立面圆角后，要保证修边线到立面上部圆角边线的距离不小于 5mm，但也不能太大。图 2-7 所示为顶盖前横梁拉延工艺数模。图 2-8 所示为顶盖前横梁拉延工艺数模左视图。

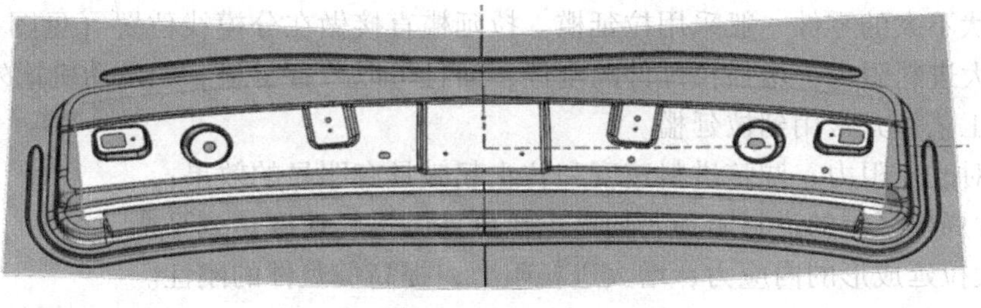

图 2-7　顶盖前横梁拉延工艺数模

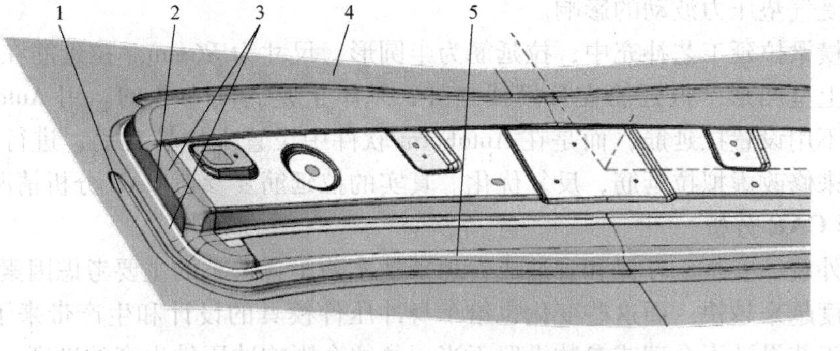

图 2-8　顶盖前横梁拉延工艺数模左视图
1—拉延筋　2—立面（或称墙面）　3—拉延圆角
4—压料面　5—分模线（已投影到工作坐标的 XY 平面）

6. 拉延筋设计

拉延工艺数模应设有拉延筋。拉延筋设在压料面上。拉延筋多为半圆形，如 $R6$mm 圆弧。当需要较大的进料阻力时，拉延筋可做成方形，如宽为 14mm、高为 6mm 的方形筋。

图 2-9a 所示为工艺补充采用半圆形拉延筋时的断面图。为了节省材料，在保证零件刚性要求的前提下，拉延深度 H 应尽量小。对于要求不高的零件，拉延深度 H 可以取 15mm 左右。在保证零件质量的情况下，两处圆角半径 R_a、R_b 应尽量小，拔模斜度 α 应尽量接近 90°，这样可以节省材料。拉延筋中心到分模线（DR PROFILE）的距离 L_2 一般取 20 ~ 25mm，修边线到拔模斜面的距离 L_1 应取小一点，但 L_1 值太小会影响废料切断刀的强度，

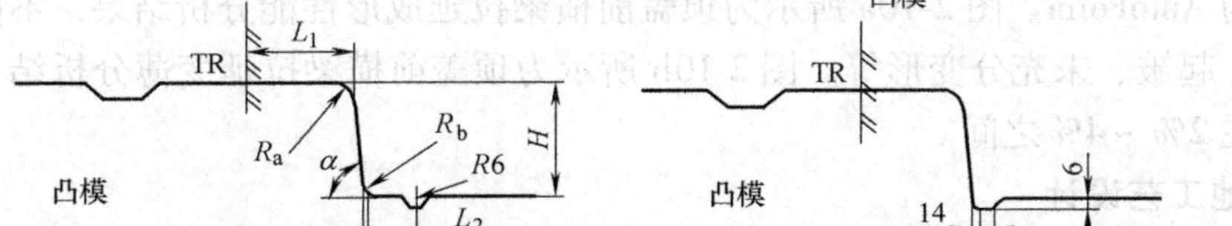

图 2-9　拉延工艺补充分别采用拉延筋和拉延槛
a）拉延筋　b）拉延槛

一般取 18 ~ 25mm。

型面起伏不大的零件一般采用拉延槛。拉延槛直接做在分模线位置（见图 2-9b），这样不仅可以增大进料阻力，增强拉延件的刚性，而且可以节省材料。如发动机罩外板、车门外板等的拉延工艺补充常用到拉延槛。

拉延筋对改变阻力、调整进料速度和防止起皱具有明显的效果：

1）增大局部区域的进料阻力，使整个拉延件的进料速度达到平衡。

2）增大拉延成形的内应力，增大进料阻力，提高覆盖件的刚性。

3）增大径向拉应力，减小切向压应力，延缓或防止起皱。

4）降低压料要求，提高拉延稳定性。在容易起皱的部位适当增大拉延筋，可以扩大调压范围，不受气垫压力波动的影响。

顶盖前横梁拉延工艺补充中，拉延筋为半圆形，尺寸为 *R*6mm。拉延筋在压边圈上呈凹形，在凹模上呈凸形。拉延筋在分模线之外，基本上是封闭布置的。用 AutoForm 分析时，工艺补充中不用设置拉延筋，而是在 AutoForm 软件中设置虚拟拉延筋，进行分析计算，根据分析结果来修改虚拟拉延筋，反复优化。真实的拉延筋要参考 CAE 分析情况进行设置。

7. 成形 CAE 分析

汽车的外观、安全、环保和省油成为越来越多购车者选车的主要考虑因素，因此汽车外形的更新速度越来越快。而这些变化也给车身冲压件模具的设计和生产带来了更大的困难。生产中一旦工艺设计不合理或参数设置不当，往往会影响冲压件生产的进度，甚至会影响整车的开发进度，还可能使模具因此而报废，造成大量的人力和物力的浪费。

目前，冲压 CAE 分析技术已被广泛地应用于优化冲压工艺。冲压 CAE 分析人员可以在计算机上修改工艺参数，直到得到满意的仿真结果，然后再投入生产。冲压 CAE 技术目前已广泛地应用于产品设计阶段的冲压工艺验证以及工艺装备开发阶段的冲压工艺设计验证，同时在指导模具调试及模具故障诊断方面也有应用价值。

成形分析的主要作用如下：

1）通过冲压工艺性 CAE 分析对产品提出设计变更。

2）对可能出现皱纹、开裂和毛刺等缺陷的部位提出建议。

3）分析零部件的冲压方向、工序数、压力、落料尺寸、零件强度和圆角等。

4）冲压件回弹的分析处理。

5）外板件的强度、刚度、滑移线等质量目标的确定。

冲压成形常用 CAE 分析软件有 AutoForm、PamStamp 和 DynaForm 等。本书用到的 CAE 分析软件为 AutoForm。图 2-10a 所示为顶盖前横梁拉延成形性能分析结果，不同的颜色分别表示安全、起皱、未充分变形等。图 2-10b 所示为顶盖前横梁拉延变薄分析结果，产品的变薄率大多在 2% ~4% 之间。

8. 其他工艺设计

前文所述工作可以总结为设计拉延工艺补充数模和 CAE 分析，是工法设计中最重要的内容。除此之外，还有一些其他工艺设计内容。

（1）拉延工序　确定拉延板料线。拉延板料线的尺寸通过 CAE 分析得到，拉延筋的形状应留在拉延工序件上。板料过大，则浪费材料；板料过小，则板料走料快，材料拉伸不充分。拉延毛坯轮廓多为矩形，如果为特殊形状，则有必要在拉延之前增加落料工序。

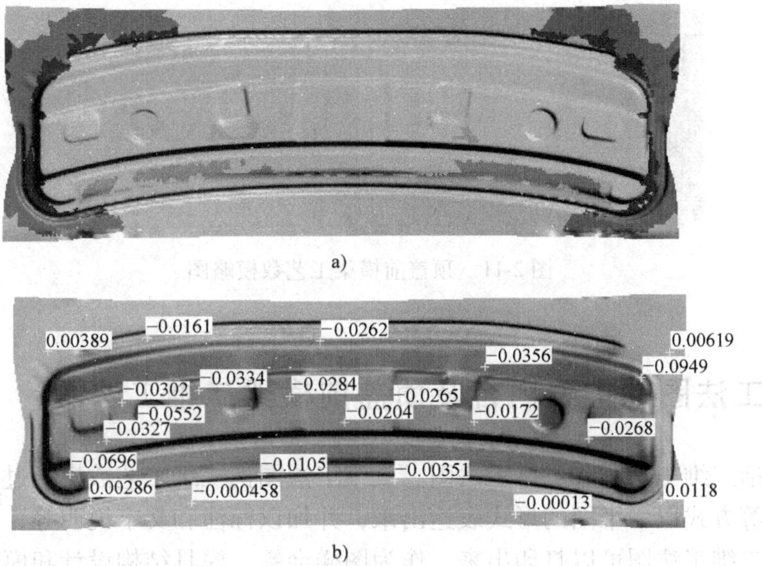

图 2-10　顶盖前横拉延分析结果

a）成形性能　b）变薄率

拉延工序应在凹模中设计到底标记。所有成形类模具应设计两处到底标记，以验证零件成形是否已压到底。左右件合压时，则以左右件标记销来检验零件成形是否已到底。到底标记设置在冲压件材料流动少的水平面上，如果没有水平面，可以在修边外部设置水平面。

拉延工序应设有合模基准孔，即 CH 孔。在拉延工序冲出两个 CH 孔，以这两个基准孔定位进行后续工序的合模，以保证各型面的精度。CH 孔应设在平缓的表面上，且两个 CH 孔之间的距离应尽可能远。

拉延分模线是拉延模设计的一个重要的已知条件，前面已介绍了分模线的作用。

（2）修边冲孔工序　确定修边线。如果后续有翻边整形工序，则需要计算修边线。试模验证修边线的正确性后，才能正式加工模具上的修边工作部分。

确定废料切断刀的位置时，必须保证废料顺利滑出。当生产操作困难、模具强度达不到要求时，修边可能分几次才能完成。

冲孔数量较多时，可考虑分成多个工序来冲孔。修边角度较大时，应采用侧修边来完成；冲孔角度较大时，应采用侧冲孔来完成。根据冲孔大小的不同，一般冲孔角度不大于 5°～10°。顶盖前横梁有两处翻孔，应先冲孔再翻孔，按翻孔公式计算其展开冲孔线。

顶盖前横梁没有翻边整形工序，修边线直接采用产品外轮廓线。顶盖前横梁冲孔数量多，分成两个工序来完成，以保证模具强度。顶盖前横梁修边冲孔模的修边角度不超过 20°，冲孔角度也不大，不用侧修边和侧冲孔。

（3）翻边整形工序　需要翻边整形的覆盖件，需要在工艺数模中给出翻边整形分模线和整形范围。对于回弹较大的覆盖件，应做出回弹补偿。有侧翻边整形需要时，应表达出分模线、侧翻边整形的斜楔角度和工作范围。

图 2-11 所示为顶盖前横梁工艺数模略图，工作坐标系、修边线、拉延分模线和拉延板料线等表达在三维数模中。

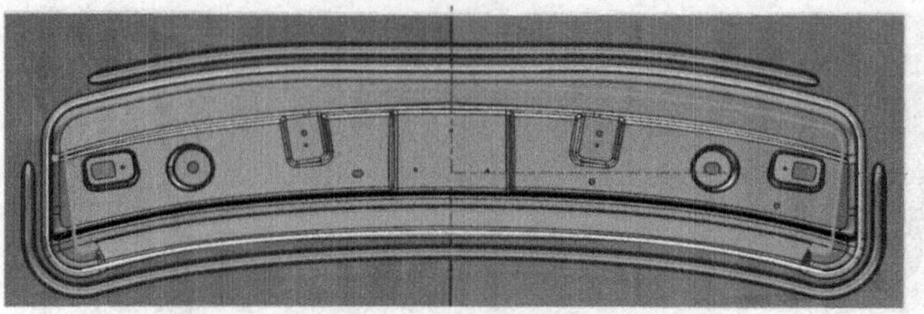

图 2-11　顶盖前横梁工艺数模略图

2.5　二维工法图的主要内容及顶盖前横梁二维工法图

工法图包括三维工法图和二维工法图。二维工法图把三维工艺数模通过平面投影、剖视图和局部放大等方式以二维图的形式表达出来，并加以标注和文字说明等，它是三维工法图的必要补充。二维工法图可以打印出来，作为图样会签、模具结构设计和模具生产的依据。

2.5.1　二维工法图表达的主要内容

1. 二维工法图符号

（1）数模基准点　工法设计时，要从覆盖件原始数模中找一点作为基准点，称为数模基准点。如图 2-12 所示，此点的坐标值以车体坐标（即绝对坐标）作为参考。数模基准点一般大致在覆盖件产品的中心位置，坐标值尽量为整数。该图例表示以绝对坐标系中的点（X900，Y0，Z1000）作为基准点。设计模具时，模具中心应尽量与数模基准点重合。

（2）冲压方向　Press 表示冲压方向，因此图 2-13 中 a、b 两图均表示 1/3、2/3 和 3/3 工序的冲压方向，各工序冲压方向一致。

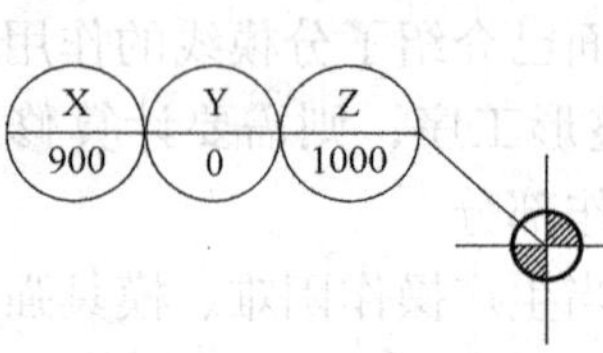

图 2-12　数模基准点

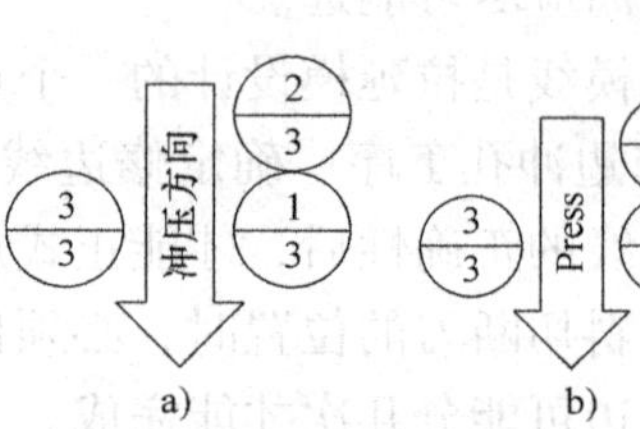

图 2-13　冲压方向

（3）送料方向　送料方向有时用英文 FEED 来表示。图 2-14a 所示的送料方向符号用在轴测图上，图 2-14b 则在平面图上表示出了 1/3、2/3 工序的送料方向。

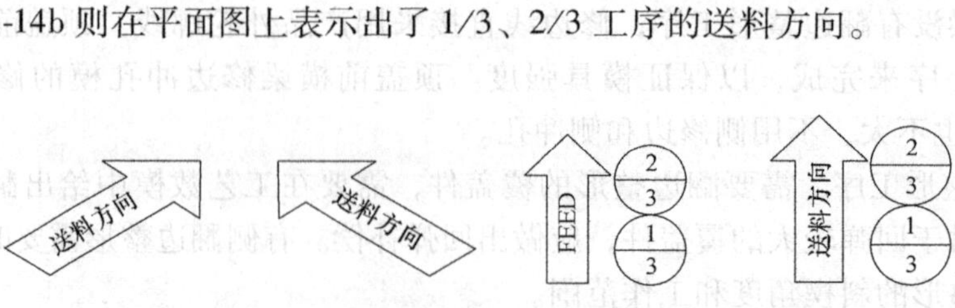

图 2-14　送料方向

（4）车体坐标系百位坐标线 汽车数模车体坐标系有三个坐标轴，图2-15中表达出了一个坐标轴。车体坐标与工法图中各工序的工作坐标是不同的，有必要在工法视图中把基准点的车体坐标值和基准点邻近的整百车体坐标值表达出来，这样可以看出工序坐标与车体坐标之间的关系。

（5）各种视图表达 图2-16所示为 *C*—*C* 剖视图、*Z* 向视图、剖视和剖面位置符号。

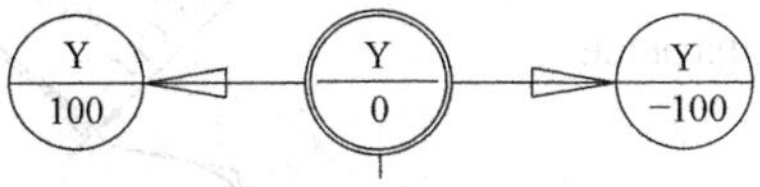

图2-15 车体坐标系百位坐标线

图2-16 各种视图符号

（6）在平面图中表示侧冲孔方位 图2-17a所示为平面图中有角度的侧冲孔，在3/3工序有侧冲孔，冲孔凸模尺寸为12.1mm×7.1mm。图2-17b所示为平面图中相邻各孔都是同角度侧冲的情况，可共用一个斜楔进行侧冲孔。

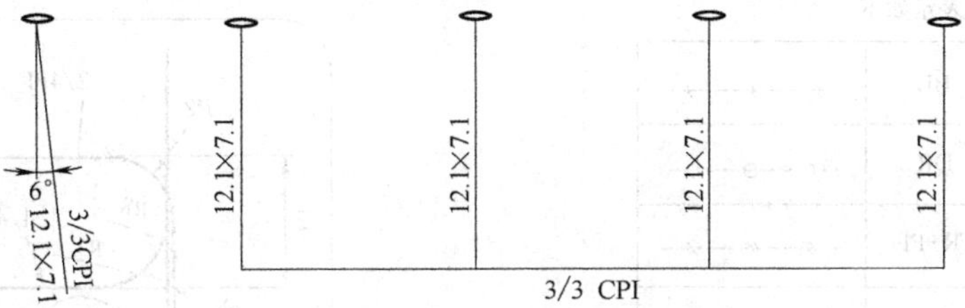

图2-17 平面图上侧冲孔的表达

（7）平面图中的其他符号 图2-18所示分别为1/3DR（拉延）工序的一个CH孔的位置、1/3DR工序的一个到底标记的位置、3/3PI（冲孔）工序冲 ϕ15.1mm的圆孔和平面图中废料的流向。

（8）剖视图中拉延、修边、冲孔和侧冲孔的表达 图2-19a所示为拉延分模线、拉延筋的位置，图2-19b所示为2/3修边位置，右侧为废料。图2-20a所示为3/3工序冲 ϕ15.1mm的圆孔。图2-20b所示为3/3工序按20°的角度侧冲12.1mm×7.1mm的孔。从剖视图中可以看出修边角度、冲孔角度是否合适。

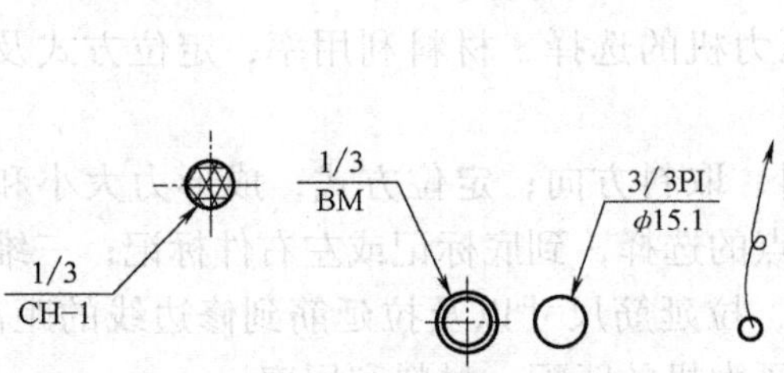

图2-18 平面图中的其他符号

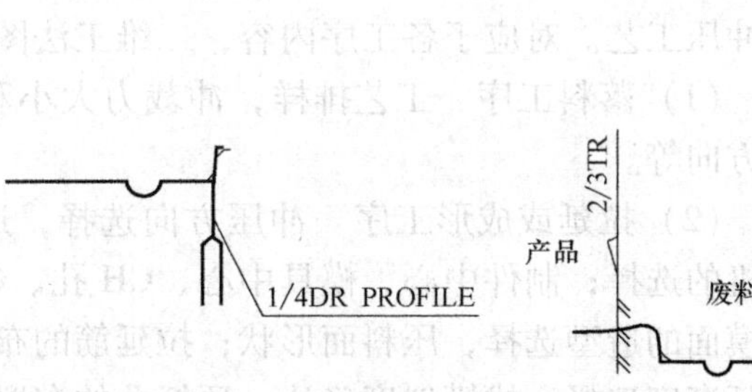

图2-19 剖视图中拉延、修边示意图

（9）剖视图中翻边和侧翻边的表达 图2-21a所示为3/4工序翻边剖视图，图中已指出翻边分模线；图2-21b所示为45°侧翻边。

（10）工法图中的注解 图2-22所示为各工程作用线图例。对平面图中各工序的特征线加上不同的标识后，方便识图。图 2-23 所示为刃口衔接图示，修边冲孔需分多工序完成时要用到。

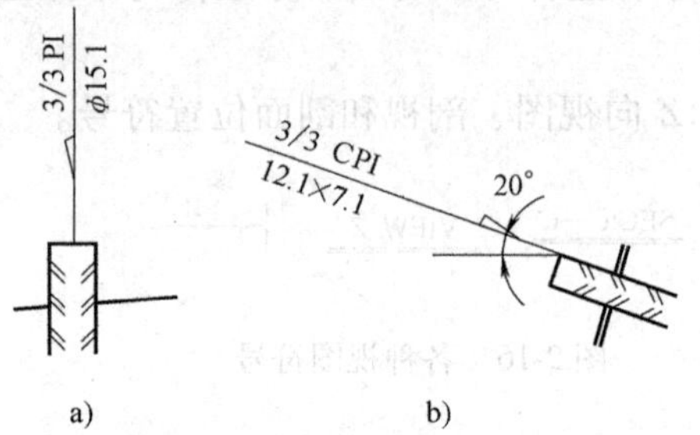

图 2-20　剖视图冲孔、侧冲孔示意图

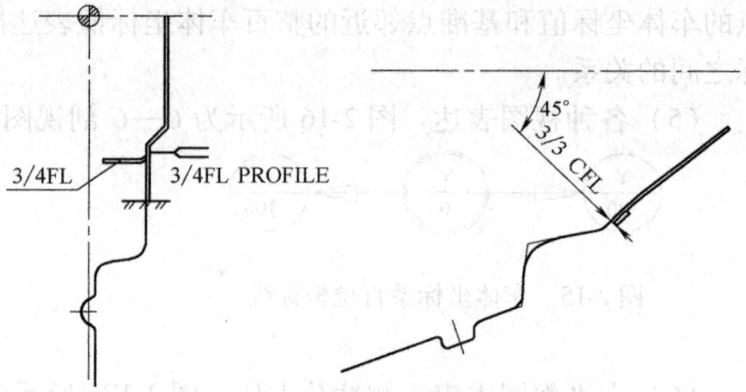

图 2-21　剖视图中翻边和侧翻边示意图

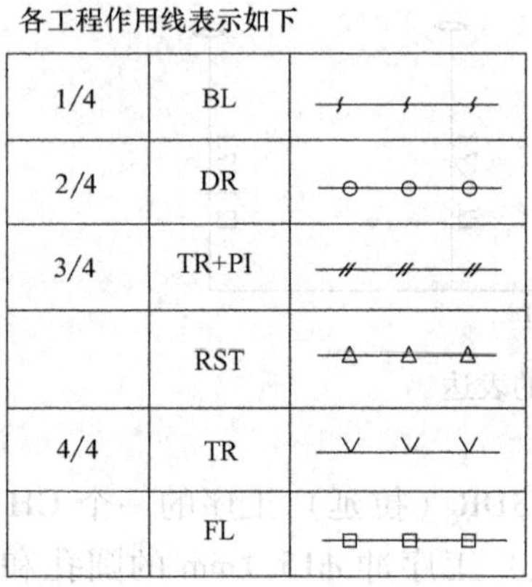

图 2-22　各工程作用线图例

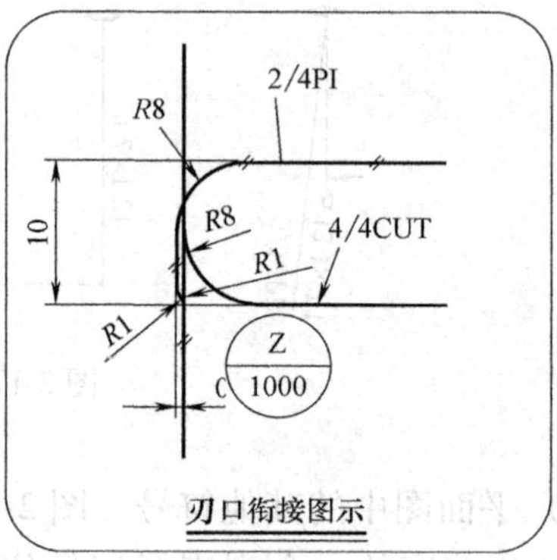

图 2-23　刃口衔接图示

2. 二维工法图表达的主要内容

二维工法图涵盖的信息量大，不仅有各工序工作内容的拆分，还要表达出所有工序的具体冲压工艺。对应于各工序内容，二维工法图应表达的主要内容如下。

（1）落料工序　工艺排样，冲裁力大小和压力机的选择，材料利用率，定位方式及送料方向等。

（2）拉延或成形工序　冲压方向选择，送料、取料方向；定位方式；成形力大小和压力机的选择；制件中心、模具中心、CH 孔、CP 点的选择，到底标记或左右件标记；三维拉延模面的造型选择，压料面形状；拉延筋的布置、拉延筋尺寸以及拉延筋到修边线的距离；拉延高度选择，拔模斜度确认；顶杆孔的布置与压力机的匹配；材料利用率。

（3）修边冲孔或侧冲工序　冲压方向选择，送料、取料方向；定位方式；冲裁力大小和压力机的选择；废料切断刀布置图及废料是否易落，废料切断刀是否需要偏移角度，废料切断刀的强度；修边轮廓线的标识；侧冲位置及方向的表示；冲孔角度的确认；废料切断刀工作示意图及尺寸标注。若是两次修边，则应给出刃口衔接图示。

（4）翻边整形或侧翻工序　冲压方向选择，送料、取料方向；定位方式；成形力大小和压力机的选择；翻边角度及整形面表示。若是多次翻边整形，则需说明翻边整形刀块的接刀示意图；说明是否有预留翻边圆角尺寸；预估回弹补偿。

2.5.2　顶盖前横梁二维工法图

顶盖前横梁二维工法图包含三个主要视图、剖视图和工序简图等。剖视图用于在典型剖面上标上尺寸，并进行文字说明，对工法进行详细的补充说明。在二维模具设计中，模具结构图上的剖视图一般来自于工法图上的剖视图。

图 2-24 所示为顶盖前横梁二维工法图样布局，其中 1、2、3 为二维工法图的三个主要视图，4、5、16 为三个剖视图。剖视图数量与工法有关，一个工法图至少有两个剖视图，即 X 向剖视图和 Y 向剖视图，根据需要可以不沿 X 向剖或 Y 向剖，可以斜剖。6、7、8 为三个工序简图。顶盖前横梁分为三个工序，就有三个工序简图。9 为产品略图，可以是产品轴测图等，要列出产品设计及变更版次。10 为标题栏，各个厂家的规定不一样，但至少要列出产品名称、产品号和材料等。

在顶盖前横梁二维工法图样布局中，11 为 2/3 修边冲孔工序修边废料流向图，通过该图可以判断废料能否顺利滑出，废料切断刀的布置是否合理。12 为各工程作用线图例，在平面图上，这些规定有助于识别各线条表示的含义，达到快速读懂工法图的目的。13 为数模加工基准，由于工艺数模用片体表示，而覆盖件是有厚度的，有必要指明数模片体加厚的方向，否则加工时会出错。本例中加工基准在上侧，即片体对应的是拉延凹模一侧，加工时下模凸模部分相对于基准侧进行料厚的偏置。14 为各工序工件旋转角度，本例中三个工序的旋转角度一样。15 对应的是拉延工序顶杆布置图，它对拉延模顶杆布置起指导作用。

下面对二维工法图样布局中的内容加以说明。

1. 俯视图、主视图和左视图

俯视图、主视图和左视图是二维工法图中的三个基本视图。俯视图中涵盖了各工序的工作内容，如果各工序的冲压方向不一致，则要用不同的俯视图来表达。这三个基本视图表达的主要内容有：

1）数模基准点、CH 孔位置、各工序冲压方向和送料方向。

2）拉延工序的分模线、板料线、拉延筋和到底标记等。

3）修边冲孔工序的修边线、废料切断刀线、冲孔线、废料流向和分段修边的范围等。

4）翻边整形工序的分模线和整形范围等。

5）拉延工艺补充的形状，如前、后拉延压料面的形状以及左、右侧拉延压料面的形状。

数模基准点为车体坐标中的（X900，Y0，Z1150）。三个工序的冲压方向一致，以基准点进行旋转，绕 Y 轴转 $-164°$，绕 Z 轴转 $90°$。

图 2-25 所示为顶盖前横梁二维工法图中的俯视图，顶盖前横梁的工序内容均要在俯视图中表达出来。细读俯视图，并配合其他图示说明，才能明白各工法内容和三个工序工作内容的含义。

从图 2-25 中可以找到 1/3 拉延工序的要素，如分模线、板料线、CH 孔、到底标记和顶杆孔布置等。这些都是拉延模设计所需要的。顶杆孔的位置应尽量靠近分模线，拉延模的机械中心与基准点不重合。

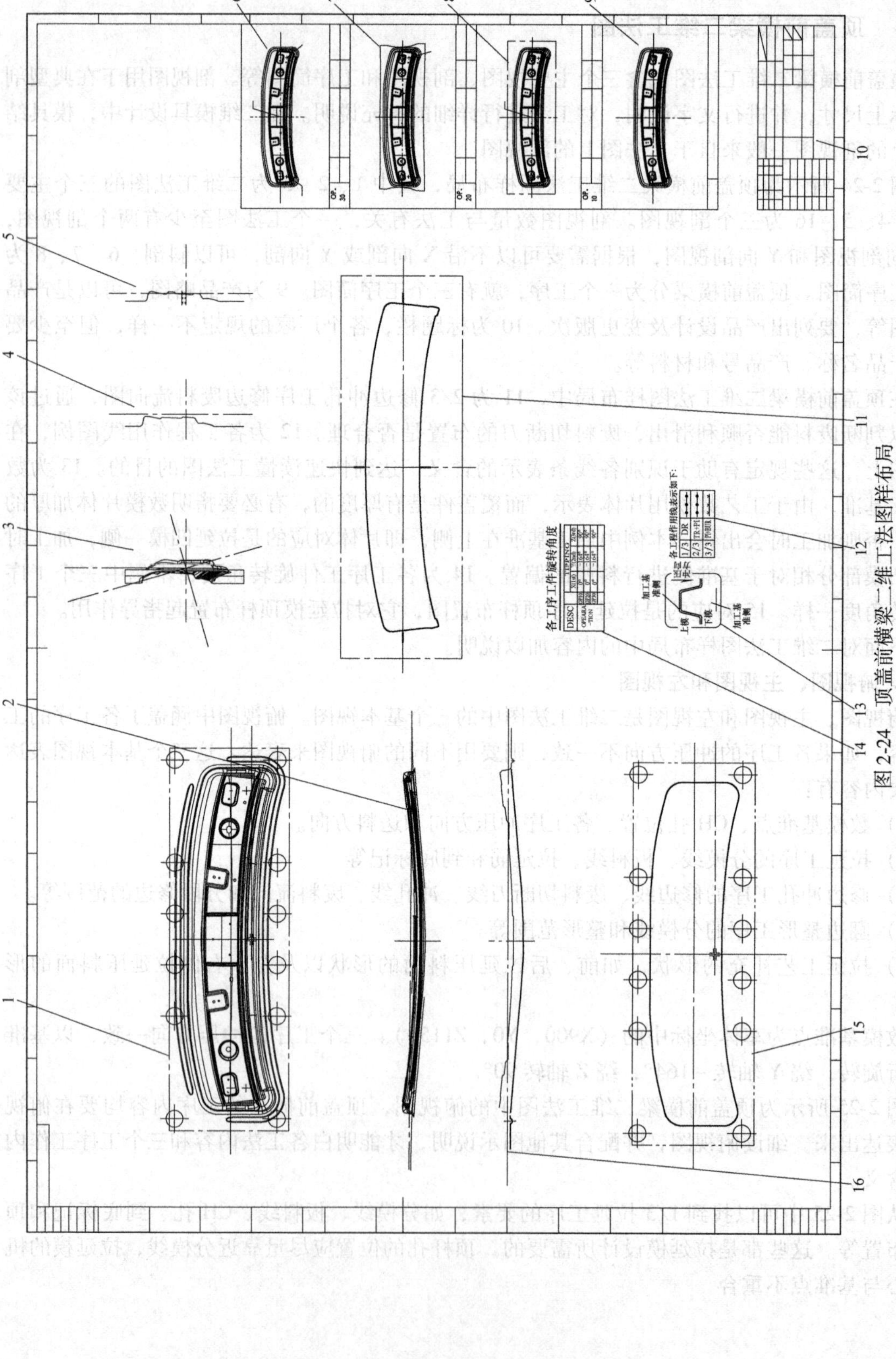

图 2-24　顶盖前横梁二维工法图样布局

1—俯视图　2—主视图　3—左视图　4—Y 向剖视图一　5—Y 向剖视图二　6—3/3 工序简图　7—2/3 工序简图　8—1/3 工序简图　9—产品略图　10—标题栏

11—2/3 修边冲孔工序修边废料流向图　12—各工程作用线图例　13—数模加工基准　14—各工序工件旋转角度　15—1/3 拉延工序顶杆布置图　16—X 向剖视图

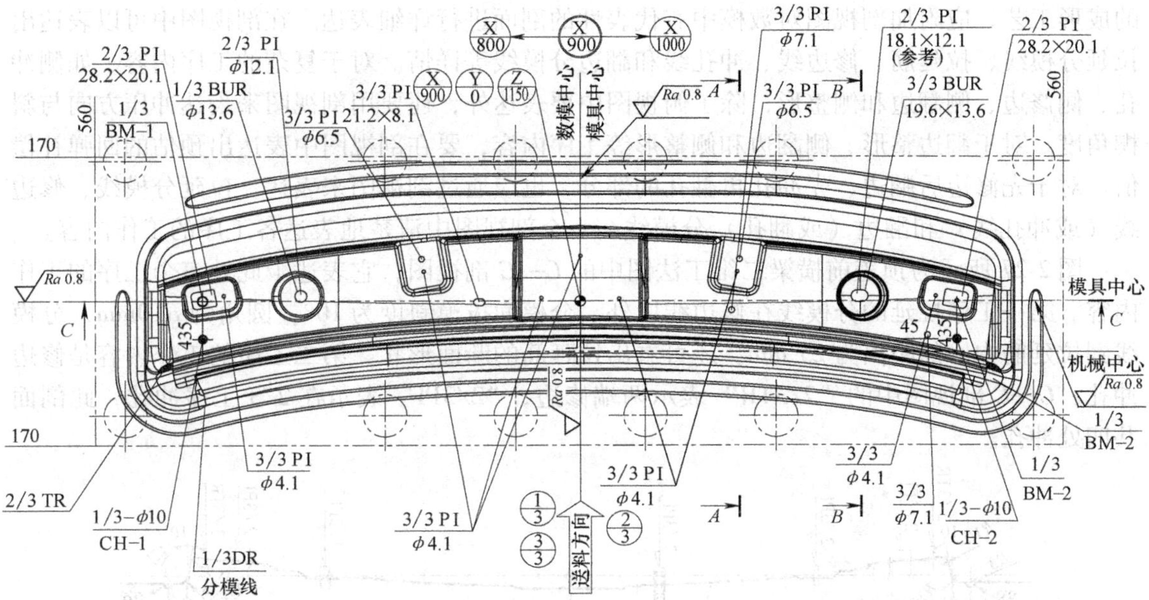

图 2-25　顶盖前横梁二维工法图中的俯视图

从图 2-25 中可以找到 2/3 修边冲孔工序的要素，如修边线、废料切断刀位置、冲孔轮廓及大小等，这些都是修边冲孔模设计所需要的。由于冲压生产时若切断冲孔凸模受磨损，则冲出的孔径会变小，因此根据技术协议，当冲孔直径为 20mm 以下时，冲孔凸模直径应加大 0.1mm。如 2/3PI－ϕ12.1，表示在在 2/3 工序冲此孔，产品图上的孔径为 12mm，但冲孔凸模直径按 12.1mm 设计。

从图 2-25 中可以找到 3/3 冲孔、翻孔工序的要素，如冲孔轮廓、翻孔轮廓等。由于零件上孔较多，2/3 工序要修完周边，修边轮廓细长，考虑到模具结构上的困难，无法在 2/3 工序冲完所有的孔，有必要将大多数冲孔移到第三工序。工法的布置一定要考虑模具结构是否可以实现，工法设计人员应有丰富的模具结构设计经验。

图 2-26 所示为顶盖前横梁二维工法图中的左视图，从左视图中可以看出旋转角度。这三个工序的冲压方向相同，它们的送料方向也是相同的。

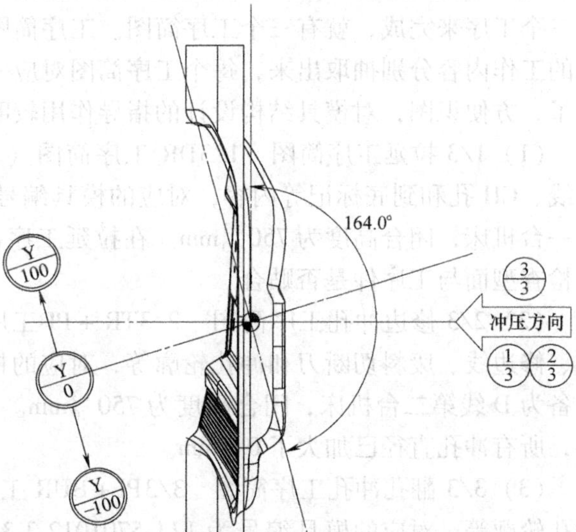

图 2-26　顶盖前横梁二维工法图中的左视图

2. 剖视图

仅俯视图不能完全表达覆盖件局部

的成形工艺，应附加剖视图对数模中有代表性的剖面进行详细表达。在剖视图中可以表达出拉延分模线、拉延筋、修边线、冲孔线和翻边分模线等详情。对于复杂的工序内容，如侧冲孔、侧修边、侧翻边和侧整形，除了俯视图中要表达外，还要用剖视图来表达冲压方向与斜楔角度。对于翻边整形、侧翻边和侧整形等工序内容，要在剖视图中表达出预估的回弹补偿值。对于先修边后翻边、先冲孔再翻孔的部分，也应通过剖视图来表达，拉延分模线、修边线（或冲孔线）和翻边（或翻孔）分模线在一个剖视图中清楚地表达各工序的工作内容。

图 2-27 所示为顶盖前横梁二维工法图中的 *C*—*C* 剖视图，它表达了此处三个工序的工作内容。第一工序拉延的分模线在修边线以外，分模面拔模斜度为 10°，圆角为 *R*10mm，分模线到拉延筋中心的距离为 25 mm，还可看出拉延筋的断面形状。第二工序的工作内容是修边冲孔，*C*—*C* 剖视图中的“2/3TR”表示两端修边，“2/3PI”表示在 2/3 工序冲孔，此剖面共四处冲孔。

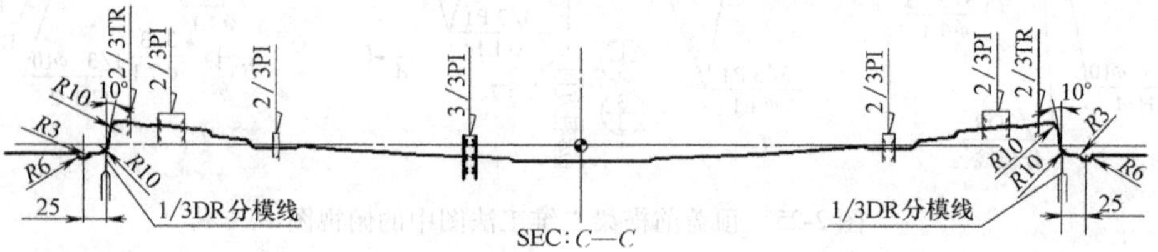

图 2-27　顶盖前横梁二维工法图中的 *C*—*C* 剖视图

3. 各工序简图

各工序简图把各工序的工作内容、设计要点等以平面图的形式分别表达。顶盖前横梁分为三个工序来完成，就有三个工序简图。工序简图其实是从二维工法图的俯视图中把每个工序的工作内容分别抽取出来，每个工序简图对应一副模具图。工序简图表达的内容相对简单明了，方便识图，对模具结构设计的指导作用较明显。

（1）1/3 拉延工序简图　1/3DR 工序简图（见图 2-28）表达了拉延工序的分模线、板料线、CH 孔和到底标记等内容，对应的模具编号为 L11-5701012-3-1 DR，使用设备为 D 线第一台机床，闭合高度为 750^{+3}_{0}mm。在拉延工序冲出 CH 孔，后续工序以这两个孔来定位，并检查型面与工序件是否贴合。

（2）2/3 修边冲孔工序简图　2/3TR + PI 工序简图（见图 2-29）表达了修边件大致轮廓、修边线、废料切断刀和冲孔轮廓等，对应的模具编号为 L11-5701012-3-2 TR + PI，使用设备为 D 线第二台机床，闭合高度为 750^{+3}_{0}mm。考虑到冲孔凸模在工作中会磨损，尺寸变小，所有冲孔直径已加大了 0.1mm。

（3）3/3 翻孔冲孔工序简图　3/3PI + BUR 工序简图（见图 2-30）表达了多个冲孔线和翻孔轮廓等。对应的模具编号为 L11-5701012-3-3 PI + BUR，使用设备为 D 线第三台机床，闭合高度为 750^{+3}_{0}mm。

4. 其他图示

图 2-31 所示为各工程作用线图例，图 2-32 所示为拉延工序顶杆布置图，图 2-33 所示为废料流向图。这些直接指导模具设计。对于复杂零件，工法图内容较多时，需要多幅图样才能表达清楚。

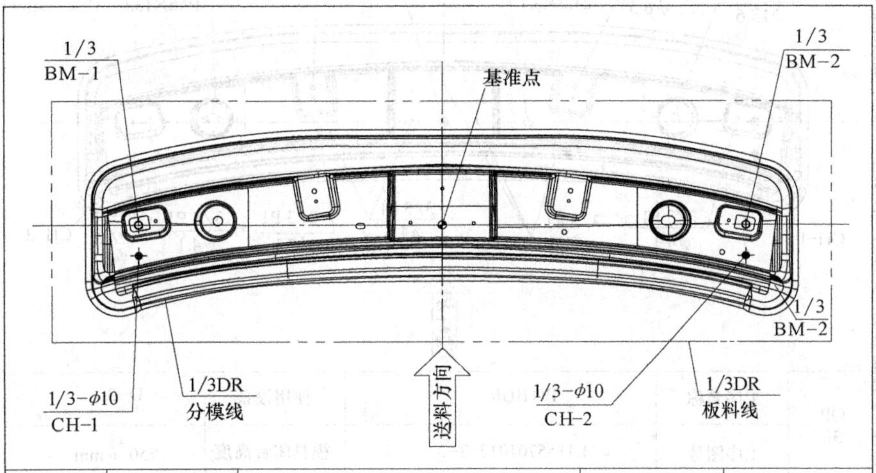

OP. 10	工序名称	DR	使用设备	D−1
	工序图号	L11−5701012−3−1	模具闭合高度	750^{+3}_{0} mm

图 2-28　1/3DR（拉延）工序简图

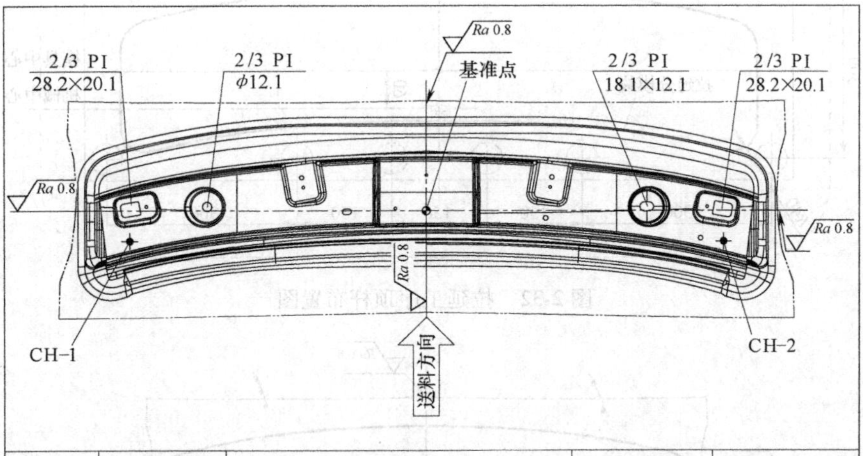

OP. 20	工序名称	TR+PI	使用设备	D−2
	工序图号	L11−5701012−3−2	模具闭合高度	750^{+3}_{0} mm

图 2-29　2/3TR + PI 工序简图

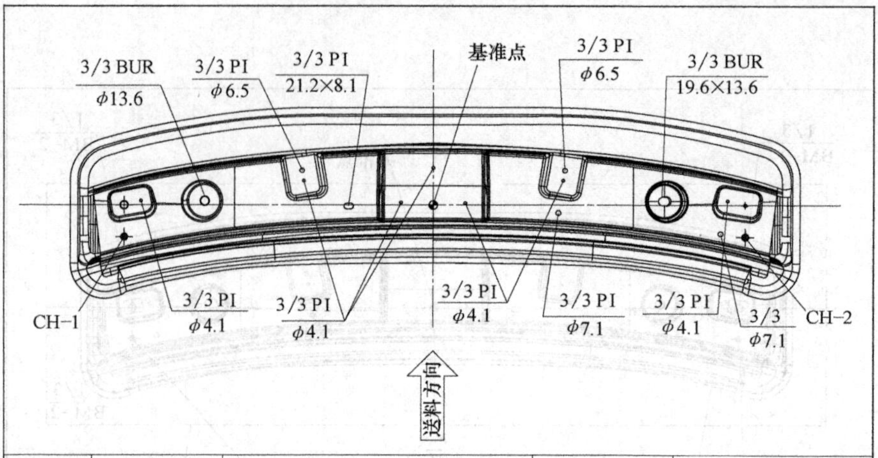

OP. 30	工序名称	PI+BUR	使用设备	D-3
	工序图号	L11-5701012-3-3	模具闭合高度	750^{+3}_{0} mm

图 2-30　3/3PI + BUR 工序简图

1/3	DR	
2/3	TR+PI	
3/3	PI+BUR	

图 2-31　各工程作用线图例

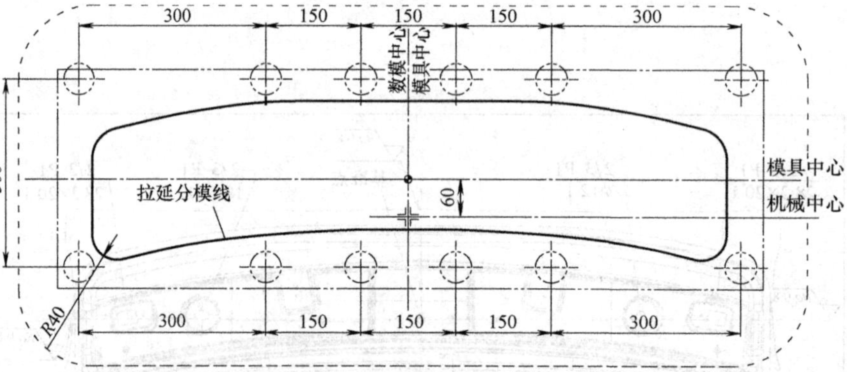

图 2-32　拉延工序顶杆布置图

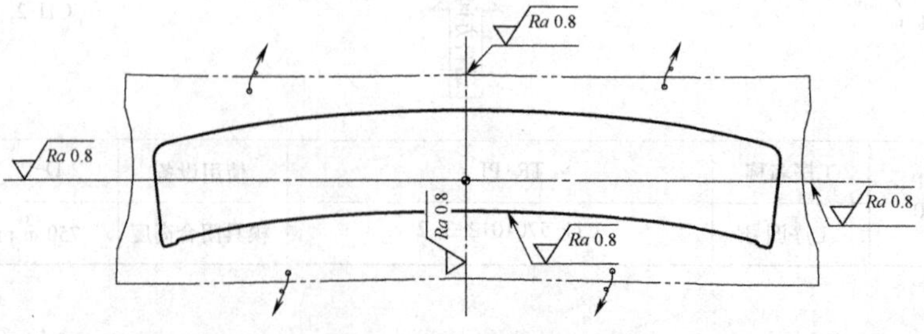

图 2-33　废料流向图

2.6 典型覆盖件工法示例

2.6.1 前挡板加强梁中加强板

1. 原始数模

零件名称为前挡板加强梁中加强板，零件编号为 L11-5300513，零件材料为 B170P1，料厚 $t=0.8$mm。B170P1 为宝钢材料牌号，是一种高强度冷轧钢，具有良好的冲压性能，同时有高的强度，其屈服强度不小于 170MPa。三维数模形式为片体，如图 2-34 所示。

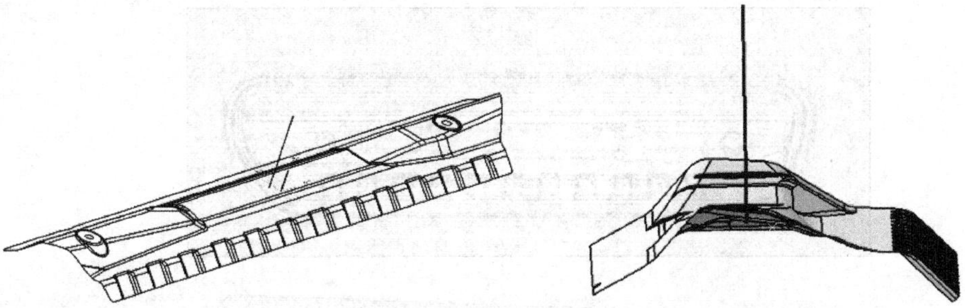

图 2-34　前挡板加强梁中加强板零件略图（不同视角观察）

2. 冲压工艺分析

该零件为典型的覆盖件，形状复杂，必须用拉延工序才能得到零件形状。零件尺寸约为 730 mm×115mm×32mm，材料为 B170P1，料厚 0.8mm，从材料来看用拉延工序来压出零件形状是合理的工艺。

前挡板加强梁中加强板左右两边都是斜的，图 2-35 所示为零件左视图。如果全部形状拉延之后再修边，图 2-35 所示的左右两侧的修边角度不能满足垂直修边要求，垂直修边时修边角度不能超过 20°，此处只能采用侧修边。一般情况下尽量不用侧修边，它会使模具结构复杂，增加制造成本，增加废料滑出难度，模具强度可能变弱。为了垂直修边，采取的办法是左右侧增加一个翻边工序，图 2-35 所示左右侧边界之外的形状依靠翻边得到，拉延工艺补充时把这两处沿冲压方向摆平，以便第二工序修边时能垂直修边，在第二工序修边冲孔，第三工序两处向下翻边。三道工序的冲压方向是相同的，为了便于拉延进料，图 2-35 所示的左右两边的角度不能相差太大。

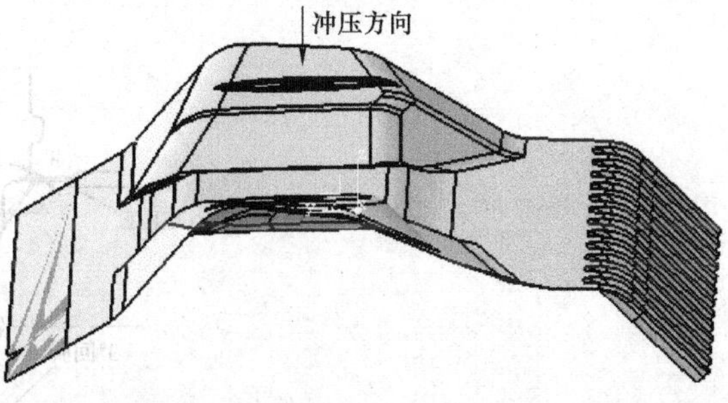

图 2-35　前挡板加强梁中加强板左视图

三道冲压工序内容分别如下：

（1）1/3DR　除了待翻边位置，其余形状全部拉延出来。

（2）2/3TR + PI　全周修边，并冲两个孔。

（3）3/3FL　两处向下翻边，并做出回弹补偿。

3. 工法图

图 2-36 所示为前挡板加强梁中加强板工艺数模，图中可以找到拉延分模线、板料线、修边线和工序工作坐标系等。图 2-37 所示为前挡板加强梁中加强板工法图中的 Y 向剖视图，2/3TR 指修边线位置，3/3FL 指翻边线位置；找到拉延分模线、修边线、翻边分模线和拉延筋中心线的位置，可以看出拉延、修边和翻边各工序的关系。为了增加进料阻力，该拉延工艺数模的拉延筋采用方形，而不是半圆形。另外，在图 2-37 中为了减少翻边工序回弹，还做了 3°的回弹补偿。

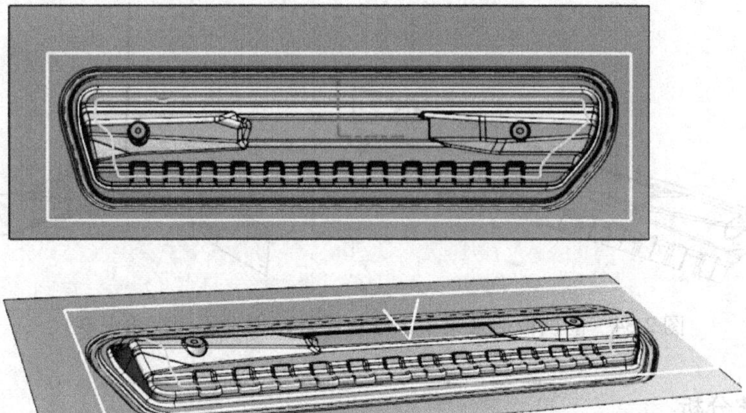

图 2-36　前挡板加强梁中加强板工艺数模（不同视角）

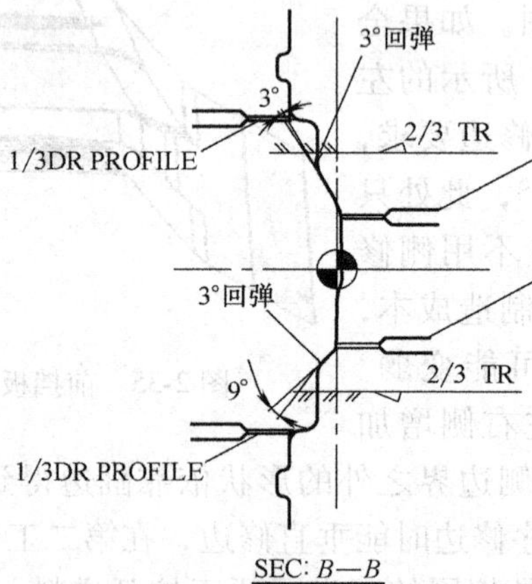

图 2-37　前挡板加强梁中加强板工法
图中的 Y 向剖视图（*B*—*B* 剖面）

图 2-38 所示为前挡板加强梁中加强板成形分析结果，大部分是安全的，在产品区域没有起皱、破裂等现象。safe 表示安全。

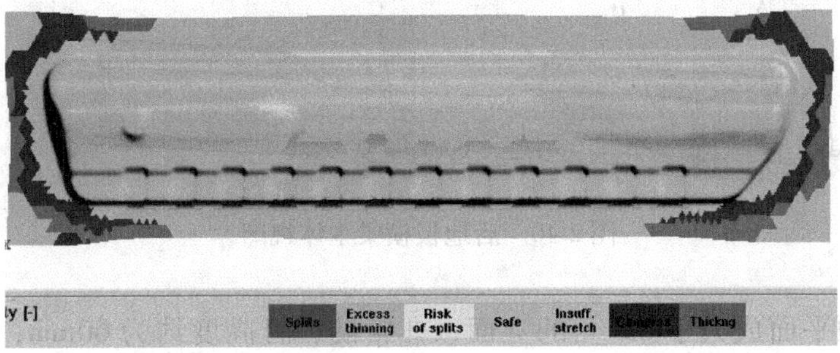

图 2-38 前挡板加强梁中加强板成形分析结果

2.6.2 后地板横梁本体

1. 原始数模

零件名称为后地板横梁本体，编号为 L11-5123121，材料为 B250P1，料厚 $t = 1.2$mm。B250P1 为宝钢材料牌号，是一种高强度冷轧钢，具有良好的冲压性能，同时有高的强度，其屈服强度不小于 210MPa。三维数模形式为片体。如图 2-39 所示。

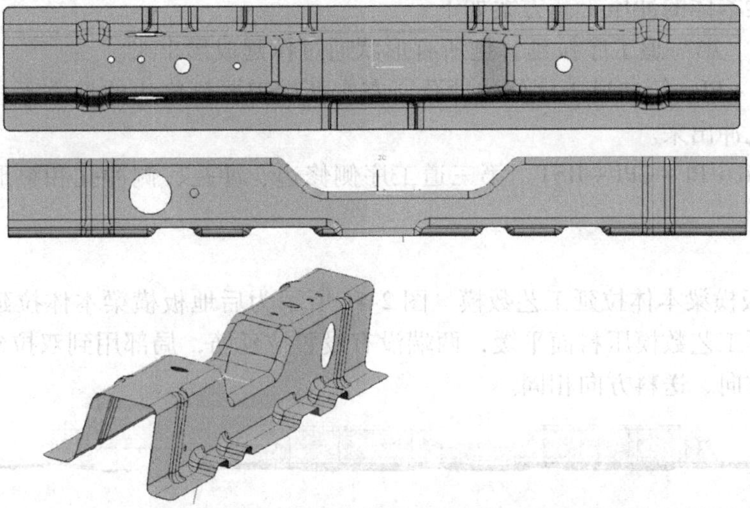

图 2-39 后地板横梁本体俯视图、主视图和轴测图

该零件为典型的覆盖件，形状复杂，中间为马鞍形，型面过渡急剧，必须用拉延工序才能得到零件形状。零件尺寸约为 736mm × 125mm × 62mm，材料为 B250P1，料厚 1.2mm，零件左右形状基本对称。

2. 冲压工艺分析

后地板横梁本体与一般梁类件相似，但也有不同之处。图 2-40 上标出了 A、B、C 三处，这三处是该零件冲压工艺上的重点和难点，其中 C 处呈马鞍形，型面变化急剧，成形时此处进料阻力相差太大，进料速度不一致，易起皱。

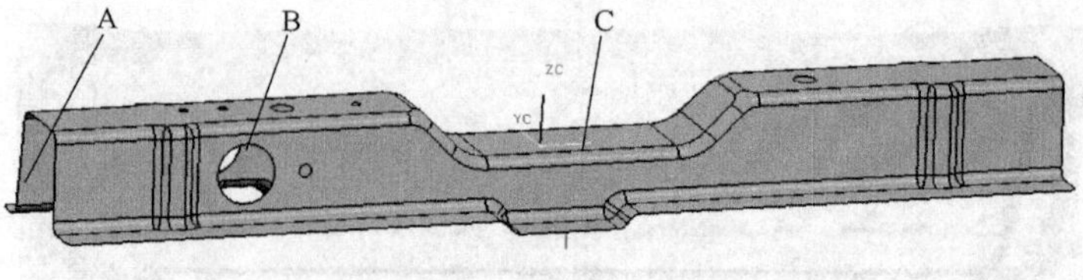

图 2-40 后地板横梁本体视图

A 处前后侧是与顶平面成大于 85°角的立面，非常陡，且高度约为 60mm，A 处无法垂直修边，必须用侧修边才能满足产品质量要求。

B 处前后侧面有两个大孔，孔位要求较高，需用侧冲工序同时冲出这两个孔。顶部有一些小孔，直接正冲就可以了。但 B 处侧冲和顶部正冲不能在同一工序中进行，否则会出现两者冲孔废料干涉的情况，废料堵在里面会胀坏冲孔凹模。故此零件至少需要三个工序才能完成。

C 处型面过渡急剧，与两侧进料速度差异很大，拉延时可能出现严重的起皱现象。此处的工艺补充是一个难点，包括压料面和拉延筋的设计。工艺补充除了需要工法设计者的冲压工艺经验外，还应通过有限元模拟分析来检验，通过多次 CAE 分析模拟对不同工艺方案进行优化。C 处压料面是光滑的曲面，它与压料面其他区域高度差小。如图 2-41 所示，C 处拉延深度小，进料容易，在其相应的压料面上加了两道拉延筋，以增加进料阻力。

后地板横梁本体的冲压工艺方案如下：

（1）1/3DR　第一道工序拉延，把所有形状通过拉延成形出来。

（2）2/3TR + PI　第二道工序修边冲孔，左右两端需要侧修边的地方不修，把与侧冲废料干涉的顶部孔冲出来。

（3）3/3CTR + PI + CPI + RST　第三道工序侧修边、冲孔、侧冲孔和整形，整形区域为 C 处前后法兰面。

3. 工法图

（1）后地板横梁本体拉延工艺数模　图 2-41 所示为后地板横梁本体拉延工艺数模三个基本视图。拉延工艺数模压料面平缓，两端没有设置拉延筋，局部用到双拉延筋。拉延与后续工序的冲压方向、送料方向相同。

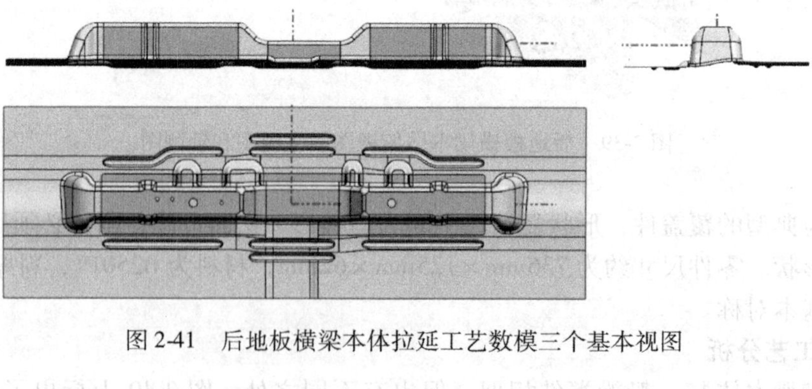

图 2-41　后地板横梁本体拉延工艺数模三个基本视图

（2）后地板横梁本体三个工序简图　各工序简图如图 2-42、图 2-43 和图 2-44 所示，根据前面学过的知识可以理解各工序图的含义。零件在一条冲压生产线上作业，闭合高度均为 750mm。

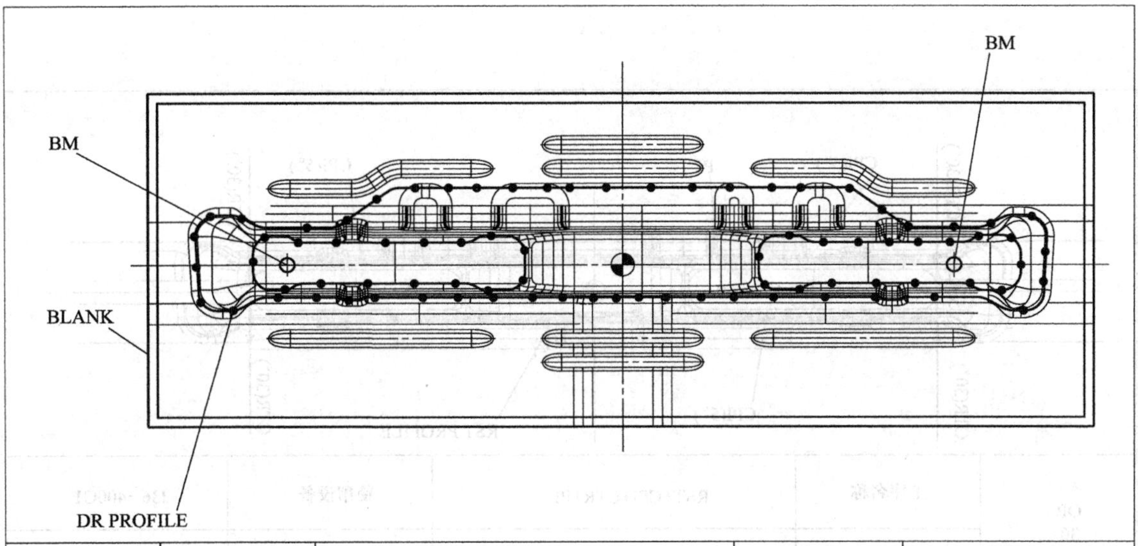

OP. 10	工序名称	DR	使用设备	J36－630E
	工序图号		模具闭合高度	750

图 2-42　后地板横梁本体 1/3DR 工序简图

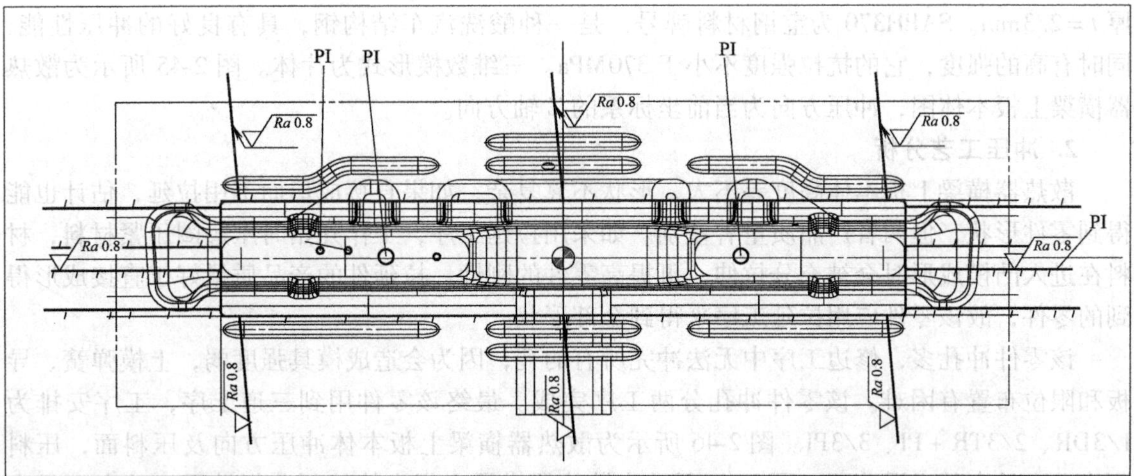

OP. 20	工序名称	TR+PI	使用设备	J36－400G1
	工序图号		模具闭合高度	750

图 2-43　后地板横梁本体 2/3TR + PI 工序简图

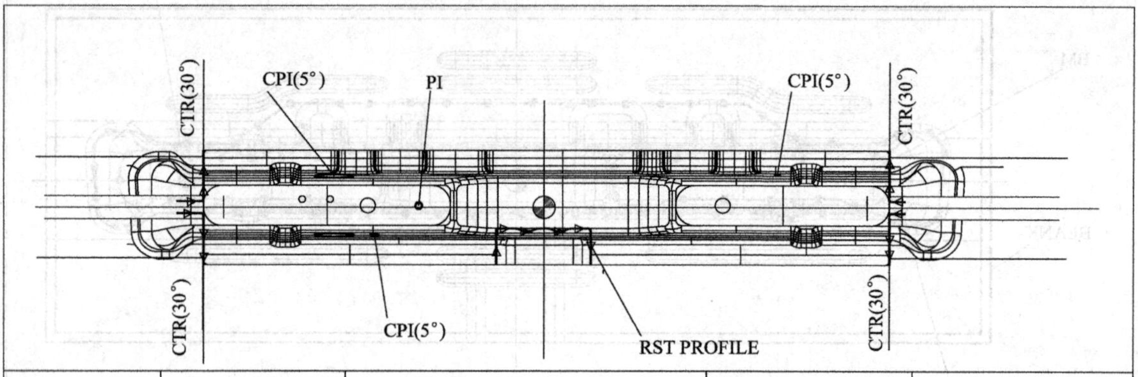

OP. 30	工序名称	RST+CPI+CTR+PI	使用设备	J36-400G1
	工序图号		模具闭合高度	750

图 2-44　后地板横梁本体 3/3CTR + PI + CPI + RST 工序简图

2.6.3　散热器横梁上板本体

1. 原始数模

零件名称为散热器横梁上板本体，零件编号为 L11-5100301，零件材料为 SAPH370，料厚 t = 2.3mm。SAPH370 为宝钢材料牌号，是一种酸洗汽车结构钢，具有良好的冲压性能，同时有高的强度，它的抗拉强度不小于 370MPa。三维数模形式为片体。图 2-45 所示为散热器横梁上板本体图，冲压方向为当前坐标系的 Z 轴方向。

2. 冲压工艺分析

散热器横梁上板本体高度差不大，形状不算复杂，如果直接成形而不用拉延，估计也能得到零件形状，但两者产品质量有差别。如采用拉延工序，工作开始时压边圈压紧材料，材料在进入凸模成形时会被充分拉伸，可提高零件的刚性，拉延件的产品质量好于直接成形得到的零件，故该零件应用拉延工序来得到全部形状。

该零件冲孔多，修边工序中无法冲完所有的孔，因为会造成模具强度弱，上模弹簧、导板和限位布置有困难。该零件冲孔分两工序完成。最终该零件用到三道工序，工序安排为 1/3DR、2/3TR + PI、3/3PI。图 2-46 所示为散热器横梁上板本体冲压方向及压料面，压料面为一个较大的光滑曲面。图 2-47 所示为散热器横梁上板本体拉延分析结果，基本上是安全的，能满足设计要求。

3. 工法图

（1）工艺数模　图 2-48 所示为散热器横梁上板本体工艺数模。从图中可以找到工作坐标、修边线、拉延分模线、拉延板料线和拉延筋等。

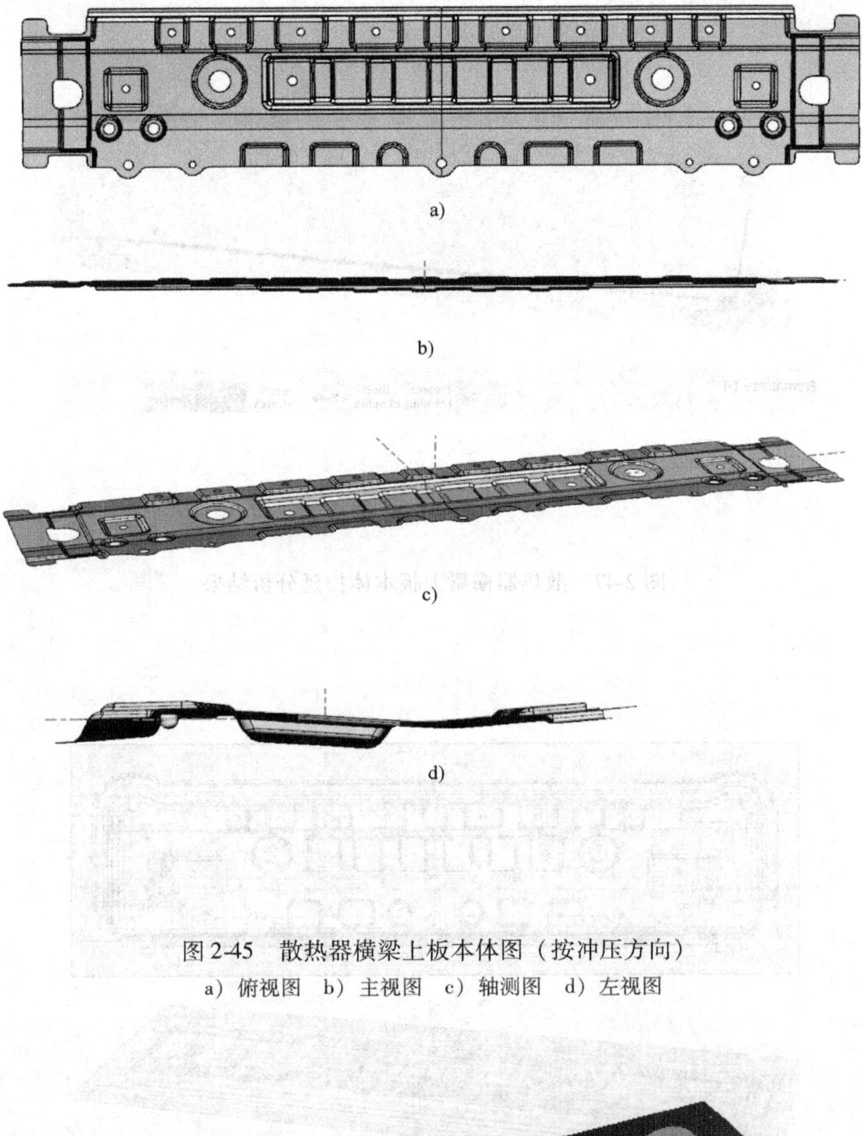

图 2-45　散热器横梁上板本体图（按冲压方向）

a）俯视图　b）主视图　c）轴测图　d）左视图

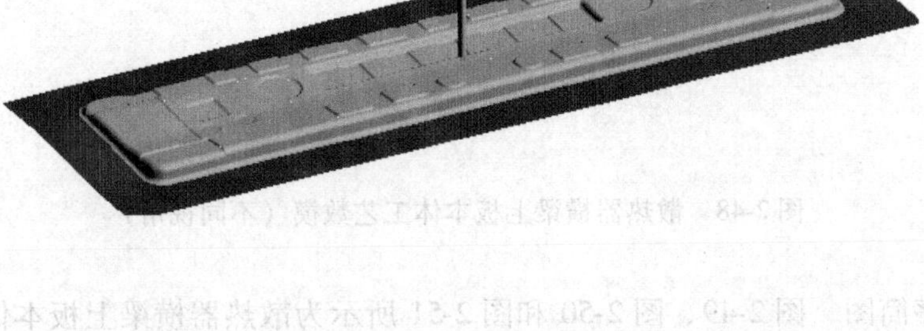

图 2-46　散热器横梁上板本体冲压方向及压料面

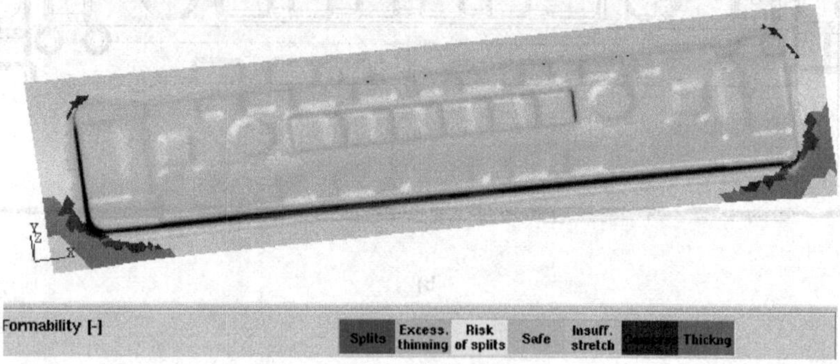

图 2-47　散热器横梁上板本体拉延分析结果

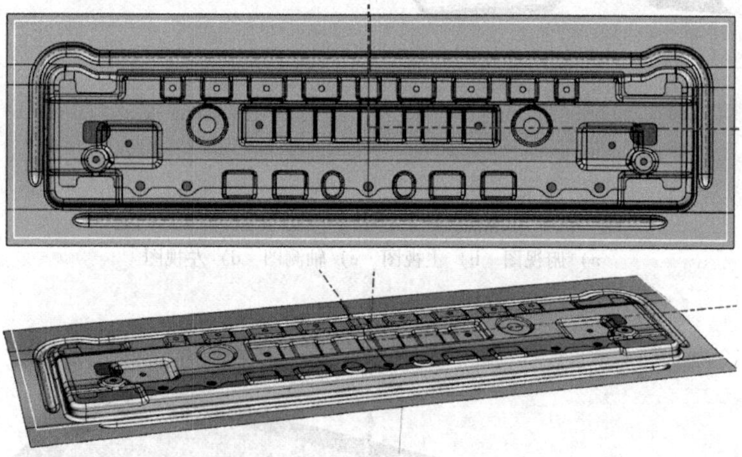

图 2-48　散热器横梁上板本体工艺数模（不同视角）

（2）各工序简图　图 2-49、图 2-50 和图 2-51 所示为散热器横梁上板本体的三个工序简图，根据前面学过的知识，可以理解各工序的工作内容，理解整个工法的内涵。

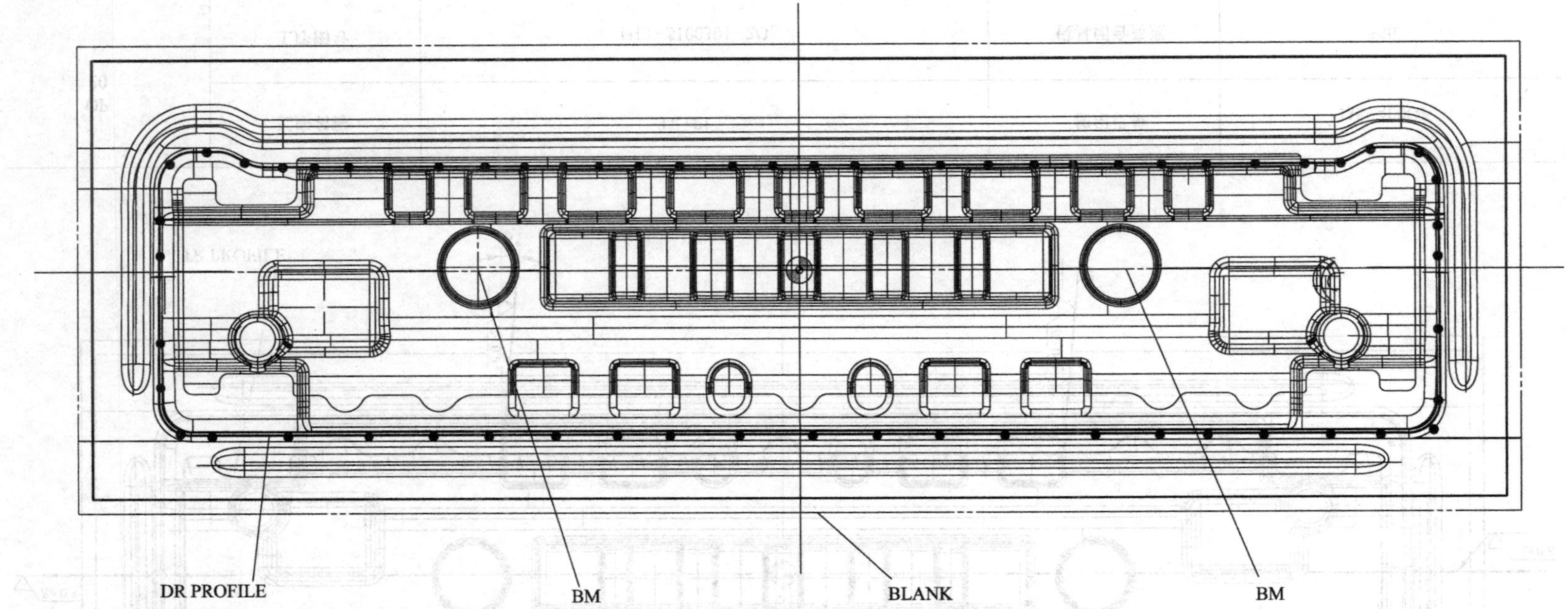

OP. 10	工序名称	DR	使用设备	J36-630E
	工序图号	H13-5100301-1/3	模具闭合高度	550

图 2-49 散热器横梁上板本体 1/3DR 工序简图

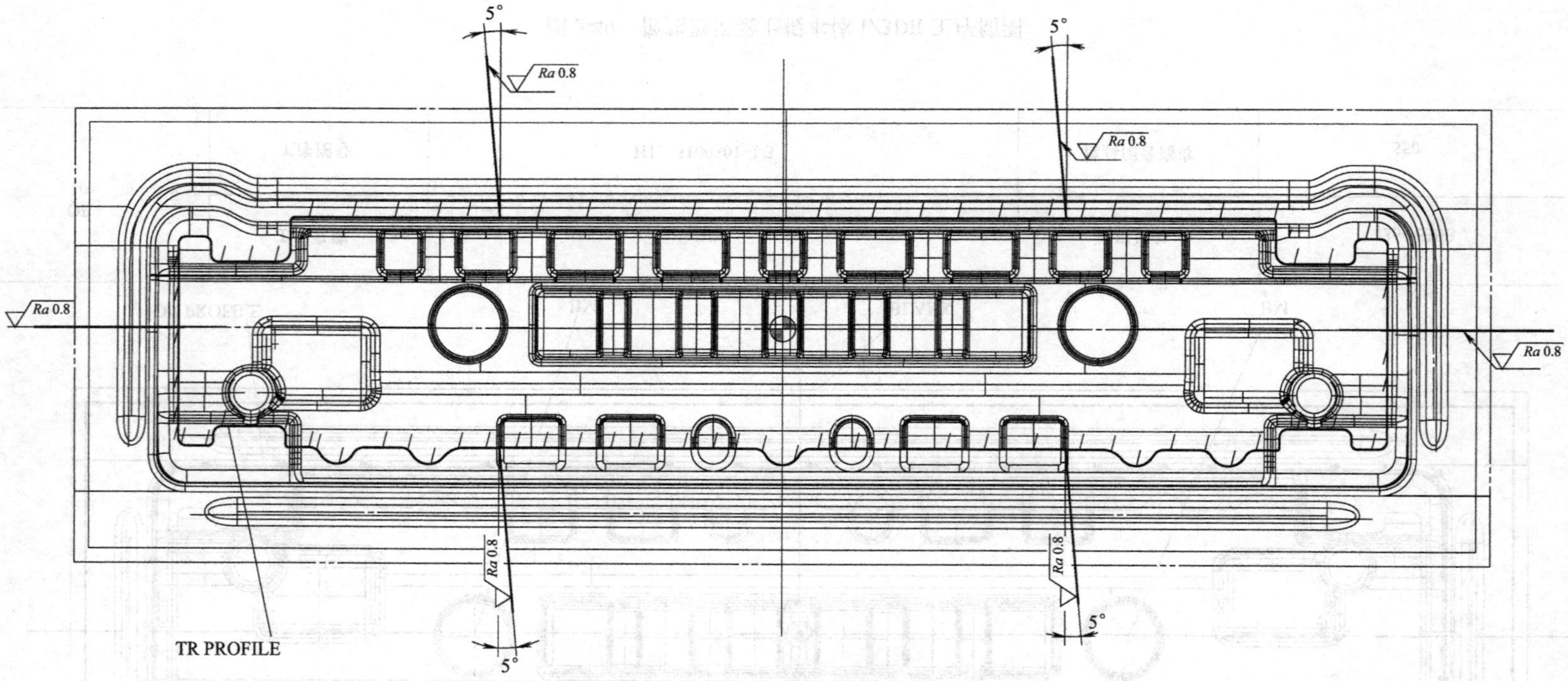

OP. 20	工序名称	TR+PI	使用设备	J36-400G1
	工序图号	H13-5100301-2/3	模具闭合高度	550

图 2-50　散热器横梁上板本体 2/3TR + PI 工序简图

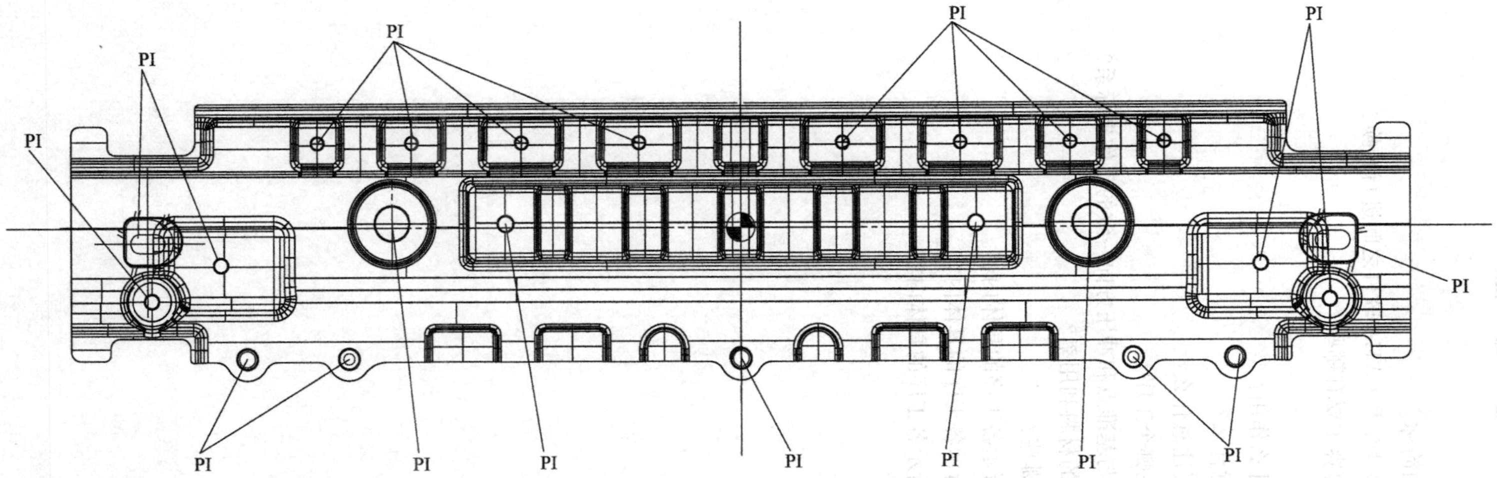

OP. 30	工序名称	PI	使用设备	J36-400G1
	工序图号	H13-5100301-3/3	模具闭合高度	550

图 2-51　散热器横梁上板本体 3/3PI 工序简图

思　考　题

1. 简要说明落料模与修边模的区别。
2. 说出覆盖件常用工序的中文名称和简称。
3. 如何对覆盖件（片体）三维数据在 UG 和 CATIA 软件之间进行转换？
4. 顶盖前横梁二维工法图中包含的内容主要有哪些？
5. 拉延筋在板件成形中起什么作用？
6. CAE 分析在覆盖件模具设计中有什么作用？
7. 在拉延工艺中压料面设计时应注意什么？
8. 确定覆盖件各工序的冲压方向时要注意什么？
9. 顶杆布置图和废料流向图通常用在哪个工序？
10. 如何在 UG 或 CATIA 软件中建立与基准点和冲压方向一致的工作坐标系？
11. 如何在拉延工艺设计中提高板件的材料利用率？
12. 覆盖件成形时常见的质量缺陷有哪些？
13. 说出图 2-28、图 2-29 和图 2-30 所示各工序的具体内容。
14. 说出图 2-42、图 2-43 和图 2-44 所示各工序的具体内容。
15. 说出图 2-49、图 2-50 和图 2-51 所示各工序的具体内容。

第3章 顶盖前横梁拉延模设计

20世纪80年代以来，计算机辅助设计（CAD）技术已经得到广泛的应用和快速发展，在模具设计和制造中也显示了巨大的优越性。随着汽车工业的飞速发展，传统的二维CAD技术已经不能满足企业对模具开发周期、质量和成本的要求。目前，许多模具制造和生产商都已经广泛应用三维实体设计技术，在模具的开发周期缩短、质量提升和成本降低等方面有着很明显的优势。

三维实体设计能够直观地反映设计的真实状态，使生产加工者能更清楚准确地理解设计者的真正设计意图，方便生产员工识图及加工。三维实体设计通过运动模拟和干涉检查等分析手段，在设计阶段就能避免以往生产制造中才能发现的问题。另外，三维实体设计技术还可以进行CAE分析，从而指导和优化工艺方案，如拉延模成形模拟分析、回弹补偿分析和修边的展开分析等。同时，利用三维实体设计可以进行三维实体数控加工，直接按三维实体图样进行编程和泡沫实型加工，可以缩短工期，保证质量。但三维实体设计包含的数据量大，计算机配置要求相对较高，且改动速度慢。

目前国内外三维模具设计主要使用UG、CATIA、ProE和SolidWorks等CAD软件。每种软件各有其特点。本书以UG软件进行三维设计。为了简化设计，三维设计时未用到UG的装配功能，而是在一个部件中进行建模操作，对不同的模具部件按不同图层进行管理。

3.1 工作任务

本项目的工作任务是根据工法图等已知条件进行三维设计，设计出顶盖前横梁拉延模。产品名称为顶盖前横梁，产品编号为L11-5701012，模具编号为L11-5701012-1-3-DR。

下面对工艺数模、工作台和技术要求等已知条件进行分析以便于下一步设计。

3.1.1 原始拉延数模

拉延模的原始数据有拉延工艺数模、压料面工艺数模（分模线处没有圆角）、分模线和板料线等，这些要素可以从工法图中得到。工法图包括二维和三维两部分。二维部分主要是二维平面图形式，它表达零件的冲压方向、数模基准点、送料方向、各工序内容、特征曲线、三维数据在各方向上的投影、断面图、局部详情、使用机台和模具闭合高度等，适合打印和看图。而三维部分提供了在三维空间中的拉延工艺原始数据，用三维模型表达。两者是相互关联的，相互补充说明。

分模线是拉延模凸模与压边圈的分界线。板料线是拉延模生产用平板的外轮廓，多为矩形。压料面工艺数模主要用于压边圈的生成。本例中板料线尺寸为0.8mm×1 120mm×340mm，为长方体，材料为DC03，料厚为0.8mm。用UG软件进行三维设计时常用图层进行管理，表3-1列出了该拉延模前期处理用到的图层。

表 3-1　前期图层管理

对象类型	图层名	图层内对象描述	备　注
工艺数模	9	覆盖件产品数模	客户给定的原始数模
	10	分模线、工艺数模边界线	三维曲线
	11	拉延模工艺数模	待延长和缝合
处理好的工艺数模	13	板料线、板料线外偏 10mm 线、分模线	已投影到 XY 平面上
	14	处理好的拉延工艺数模	已延长和缝合
	15	处理好的压料面工艺数模	已延长和缝合
	16	三条模具中心线	X、Y 和 Z 轴基准线
工作台	30	上工作台	
	31	下工作台	
原始坐标	250	车体坐标系中的分模线、板料线	
垃圾	255	不需要的元素	

认识工法图中的原始工艺数模，涉及的图层有 9、10 和 11。本项目中图层 9 对应顶盖前横梁原始零件数模，且表达了片体加厚的方向。图层 10 对应未整理的分模线和工艺数模边界线，为空间的三维曲线。图层 11 对应未整理的拉延工艺数模，还有三条相互垂直的中心线，以此来确定数模基准点、数模坐标及模具中心线。经简化处理后，数模基准点移到模具中心点位置，X、Y 和 Z 向三条模具中心线与绝对坐标重合。图 3-1 所示为原始拉延工艺数模，其中的三条直线与过模具中心的 X、Y 和 Z 三条轴线重合。

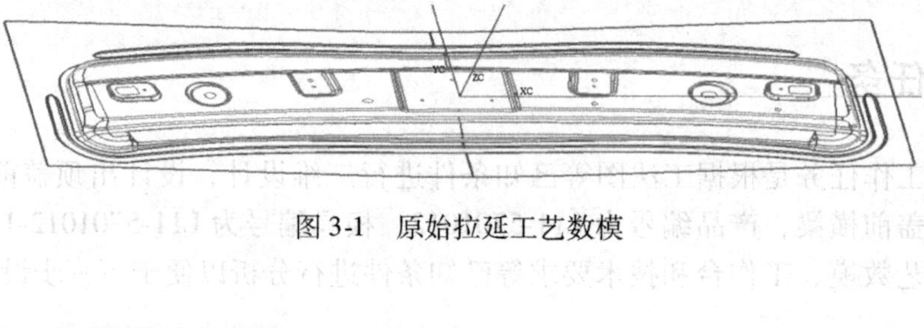

图 3-1　原始拉延工艺数模

3.1.2　拉延工艺数模的处理

处理后的拉延工艺数模，涉及的图层有 13、14、15 和 16。图层 13 对应的是投影到 XY 平面上的板料线和分模线等，图层 14 对应的是处理好的拉延工艺数模，图层 15 对应的是处理好的压料面工艺数模（分模线处没有圆角），图层 16 对应的是三条模具中心线。图 3-2 所示为拉延模设计用到的曲线，从内向处依次为分模线、板料线和板料线外偏 10mm 线。这些要素经过以下处理才能得到。

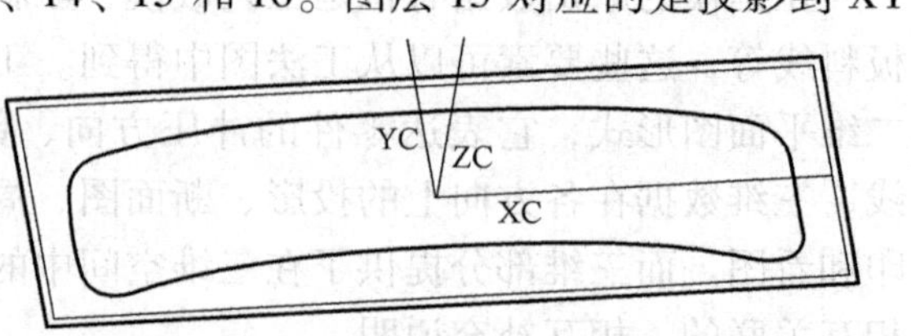

图 3-2　拉延模设计用到的曲线

1. 工艺数模曲面外延

覆盖件一般要通过拉延、修边等多道工序得到。拉延工艺数模是对原始数模进行处理后得到的，它既要保证成形上安全可靠，又要确保工序设置合理和板材尽量节省。为了方便三维设计，拉延工艺数模外围尺寸应比板料线外围尺寸单边大至少 400mm，因为复杂曲面在大致偏置后其外围尺寸有可能缩小，导致无法对实体进行裁剪。

2. 工艺数模曲面合并

原始曲面是很多个碎面，实体设计时要把这些数模曲面缝合起来。要求这些曲面缝合后能裁剪实体。如果工艺数模曲面的质量不好，则要经过若干处曲面处理，才能把所有曲面缝合起来，增加了前期设计的工作量。这就要求工法设计时保证这些工艺数模曲面的质量，为模具结构设计节省时间。

3. 分模线合并

分模线在后面的模具实体构建中经常要用到。分模线在前期设计中就应合并起来。如果曲线的质量不好，要进行人工分段处理后再进行合并。得到的分模线可以通过“拉伸实体”命令检查其是否有问题。

3.1.3　工作台

拉延模常用的机床为机械压力机和液压机。大多数大中型冲压设备在下工作台上设有垫板，称为下工作台垫板。该拉延模使用的设备为 XP2CEF-500C 四柱液压机，下工作台垫板尺寸为 3 000mm × 1 500mm，T 形槽的上、下宽度分别为 28mm 和 48mm，顶杆过孔为 ϕ40mm。上工作台 T 形槽的位置同下工作台。

本任务中机床上工作台实体放入图层 30，下工作台垫板实体放入图层 31。与拉延模有关的是下工作台垫板 T 形槽位置及下工作台顶杆孔位置。目前国内的机床工作台相邻顶杆孔的间距在 X 向、Y 向多是 150mm，工作台中心无顶杆孔。图 3-3 所示为下工作台垫板实体图。图 3-4 表达了下工作台垫板的详细结构。

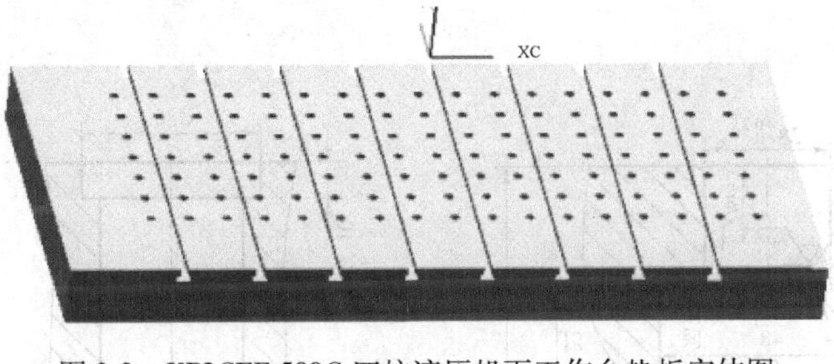

图 3-3　XP2CEF-500C 四柱液压机下工作台垫板实体图

3.1.4　工作坐标的确定

拉延模设计是复杂的三维设计。拉延模设计中最好把绝对坐标系作为工作坐标系，模具中心选在数模基准点，这样会大大简化三维设计工作，也是非常重要的一步。

本项目经简化处理后，数模基准点已移到模具中心点位置，X、Y 和 Z 向三条模具中心线与绝对坐标系的轴线重合。图层 250 对应的坐标系是车体坐标系，它表达的是单独的汽车零件在整车坐标系中的位置。可以把原始坐标中的元素通过 UG 软件“变换”命令中的“重定位”功能移到绝对坐标系，从工序坐标系移到绝对坐标系。图层 16 对应的是三条中心线，即以下设计中用到的 X 轴、Y 轴和 Z 轴三条轴线。

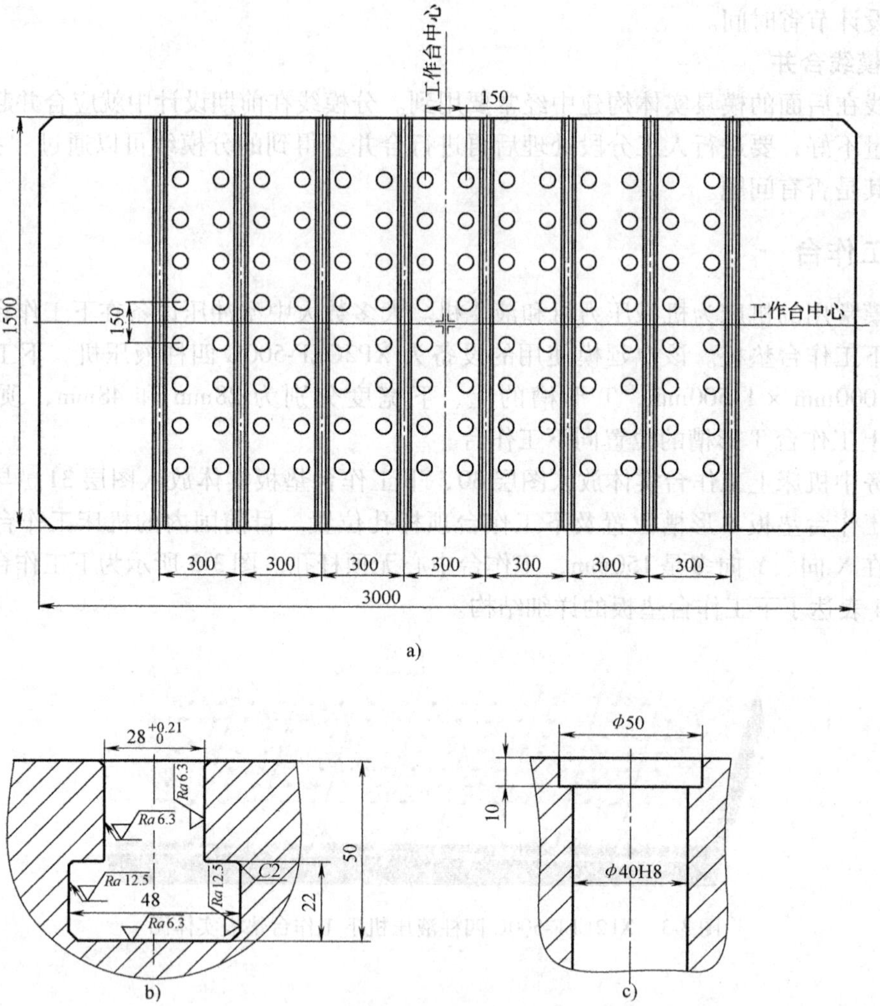

图 3-4 XP2CEF-500C 四柱液压机下工作台垫板二维图

a）下平面图 b）T 型槽断面图（上下工作台相同） c）下工作台垫板上顶杆过孔断面图

3.1.5　本项目的技术要求

汽车覆盖件模具客户多是汽车主机厂，在模具开发合同中是甲方。模具客户会跟模具供货方签订项目开发的技术协议、保密协议等，同时会提出许多具体的设计规范或称技术要求。在设计之前，模具供货方应全面理解项目技术要求的具体内容，逐条分析，如果在实施过程中确有困难，则要提前向客户反馈。模具供货方和客户在开发前期反复沟通、协调和实地考察，做好技术对接，后期的模具开发工作才会少走弯路。

模具客户的技术协议需要更多地依托行业标准和企业标准。各个模具企业有自己的设计标准，这些标准的内容也是大同小异。不少模具企业在国内横向联合，在国外开拓市场，满足过不同客户的模具设计标准要求，对设计标准有很深的认识。

依照技术要求，顶盖前横梁拉延模在人工线上生产，闭合高度为750mm。拉延模工作部分材料为MoCr铸铁。型面壁厚为50mm，主筋厚度为40mm，副筋厚度为30mm。

3.2　相关预备知识

3.2.1　铸件筋条

覆盖件模具主体部分绝大多数为铸件。制造覆盖件模具中的铸件部分时，先做出泡沫实型，要考虑铸件收缩率和铸件加工余量，然后进行浇铸。拉延模工作部分用到的材料有MoCr铸铁、GM241、GM246（日本的合金铸铁，相当于我国的MoCr铸铁）和QT600-3等，修边模工作部分用到的材料有7CrSiMnMoV，翻边整形模工作部分用到的材料有7CrSiMnMoV、MoCr铸铁、GM241和GM246。以上模具基座部分多采用HT300，模座、压料板有时也用到铸钢（如ZG310-570）。

覆盖件模具的工作曲面部分称为型面，由于是复杂曲面，需要在数控机床上进行加工。由于型面所对应的数模需用三维模型才能表达，因此也常称为三维型面。型面壁厚一般大于其他筋条的厚度。不同的项目壁厚要求不同，型面壁厚常取50mm、55mm或60mm。冲压生产纲领越大，对模具使用寿命要求较高，壁厚会适当加大；对于厚板或高强度板来说，拉延成形力大，壁厚会适当加大。型面壁厚大，意味着模具材料成本高。

覆盖件模具主体部分一般铸出，其工作部分和功能面应铸出形状，其余部分是可以掏空的，中间用各种筋条把铸件连起来，类似框架结构。在工作中起重要作用并承受较大载荷的筋条称为主筋，其余筋条称为副筋。主筋厚度一般大于副筋厚度。

图3-5所示为顶盖前横梁拉延模X向剖视图，图3-6所示为顶盖前横梁拉延模Y向剖视图。图3-5中A为型面壁厚，B为主筋壁厚，C为副筋壁厚。本项目型面壁厚A取50mm，主筋B取40mm，副筋C取30mm。可以看出，上下模分模线位置对应的筋条是主筋，厚度取40mm，因为分模线处拉延材料流动大，拉延材料变形急剧，受力大。

3.2.2　模具按大小分类

设计模具时，要考虑到拉延工序件（简称拉延件）的大小，拉延件大小不同，模具大小也会不同，在模具设计上会有差别。如模具大小相差较大时，它们的起吊、端头和定位等都会有差异。汽车覆盖件模具按大小进行的分类，目前没有统一的划分标准，表 3-2 仅供参考。

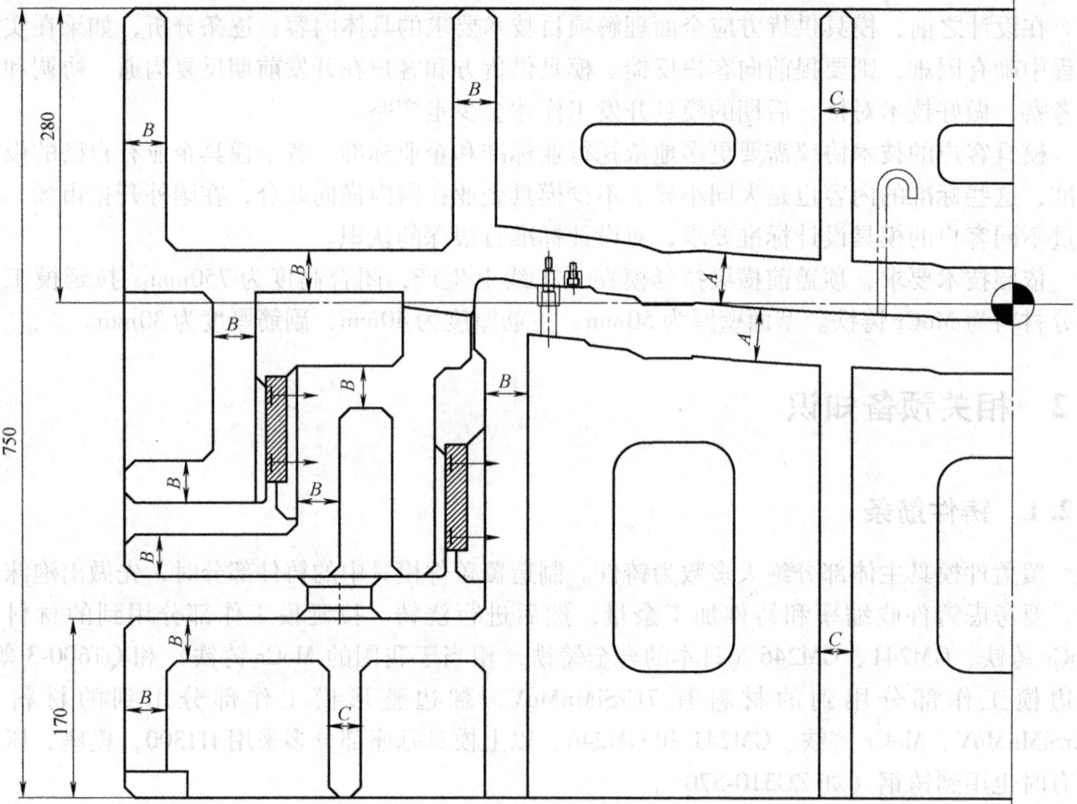

图 3-5 顶盖前横梁拉延模 X 向剖视图

3.2.3 UG 图层管理

本书以 UG 软件为平台介绍模具的三维设计。用到的操作命令大都在建模模块下，如“实用工具”、“成形特征”、“联合体”、“裁剪体”和“曲线”等工具栏中的命令。用到的 UG 知识也是比较常见的知识，如创建草图再拉伸，然后实体间求和或求差。建议用草图创建实体，以便可以随时进入草图对轮廓进行修改。

对于模具的实体部分，模具企业有自己的涂色标准，对上下模座、压边圈（压料板）、各加工平面、三维型面、二维轮廓线、导滑面、导板安装面、安全部件、标准件、自制件以及多个在一起的镶块等有不同的涂色要求。这样方便了模具识图和图样管理。用 UG 进行三维设计时，对模具各要素通过图层进行管理，一般模具企业有自己的图层管理标准。除了表 3-1 中的前期图层管理外，表 3-3 列出了顶盖前横梁拉延模设计中用到的其他图层，三维设计时将遵循这些图层规定。

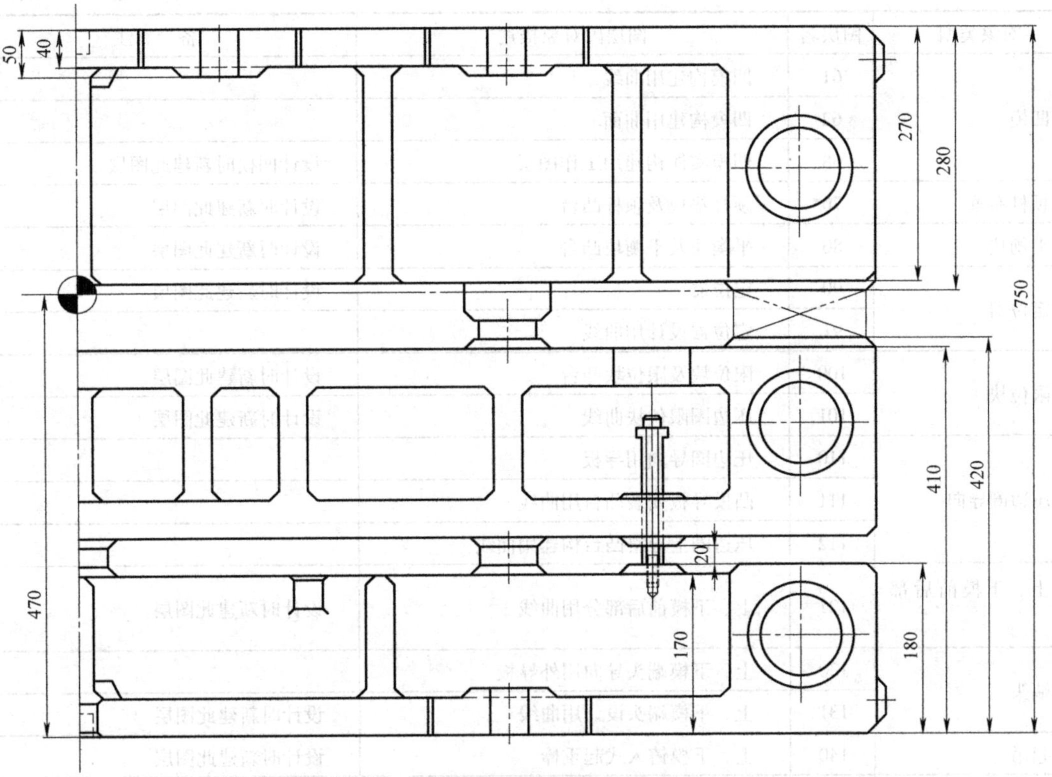

图 3-6　顶盖前横梁拉延模 Y 向剖视图

表 3-2　模具按大小进行的分类

模具类别	外形尺寸
小型模具	长 + 宽≤2 400mm，且长≤1 500mm
中型模具	2 400mm < 长 + 宽≤3 200mm，且长≤2 300mm
大型模具	3 200mm < 长 + 宽≤4 500mm，且长≤3 000mm
特大型模具	4 500mm < 长 + 宽

表 3-3　顶盖前横梁拉延模设计图层管理规定

对象类型	图层名	图层内对象描述	备　注
凸模	41	凸模构建用曲线	
	42	凸模构建用曲面	
	43	凸模布置用曲线	
	48	凸模实体构建用工作图层	设计凸模时新建此图层
压边圈	51	压边圈构建用曲面	
	52	压边圈构建用曲线	
	53	压边圈掏空、筋条用曲线	
	58	压边圈实体构建用工作图层	设计压边圈时新建此图层

（续）

对象类型	图层名	图层内对象描述	备　注
凹模	61	凹模构建用曲线	
	62	凹模构建用曲面	
	68	凹模实体构建用工作图层	设计凹模时新建此图层
顶杆布置	70	顶杆垫块及顶杆凸台	设计时新建此图层
平衡块	80	平衡块及平衡块凸台	设计时新建此图层
定位器	90	定位器	设计时新建此图层
	91	定位器设计用曲线	
限位块	100	限位块及限位块凸台	设计时新建此图层
	101	压边圈限位块曲线	设计时新建此图层
压边圈导向	110	压边圈导向用导板	
	111	凸模导板安装凸台用曲线	
	112	压边圈上导滑凸台构建用曲线	
上、下模前后部分	121	上、下模前后部分用曲线	设计时新建此图层
端头	130	上、下模端头导向用外导板	
	131	上、下模端头设计用曲线	设计时新建此图层
起吊	140	上、下模铸入式起重棒	设计时新建此图层
压边圈安全限位	160	压边圈上的限位螺栓组件	设计时新建此图层
	161	压边圈上的安全限位用曲线	设计时新建此图层
安全防护板	170	下模安全防护板	
连模板	180	连模板	设计时新建此图层
	181	构建连模板用曲线	
托料架	190	托料架	
	191	托料架凸台构建用实体和上模避开用曲线	

3.2.4　其他

1. 大加工平面应做成多个圆形凸台

实型泡沫制作简便，改动容易，成本低。当从实型泡沫得到铸件后，如出现质量问题，则后面整改很困难。前期的实型泡沫制作对整个模具制造影响重大。设计模具时要考虑到铸件的材料成本和加工成本。如铸件上需要用到大平面时，一般不进行整个平面加工，而是以多个圆形凸台来代替。大平面铸出后不用加工，在这些大平面上做出高为 5mm 或 10mm 的凸台，只对这些凸台进行机械加工。这在覆盖件模具中非常普遍。

2. 拉延模材料

拉延模工作部分分为凸模、凹模和压边圈三大块。拉延模下模座和凸模视情况可以分开，这时下模座部分采用 HT300 等普通铸铁。当板材厚度不超过 1.5mm 且不是高强度钢板时，拉延模工作部分采用铸件，否则要镶钢块。拉延模工作部分常用到的材料有 MoCr 铸铁、GM241、GM246 和 QT600-3 等。此处拉延模凸模和下模座合在一起，凸模就是下模座，其材料为 MoCr 铸铁。MoCr 铸铁是一种含有 Mo、Cr 的合金铸铁，淬火性好，热处理后硬度可达到 52HRC 左右。

3. 模具铸字

覆盖件模具外形上应铸字，这些字在泡沫实型制作时就应贴上。不同的客户有不同的铸字标准。图 3-7 所示为模具铸字示例，如 A 区（下模座前侧下部）的贴字范例为：L11-61158/68-L/R-1/3-DR　GM241，L/R 表示左右件共模。图 3-7 中的“F”表示模具前面，“F”用泡沫割出。E 区模具铭牌凸台尺寸为 175mm × 50mm，凸出侧面 5mm。F 区顶杆布置铭牌凸台尺寸为 145mm × 95mm，凸出前端 5mm。侧面箭头表示送料方向。表 3-4 列出了拉延模贴字内容。

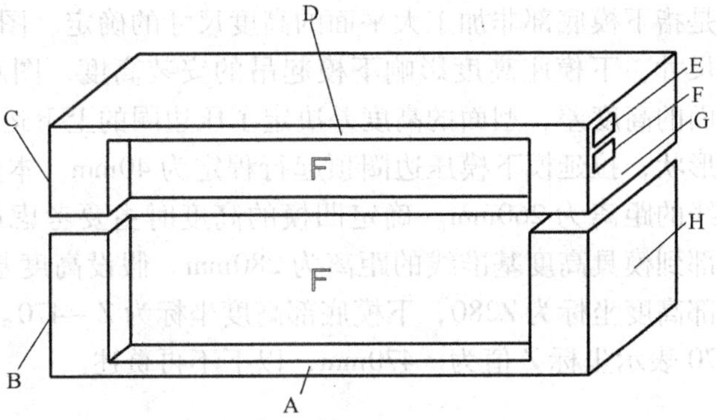

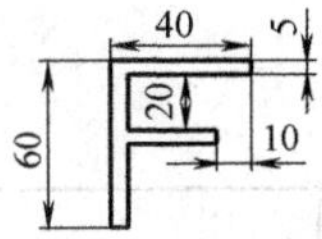

图 3-7　模具铸字示例

表 3-4　拉延模贴字内容

序　号	贴 字 内 容
A	车型 + 件号（ + L/R） + 工序号 + 工序名称 + 材质
B	生产厂家标记
C	车型
D	车型 + 件号 + 工序号 + 工序名称 + 材质
E	模具铭牌
F	顶杆布置铭牌
G	上模质量（UW）
H	下模质量（LW）及总质量（TW）

3.3　模具总体规划

模具的外形尺寸决定了模具的质量。在模具结构初步确定的情况下，模具的长和宽在设计前期可以估算一下。一般来说，覆盖件模具报价以模具外形尺寸为基础预估得到。

3.3.1　模具各部分高度

拉延模的闭合高度一般在工法图中已确定下来。根据前面学过的冲压知识，模具的闭合高度应介于机床的最大封闭高度和最小封闭高度之间。覆盖件模具多是成线生产，上线的模具闭合高度是受限制的，可以作一个统一规定，以免在频繁换模时闭合高度调整太大，加大换模工作量。本例工法图规定，拉延模闭合高度按750mm设计。

此拉延模从上到下分为凹模、压边圈和凸模三部分。在闭合高度确定的情况下合理设计模具各部分的闭合高度，以确保各部分强度要求。覆盖件模具型面比较复杂，为了尺寸标注方便，要有尺寸标注的基准。以模具高度基准线来标注高度尺寸，该处高度值为Z0（即坐标Z的值为0），模具高度基准线相当于模具中心线X轴，它通过数模基准点，即模具中心。

凸模的高度设计是指下模底部非加工大平面的高度尺寸的确定。图3-8所示为顶盖前横梁拉延模各部分高度尺寸，下模座高度影响下模起吊的安装高度，图示是170mm。压边圈的高度主要取决于型面的高度差，型面的高度差决定了压边圈的上下运动行程，即压边圈的导向行程。根据零件形状，拉延模下模压边圈顶起行程定为40mm。本例中压边圈底部非加工大平面到高度基准线的距离为260mm。确定凹模的高度时主要考虑最薄处厚度、端头高度等，本例中凹模顶部到模具高度基准线的距离为280mm。假设高度基准线处Z=0，经过高度调整后，上模顶部高度坐标为Z280，下模底部高度坐标为Z-470。这里Z280表示坐标Z值为280mm，Z-470表示坐标Z值为-470mm，以下不再赘述。

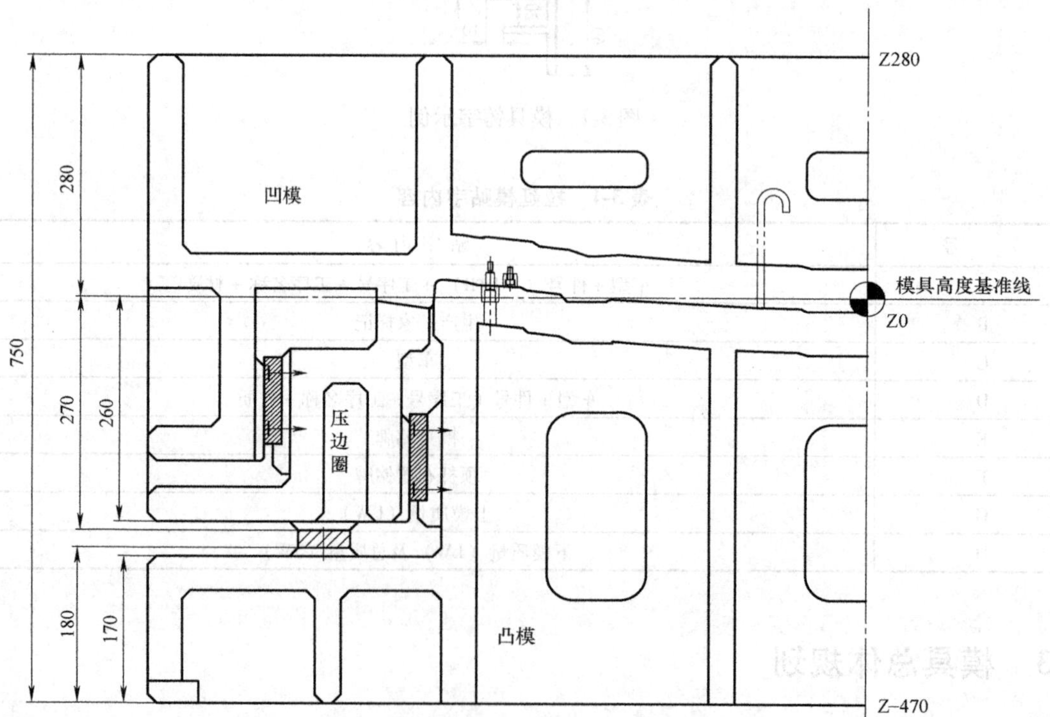

图3-8　顶盖前横梁拉延模各部分高度尺寸

3.3.2　模具的长度和宽度

原始拉延件工艺数模的坐标系一般不是绝对坐标系，拉延模设计前应把这些三维数据全部移到绝对坐标系中，这样可以避免很多实体设计问题。相关内容前面已进行了介绍，在 UG 中可以用“重定位”这个命令把数据从一个坐标系移到另一个坐标系。从整个模具设计操作方便的角度考虑，绝对坐标系原点应在模具中心，绝对坐标系 X 轴、Y 轴和 Z 轴应分别对应模具的长度、宽度和高度方向。如不另加说明，本书中绝对坐标系中的 X 轴、Y 轴和 Z 轴应分别对应模具的长度、宽度和高度方向。

拉延模模具的长度和宽度尺寸主要由板料线尺寸来确定。如图 3-9 所示，拉延模的长度 L 应考虑到型面长度 L_1、X 向压边圈上平衡块和定位器布置区域长度 L_2 以及模具端头长度 L_3 三部分。拉延模的宽度尺寸 W 要考虑到型面宽度尺寸 W_1、Y 向压边圈上平衡块和定位器的布置区域宽度 W_2 以及前后压板槽宽度 W_3 三部分。

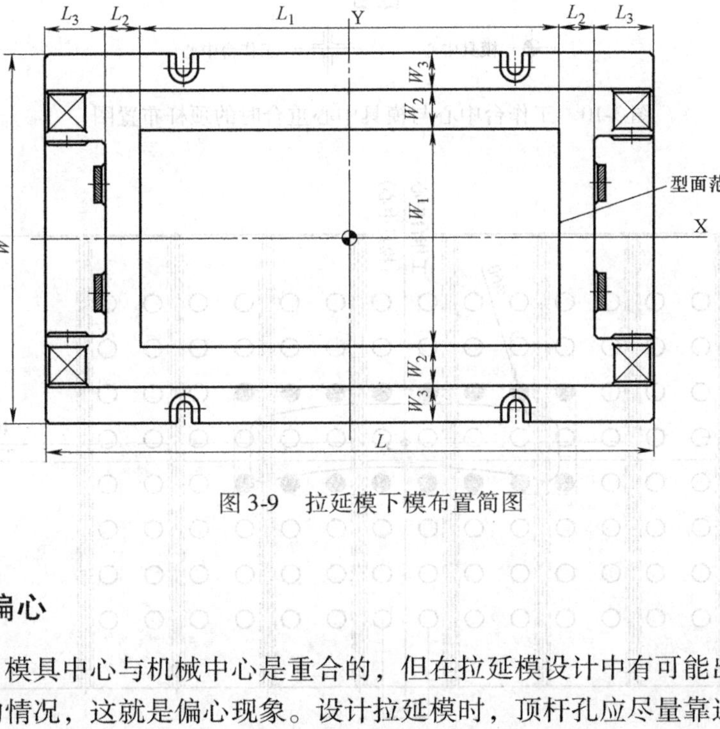

图 3-9　拉延模下模布置简图

3.3.3　模具偏心

一般来说，模具中心与机械中心是重合的，但在拉延模设计中有可能出现模具中心与机械中心不重合的情况，这就是偏心现象。设计拉延模时，顶杆孔应尽量靠近分模线，为此会出现模具中心与机床中心不重合的情况。这种情况下，要注意压板槽的位置应与机床中心一致，Y 向可以偏心，X 向一般不偏心，避免压板槽布置出错。

图 3-10 所示为工作台中心与模具中心重合时的顶杆布置图，涂黑部分为选用的顶杆，图中顶杆孔取为 ϕ60mm，发现顶杆孔到分模线 Y 向的距离太远，不符合顶杆布置原则。图 3-11 所示为工作台中心与模具中心偏心时的顶杆的布置图，经过调整，模具机床中心与模具中心在 Y 向相差 60mm，即偏心 60mm，并选用最靠近分模线的顶杆，如涂黑部分所示，这些顶杆孔到分模线的距离较近，符合顶杆布置的原则。顶杆孔的布置将在后面设计中详细介绍，这里主要从偏心的角度介绍拉延模总体规划。

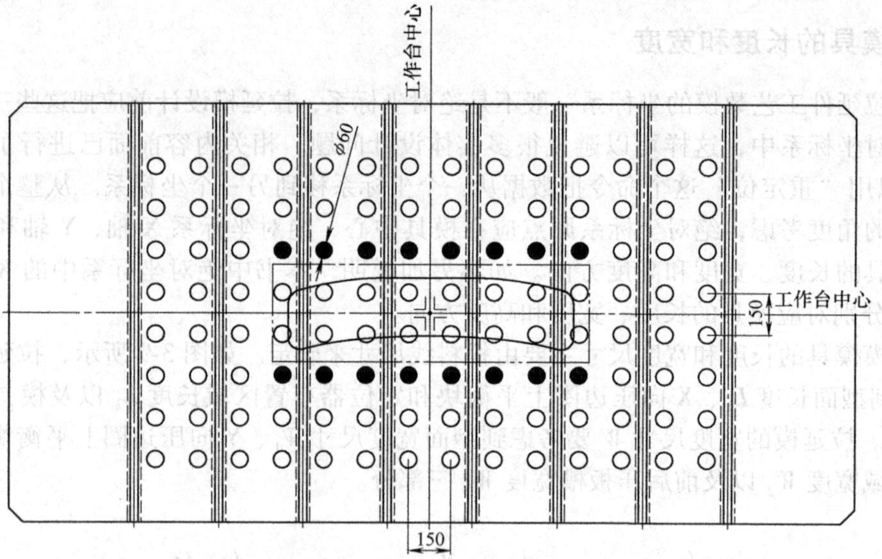

图 3-10　工作台中心与模具中心重合时的顶杆布置图

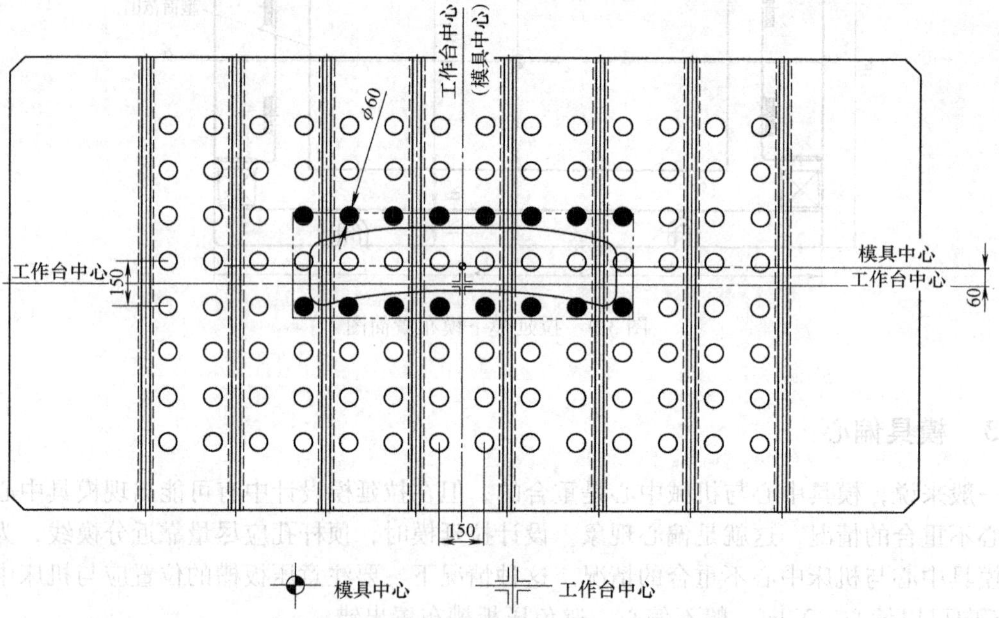

图 3-11　工作台中心与模具中心偏心时的顶杆布置图

3.4　凸模本体构建

拉延模凸模形式有整体式和分体式两种。分体式结构即把凸模与下模座分开铸造，凸模材料为 MoCr 铸铁等，下模座材料为 HT300。图 3-12 所示为完成全部设计后的顶盖前横梁拉延模凸模最终实体图，凸模与下模座是合二为一，整体铸出来，材料为 MoCr 铸铁。其结构还可参照图 3-5 和图 3-8。

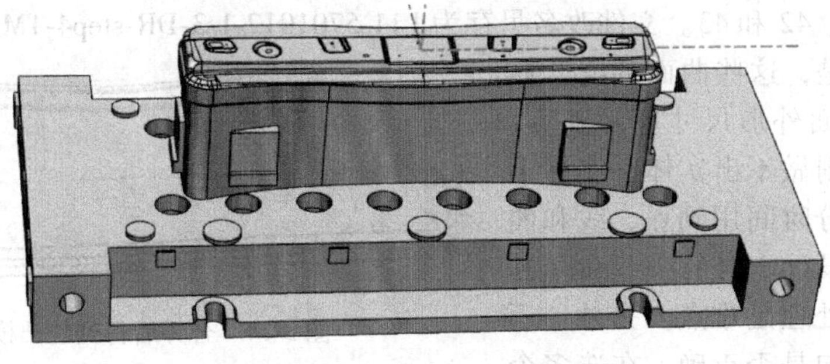

图 3-12　顶盖前横梁拉延模凸模最终实体图

下模座底面高度坐标为 Z－470。下面介绍在 UG 中进行下模本体操作。

打开顶盖前横梁原始文件 L11-5701012-1-3-DR-ori. prt，新建图层 48，并把它作为工作层，再打开图层 41、42 和 43。本例中图层 41 对应凸模本体构建用曲线，图层 42 对应凸模本体构建用曲面，图层 43 对应凸模布置用曲线。

1. 下模座构建（下模中不含型面部分的设计）

1）用下模底面上尺寸为 1 660mm×580mm 的矩形沿 ZC 向拉伸一个长方体，输入起始值 170mm，结束值为 0，得到下模高度 170mm 的平台。

2）对图层 42 中分模线处的开口曲面进行裁剪，得到不含凸模型面的下模平台。

3）对实体进行抽壳，用做好的面进行裁剪。保留上部壁厚为 40mm，侧面壁厚为 40mm。侧面和上部的壁厚按主筋值 40mm 设计，得到一个不含凸模型面的下模框架结构，并挖出顶杆孔，如图 3-13a 所示，有待后续加上内部筋条。

2. 凸模构建（凸模型面部分实体设计）

1）用图层 41 中下模底面上尺寸为 1 120mm×340mm 的矩形拉伸一个长方体，在高度方向上输入 Z 值，起始值为 500mm，结束值为 0。得到下模高度 500mm 的平台。接着用图层 14 中的工艺数模进行裁剪，保留下面。然后用图层 42 中分模线处的开口曲面进行裁剪，保留内形，得到了下模座中间的凸模实体。（注：拉伸矩形时外形超过分模线即可。）

2）进行掏空处理，用图层 42 中分模线内侧的曲面进行裁剪，保留外部，相当于对凸模实体进行了一次不等厚的抽壳，保留型面壁厚为 50mm，侧面壁厚为 40mm。这样得到了一个中间凸模型面的框架结构，如图 3-13b 所示，有待后续布置内部筋条。

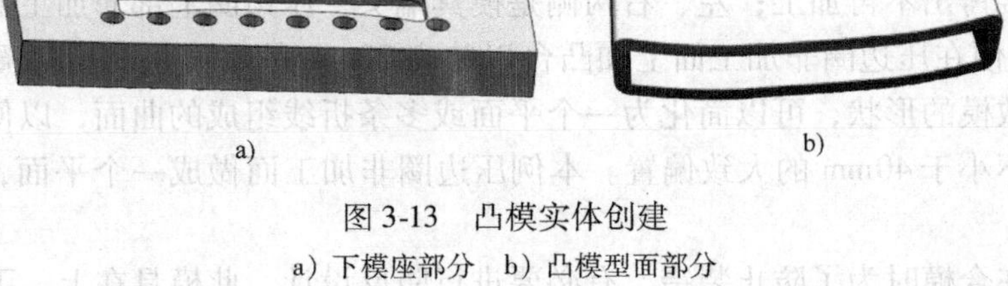

a)　　　　　　　　b)

图 3-13　凸模实体创建

a）下模座部分　b）凸模型面部分

3. 下模各部分合并

用 UG 中的“求和”命令把上面两部分合并起来。图 3-14 所示为合并后得到的凸模本体。关闭图层 41、42 和 43。文件改名另存为 L11-5701012-1-3-DR-step4-TM. prt。

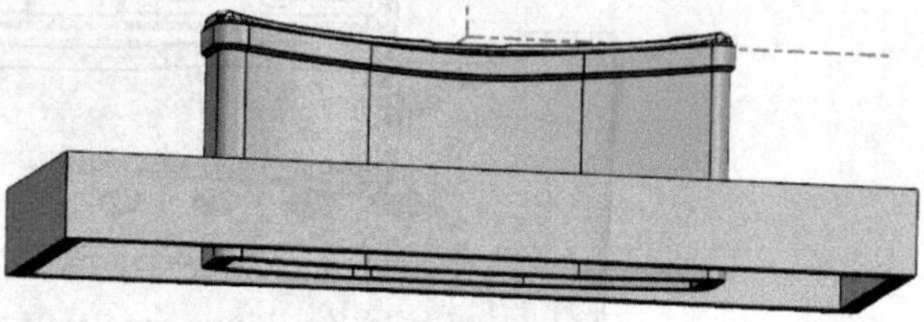

图 3-14　合并后得到的凸模本体

值得注意的是，这些曲面的缝合质量必须合格，曲面外形尺寸应足够大，要适当外延，否则做不出实体。实际上实体设计的大部分时间用到点、线和曲面的处理，实体设计本身的一些命令并不复杂，曲面的处理是难点。另外，还要注意裁剪的方向是否正确，在选多个相连曲线时应注意在“选择意图”里是否选上了已连接的曲线，拉伸高度值是否太小以及能不能被型面裁剪。

3.5　压边圈本体构建

3.5.1　压边圈介绍

本例中压边圈为整体铸造，材料为 MoCr 铸铁。拉延模分模线把压边圈与凸模分开，压边圈内形加工部分与凸模外形的加工间隙一般为 1.5 ~ 2mm，其值与模具大小有关。工作时压边圈上下运动，在拉延开始时压紧板料，对拉延件的成形起着重要的作用。

压边圈运动时通过导板（或称为耐磨板）进行导向控制，一般情况下导板装在凸模上，在压边圈的相关部分做出导滑面，要求导向间隙在 0. 02mm 以内。导向行程必须大于压边圈向上运动的行程，即当压边圈向上运行到最高点时，导板与导滑面保证接触深度不少于 50mm。

压边圈的压料力是机床提供的，机床通过顶杆施加力于压边圈。压料力可以通过机床进行调节，压料力的大小对板件成形质量有着至关重要的影响。

压边圈向上运动时必须有一个安全限位，对其行程进行有效控制。一般用等高套筒进行安全限位，等高套筒工作部分的长度需通过计算得到。当压边圈向上运行到最高点时，等高套筒与压边圈加工凸台要保留 20mm 或 30mm 的安全距离。拉延模等高套筒一般设计在模具上与模具中心较远的四处，前后各两处。

图 3-15 所示为顶盖前横梁拉延模压边圈最终实体图，整个拉延模设计完毕后才能得到。从图可知，压边圈底部基本上为平面。压边圈上部一般可分为三大部分，上部中间是型面，为需要数控加工的工作部分，它的外轮廓二维尺寸比板料线外形轮廓单边大 10mm；四周是非加工面，直接铸出不再加工；左、右两侧是模具端头。压边圈上部非加工面低于三维型面至少 30mm，以便在压边圈非加工面上加凸台以装高 20mm 的平衡块。压边圈上部非加工面的形状与工艺数模的形状，可以简化为一个平面或多条折线组成的曲面，以便于直接用工艺数模向下进行不小于 40mm 的大致偏置。本例压边圈非加工面做成一个平面，高度坐标为 Z －60。

上、下模在合模时为了防止装错，有必要进行防反设计。此模具在上、下模端头导向处进行防反，右边两导向处在 Y 向的坐标值比左边两导向处的坐标值大 10mm，此内容将在 3.13 端头设计中介绍。图 3-15a 中右边端头中前后导板之间的距离比左侧大 20mm。

3.5.2　压边圈设计

打开上一步得到的文件，新建图层 58 并把它设为工作图层。打开图层 51、52 和 53。图层 51 中为压边圈本体构建用曲面，该曲面已经过多次裁剪和缝合，可以直接用来裁剪实体，得到压边圈本体上部形状。图层 52 中为压边圈构建用曲线。图层 53 中为压边圈前后处从侧面掏空和布置筋条用曲线。

进行压边圈本体构建，压边圈本体底面高度坐标为 Z－260，它与下模座上面大平面的距离为 40mm，即创建两个 10mm 高的凸台和高为 20mm 的限位块，下面介绍设计过程。

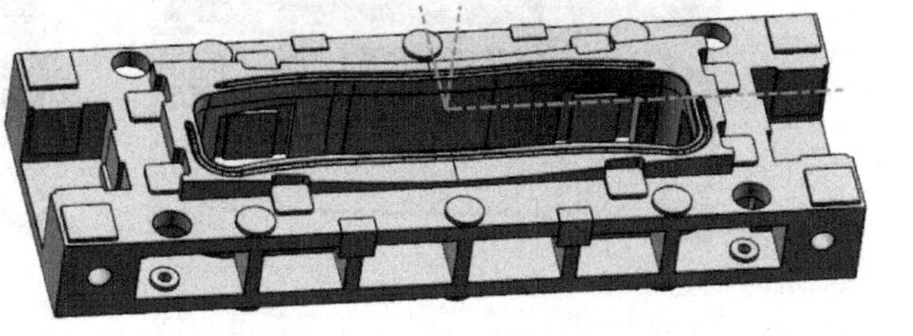

a)

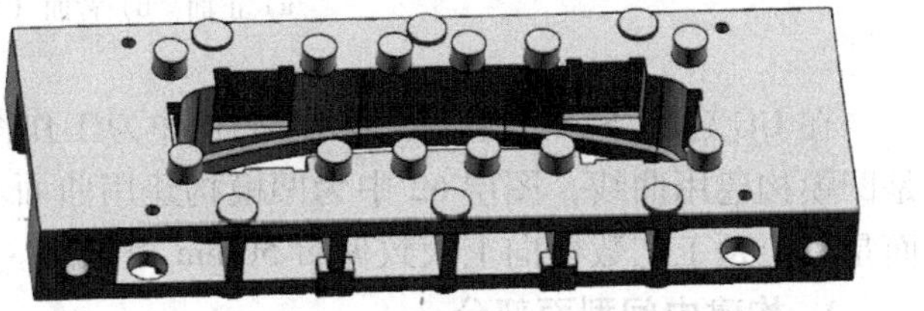

b)

图 3-15　顶盖前横梁拉延模压边圈最终实体图

a）压边圈最终实体图（正面）　b）压边圈最终实体图（背面）

1）用图层 52 中尺寸为 1660mm × 580mm 的矩形进行拉伸，沿 ZC 方向，起始值为 210mm，结束值为 470mm。结束值的大小影响得到的长方体是否能被正确裁剪。用图层 51 中的曲面对长方体进行裁剪，箭头方向是裁去的一侧，得到压边圈本体上部形状。可以测量出中间型面部分的外形轮廓尺寸为 1 140mm × 360mm，比板料尺寸单边大 10mm。

2）用图层 52 中的两处封闭曲线拉伸得到左、右两端头的凹处，沿 ZC 方向，起始值为 －60mm，结束值为 －220mm，并与前面实体进行求差运算，得到压边圈端头的形状。保证低凹处主筋壁厚为 40mm。

3）从侧面对压边圈前侧进行掏空。以图层 53 中前侧投影在 XY 平面上的封闭曲线进行拉伸，沿 ZC 方向，起始值为 －220mm，结束值为 －100mm，用得到的实体作为工具体对上步实体进行求差。

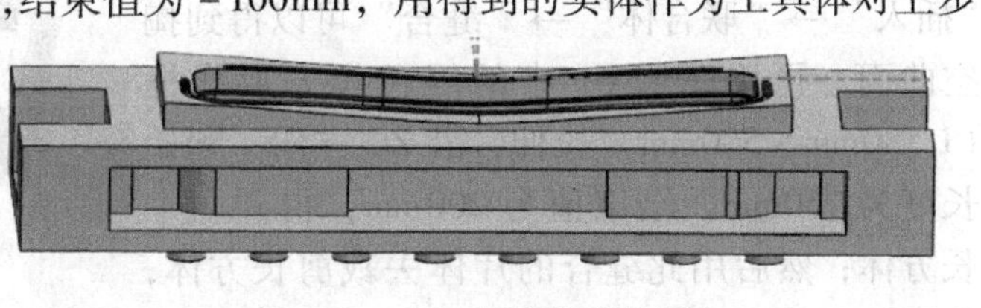

图 3-16　压边圈本体实体图

4）从侧面对压边圈后侧进行掏空。以图层 53 中的后侧封闭线进行拉伸，沿 ZC 方向，起始值为 －220mm，结束值为 －100mm，用得到的实体作为工具体对上步实体进行求差。至此得到了压边圈本体框架，如图 3-16 所示。文件改名另存为 L11-5701012-1-3-DR-step5-YBQ. prt。

3.6　凹模本体构建

本例中的拉延模凹模即为上模座。只有当冲压板材为厚度大于 1.5mm 的厚板或高强度钢板时，拉延凹模才与上模座分开，拉延凹模做成镶入钢件的形式。此处的拉延模凹模为整体式，材料是 MoCr 铸铁。完成设计后凹模最终实体图可参照图 3-17 所示。

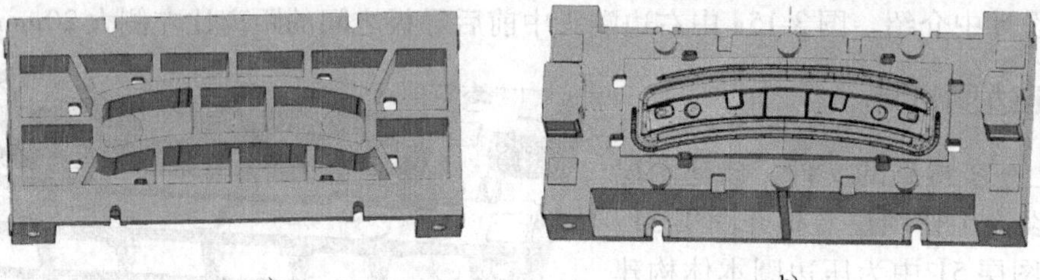

a)　　b)

图 3-17　顶盖前横梁拉延模凹模最终实体图

a）正面　b）背面（左右翻转）

在 UG 建模下，新建图层 68 并把它作为工作图层，打开图层 61 和 62，图层 61 对应的是凹模构建用曲线，图层 62 中为凹模构建用曲面。图层 62 中的半封闭曲面待缝合，另一曲面是以拉延工艺数模向上大致偏置 50mm 得到的。具体设计过程如下。

1. 构建中间型面部分

将图层 61 里下模底部尺寸为 1 140mm × 360mm 的矩形向上拉伸，沿 ZC 方向，起始值为 750mm，结束值为 200mm，得到与上模上平面平齐的一个长方体。然后用工艺数模对它进行裁剪，打开图层 14，用它对刚拉伸得到的长方体进行裁剪，通过菜单“插入”→“裁剪”→“修剪”片体。（注意：裁剪预览时出现的箭头表示所指一侧为将被裁剪的一侧。）

2. 构建四周非加工面

将图层 61 里的下模底部外轮廓线和另一矩形线（1 140mm × 360mm）向上拉伸，方向为 ZC，起始值为 480mm，结束值为 750mm，得到凹模的非型面部分，该部分高度低于中间型面部分。然后与前一步的实体求和，得到整个凹模的雏形。

3. 挖空凹模

挖空凹模，保留四周和型面的壁厚，这里主筋为 40mm，型面壁厚为 50mm。先对绿色曲面图层 62 中的半封闭曲面进行缝合，通过“插入”→“联合体”→“缝合”可以得到掏空曲面。再用图层 61 中的绿色长方形线框（1 580mm × 500mm）拉伸，沿 ZC 方向，起始长度为 750mm，结束值为 200mm，得到一个长方体；然后用此缝合的片体去裁剪长方体，得到掏空的实体。用此掏空实体与第二步得到的实体求差，就可以得到凹模的框架结构，如图 3-18 所示。

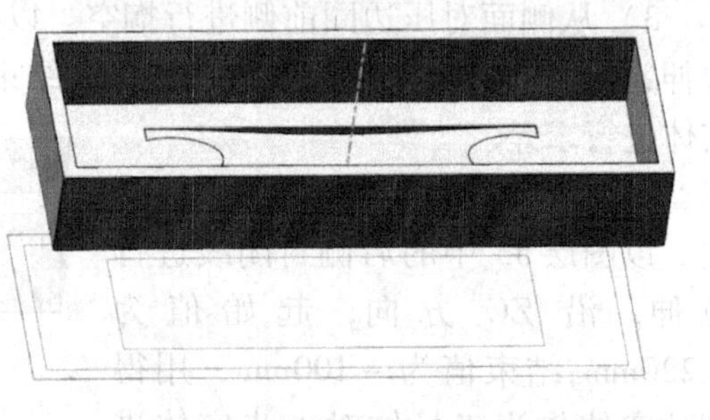

图 3-18　凹模本体建模过程图一

4. 构建凹模分模线主筋

进行拉伸操作：用已连接的曲线选上图层 61 中上模顶部的分模线进行拉伸，沿 ZC 方向，起始值为 0，结束值为 500mm，单击“偏置”按钮，输入起始 20mm，结束 -20mm，得到厚度为 40mm、高度为 500mm 的实体；然后

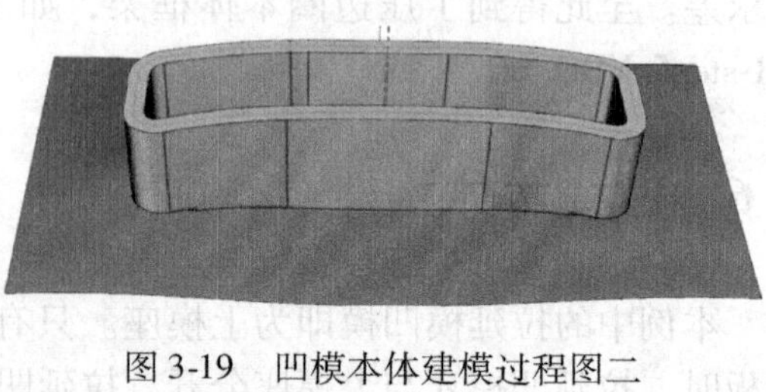

图 3-19　凹模本体建模过程图二

用前面缝合起来的半封闭片体进行修剪，得到沿分模线一圈厚度为 40mm 的筋条，如图 3-19 所示。在拉延模上模沿分模线做一圈主筋，这是因为凹模分模线处是受力情况恶劣的位置，在此处沿四周增加厚度为 40mm 的主筋后，可以确保凹模强度。

5. 合并处理

用上面得到的加强筋与凹模框架结构求和，进行合并，凹模本体应在图层 68 中，得到的结果如图 3-20 所示，图 3-20a、b 分别是其正面和背面图。关闭图层 61 和 62。文件改名另存为 L11-5701012-1-3-DR-step6-AM. prt。

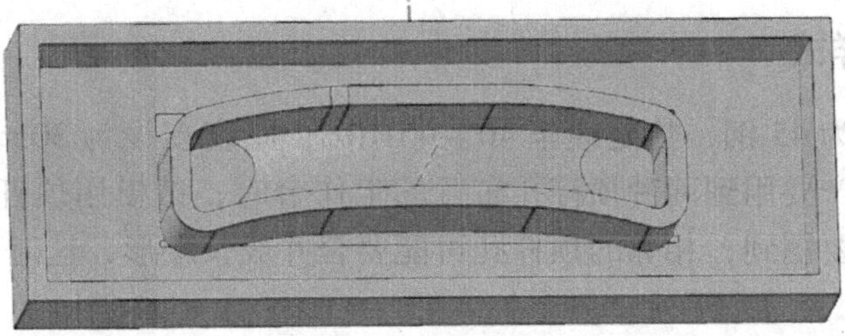

a)

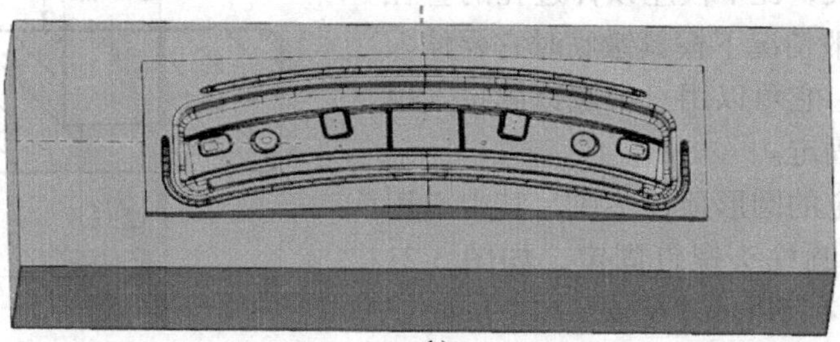

b)

图 3-20　凹模本体实体图

a）凹模本体正面　b）凹模本体背面

3.7　顶杆设计

3.7.1　顶杆设计的主要工作内容

1）对照生产设备正确布置顶杆孔位置。拉延模用到的工作台除了生产用工作台外，还要考虑试模用工作台。顶杆孔的布置以生产工作台为主，试模工作台为辅，试模工作台用顶杆数量可以酌情减少。

2）设计顶杆垫块。根据该项目的模具设计要求，设计出顶杆垫块。有些生产批量小、要求不高的模具可能不需要顶杆垫块，可以模具客户的要求为准。

3）在压边圈上设计顶杆垫块，并与压边圈本体求和。

4）在下模座上设计出顶杆过孔。

3.7.2　顶杆孔布置的原则

1）顶杆在气垫下死点时不应高出下工作台面。

2）顶杆接杆长度小于 200mm 时，可与压边圈一体铸出。使用寿命≥30 万次的模具，顶杆承接面不允许为铸铁基体材料，应使用顶杆垫块。

3）工作顶杆应尽量全部使用。

4）顶杆位置尽量靠近分模线。因此有可能需偏心布置，即模具中心与机械中心不重合。

3.7.3　顶杆垫块样式

顶杆垫块材料多为 45 钢，热处理至 40～45HRC，厚度多设为 30mm。顶杆垫块一般做成圆形，当拉延模生产要用到两种顶杆孔布置的工作台时，试模用顶杆可以选择性地布置。考虑到两种顶杆孔都要用到，相邻的顶杆孔可能要合并成长腰形，这时顶杆垫块也要做成长腰形。

圆形顶杆垫块使用最多，其外径 D 与下模座上的顶杆过孔有关，比下模座顶杆过孔的直径要小 5～10mm，一般情况下模具镦底时它要伸入下模座顶杆过孔内。它可以用一个螺钉固定，也可以用两个螺钉来固定。

用一个螺钉固定的圆形顶杆垫块，其中心用一个 M12 的内六角圆柱头螺钉固定，如图 3-21 所示。外径 D 一般有 50mm、60mm 和 70mm 三个系列。

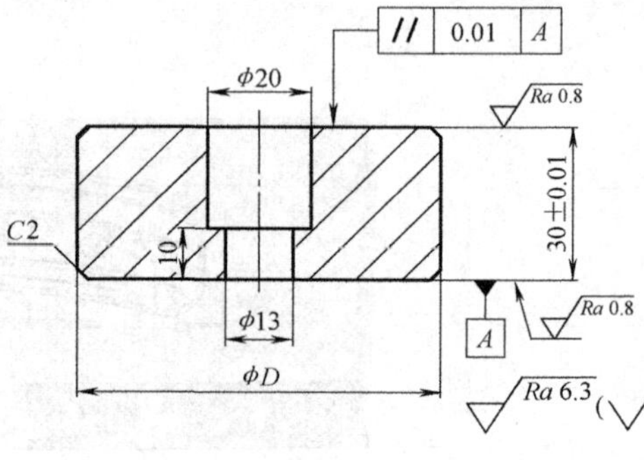

图 3-21　一个螺钉固定的圆形顶杆垫块

用两个螺钉固定的圆形顶杆垫块，需用到两个 M10 内六角圆柱头螺钉，其外径一般有 60mm 和 70mm 等。本例所用的圆形顶杆垫块要用到两个螺钉，其外径为 60mm。

用两个螺钉固定的圆形顶杆垫块的稳定性高于用一个螺钉固定的顶杆垫块。

3.7.4　设计步骤

1. 顶杆孔位的调整

图 3-22 所示为对应冲压设备的下工作台垫板图。工作台面尺寸为 3 000mm × 1 500mm，各顶杆孔间距为 150mm，T 形槽之间的距离为 300mm。

在模具总体规划中，已对偏心处理进行过简单讲述，这里进行详细解说。先对模具位置进行调整，模具中心相对于工作台中心进行移动，得到的顶杆孔更加接近分模线。以上偏心处理后，模具中心与工作台中心的距离为 60mm，如图 3-11 所示，涂黑处为选用的顶杆孔的位置。距离模具中心最近的四个顶杆孔中心在 XY 平面上的坐标分别为（X-75，Y165）、（X-75，Y-135）、（X75，Y165）、（X-75，Y-135），单位为 mm。可以看出共有两排顶杆孔，每排 8 个。相邻顶杆孔 X 向间距为 150mm，在 Y 向这两排顶杆孔的距离为 300mm。打开图层 41 和图层 43，可以清楚地观察到下模顶杆孔与分模线之间的关系。图 3-23 从各方面说明了偏心处理后得到的下模座顶杆孔位与凸模分模线、下工作台垫板之间的关系。

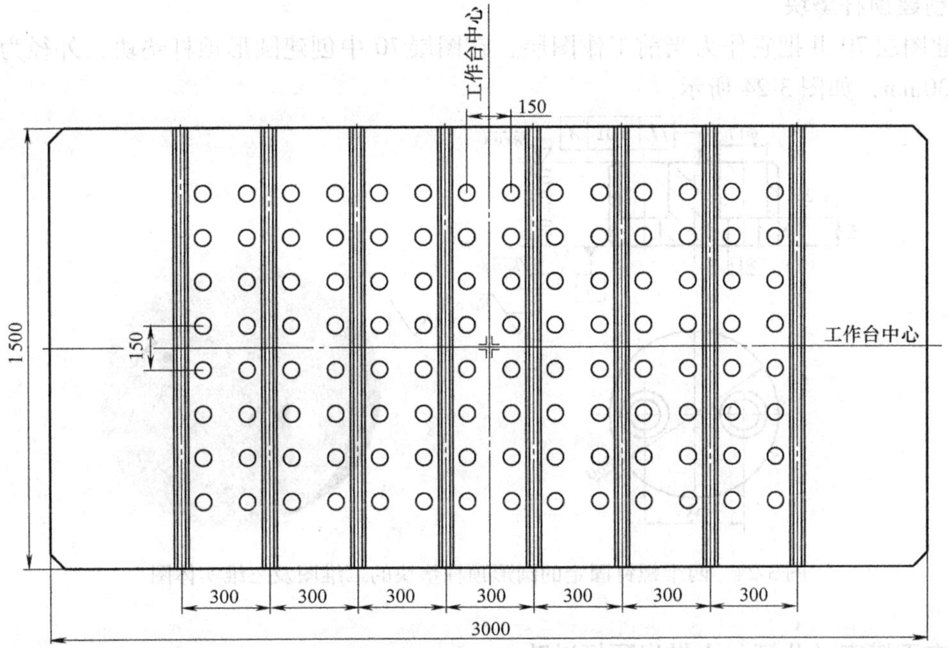

图 3-22　XP2CEF-500C 四柱液压机下工作台垫板图

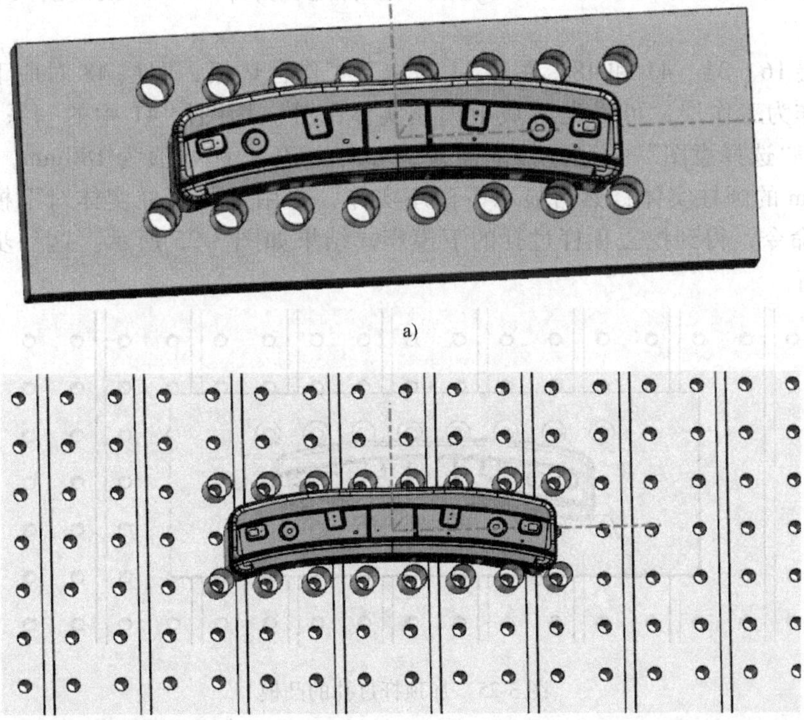

a)

b)

图 3-23　偏心后工作台顶杆孔与分模线、下工作台垫板之间的关系

a）下模座顶杆孔与凸模实体图　b）工作台顶杆孔位置与下模座顶杆布置

2. 创建顶杆垫块

新建图层 70 并把它作为当前工作图层，在图层 70 中创建圆形顶杆垫块，外径为 60mm，高度为 30mm，如图 3-24 所示。

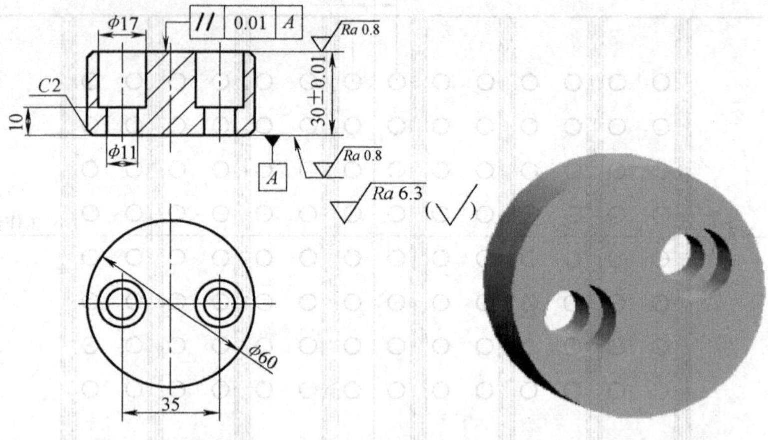

图 3-24　两个螺钉固定的圆形顶杆垫块的二维图及三维实体图

3. 在下模座（凸模）上做出顶杆过孔

本例中的模具为中型模具，下模座上顶杆过孔设定为 ϕ80mm。大型、特大型模具的顶杆过孔一般为 ϕ90mm 或 ϕ100mm。小型模具的顶杆过孔为 ϕ70mm。模具按大小进行的分类可参考表 3-2。

打开图层 16、31、41 和 48，图层 31 对应下工作台垫板，图层 48 对应下模座即凸模实体，把它作为工作层，可以先隐藏下模座实体部分。用图层 41 中的一系列 ϕ80mm 的圆进行拉伸，“选择意图”用已连接的曲线，方向为 ZC，起始值为 180mm，结束值为 0，得到高 180mm 的圆柱实体；然后显示下模座实体，并用这些圆柱实体对下模座求差。通过“求差”命令，得到挖去顶杆过孔的下模座，结果如图 3-25 所示。这一步也可以在创建凸模时进行。

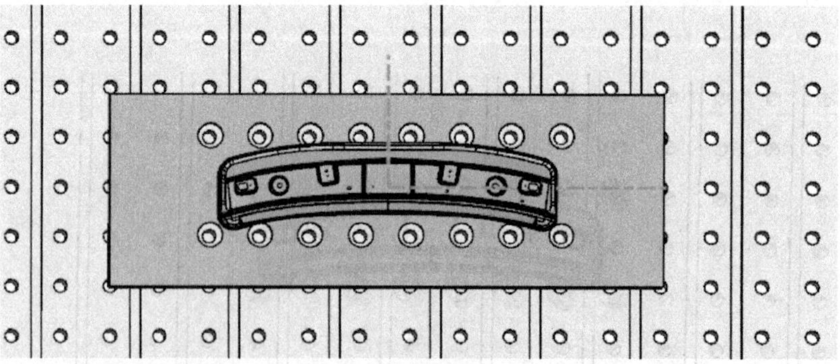

图 3-25　加顶杆过孔的凸模

4. 压边圈顶杆凸台的设计

（1）确定压边圈顶杆凸台的高度　单动拉延模生产时，多由顶杆传递力向上顶起压边圈，放入坯料并定位正确，然后压力机下行到底；接着压力机上行，压边圈顶起来，得到的拉延工序件被顶起来，脱离凸模留在压边圈上。

压边圈行程就是压边圈从模具闭合（镦底）状态到向上顶到最高点时的高度差。模具中运动部件的行程在图样中简写为 St，全称为 Stroke。拉延开始压边圈顶到最高点时，应保证所放坯料只接触压边圈工作部分，不接触凸模，顶杆行程应保证压边圈的压料面高于凸模，即工件最高点 5mm 以上，这就是对压边圈行程的要求。此处拉延模顶起的高度，即压边圈的行程，为 40mm。（注意：顶到最高点时要预留 30mm 的安全距离。）

根据厂家规定，本项目所有使用 630t 设备的拉延模顶杆顶到最高点时应高出下工作台垫板上平面 170mm。这样做的目的是为了免去换模时顶杆顶出高度调节的工作。

图 3-26a 所示为此拉延模工作时闭合的状态。图 3-26b 所示为此拉延模工作时压边圈顶到最高点的状态，压边圈顶起 40mm。压边圈顶杆凸台的高度为压边圈顶到最高点时其下平面到下模底平面的高度减去顶杆高出工作台的（要求）高度及顶杆垫块的高度。到底时压边圈下底部到下模底平面的距离为 210mm，顶起 40mm 后距离就变为 250mm，因此压边圈顶杆凸台的高度 $Ld = 250\text{mm} - 170\text{mm} - 30\text{mm} = 50\text{mm}$。故压边圈顶杆凸台的高度按 50mm 进行设计，其外径应介于下模座顶杆过孔内径和顶杆垫块外径之间，这里按 70mm 设计。

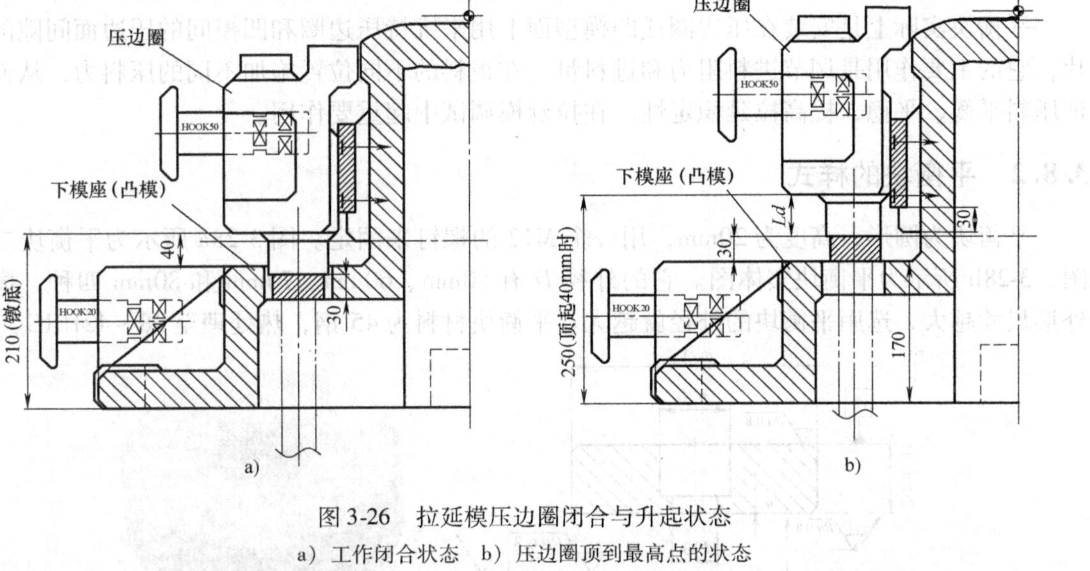

图 3-26　拉延模压边圈闭合与升起状态

a）工作闭合状态　b）压边圈顶到最高点的状态

（2）进行压边圈顶杆凸台的实体设计　关掉图层 31、43 和 48，打开图层 58 和 41，并把图层 58 作为工作图层。进入草图，在 XY 平面绘制压边圈顶杆凸台二维草图，即多个 ϕ70mm 的圆，注意其位置应与图层 31 的顶杆过孔的位置相同。

此顶杆凸台实体建模的方法有多种。这里只介绍一种方法，先用“拉伸”命令做右下角的顶杆凸台，方向为 ZC，起始值为 -310mm，结束值为 -260mm，得到厚为 50mm 的顶杆凸台，然后用矩阵的方法得到其他凸台，X 向间距为 150mm，Y 向间距为 300mm，X 向个数为 8，Y 向个数为 2。关掉图层 41，然后把这些凸台与压边圈本体求和，得到的结果，如图 3-27 所示。文件改名另存为 L11-5701012-1-3-DR-step7-DG. prt。（注：本书对凸模、凹模和压边圈上相关螺孔的创建不进行讲解，如压边圈凸台上安装顶杆垫块的螺孔）。

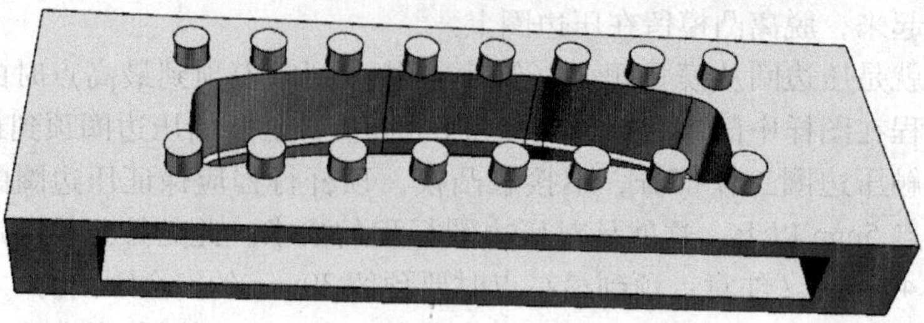

图 3-27　加顶杆凸台的压边圈图

3.8　平衡块设计

3.8.1　平衡块的作用

绝大多数拉延模设有平衡块。平衡块大多设置在压边圈上，需要在压边圈、上模（或凹模）的相应位置设置平衡块凸台。平衡块凸台的直径一般比平衡块的直径大 10mm。由于工作时平衡块处承受的力很大，因此上、下模的相应位置必须有筋条与之对应。

平衡块实际上是安装在压边圈或凹模型面上用来维持压边圈和凹模间的压边面间隙的垫片，它的主要作用是调节进料阻力和进料量，在板料的不同位置施加不同的压料力，从而保证压料平衡、平稳，提高拉延稳定性。在拉延模调试中起重要作用。

3.8.2　平衡块的样式

平衡块为圆形，高度为 20mm，用一个 M12 的螺钉来固定。图 3-28a 所示为平衡块二维图，3-28b 所示为平衡块实体图。它的外径 D 有 50mm、60mm、70mm 和 80mm 四种，模具外形尺寸越大，选用平衡块的外径就越大。平衡块材料为 45 钢，热处理至 38～42HRC。

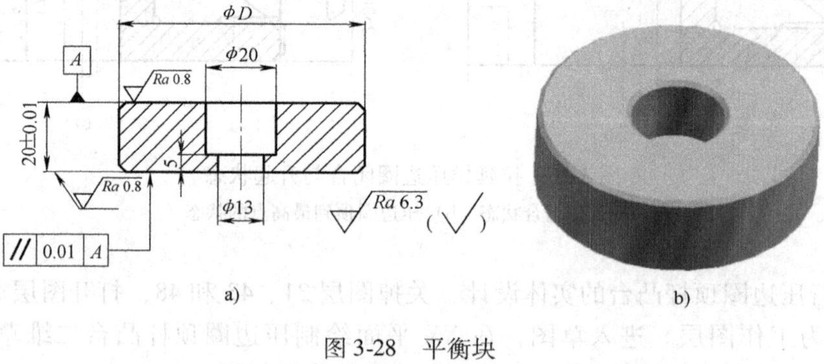

图 3-28　平衡块

a）平衡块二维图　b）平衡块实体图

3.8.3　平衡块布置的原则

1）平衡块应布置在工作型面之外，平衡块凸台边缘到压边圈工作型面之间的距离不小于 30mm，目的是保证数控加工时凸台与工作型面之间有一个安全距离。

2）相邻平衡块之间的间距一般为 300～500mm，对于小型模具，间距应取小一些，对于大型模具，间距可适当大一些。

3）手工送料时，平衡块不能妨碍进、出料。

3.8.4　平衡块设计过程

1. 确定平衡块样式、数量和各凸台高度

根据本例中模具的大小，平衡块尺寸采用 ϕ60mm × 20mm。平衡块设计成两排，相邻平衡块 X 向间距设为 430mm。这些平衡块中心在 XY 平面上的坐标依次为（X430，Y250）、（X430，Y-250）、（X0，Y250）、（X0，Y-250）、（X-430，Y250）、（X-430，Y-250），单位为 mm。压边圈平衡块凸台高度（即凸台上部到压边圈非加工面的距离）取 10mm，太高会妨碍送料。（注：铸件上的加工凸台至少高出非加工面 5mm。）由于目前压边圈非加工大面与上模（即凹模）非加工大面的高度差为 70mm，故上模平衡块凸台的高度应取 70mm − 10mm − 20mm = 40mm。

2. 平衡块构建

打开图档 L11-5701012-1-3-DR-step7-DG. prt。新建图层 80 并把它作为工作图层，打开图层 16、58 和 68，关闭其他图层。按图 3-28 所示做出平衡块实体，可以先做一个平衡块，再用矩形阵列得到全部的平衡块，这里不再赘述。

3. 压边圈平衡块凸台生成

把图层 58 作为工作图层，在草图下做出 6 个圆，直径为 70mm，位置与平衡块一一对应。将其沿 ZC 方向拉伸 10mm，并与压边圈本体求和，得到的实体如图 3-29 所示。

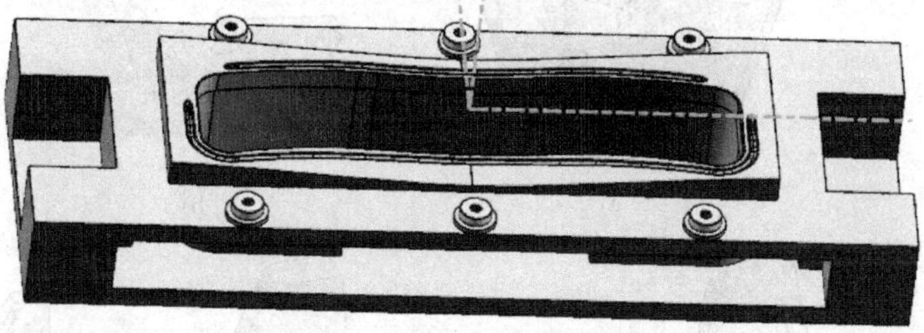

图 3-29　布置了平衡块的压边圈

4. 凹模平衡块凸台生成

把图层 68 作为工作图层，将上一步草图中 6 个 ϕ70mm 的圆沿 ZC 方向拉伸，保证凸台厚度为 40mm 并与凹模相连，注意拉伸的起始值与结束值。接着与凹模本体求和，得到的实体如图 3-30 所示。文件改名另存为 L11-5701012-1-3-DR-step8-PHK. prt。

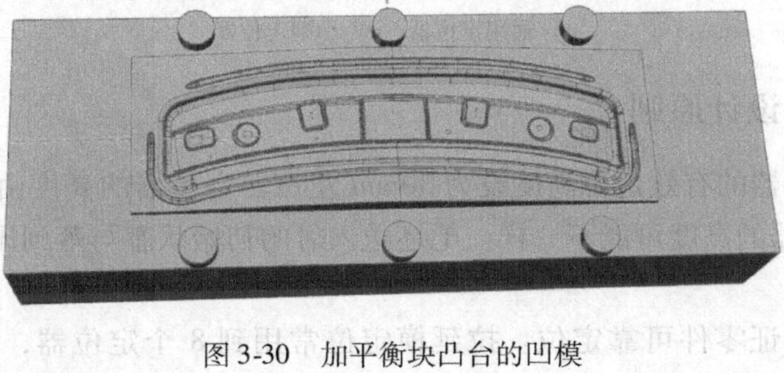

图 3-30　加平衡块凸台的凹模

3.9 定位器设计

3.9.1 定位器知识

拉延模定位器设置于下模上，它对拉延坯料进行定位，而拉延坯料多为矩形平板。要求不高的拉延模，仅前侧（F 面侧）设置两处定位器，左侧设置一处或两处定位器（视模具大小而定）。大多数情况下生产厂家要求封闭定位，这时四周都要加定位器。后侧可能为导轮定位或翻转式活定位。

图 3-31 所示为拉延模常见的定位器。其中 3-31a 所示为自动化冲压生产拉延模用的定位器，自带有传感器，一副拉延模需设置两处并设在模具对角线上。图 3-31b 所示为一种简易定位器，适用于尺寸不大的零件的定位。图 3-31c、d 和 e 所示的定位器结构相似，只是螺钉位置和数量不同。这些定位器的螺钉过孔为长圆形，在试模阶段可以对定位部分的位置进行调整。待试模确定板料定位尺寸和定位位置后，定位器用圆柱销准确定位在下模上。

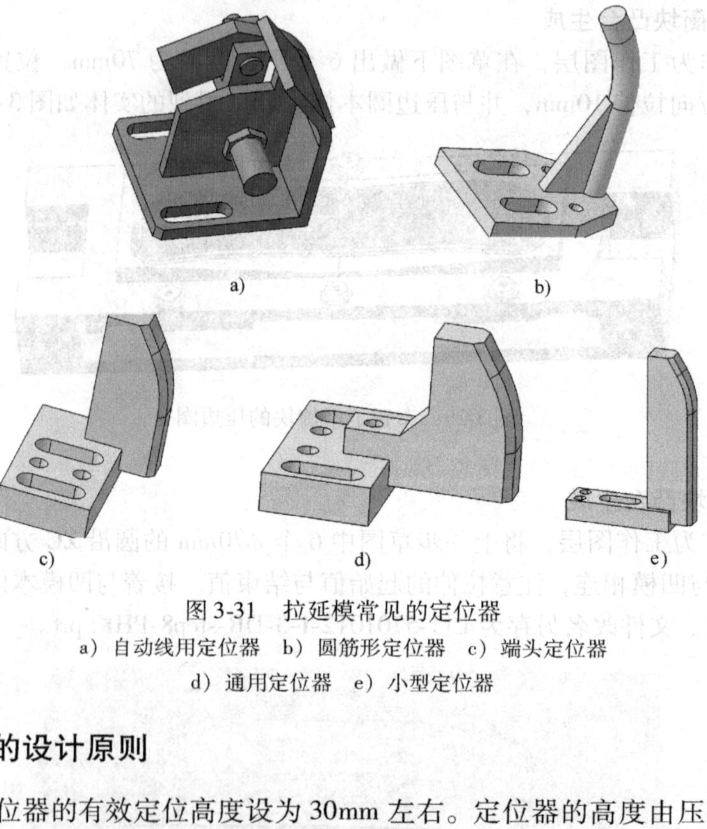

图 3-31 拉延模常见的定位器

a）自动线用定位器 b）圆筋形定位器 c）端头定位器

d）通用定位器 e）小型定位器

3.9.2 定位器的设计原则

1）拉延模定位器的有效定位高度设为 30mm 左右。定位器的高度由压料面的形状来确定，因此各处定位器的高度可能不一样。毛坯送入时的初始状态与落到压边圈压料面后的状态有差别。

2）定位器应保证零件可靠定位。拉延模定位常用到 8 个定位器，但当板料宽度小于 500mm 时，左右两边可以仅各设 1 个定位器，总共用到 6 个定位器。同一侧定位器的距离应尽量远。图 3-32 所示为顶盖前横梁拉延模定位器的二维图。

板料为非矩形时，定位器的定位面要垂直于板料线，沿板料线一周来布置，以保证坯料可靠定位。图 3-33 所示为一个典型非矩形坯料定位器的布置图，定位器装在压边圈上，共有 7 个定位器，其中两个为自动化冲压生产拉延模用的定位器。设计定位器时要保证它与平衡块的位置不能干涉。

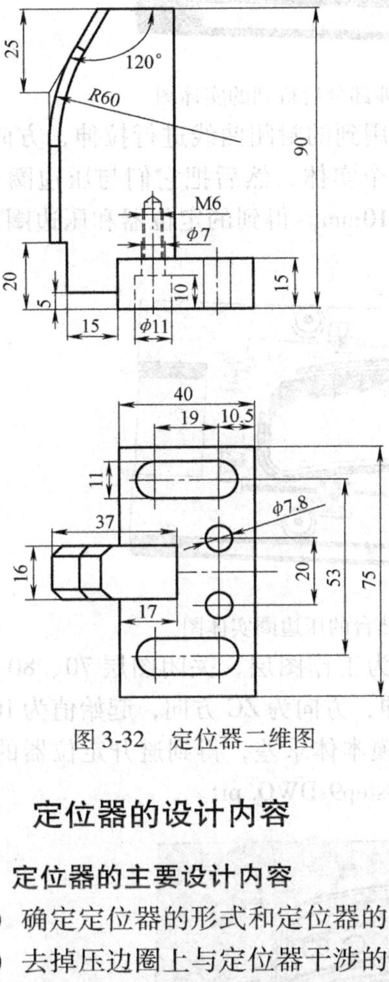

图 3-32　定位器二维图

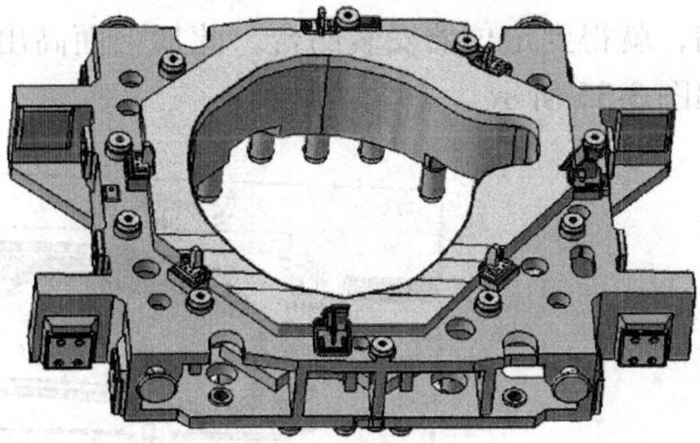
图 3-33　非矩形坯料定位器布置图

3.9.3　定位器的设计内容

1. 定位器的主要设计内容

1）确定定位器的形式和定位器的位置。

2）去掉压边圈上与定位器干涉的部分，在压边圈上做出定位器安装凸台。

3）在凹模上做出避开定位器的孔或凹槽。

2. 顶盖前横梁拉延模定位器设计步骤

（1）创建定位器　按图 3-32 所示尺寸创建定位器。新建图层 90，并把它作为工作图层；打开图层 13、16、58、80 和 91，关闭其他图层，参考图层 13 中板料线和图层 91 中定位器曲线的位置，创建 8 个定位器。

（2）从压边圈本体上去掉与定位器干涉的部分　把图层 58 作为工作图层，参考图层 91 中较长的封闭曲线，在 XY 平面构建草图，做出其他定位器所对应的封闭曲线。用这些封闭曲线进行拉伸，方向为 ZC 方向，起始值为 -60mm，结束值为 0，得到多个实体；然后把它们与压边圈本体求差，即去掉压边圈上与定位器有干涉的部分，得到的实体图如图 3-34 所示。

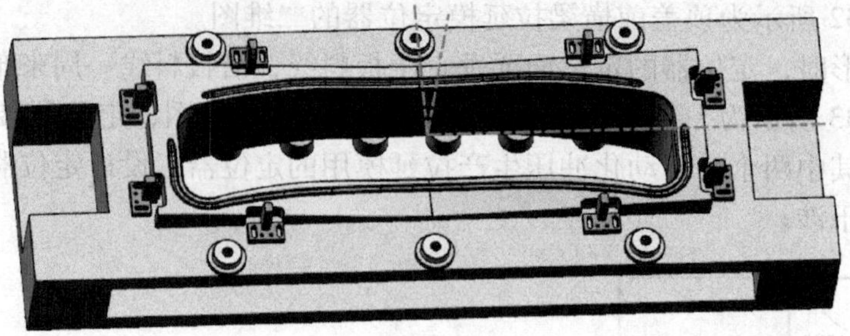

图 3-34　压边圈本体上去掉与定位器干涉部分后得到的实体图

（3）做出压边圈上的定位器安装凸台　以上一步用到的封闭曲线进行拉伸，方向为 ZC 方向，起始值为 -65mm，结束值为 -50mm，得到多个实体，然后把它们与压边圈本体求和，就得到定位器安装凸台，此加工面高出非加工面 10mm。得到的定位器和压边圈实体图如图 3-35 所示。

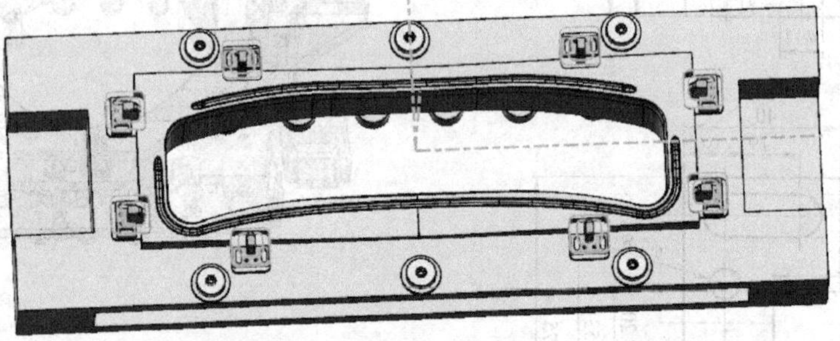

图 3-35　定位器及创建了定位器安装凸台的压边圈实体图

（4）在凹模上做出定位器的避让　把图层 68 作为工作图层，关闭图层 70、80 和 58。在 XY 平面上做出凹模避开定位器的草图，并进行拉伸，方向为 ZC 方向，起始值为 100mm，结束值为 -100mm，得到多个实体，然后把它们与凹模本体求差，得到避开定位器的凹模，如图 3-36 所示。文件改名另存为 L11-5701012-1-3-DR-step9-DWQ. prt。

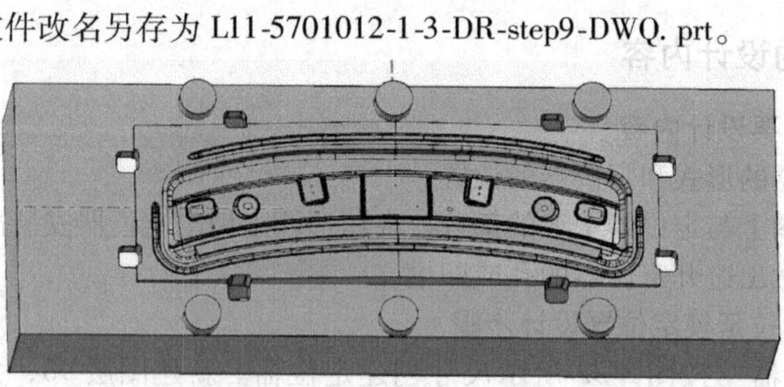

图 3-36　创建了避开定位器的通孔的凹模实体图

3.10　限位块设计

3.10.1　限位块的作用

绝大多数拉延模设有限位块。限位块以螺钉固定在下模座（即本项目中的凸模）上，需要在压边圈、下模座的相应位置设置限位块凸台。限位块凸台的高度为 10mm，直径一般比限位块直径大 10～20mm。由于工作时限位块处承受的力很大，因此压边圈、下模座的相应位置必须有筋条与之对应。

模具工作到下死点时，压边圈通过限位块镦底，向下与下模限位块凸台接触，向上与上模型面接触，保证压边圈上的产品形状能够压出。如果模具工作到底时，压边圈不镦底，压边圈上的产品形状则不能完全压出来，得到的零件不合格。

3.10.2　限位块的样式

限位块为圆形，高度为 20mm，用一个 M12 的螺钉来固定。图 3-37a 所示为限位块二维图，图 3-37b 所示为限位块实体图。它的外径 D 有 50mm、60mm、70mm 和 80mm 四种，模具外形尺寸越大，选用的限位块的外径就越大。限位块材料为 45 钢，热处理至 38～42HRC。它的外形结构与平衡块相同。

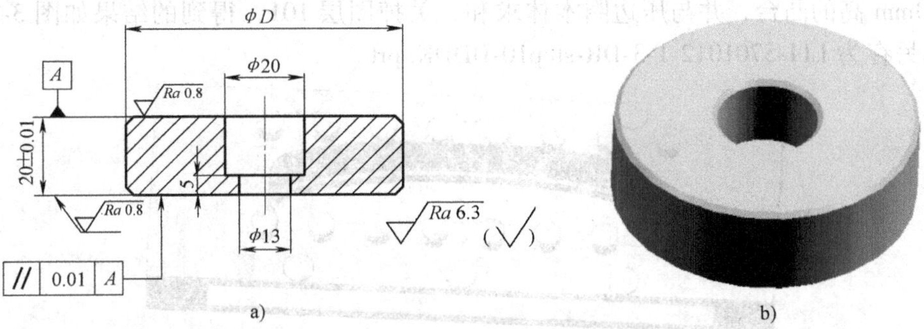

图 3-37　限位块
a）限位块二维图　b）限位块实体图

3.10.3　限位块的设计原则

1）限位块应布置在分模线之外且沿其四周平衡布置，限位块的位置应尽量与平衡块的位置一致。

2）相邻限位块之间的距离一般为 300～450mm。

3.10.4　限位块的设计过程

1. 确定限位块的样式和数量

根据本例模具的大小，限位块尺寸采用 ϕ60mm×20mm。限位块按平衡块设计成两排，相邻限位块 X 向间距设为 430mm。这些限位块中心在 XY 平面上的坐标依次为（X430，Y250）、（X430，Y-250）、（X0，Y250）、（X0，Y-250）、（X-430，Y250）、（X-430，Y-250），单位为 mm。限位块凸台高度取 10mm。

2. 创建限位块

新建图层 100 并把它作为工作图层，打开图层 16 和 48，关闭其他图层。按图 3-37 所示尺寸创建 6 处限位块，位置按到底垫块中心坐标值设置。

3. 创建限位块凸台

（1）创建草图　新建图层 101，并把它作为工作图层，在下模座上平面上创建包含限位块曲线的草图，在草图中做出 6 个圆，直径为 80mm，位置与限位块一一对应。

（2）创建下模座限位块凸台　把图层 48 作为工作图层，将直径 80mm 的圆向 ZC 方向拉伸出 10mm 高的凸台，并与凸模本体求和，得到的实体如图 3-38 所示。

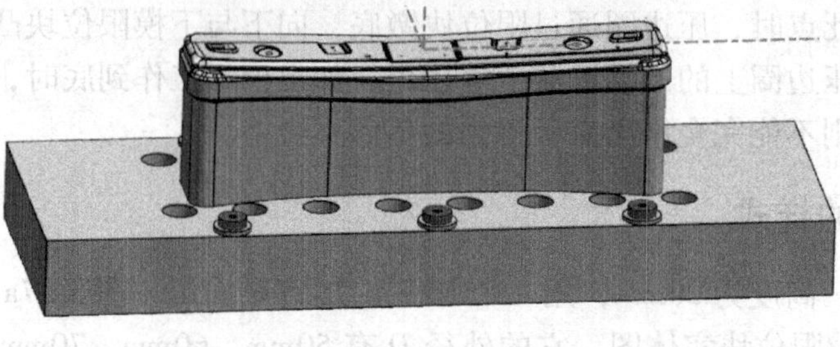

图 3-38　限位块和下模限位块凸台实体图

（3）创建压边圈限位块凸台　把图层 58 作为工作图层，将直径 80mm 的圆向 ZC 方向拉伸出 10mm 高的凸台，并与压边圈本体求和，关掉图层 101，得到的结果如图 3-39 所示。文件改名另存为 L11-5701012-1-3-DR-step10-DDDK. prt。

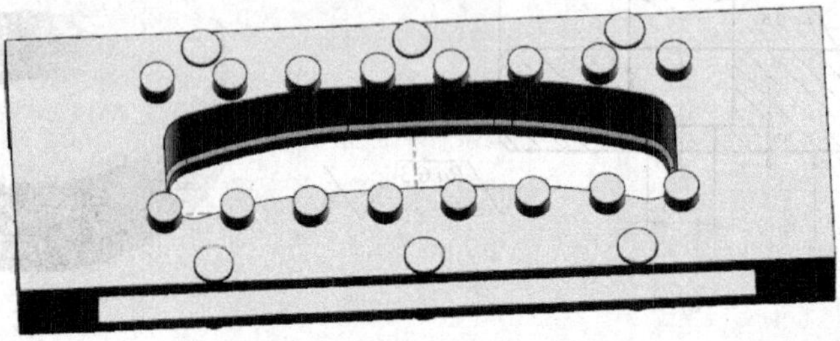

图 3-39　压边圈限位块凸台实体图

3.11　压边圈导向设计

3.11.1　导板

在模具中用平面部分对模具进行导向的零件称为导板。与其他导向零件相比较，导板能承受较大的侧向力，同时方便加工和钳工修配。压边圈导向用的导板为外购标准件。图 3-40 所示为几种导板实物，它们的材料不同，螺钉的数量与导板的大小有关。

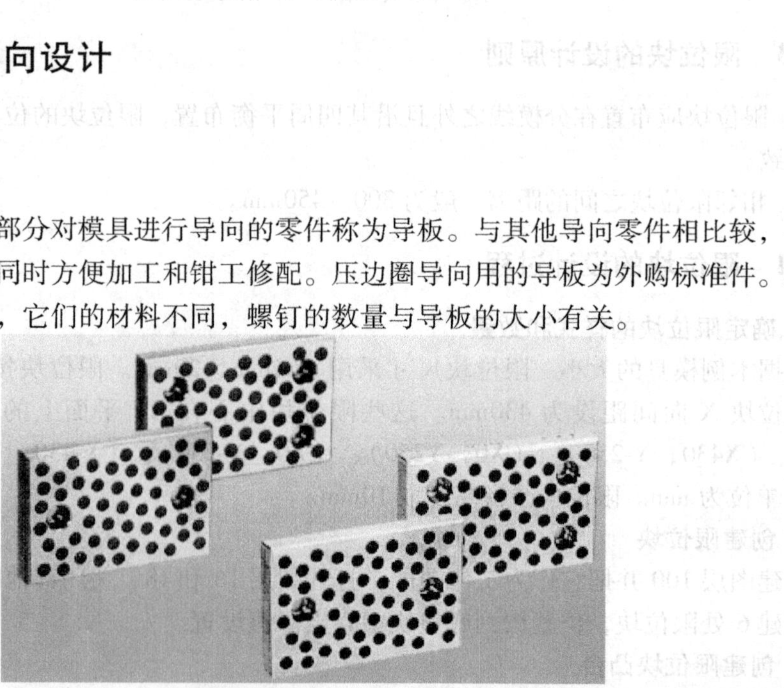

图 3-40　导板图

图 3-41 所示为 MWP 系列标准导板的二维图，A 系列导板装四个螺钉，B 系列导板的宽度 W 不到 100mm，只能安装两个螺钉。MWP 标准系列导板的尺寸规格见表 3-5。导板的标准系列多，尺寸规格大多相似，只是材料不同。MWP 标准系列导板的材料为 HT250 + Gr（石墨烯），TWP 标准系列导板的材料为铜合金 + Gr，FRP 标准系列导板的材料为 45 钢 + Gr，热处理至 45HRC 以上。

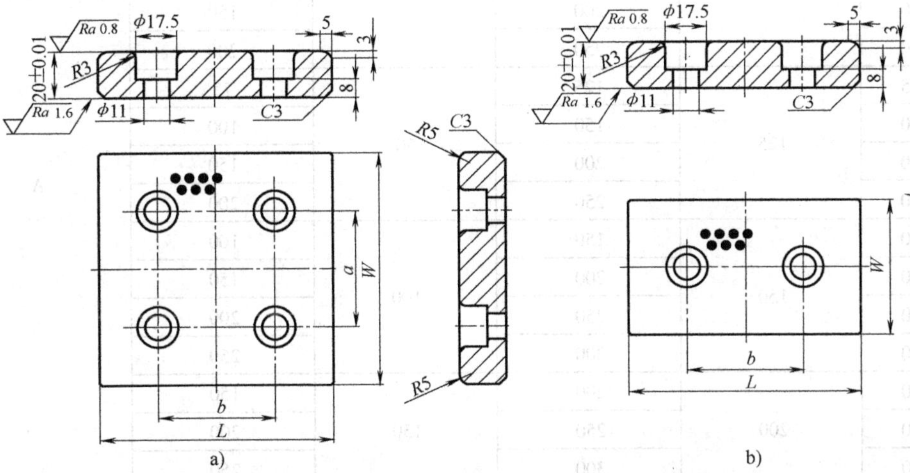

图 3-41　MWP 系列标准导板的二维图

a）MWP 导板 A 系列　b）MWP 导板 B 系列

表 3-5　MWP 标准系列导板的尺寸规格　（单位：mm）

代　号	W	L	a	b	类　别
MWP-38×75	38	75	—	45	B
MWP-38×100		100		50	
MWP-38×125		125		75	
MWP-38×150		150		100	
MWP-38×200		200		150	
MWP-48×75	48	75	—	45	
MWP-48×100		100		50	
MWP-48×125		125		75	
MWP-48×150		150		100	
MWP-48×200		200		150	
MWP-58×75	58	75	—	45	
MWP-58×100		100		50	
MWP-58×150		150		100	
MWP-75×75	75	75	—	45	
MWP-75×100		100		50	
MWP-75×125		125		75	
MWP-75×150		150		100	
MWP-75×200		200		150	

（续）

代　号	W	L	a	b	类　别
MWP-100×100	100	100	50	50	A
MWP-100×125		125		75	
MWP-100×150		150		100	
MWP-100×200		200		150	
MWP-100×250		250		200	
MWP-125×125	125	125	50	75	
MWP-125×150		150		100	
MWP-125×200		200		150	
MWP-125×250		250		200	
MWP-150×150	150	150	100	100	
MWP-150×200		200		150	
MWP-150×250		250		200	
MWP-150×300		300		250	
MWP-200×200	200	200	150	150	
MWP-200×250		250		200	
MWP-200×300		300		250	

注：W 表示导板的宽度，L 表示导板的长度，a 和 b 表示螺孔之间的距离。订购编号为 MWP　$W\times L$。

3.11.2　压边圈导向结构

拉延模工作时通过顶杆传递力给压边圈，压边圈沿 Z 向运动。在压边圈上下运动过程中，必须在 X 和 Y 方向对其进行有效导向。压边圈与下模的导向有两种结构，一种是外导结构，一种是内导结构。图 3-42 所示是一个典型的拉延模外导结构，压边圈与下模的导向装在压边圈外侧四角处，故又称为四角外导结构。本项目压边圈导向采用内导结构，压边圈与下模的导向装在压边圈内部，在分模线外侧附近，在内导结构中使用的导板也称为内导板。

图 3-43 所示为一套采用外导结构的拉延模下模实体图，压边圈与下模座的导向在下模座四角处。外导结构中导板装在压边圈上，下模座四角竖起较高的导向台，下模座的起吊部分与导滑台相连。

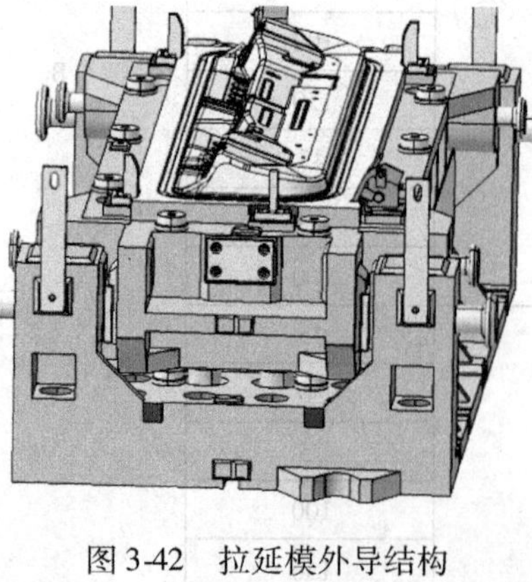

图 3-42　拉延模外导结构

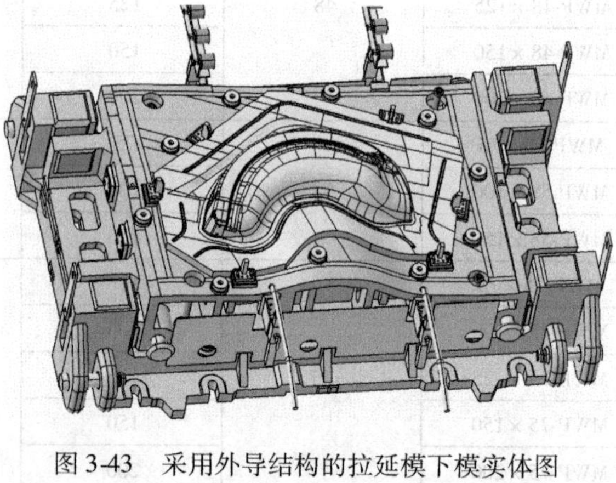

图 3-43　采用外导结构的拉延模下模实体图

下列压边圈导向使用外导结构：

1）细长件拉延凸模布置内导板时，导板布置空间不足，同时在一定程度上削弱了凸模的强度，此时应考虑采用四角外导导向。

2）分模线形状复杂，导板不好布置，压边圈易出现局部悬空时，应考虑采用四角外导导向，如翼子板和轮罩外板等零件的拉延模。

3）制件落差大，压边圈行程大，而模具闭合高度有限制时，也应使用四角外导导向，这在一定程度上可降低模具闭合高度，满足技术要求。

4）大型零件采用外导结构减小模具尺寸、减轻模具质量时，可考虑采用四角外导结构形式。

大多数情况下，压边圈与下模的导向应采用内导结构。对中小型零件来说，使用内导结构，模具结构较为紧凑，可减小模具尺寸。本项目压边圈的导向形式为内导，本书重点介绍内导结构。图 3-44 和图 3-45 所示均为采用内导结构的下模座和凸模，分别用到 8 处导向和 6 处导向。

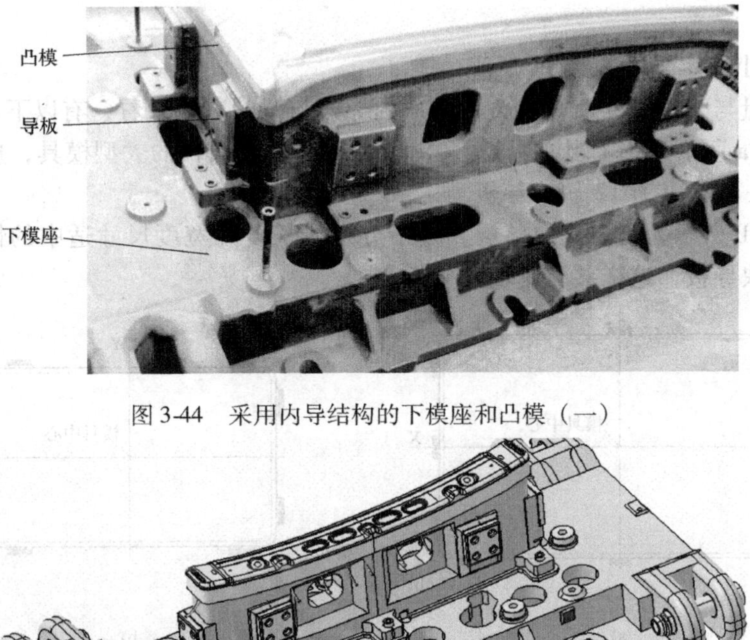

图 3-44　采用内导结构的下模座和凸模（一）

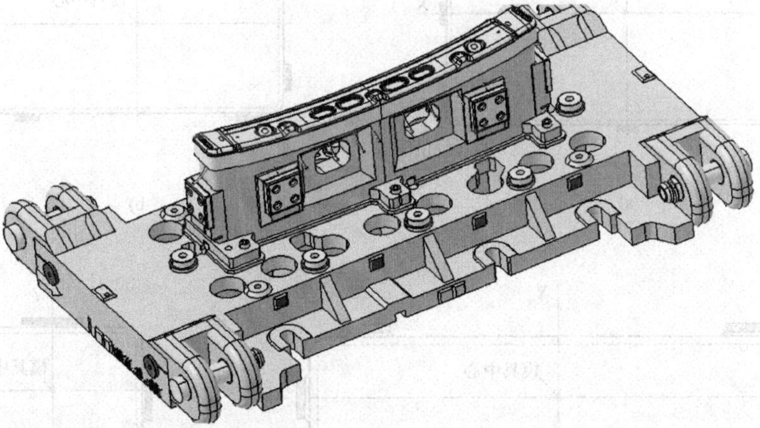

图 3-45　采用内导结构的下模座和凸模（二）

3.11.3　压边圈导向布置原则

1. 内导板的导板安装面应在分模线之外 10mm 左右

导板安装面在分模线之外，这样在加工导板安装面时用立铣的方法就可以保证加工要求。但内导板的安装面不能凸出分模线太多，否则压边圈强度将变弱。

2. 内导板安装面必须与模具中心线 X 轴或 Y 轴平行

内导板安装面与 X 轴或 Y 轴平行，这样便于导板安装面和导滑面的加工，也便于钳工的研配。当分模线形状复杂时，要注意导板方向的正确布置。图 3-46 所示为内导板的两种布置形式，图 3-46a 所示的结构合理，图 3-46b 所示的布置不合理。

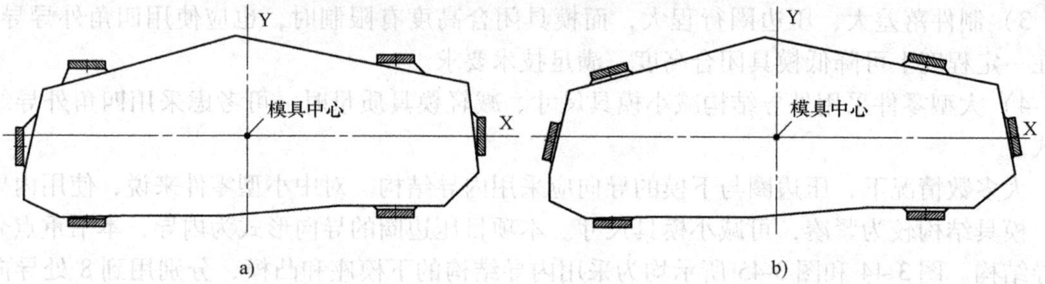

图 3-46　内导板的两种布置形式

3. 模具大小决定导板的数量

内导板数量与分模线的尺寸有关系，从内导板布置的数量来看，有以下几种情况：

1）图 3-47a 所示为用 12 块内导板。对于分模线长度较长的大型模具，应在同一方向上布置 3 块导板，这样共有 12 块内导板。

2）图 3-47b 所示为用 8 块内导板。对于分模线长度和宽度尺寸适中的情况，应在同一方向上布置 2 块导板，这样共有 8 块内导板。

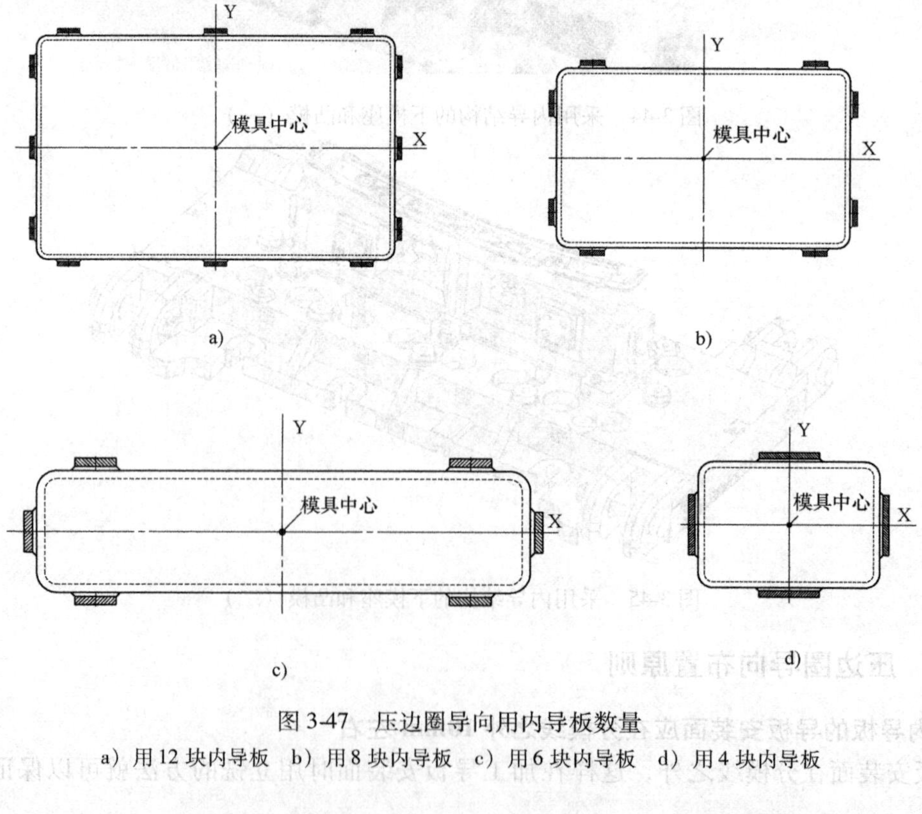

图 3-47　压边圈导向用内导板数量

a）用 12 块内导板　b）用 8 块内导板　c）用 6 块内导板　d）用 4 块内导板

3）图 3-47c 所示为用 6 块内导板。当分模线宽度较小（如小于 400mm）且长度适中时，即为细长模具时，应在 X 向上各布置 2 块导板，Y 向上各布置 1 块导板，这样共有 6 块内导板。

4）图 3-47d 所示为用 4 块内导板。当分模线尺寸较小时，只能在同一方向上布置 1 块导板，这样共有 4 块内导板。

另外，同一方向的导板的距离应尽量远一些，这样导向较平稳。当分模线尺寸受限只能布置一块内导板时，应选宽度稍大一些的导板，以加大导向接触面积，保证压边圈上下运动导向平稳。

5）导板的设计必须保证当压边圈升到最高点模具开始工作时，装在凸模上的导板与压边圈上的导滑面至少有 50mm 的接触长度。

一般来说，用导板导向的模具，在工作开始与结束时导板与导滑面的接触长度都不得小于 50mm，这就是所谓的至少提前 50mm 进行导向，以保证模具正常运行。图 3-48 所示为压边圈顶到最高点时内导板的状态。

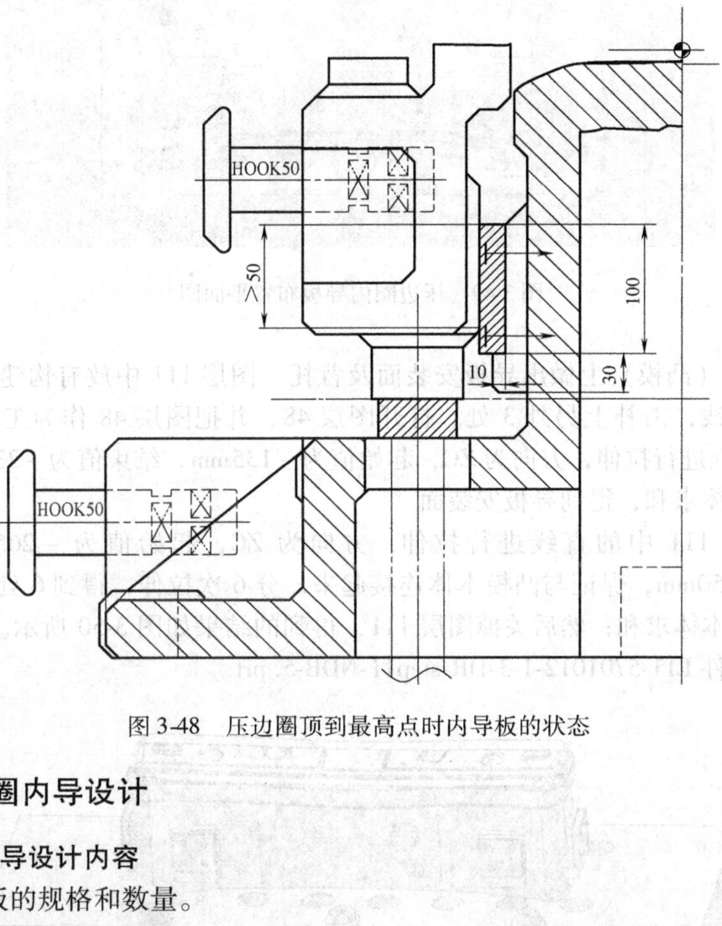

图 3-48　压边圈顶到最高点时内导板的状态

3.11.4　压边圈内导设计

1. 压边圈内导设计内容

1）确定导板的规格和数量。

2）确定导板安装面的位置。

3）在下模（凸模）上做出导板安装面及背托。导板安装面底部应设置背托。压边圈上下运动时，导板安装位承受向下的力，有必要在导板安装位下面施加反向力，采取的措施是在凸模上加背托，背托高度为 30mm，它凸出导板安装面 10mm，工作时不能与压边圈导滑面干涉。如图 3-48 所示，导板背托高为 30mm，凸出导板安装面 10mm。

4）做出压边圈对内导板的避让，并在压边圈内做出导滑面。

2. 压边圈内导设计过程

（1）内导板设计　首先确定内导板规格，常用宽 100mm 的导板，导板长度由压边圈行程确定。行程不超过 70mm 时，多用 100mm 长的导板。根据表 3-5，本项目中模具内导板规格为 MWP 100 × 100。

接着确定内导板位置。由于本项目零件为细长零件，分模线宽度尺寸不大，在 Y 向只能布置一块导板，本例的导板数量为 6，前后各 2 块导板，左右各 1 块导板。内导板需全部在分模线之外，且平行于模具中心线 X 轴或 Y 轴。

然后构建导板实体。打开图层 16、90、110、111 和 112，关闭其余图层。图层 110 对应的是内导板，根据已知条件补上其余 4 处内导板，并放入图层 110 中，它们的外形尺寸为 100mm × 100mm × 20mm，至此完成内导板布置，如图 3-49 所示。

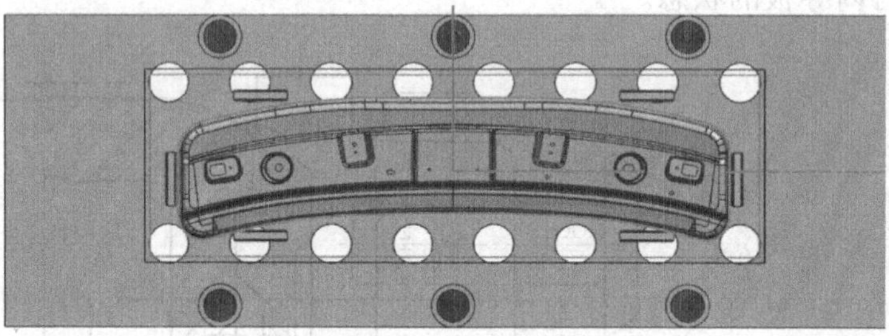

图 3-49　压边圈内导板布置平面图

（2）在下模（凸模）上做出导板安装面及背托　图层 111 中放有构建凸模内导板安装面所需的矩形曲线，需补上另外 3 处。打开图层 48，并把图层 48 作为工作图层。对图层 111 中的矩形线框进行拉伸，方向为 ZC，起始值为 -135mm，结束值为 -235mm；再将得到的实体与凸模本体求和，得到导板安装面。

之后对图层 111 中的直线进行拉伸，方向为 ZC，起始值为 -265mm，结束值为 -235mm，偏置 50mm，保证与凸模本体连接起来，分 6 次拉伸，得到 6 处 30mm 厚的导板背托，并与凸模本体求和；然后关掉图层 111，得到的结果如图 3-50 所示。文件改名存盘，得到中间过程文件 L11-5701012-1-3-DR-step11-NDB-5. prt。

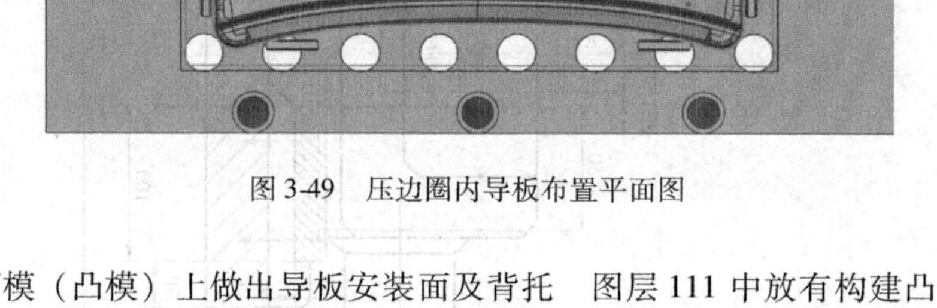

图 3-50　安装了内导板的下模实体图

（3）做出压边圈对内导板的避让及导滑面　关掉图层48，打开图层58，图层58对应的是压边圈本体。打开图层112，并把它作为工作图层，图层112对应的是构建压边圈上导滑面需要的曲线，根据这些曲线，在XY平面上做出避开内导板的草图，然后进行拉伸，拉伸方向为ZC，起始值为-260mm，结束值为-95mm，并与压边圈本体求差。发现内导板避开位与顶杆孔有干涉，需要取消相关凸台，如图3-51所示。

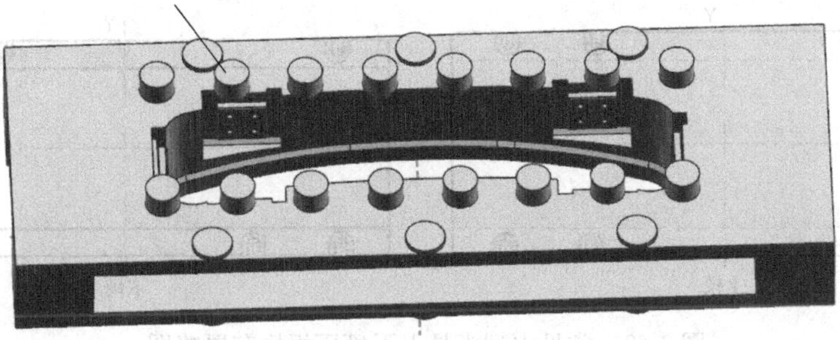

图3-51　内导板与顶杆孔有4处干涉

接着用图层112中的曲线做出压边圈的导滑面。用已连接的曲线拉伸，方向为ZC，起始值为-130mm，结束值为-260mm，得到6个长方体，并与压边圈本体求和；关闭图层112，得到的压边圈实体如图3-52所示。文件改名另存为L11-5701012-1-3-DR-step11-NDB. prt。

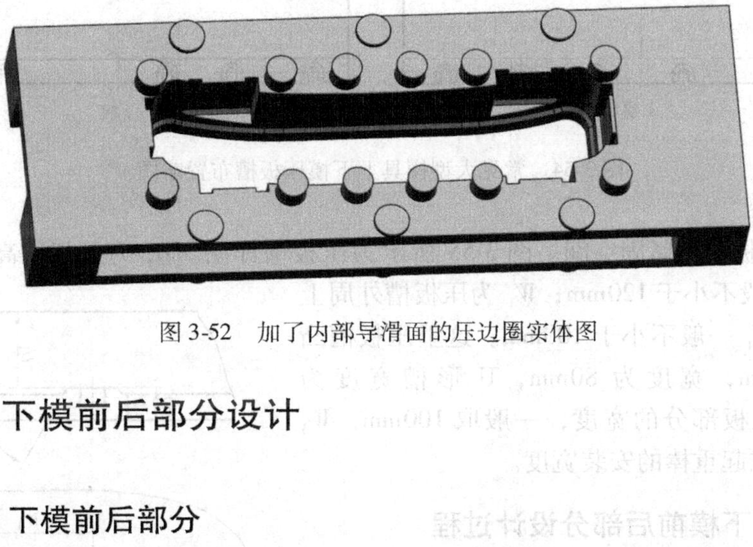

图3-52　加了内部导滑面的压边圈实体图

3.12　上、下模前后部分设计

3.12.1　上、下模前后部分

上、下模前后部分主要有压板部分、起重部分和加强筋等。整副模具通过压板槽固定在上、下工作台上。上下模前后部分设计主要包括以下内容：

1）压板部分的设计。

2）压板槽的设计。

3）上下模起重部分设计。

3.12.2　压板槽设计原则

1）上、下模压板槽的位置与工作台T形槽的位置一致。

2）压板槽的个数与模具大小有关，压板槽之间的距离应尽量远。上、下模压板槽至少应设 4 个。从安全方面考虑，上模压板槽的数量不少于下模压板槽的数量。图 3-53 所示为常见中型模具上下模压板槽布置略图，上模设有 8 个压板槽，下模设有 6 个压板槽。图 3-54 所示为常见大型模具上下模压板槽布置略图，上模设有 12 个压板槽，下模设有 10 个压板槽。压板槽之间的距离要合理，确保模具能安全、有效地紧固在冲压设备的上、下工作台上。

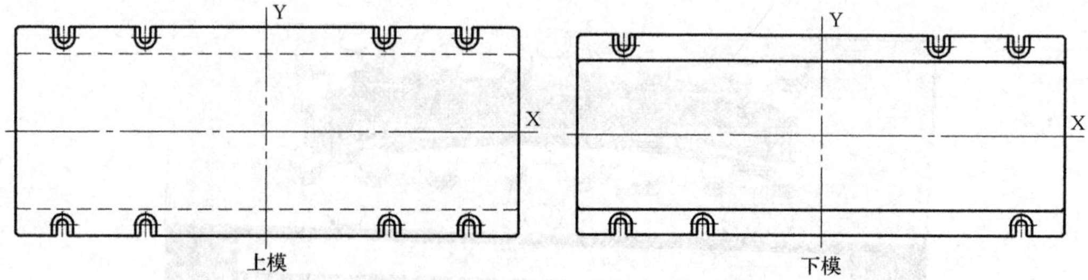

图 3-53　常见中型模具上下模压板槽布置略图

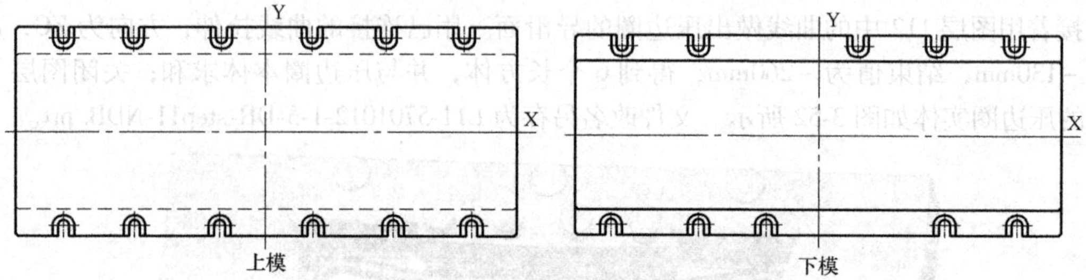

图 3-54　常见大型模具上下模压板槽布置略图

3）确保压板槽的紧固空间。图 3-55 所示为压板槽详图。H_1 为压板槽高度方向上的空间尺寸，H_1 一般不小于 120mm；W_1 为压板槽外周上的空间尺寸，W_1 一般不小于 100mm。这里压板槽凸台高度为 50mm，宽度为 80mm，U 形槽宽度为 40mm。W_2 为压板部分的宽度，一般取 100mm，W_3 为模座上铸入式起重棒的安装宽度。

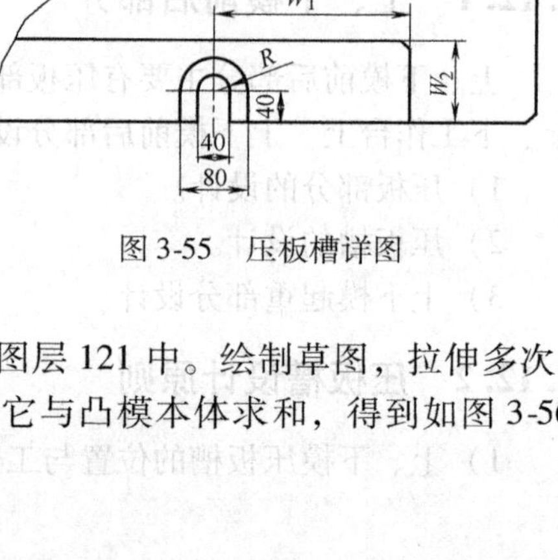

图 3-55　压板槽详图

3.12.3　上、下模前后部分设计过程

此项目中上、下模各用到 4 个压板槽，压板槽中心到模具中心的距离为 450mm。根据图 3-55 本项目 W_2 取 100mm，W_3 取为 160mm。

1. 下模前后部分构建

打开图层 16 和 48，新建图层 121，并把它作为工作图层，上、下模前后部分设计用到的曲线全部放入图层 121 中。绘制草图，拉伸多次，得到下模前后部分实体，尺寸为 1 660mm × 100mm，把它与凸模本体求和，得到如图 3-56 所示的实体图形。

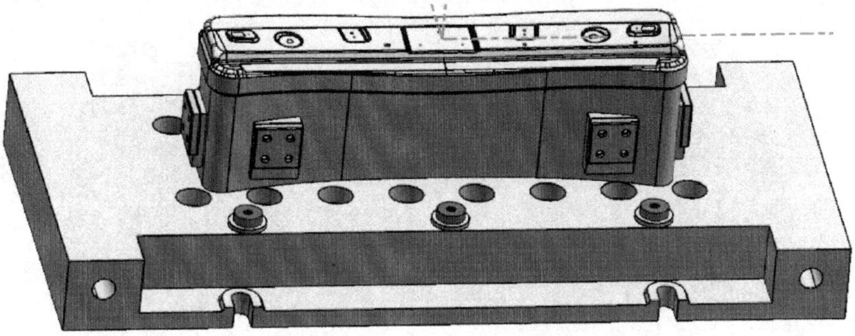

图 3-56　加前后压板部分的凸模本体

2. 上模前后部分构建

与上一步相似，打开图层 68，把图层 68 作为工作图层，关掉图层 48。用布尔运算的“求和”命令把拉伸得到的上模前后部分实体加到上模本体中去。关掉图层 121，得到如图 3-57 所示的实体图形，待创建起重棒孔。

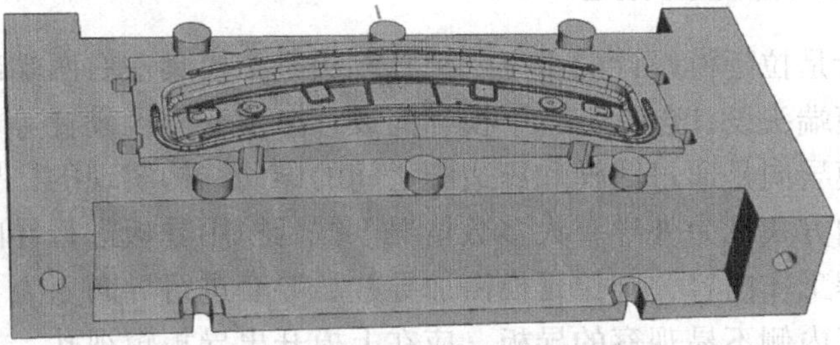

图 3-57　加前后压板部分的凹模本体

3. 凹模本体前后构建加强筋

以图层 68 作为工作图层。以 YZ 平面为草图平面，绘制草图。做一个直角三角形，约束时要注意先后顺序。先标出三角形的大小，再约束三角形的位置，如图 3-58 所示。最后以增加约束的方式让三角形的外顶点与模具最右端重合，得到凹模加强筋草图，如图 3-59 所示，草图已定位于凹模的正确位置上。

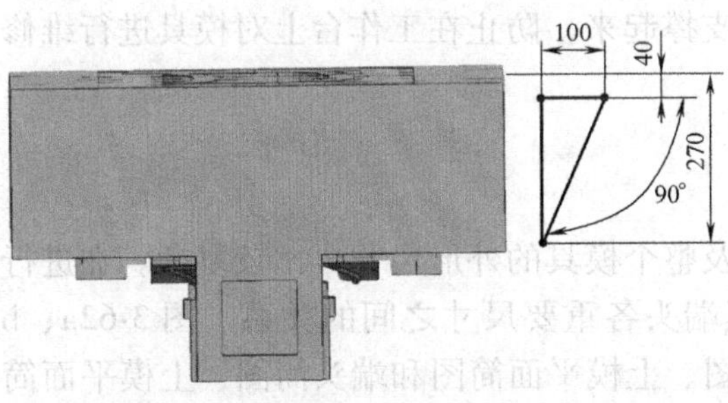

图 3-58　凹模加强筋草图中间过程

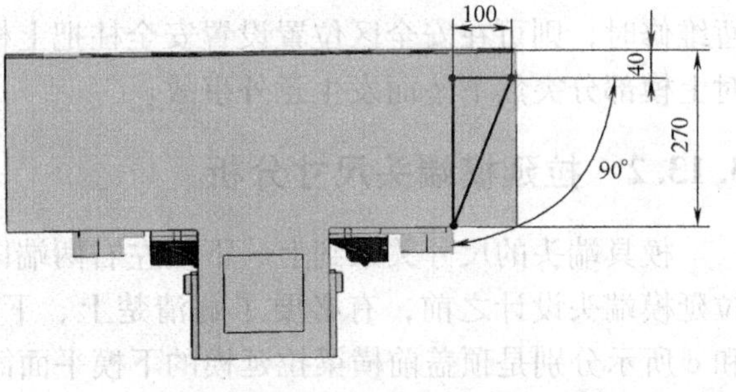

图 3-59　凹模加强筋草图

接着用上面得到的草图进行拉伸，起始值为 15mm，结束值为 −15mm，得到 30mm 厚的加强筋，并对它沿 XZ 平面进行镜像操作，用“变换”命令复制，可以得到另一端的加强筋。把这两个加强筋通过布尔运算与凹模本体求和，并隐藏草图，得到有加强筋的上模。图 3-60 所示为构建了外部加强筋的凹模。保存文件得到中间过程文件 L11-5701012-1-3-DR-step12-YBC. prt。

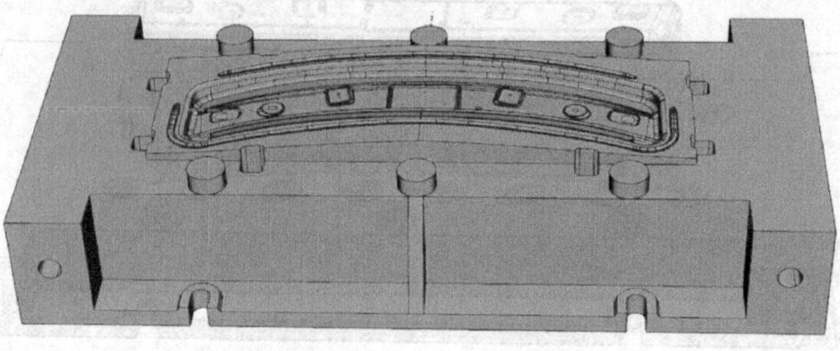

图 3-60 构建了外部加强筋的凹模

3.13 端头设计

3.13.1 拉延模端头部分的概念

拉延模端头设计是拉延模设计的重点。模具端头是指模具左右两端部分，它影响模具的长度和宽度。拉延模端头设计包括上、下模导向设计以及安全区设置等。

拉延模上、下模导向是通过凹模和压边圈之间的导向结构实现的，导向结构装在模具左右外侧，故这种导向方式称为外导。大多数情况下拉延模用导板进行导向，如果拉延的同时还带有切边和刺破等工作内容，则拉延模需加导柱、导套进行导向。为了在工作时便于观察导板导入情况，对于内侧不易观察的导板，应在上模开出导板窥视孔。

图 3-61 所示为一副拉延模的各个视图，图 3-61a 所示为下模实体图，图 3-61b 所示为下模侧面图，下模四个角基本上是平面，左右两端与上模导向的位置是凹下去的。图 3-61c 所示为上模实体图，安全区放在模具四角，左侧或右侧两个安全区之间是竖起来的外导块，或称为导腿。上、下模导向的导板有的装在下模，有的装在上模。图 3-61d 所示为拉延模上下端头侧面图。

所有覆盖件模具都应有安全区，当在工作台上进行冲压生产时，若模具出现问题需要短暂维修时，则可在安全区位置设置安全柱把上模支撑起来，防止在工作台上对模具进行维修时上模部分突然下坠而发生意外事故。

3.13.2 拉延模端头尺寸分析

模具端头的尺寸关系到上、下模左右两端以及整个模具的外形尺寸，比较复杂。在进行拉延模端头设计之前，有必要了解清楚上、下模端头各重要尺寸之间的关系。图 3-62a、b 和 c 所示分别是顶盖前横梁拉延模的下模平面简图、上模平面简图和端头简图，上模平面简图已左右翻转 180°，保证送料一侧即 F 面（Front）不改变。如果上模平面图不翻转，则大多数重要元素在平面图上是虚线，表达效果不理想。

导向用导板为标准件，在压边圈导向布置中已经讲述过了。导板厚度为 20mm。从图 3-62 所示的上、下模平面简图可以看出，上模端头宽度尺寸为 B，与之对应的下模外导凹下去部分的宽度尺寸是 $B+40$mm；下模左边外导导滑面的间距为 $2A$，与之对应的上模左边端头导板安装位置的间距为 $2A-20$mm。（注：这里的凸台高度都是 10mm。）

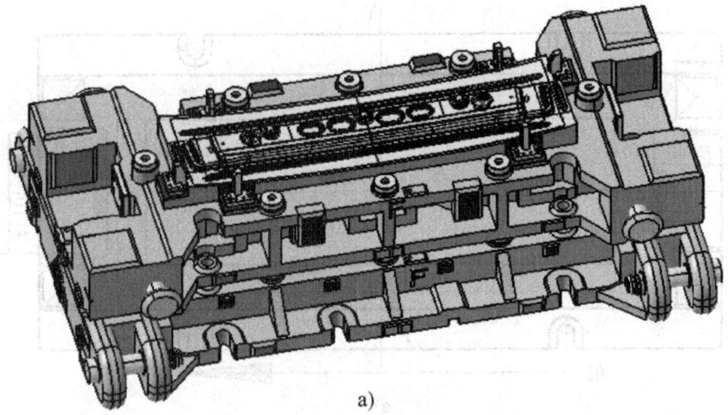

a)

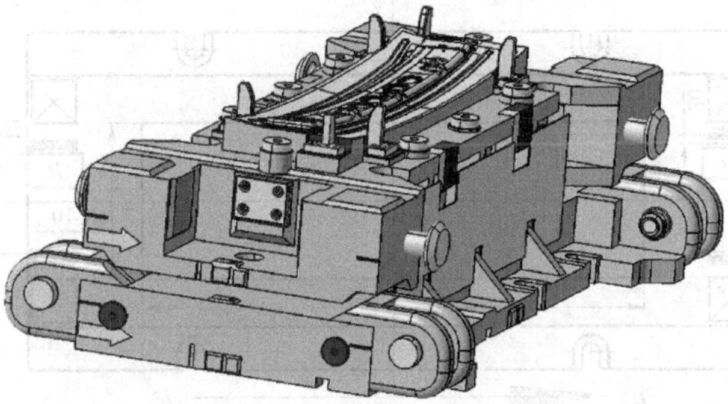

b)

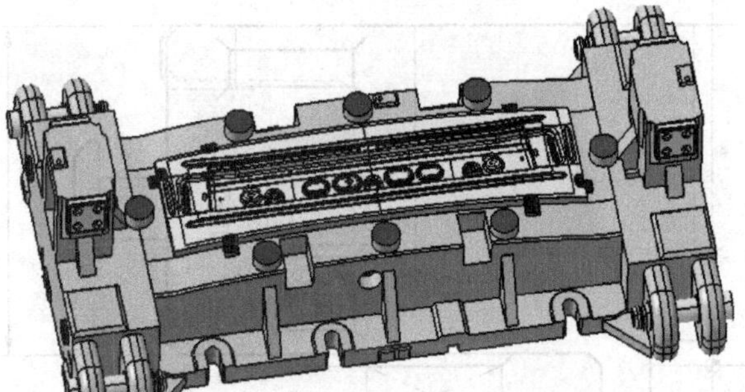

c)

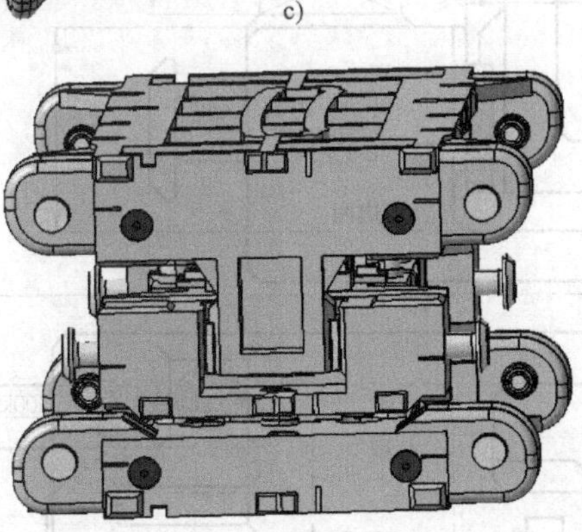

d)

图 3-61 拉延模

a）拉延模下模实体图 b）拉延模下模侧面图 c）拉延模上模实体图
d）拉延模上下端头侧面图

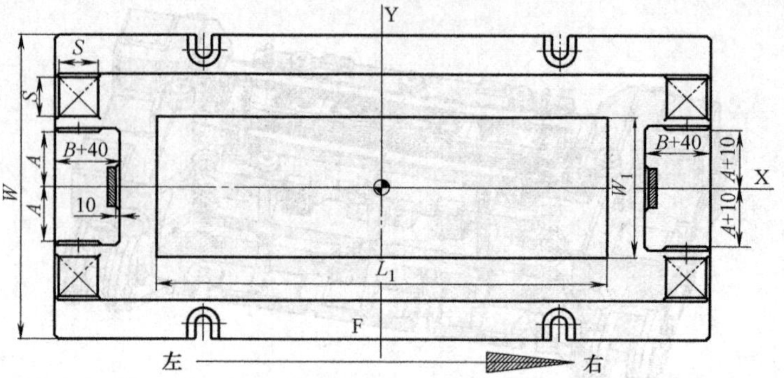

a)

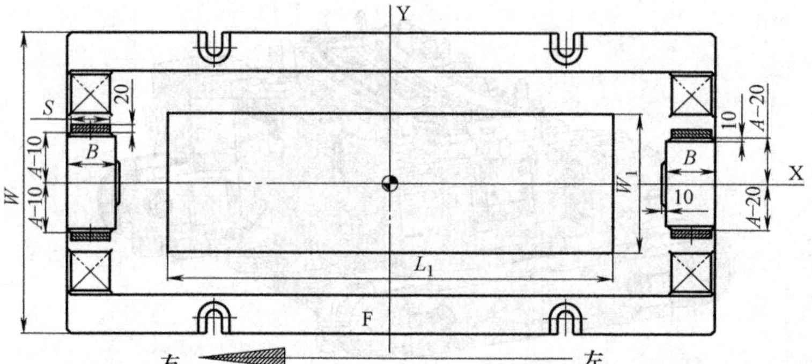

b)

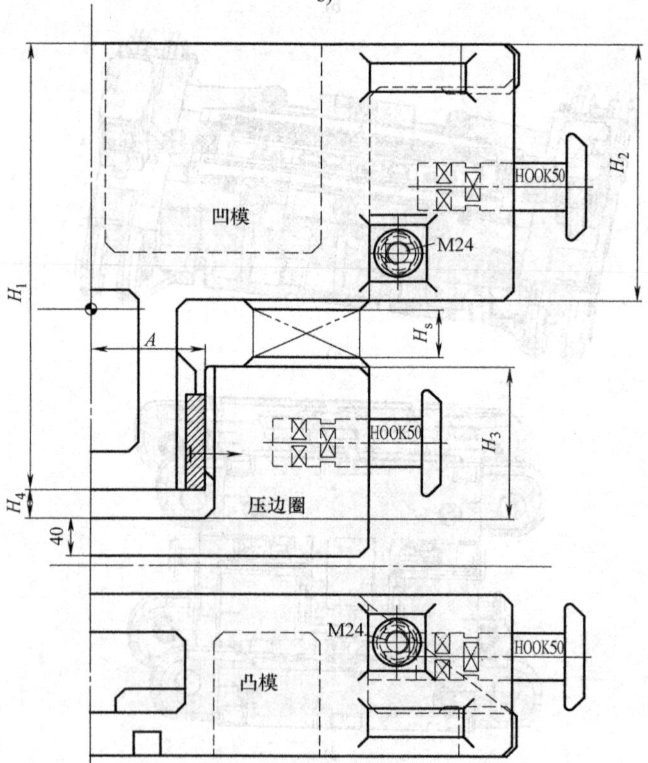

c)

图 3-62　顶盖前横梁拉延模二维平面图

a）下模平面简图　b）上模平面简图（左右翻转 180°）　c）端头简图

安全区为矩形，放在模具四角。上、下模安全区位置相对应，其大小与模具大小有关。中小型模具的安全区的大小为100mm×100mm或120mm×120mm，大型模具的安全区至少为150mm×150mm。如图3-62c所示，上、下模安全区高度H_s的值与H_2、H_3有直接关系，一般来说，H_s为50～110mm。而H_4是上模端头到压边圈的安全距离，一般取30mm或50mm，本项目取30mm。

3.13.3　拉延模端头设计原则

1. 上、下模导向应考虑防反

所有模具都应有防止上、下模装反的措施，这是模具设计的常识。本项目中的拉延模在外导上做出防反，如图3-62a所示，下模端头外导处左边尺寸为A，右边尺寸则为$A+10$mm。装配时，如果上模左右方向装反，则将装不进下模。

2. 导板之间距离越大模具导向越稳定

如图3-62b所示，上模端头处左侧两导板之间的距离是$2A-20$mm，这个距离越大，模具导向越平稳。当客户要求前后导板的距离至少为模具宽度的1/2时，则需加大模具宽度以满足技术条件。

3. 模具外形尺寸越大端头宽度越大

表3-6为不同大小的模具所对应的导板宽度W_1和端头宽度B。从表中可以看出模具的大小与端头宽度有着直接的关系，模具的外形尺寸越大，导向面的宽度越大，端头宽度越大，导向越平稳。本项目拉延模的外形尺寸不算大，可以选用宽度为100mm的导板，端头宽度确定为125mm。

表3-6　模具类别与导板宽度和端头宽度

模具类别（大小）	特大型模具（如顶盖、侧围）	大型模具（如车门等）	中型模具	小型模具
导板宽度W_1/mm	200	150	125（或100）	100
端头宽度B/mm	230	170	145（或125）	125

4. 初始导向长度要足够

初始导向长度要足够，以确保模具下行到成形位置前至少30mm时开始预导向。外导结构要求在拉延模具接触坯料前至少30mm处导向就开始导入。保证在压边圈顶出行程范围内正常工作。如图3-62c所示，拉延模上、下模导向长度取决于尺寸H_1和H_3，H_1和H_3的值越大，导向长度就越大。但若H_1过大，则上模端头强度不好；若H_3过大，则H_2和安全区空间高度H_s的值就会太小。

本项目模具压边圈的顶出行程为40mm，导向长度不算大，上、下模的导向设计可选用长100mm的导板，最终导板规格选定为MWP 100×100，可以参考表3-5。

5. 导板的数量与模量的宽度有关

当模具宽度超过900mm时，应用8个导板，前后、左右各2个。如图3-63所示，模具宽度W较大，有必要用到8个导板，两导板之间的距离W_2的值应尽量大，以保证上、下模导向平稳。

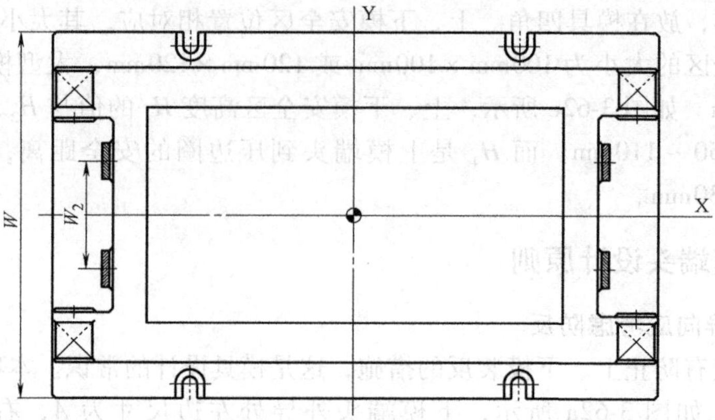

图 3-63　模具宽度较大时采用 8 处导向的下模平面简图

3.13.4　拉延模端头设计过程

拉延模端头设计主要包括外导板和安全面的设计等。下面分上模端头设计和下模端头设计进行说明。

1. 上模端头设计

首先进行图层管理，新建图层 131，并把它作为工作图层，打开图层 16、130 和 68，关闭其余图层。图层 131 对应的是端头设计用曲线，图层 130 对应的是端头外导板，需布置出其余导板。在凹模下平面做出两端的矩形草图，尺寸分别为 200mm × 125mm 和 220mm × 125mm，矩形的三条边与压边圈左右两端低凹处的距离为 40mm，以此草图拉伸出高度为 200mm 的两个导腿。接着把图层 68 作为工作图层，把端头实体用“求和”命令加到凹模本体中，即以凹模本体作为目标体，端头实体作为工具体，得到凹模左右两端凸起的导腿。然后对这两处导腿进行侧面掏空，保持壁厚为 40mm；并根据导板位置做出上模导板安装位和导滑面凸台。

下一步进行安全面的设计，在凹模下平面做出四处矩形草图，对这些草图进行拉伸，方向为 ZC，起始值为 10mm，结束为 0，得到高为 10mm 的安全区凸台，再用“求和”命令把这些凸台加到凹模本体中去。

图 3-64 所示为加端头的凹模实体图。从图中可以看出，由于模具为细长模具，故采用 6 块 MWP 100 × 100 的导板，导板宽度为 100mm，上模端头宽度为 125mm，符合表 3-6 的设计

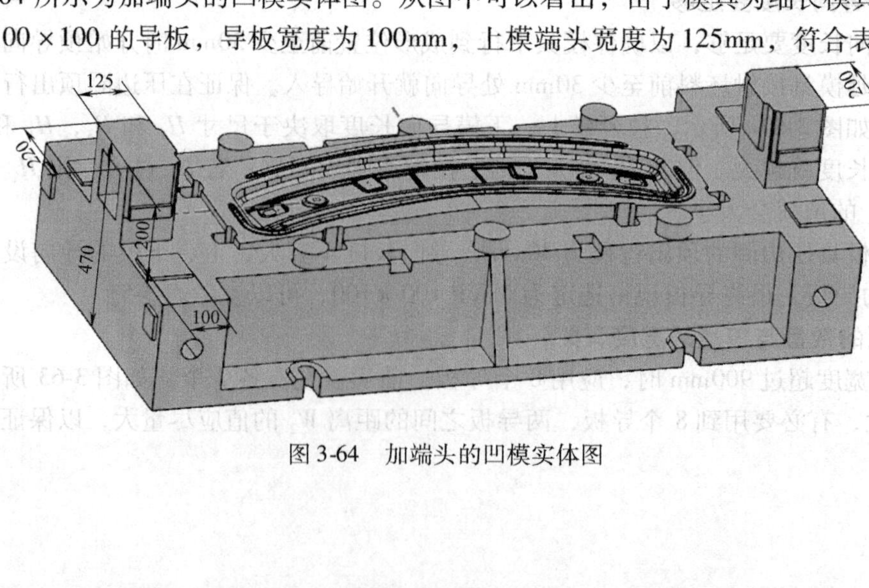

图 3-64　加端头的凹模实体图

标准。上模左边端头导板安装位的距离为 200mm，右边端头导板安装位的距离为 220mm，这样在上、下模合模时可以防止装反。安全区大小为 100mm × 100mm。安全区处非加工面到上模的距离为 270mm，上模端头处导腿的高度为 470mm，两者之比大于 1/2，上模端头设计较合理。

2. 下模端头设计

打开图层 58 并把它作为工作图层，打开图层 16、70、80 和 90，关掉图层 68。做出压边圈端头导向凸台草图，用“求和”命令把导向凸台和背托加到压边圈本体中。

接着进行安全面的设计。将上模端头设计图层 131 中的四处矩形曲线进行拉伸，方向为 ZC，起始值为 −50mm，结束为 −60mm，得到高为 10mm 的安全区凸台，并关掉图层 131。用“求和”命令把这些凸台加到压边圈本体中去。图 3-65 所示为加导向凸台和安全区的压边圈实体图。文件改名另存为 L11-5701012-1-3-DR-step13-DT. prt。

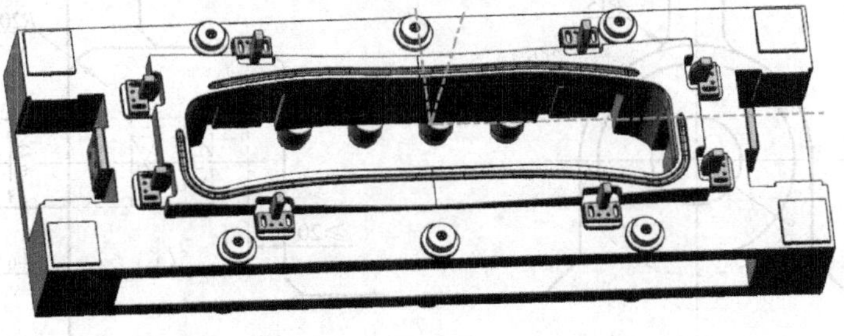

图 3-65　加导向凸台和安全区的压边圈实体图

3.14　起吊部分设计

3.14.1　模具起吊

模具需要整体吊起，上、下模设计必须考虑起吊结构。另外，模具上质量大于 15kg 的重要部件在设计时要考虑能单独起吊，多数情况下是在这些部件上钻起重螺孔。模具起吊部分设计时要考虑操作安全，还要考虑起吊时有足够的操作空间。

上、下模起吊一般采用吊耳或铸入式起重棒。吊耳结构用于质量大的模具，铸入式起重棒则大多用于中小型模具。图 3-66 所示为吊耳结构简图，两边是吊耳，中间插入一根起重棒。吊耳有多种规格，每种规格的吊耳承受的质量不一样。当模具质量大时，上、下模用厚的吊耳，起重棒外径也采用大规格的。

图 3-66　吊耳结构简图

3.14.2　铸入式起重棒

铸入式起重棒是铸入模具铸件本体中的，在制作泡沫实型时要在本体中做出起重棒孔。表 3-7 列出了铸入式起重棒的规格，表中各参数的含义如图 3-67 所示，其中第一项 D 为铸入式起重棒的直径。本项目拉延模质量不大，凹模、凸模和压边圈均选用铸入式起重棒来起吊，铸入式起重棒材料为 Q235A。图 3-68 所示为铸入式起重棒镶入处结构。起吊部分要考虑起重方便，用铸入式起重棒时其与底面之间要有一定的空间以保证吊绳能放入。

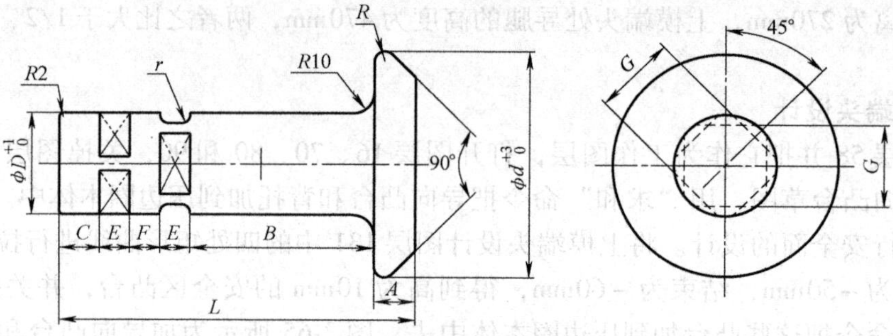

图 3-67　铸入式起重棒

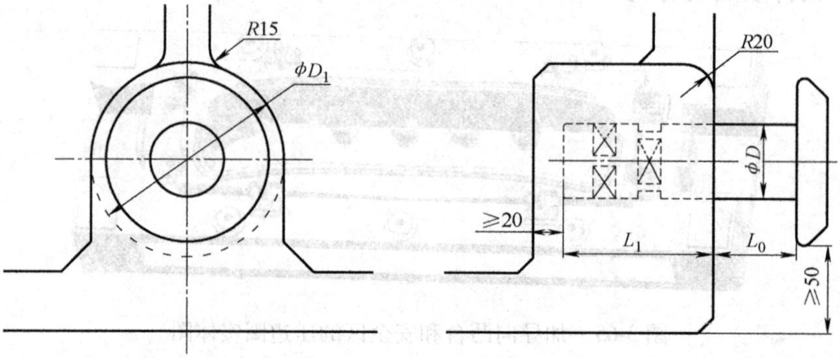

图 3-68　铸入式起重棒镶入处结构

本项目模具上、下模均用规格为 HK 50 的铸入式起重棒，查表 3-7，镶入部分直径 D 为 50mm，外面露出部分长度 $L_0 = L - A - L_1 = 175\text{mm} - 20\text{mm} - 100\text{mm} = 55\text{mm}$，在高度方向上至少有 50mm 的起吊空间。另外，从表 3-7 中可查得每根 HK50（外径为 50mm）起重棒能单独承重 1 200kg，下模四根铸入式起重棒共承重 4 800kg，可以满足使用要求。

表 3-7　铸入式起重棒的规格　（单位：mm）

D	d	D_1	L	L_1	A	B	C	E	F	G	R	r	单个承重/t
42	90	110	140	80	15	75	20	10	10	32	4	1	0.7
50	110	130	175	100	20	90	20	15	15	40	5	2	1.2
60	120	160	205	120	20	110	20	15	25	50	5	2	2.5
70	130	180	230	140	25	115	25	20	25	55	5	2	5.0
80	130	210	250	160	25	125	25	20	35	65	5	2	7.0
90	140	240	270	180	25	135	25	25	35	75	5	2	10.0

注：D 为铸入式起重棒铸入部分的直径，吊索滑动部位倒角 $R20$mm，L_1 为铸入深度。规格为 HK D，例如 HK 42。

3.14.3　模具起吊设计

模具起吊设计一般分两步，先确定起吊方式和规格，然后把起吊部分定位到模具本体上。本项目拉延模采用 HK 50 的铸入式起重棒，把铸入式起重棒定位到模具本体后，要在

本体上挖出 ϕ50mm×100mm 的孔。设计时需检查它们的起吊空间和起吊孔四周壁厚。

打开图层 48、58 和 68，新建图层 140 并把它作为工作图层，其余图层可以关闭。按图 3-67 并查表 3-7，在图层 140 中创建凸模、凹模和压边圈上的起重棒 HK 50，共 12 个，接着从本体上挖去起吊孔。以压边圈为例，以图层 58 为当前图层，关掉图层 140。以压边圈前面为草图平面，进行草图创建。

图 3-69 所示为压边圈上起吊孔的草图，做出两个 ϕ50mm 的圆，圆心到上边的距离为 90mm，到侧边的距离为 80mm，保证孔壁厚不小于 40mm。然后对草图中的两个圆进行拉伸。第一次拉伸得到前面的两个圆柱，沿 YC 方向，起始值为 100mm，结束为 -10mm。第二次拉伸得到后面的两个圆柱，沿 YC 方向，起始值为 590mm，结束为 480mm。最后把这四个圆柱体与压边圈本体示求差，得到前后各两处起吊孔。把图层 140 打开，并隐藏一个铸入式起重棒，得到的结果如图 3-70 所示。文件改名另存为 L11-5701012-1-3-DR-step14-HD. prt。

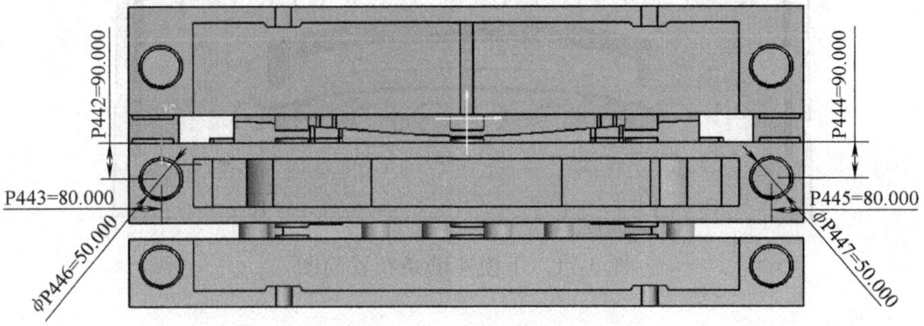

图 3-69　压边圈上起吊孔的草图

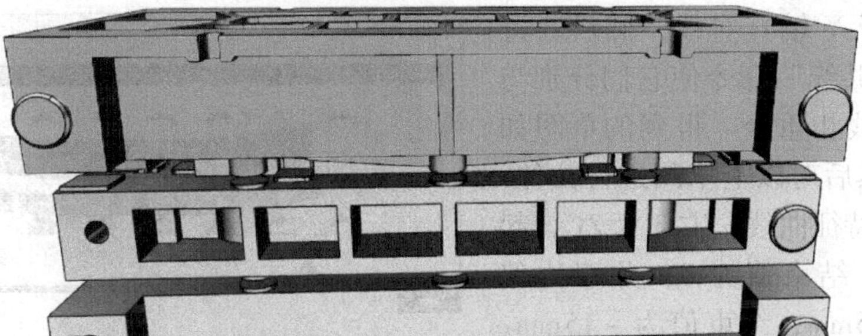

图 3-70　加起吊孔的拉延模实体图

3.15　筋条设计

前面各步得到的拉延模铸件本体还只是一个框架结构，里面还需加筋条才能保证强度要求。铸件筋条厚度即铸件壁厚，应按技术协议设计。本项目中拉延模型面壁厚为 50mm，非加工面处壁厚取 40mm；主筋厚度为 40mm，副筋厚度为 30mm。筋条之间的距离一般不能超过 300mm。

本项目中拉延模筋条设计分为三部分，即下模筋条的设计、压边圈筋条的设计和凹模筋条的设计。下面对这三部分的设计过程分别进行说明。

3.15.1　下模筋条的设计

此项目中下模筋条设计的主要内容是在下模底面加上筋条，这些筋条属于副筋，厚度为30mm。筋条间距一般小于300mm。

打开图层48和43，把图层48作为工作图层，关闭其他图层。图层43对应的是下模座筋条构建所需的曲线，图3-71所示为下模座筋条布置简图，其中白线所示的位置就是需要增加的筋条的中心线位置。图3-71中有已设计好的沿分模线一周且厚度为40mm的筋条，还有沿外周厚度为40mm的矩形主筋。图上白线的长度较短，还没有与这些主筋连接起来。筋条设计有多种方法，以下通过先创建草图再拉伸的方式进行设计。

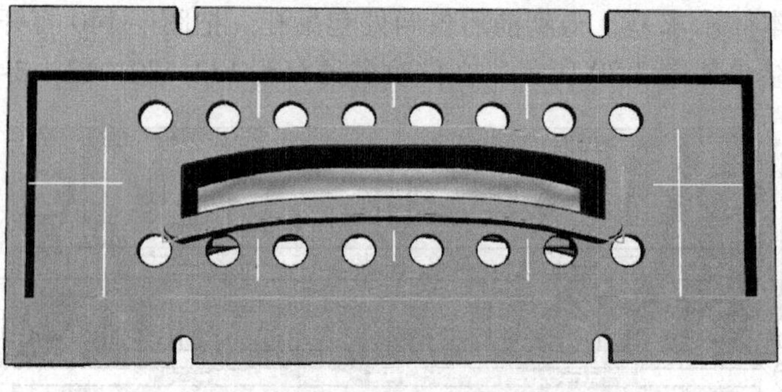

图3-71　下模座筋条布置简图

1. 创建下模座筋条一

以下模底面作为草图平面创建草图。参照图层43中的8条Y向白线，在白线旁绘制8条（方向平行于Y轴）直线，然后通过“约束”中的“共线”命令使它们分别与图层43中的白线相重合。得到的草图如图3-72所示。然后对以上草图进行拉伸，“选择意图”为特征曲线，方向为ZC，起始值为130mm，结束值为0，并双边偏置，起始值为15mm，结束值为－15mm，得到8处厚度为30mm长方体，即下模座筋条一，增加下模座筋条一的下模实体如图3-73所示。

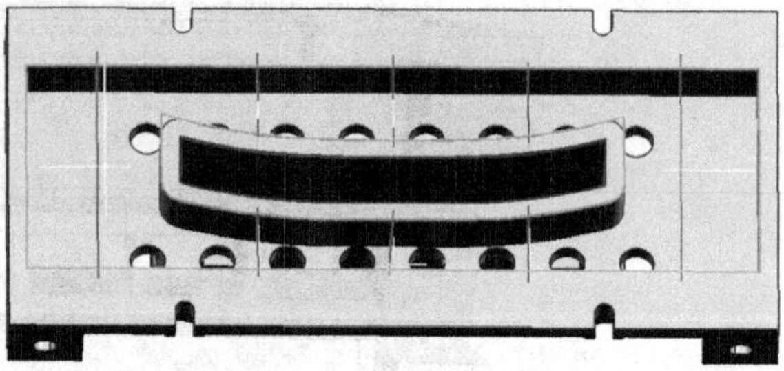

图3-72　下模座筋条一草图

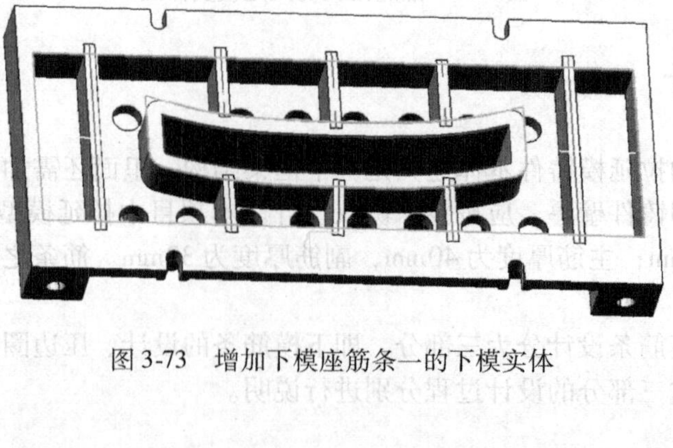

图3-73　增加下模座筋条一的下模实体

2. 创建下模座筋条二

类似上一步操作，以下模底面作为草图平面创建草图，去掉点捕捉，参照图层43中的两条X向白线，在白线旁绘制两条X向直线，然后通过“约束”中的“共线”命令使它们分别与图层43中的白线相重合；再用以上草图进行拉伸，“选择意图”为特征曲线，方向为ZC，起始值为130mm，结束值为0，并双边偏置，起始值为15mm，结束值为－15mm，关闭图层43，得到两处厚度为30mm长方体，即下模座筋条二，结果如图3-74所示。

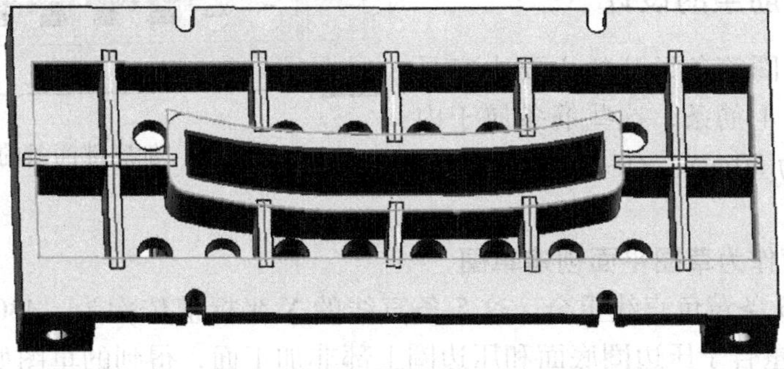

图3-74 增加下模座筋条二的下模实体

3. 创建凸模筋条

此处凸模筋条是指分模线以内的筋条，这些筋条的上部是型面，有必要用凸模上的曲面来裁剪。下面以草图拉伸的方式来创建凸模筋条。

以下模底面作为草图平面创建草图，作两条平行于Y轴的直线，这两条线在分模线内且延至分模线，这两条线到模具中心的距离均为160mm，得到的草图如图3-75所示。

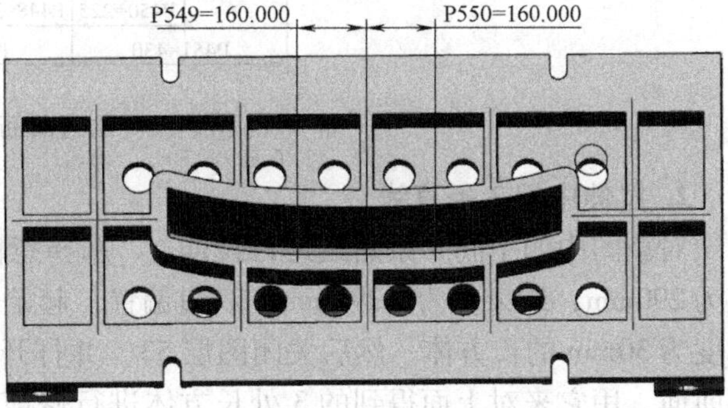

图3-75 凸模筋条草图

接下来拉伸下模座筋条。对创建的草图进行拉伸，“选择意图”为特征曲线，方向为ZC，起始值为600mm，结束值为0，并双边偏置，起始值为15mm，结束值为－15mm，得到两处厚度为30mm的长方体，即凸模筋条。然后打开图层14，图层14对应的是凸模型面。图3-76所示为待裁剪的两个凸模筋条和裁剪曲面。用“修剪体”命令，把这两个厚30mm的长方体当做目标体，把图层14所对应的曲面当做刀具，裁剪箭头方向为被裁剪的一侧，得到了两个筋条，并关闭图层14。

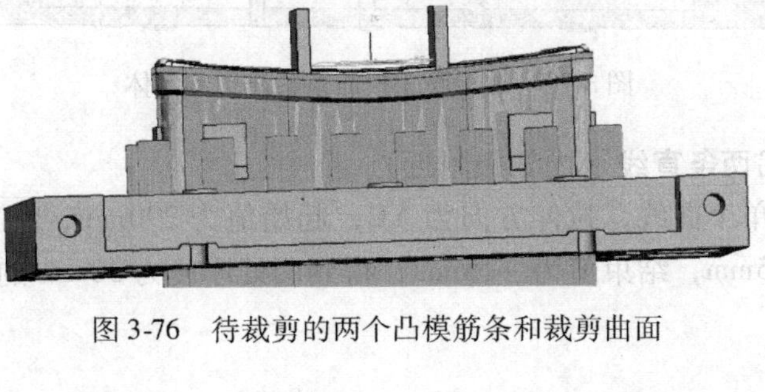

图3-76 待裁剪的两个凸模筋条和裁剪曲面

4. 将筋条加入凸模本体

把以上筋条用“求和”命令加到凸模本体中。目标体选凸模本体，工具体选上面生成的所有筋条，并把3个草图移到图层255中，就可以得到图3-77所示的加底部筋条的凸模实体。

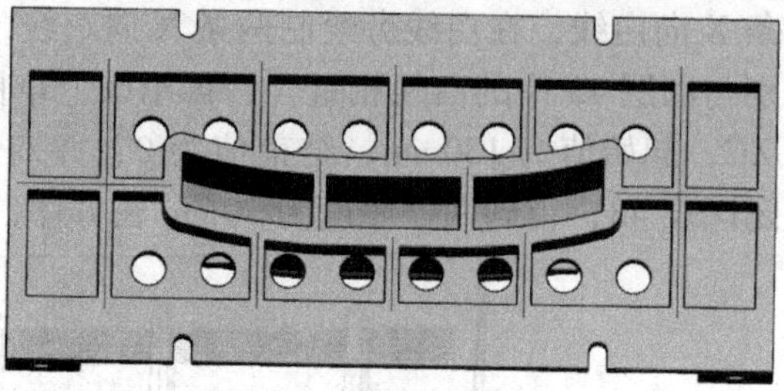

图3-77　加底部筋条的凸模实体

3.15.2　压边圈筋条的设计

本项目中压边圈筋条设计的主要内容是在压边圈前后侧加上筋条，这些筋条属于内部的副筋，厚度为30mm，有一部分要与平衡块的位置相对应。

1. 以XZ平面作为草图平面创建草图

图层53中的5条黄色直线重合，这5条直线的X坐标值依次为 -430、 -225、0、225和430，直线端点重合于压边圈底面和压边圈上部非加工面，得到的草图如图3-78所示。

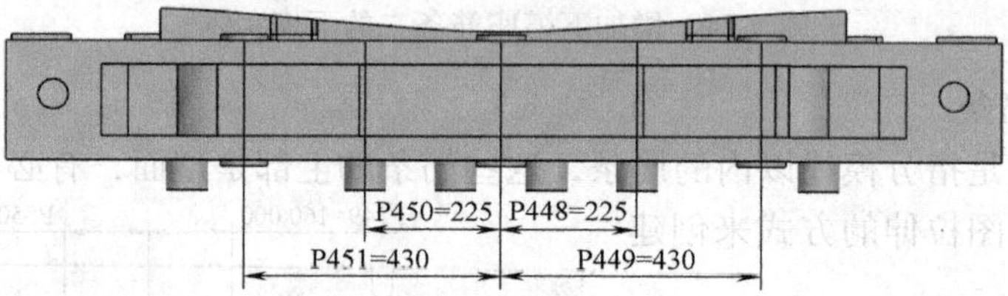

图3-78　压边圈筋条草图

2. 拉伸中间3条直线

对草图中的中间3条曲线进行拉伸，“选择意图”为单个曲线，拉伸方向为YC，起始值为290mm，结束值为 -290mm，双边偏置，起始值为15mm，结束值为 -15mm，得到3处厚度为30mm的长方体。然后关闭图层53，并打开图层51，图层51里有缝合好的压边圈内部曲面，用它来对上面得到的3处长方体进行修剪。修剪体时，选3处长方体作为目标体，选压边圈内部曲面作为刀具，得到压边圈前、后侧各3根筋条，如图3-79所示。

此处分两次对这5条直线进行拉伸，是因为草图中X ±430处两条线的位置与内导板对应，内部形状与内导导滑面有关。

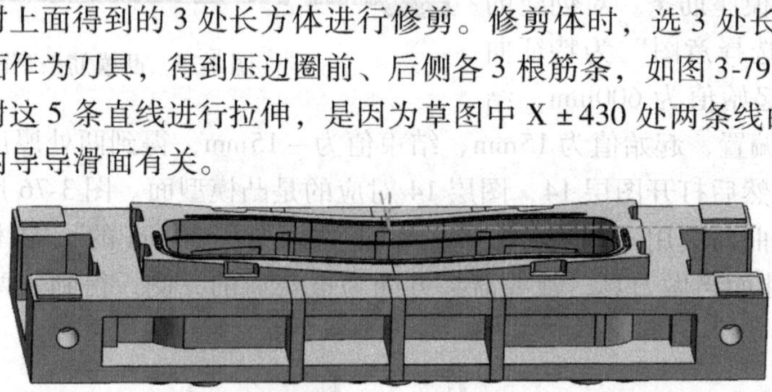

图3-79　加后面3根筋条的压边圈实体

3. 第一次拉伸另两条直线（内导板附近）

“选择意图”为单个曲线，拉伸方向为YC，起始值为290mm，结束值为160mm，并双边偏置，起始值为15mm，结束值为 -15mm，得到两处厚度为30mm的长方体，即压边圈后面的两处筋条。

4. 第二次拉伸另两条直线（内导板附近）

“选择意图”为单个曲线，拉伸方向为 YC，起始值为 -290mm，结束值为 -180mm，并双边偏置，起始值为 15mm，结束值为 -15mm，得到两处厚度为 30mm 的长方体，即前面的两处筋条。

5. 把 10 处裁剪体加到压边圈本体中

用“求和”命令，目标体选压边圈本体，工具体选上面完成的 10 处实体，至此完成压边圈筋条的设计。图 3-80 所示为加前后筋条的压边圈实体，平衡块与筋条位置对应。

图 3-80　加前后筋条的压边圈实体

3.15.3　凹模筋条的设计

本项目中凹模筋条设计的主要内容是在凹模背面加上筋条，这些筋条属于副筋，厚度为 30mm。筋条间距一般小于 300mm。打开图层 68 和 61，把图层 68 作为工作图层，关闭其他图层。图层 61 对应的是凹模构建所需的曲线，图 3-81 所示为凹模筋条布置简图，图中白线所示的位置就是需要增加筋条的中心线位置。图中有已设计好的沿分模线一周且厚度为 40mm 的筋条，还有沿外周厚度为 40mm 的矩形主筋。图 3-81 中的白线长度较短，还没有与这些主筋连接起来。筋条设计有多种方法，以下通过先创建草图再拉伸的方法进行设计。

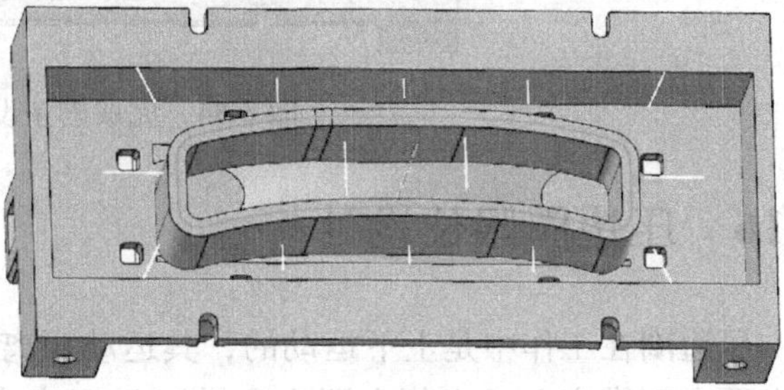

图 3-81　凹模筋条布置简图

1. 创建筋条草图

以凹模顶部平面作为草图平面创建草图，参照图层 61 中的白线，在白线旁绘制稍长一些的直线，要求直线端点能把上述两种主筋连起来。然后通过“约束”中的“共线”命令使直线与图层 61 中的白线相重合，得到的草图如图 3-82 所示。

2. 拉伸、裁剪筋条

对上面得到的草图进行拉伸，“选择意图”为特征曲线，方向为 ZC，起始值为 -300mm，结束值为 0，并双边偏置，起始值为 15mm，结束值为 -15mm，得到 14 处厚度为 30mm 的长方体，即凹模筋条。

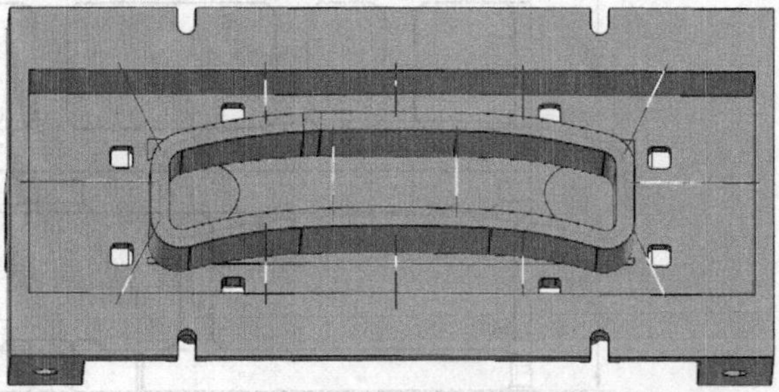

图 3-82　凹模筋条草图

然后关闭图层 61，隐藏凹模本体，打开图层 62，图层 62 对应的是用来裁剪的曲面。用“裁剪”下的“修剪体”命令，把 14 个厚 30mm 的长方体当做目标体，把图层 62 所对应的面当做刀具，进行裁剪，得到多个筋条。图 3-83 所示为待裁剪的凹模筋条。

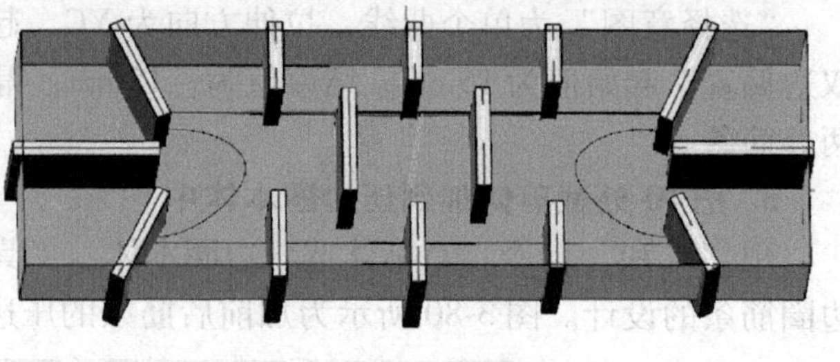

图 3-83　待裁剪的凹模筋条

3. 将筋条加到凹模本体中

关闭图层 62，并显示上一步隐藏的凹模本体，用“求和”命令把修剪后的筋条加到凹模本体中，目标体选凹模本体，工具体选已修剪的 14 条筋。得到的结果如图 3-84 所示。（注意：如果筋条长度不合适，可以双击草图进行修改，将直线拖动到所需位置。）文件改名另存为 L11-5701012-1-3-DR-step15-JIN. prt。

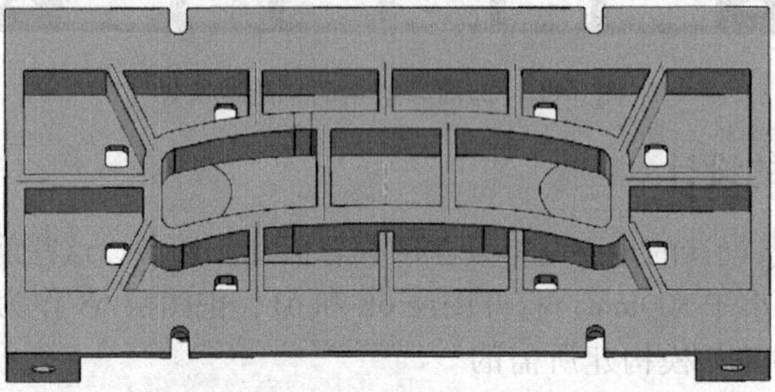

图 3-84　完成筋条设计的凹模实体

3.16　压边圈限位设计

压边圈在工作中是上下运动的，其运动距离应受到限制。为了限制压边圈的顶出行程，有必要在下模座上（本例中即为凸模）设置安全螺栓，保证压边圈顶到最高点时，安全螺栓与压边圈之间还有 20mm 的安全空间。本例中压边圈行程为 40mm，即 St = 40mm，安全螺栓到压边圈限位凸台的距离应为 St + 20mm = 40mm + 20mm = 60mm，如图 3-85 所示。

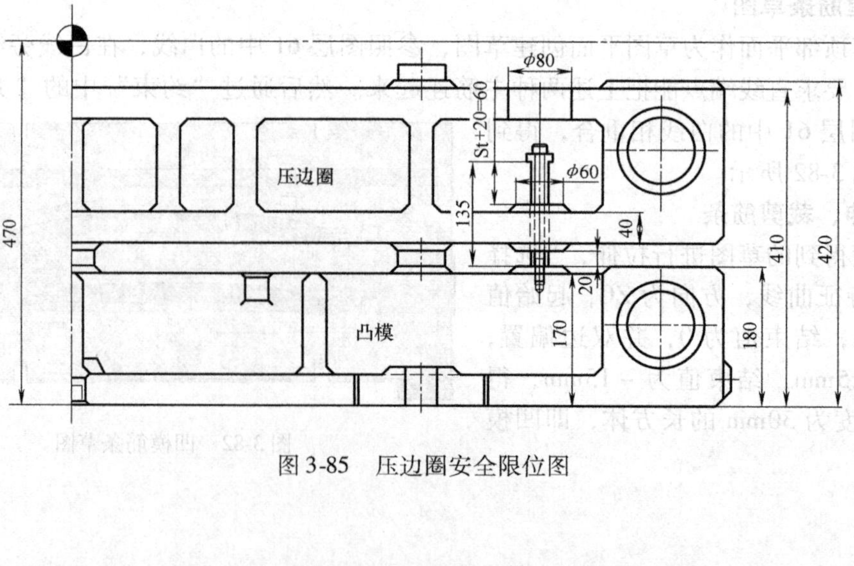

图 3-85　压边圈安全限位图

3.16.1　压边圈限位螺栓

压边圈限位螺栓组件包括等高套筒和内六角圆柱头螺钉。内六角圆柱头螺钉是模具中的常用件，很容易外购，下面重点介绍等高套筒，等高套筒在修边冲孔模、翻边整形模压料板限位中使用广泛。另外，拉延模压边圈固定在下模座上加工时，要用到限位螺栓。

等高套筒材料为 45 钢，它与内六角圆柱头螺钉合起来使用起限位作用。表 3-8 中所列为其四种标准规格。本例中 L 应为 135mm，按表 3-8 中的标准选用的等高套筒规格应为 CBH 25-135。

表 3-8　等高套筒标准规格　　（单位：mm）

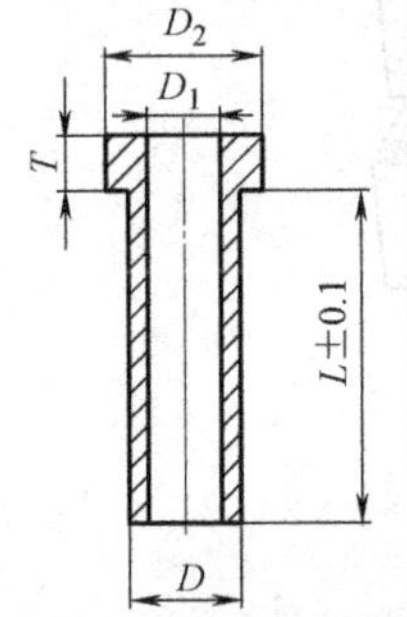

D	D_2	D_1	L	T	对应螺钉
16	24	10.6	计算得出	8	M10
20	28	13		10	M12
25	36	17		13	M16
32	45	21		16	M20

注：规格标示为 CBH D-L，例如 CBH 32-110，表示等高套筒外径为 32mm，长度为 110mm，要用到 M20 的内六角圆柱头螺钉。

3.16.2　压边圈限位设计过程

本项目中压边圈限位设计的主要内容有等高套筒设计、各限位凸台的构建以及各避开孔的生成。

1. 限位螺栓组件的构建

创建图层 160 和 161，图层 160 对应的是限位螺栓组件，图层 161 对应的是限位设计用到的曲线。在图层 160 中创建限位螺栓组件，等高套筒规格为 CBH 25-135，数量为前后各两处，其圆心坐标分别为（X600，Y240）、（X600，Y-240）、（X-600，Y240）、（X-600，Y-240）。

2. 限位凸台的构建

构建压边圈限位凸台。在 XY 平面上按以上坐标做出 ϕ60mm 的圆，放入图层 161 中。打开图层 48 和 58，以图层 58 作为工作图层，对 4 个圆进行拉伸，方向为 ZC，起始值为 −220mm，结束值为 −210mm，得到 4 处厚度为 10mm 的压边圈限位凸台。

构建凸模限位凸台。对图层 161 中的 ϕ60mm 的圆进行拉伸，方向为 ZC，起始值为 −300mm，结束值为 −290mm，得到 4 处厚度为 10mm 的凸模限位凸台。

然后把上面这些凸台分别与压边圈本体和凸模本体求和。

3. 安全螺栓避开孔的生成

构建压边圈顶部 ϕ80mm 的避开孔。在图层 161 中做出 4 个 ϕ80mm 的圆，进行拉伸，方向为 ZC，起始值为 −110mm，结束值为 0，得到 4 处待建避开孔的圆柱。

构建压边圈底部 ϕ27mm 的避开安全螺孔。等高套筒直径 D 为 25mm。对图层 161 中的 4

个 ϕ60mm 的圆进行曲线偏置，向内偏置 16.5mm，得到 ϕ27mm 的圆。对这些偏置线进行拉伸，方向为 ZC，“选择意图”为已连接的曲线，起始值为 -200mm，结束值为 -270mm，得到 4 处待建避开孔的圆柱。

然后把创建的 8 个圆柱体与压边圈本体求差，得到 8 处避开孔。在凸模上做出 M16 的螺孔，关闭图层 161。图 3-86 所示为完成压边圈限位设计的下模部分实体。这一步得到的文件改名另存为 L11-5701012-1-3-DR-step16-YBQXW. prt。

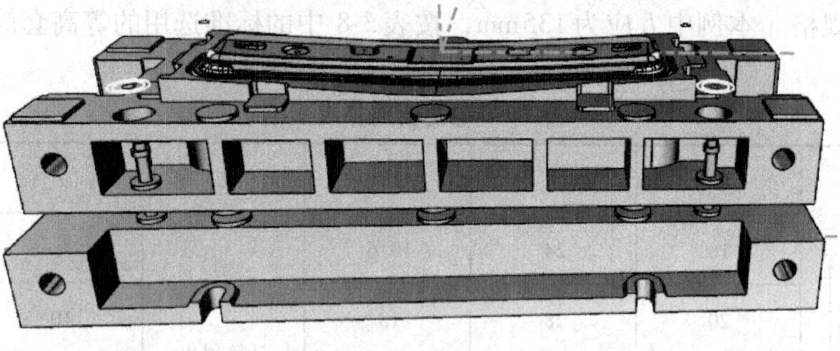

图 3-86　完成压边圈限位设计的下模部分实体

3.17　安全防护板设计

压边圈是上下运动的，压边圈在模具外侧的运动存在安全隐患，压边圈与下模座之间应设有安全防护板，防护板高度应保证压边圈在上死点时至少有 30mm 的遮盖高度。安全防护板就是为了遮盖压边圈和下模座之间的空隙的。

3.17.1　安全防护板

安全防护板固定在下模座的侧面，涂上黄黑相间的条纹。安全防护板材料要求不高，一般选用 Q235A，厚度为 5 ~ 10mm。本模具中安全防护板共 4 块，前后侧尺寸为 1 320mm × 200mm × 5mm，左右侧尺寸为 580mm × 200mm × 5mm，材料为 Q235A。它们从侧面用螺钉固定在下模座凸台上。

3.17.2　安全防护板设计过程

安全防护板设计包括安全防护板实体的构建和安全防护板凸台的构建。

1. 安全防护板实体的构建

创建图层 170，把它作为工作图层，图层 170 对应的是安全防护板实体，并打开图层 48 和 68。按前述尺寸创建 4 块安全防护板，它们应凸出下模外周 5mm。

2. 安全防护板凸台的构建

在下模外侧创建安全防护板凸台，可以通过创建草图再进行拉伸的方式来完成。凸台大小为 40mm × 40mm，高度为 5mm。前后面各创建 4 个凸台，左右侧各创建 3 个凸台。创建第一个草图，关闭图层 170。以下模前面为草图平面创建草图，去掉点捕捉，绘制出两个正方形，并标注尺寸对其进行完全约束；然后对这两个正方形以 Y 轴为对称轴进行镜像，得到了 4 个正方形。图 3-87 所示为前面安全防护板凸台草图。

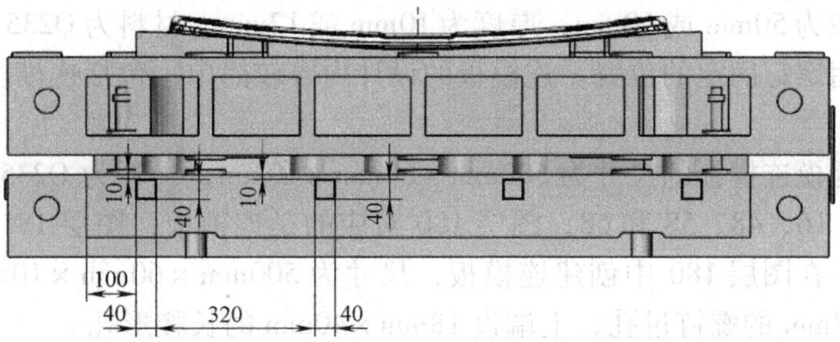

图 3-87　前面安全防护板凸台草图

对第一个草图进行第一次拉伸，方向为 YC，起始值为 5mm，结束值为 0，得到前面安全防护板凸台。对第一个草图进行第二次拉伸，方向为 YC，起始值为 585mm，结束值为 580mm，得到后面安全防护板凸台。如果得到的凸台尺寸不合适，可以进入草图进行修改。

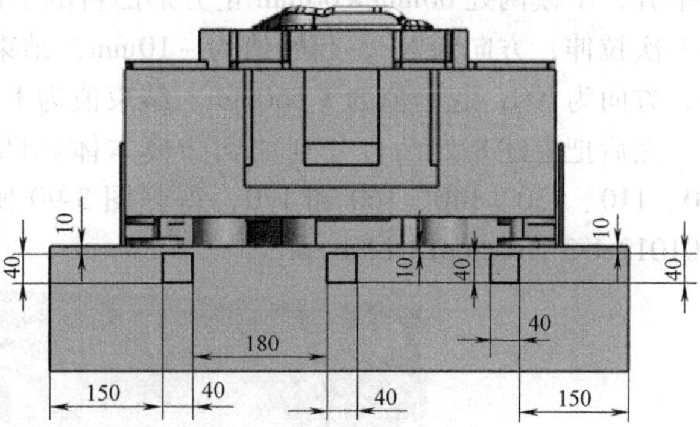

图 3-88　左侧安全防护板凸台草图

用类似的方法创建第二个草图。以下模左侧为草图平面创建草图，绘制出 3 个正方形，并标注尺寸对其进行完全约束。图 3-88 所示为左侧安全防护板凸台草图。

对第二个草图进行两次拉伸。第一次拉伸，方向为 XC，起始值为 - 5mm，结束值为 0，得到左侧安全防护板凸台。第二次拉伸，方向为 XC，起始值为 1 660mm，结束值为 1 665mm，得到右侧安全防护板凸台。

然后把上面得到的 14 处凸台加到凸模本体中，并打开图层 170，得到图 3-89 所示的实体图。这些凸台所示的位置就是把安全防护板固定在凸模上的螺孔的位置。把相关草图当做不用的元素，移动到图层 255 中。文件改名另存为 L11-5701012-1-3-DR-step17-FHB. prt。

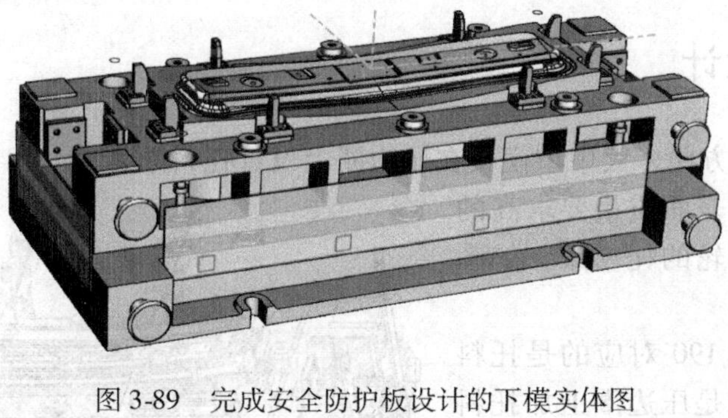

图 3-89　完成安全防护板设计的下模实体图

3. 18　连模板设计

连模板装在模具的左、右两侧，在模具存放时通过连模板把上、下模拉住，特别是在模具运输时连模板能把上、下模固定在一起，故连模板也称为运输搬运块。连模板左、右各两个，它的宽度一般为50mm或60mm，厚度为10mm或12mm，材料为Q235A。它的长度取决于其上、下两头用螺钉固定的位置。连模板的设计内容较简单，包括连模板设计和连模板凸台设计。

本项目中拉延模连模板的尺寸为500mm×60mm×10mm，材料为Q235A。创建图层180和181，打开图层16、48、58和68，图层180对应的是连模板，图层181对应的是连模板设计用到的曲线。在图层180中创建连模板，尺寸为500mm×60mm×10mm，用M16螺钉固定，下端设ϕ18mm的螺钉过孔，上端设18mm×40mm的长腰形孔。

接着要在下模侧面做出4处60mm×60mm的凸台，凸台高度为10mm。以先做草图再拉伸的方式做出连模板凸台。以图层181为当前工作图层，以模具左侧为草图平面进行草图创建，以连模板为依据做出凸台草图，上模两处60mm×60mm正方形凸台的上部与连模板上部平齐，下模两处60mm×60mm正方形凸台的下部与连模板下部平齐。然后进行两次拉伸。第一次拉伸，方向为XC，起始值为-10mm，结束值为0，得到左侧连模板凸台。第二次拉伸，方向为XC，起始值为1 660mm，结束值为1 670mm，得到右侧连模板凸台。

然后把上述8处凸台分别加到凸模本体和凹模本体中，并打开图层16、70、80、90、100、110、130、140、160和170，得到图3-90所示的模具实体图。文件改名另存为L11-5701012-1-3-DR-step18-LMB. prt。

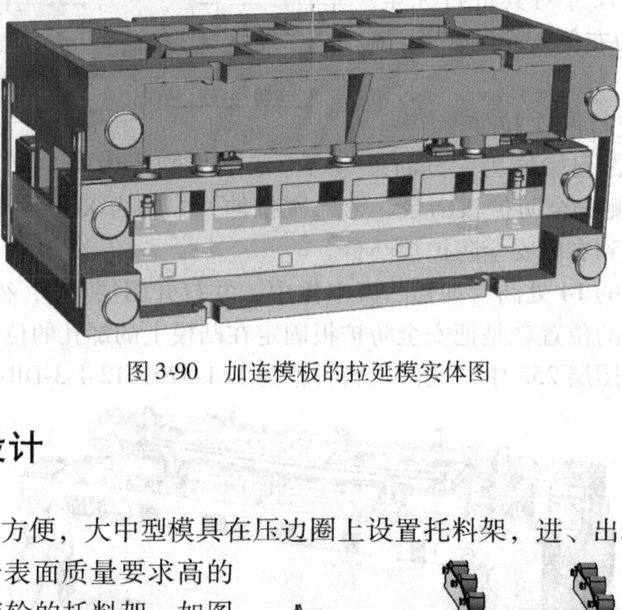

图3-90　加连模板的拉延模实体图

3.19　托料架设计

为了出料和送料方便，大中型模具在压边圈上设置托料架，进、出料侧各两个，注意不得与上模干涉。对于表面质量要求高的零件，送料侧用带滚轮的托料架，如图3-91所示。

本拉延模中图层190对应的是托料架，图层191对应的是压边圈上加托料架凸台的实体。以图层68为工作图层，把图层190和191打开，托料架已经布置在模具的前后面，需补上托料架中心上的方钢部分，尺寸为30mm×30mm×300mm，壁厚为3mm。同侧托料架的中

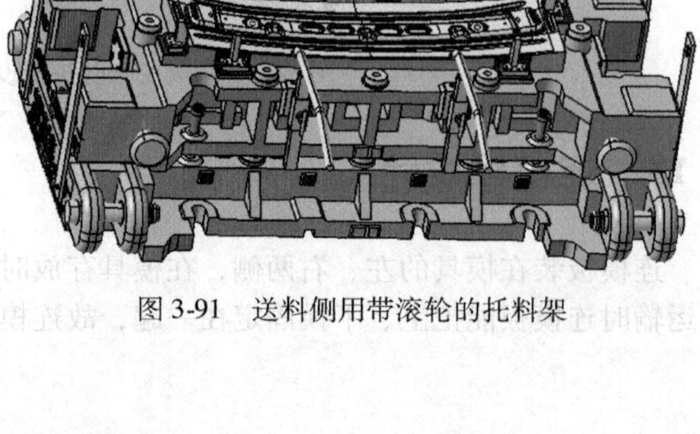

图3-91　送料侧用带滚轮的托料架

心距为450mm。下一步需要做压边圈上的托料架凸台，并在上模避开托料架。

把图层191中的实体加到压边圈本体中，得到压边圈上的托料架凸台。先在草图里做出避开形状，对做出的4个长方形进行拉伸，并与凹模本体求差，就完成了托料架设计，结果如图3-92所示。文件改名另存为L11-5701012-1－3-DR-step19-TLJ. prt。

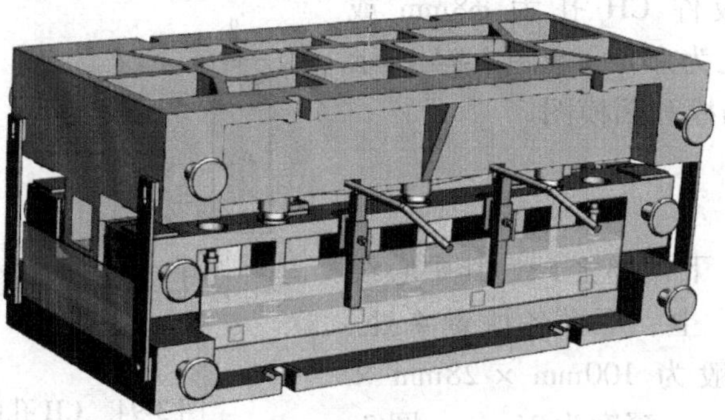

图3-92　增加托料架的拉延模

3.20　其他功能特征设计

3.20.1　到底标记

到底标记的作用是验证模具是否已压到底，它装在凹模上，对角放置，设计两处。它应装在比较平坦的面上，如果拉延型面上没有平坦的面，就必须沿法向面安装。

到底标记原则上设置于废料处，并放置在板料较晚接触的平面部位。对于表面质量要求较高的外板件，到底标记应设置于非产品处。零件分左右件时，用左右标记销代替到底标记销，用L/R区分，左右标记销是到底标记的特例。如图3-93所示，到底标记用螺钉固定，尖端凸出零件0. 3mm，到底时会在零件表面压出标记。

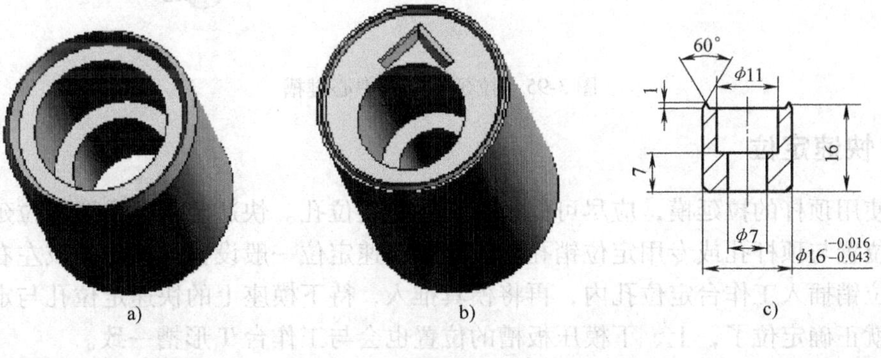

图3-93　到底标记

a）到底标记　b）左标记　c）到底标记详图

3.20.2　研模用基准孔（CH孔）

模具研合时，CH孔用于制件与模具间的定位，并且根据定位后的制件来判断该件是否满足要求。一般一个制件上设置两个定位基准孔，放在对角且距离较远的位置。

拉延模的 CH 孔应尽量设置在平面上，设置在斜面上时斜面的倾斜角度最大不超过 5°。CH 孔的位置不能与后续工序活动块的部位干涉。CH 孔凸模设在拉延凹模上，CH 孔凹模设在拉延凸模上，拉延模上冲出的 CH 孔供后续研模定位使用。内板件 CH 孔为 ϕ8mm 或 ϕ10mm，外板件 CH 孔为 ϕ6mm。图 3-94 所示为 ϕ8mm 的 CH 孔的凸模和凹模图。

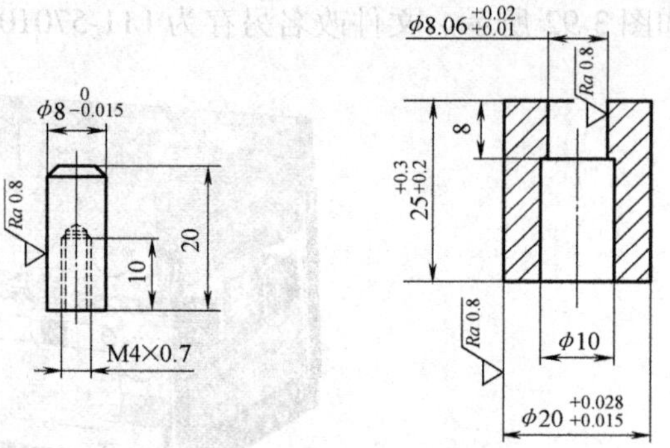

图 3-94 CH 孔的凸模和凹模图

3.20.3 中心键槽

中心键槽设在上、下模座上，且其中心线与工作台中心线重合，上、下模各设置 4 处。中心键槽的尺寸一般为 100mm × 28mm × 25mm，宽度为 $28_{0}^{+0.1}$mm，深度为 25mm。图 3-95 所示为拉延模凹模中心键槽，已在工作台中心布置了中心键槽。中心键槽在工作台中心线 X 轴和 Y 轴上，但并不一定在模具中心。

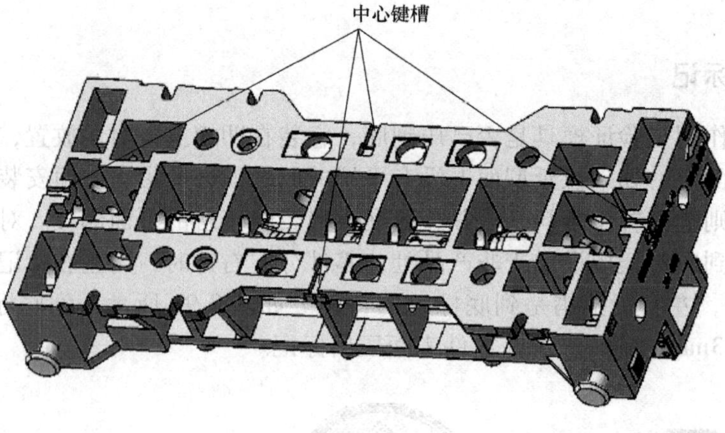

图 3-95 拉延模凹模中心键槽

3.20.4 快速定位

需要使用顶杆的拉延模，应尽可能地设置快速定位孔。快速定位孔设置在拉延模下模座上，它的位置与顶杆孔或专用定位销孔相对应。快速定位一般设在模具后侧或左右侧。装模时，把定位销插入工作台定位孔内，再将模具推入，待下模座上的快速定位孔与定位销吻合时，模具就正确定位了，上、下模压板槽的位置也会与工作台 T 形槽一致。

快速定位有多种形式，由客户规定。下面介绍两种常见的结构形式，图 3-96a 所示为左槽右平形式，图 3-96b 所示为快速定位的左槽右槽形式，箭头表示送料方向。快速定位大多装在下模座的后侧。拉延模快速定位孔应在顶杆布置图中表达出来。图 3-97 所示为两个下模快速定位示例，快速定位装在模具后侧，其结构形式分别与图 3-96a 和 b 所示相同。

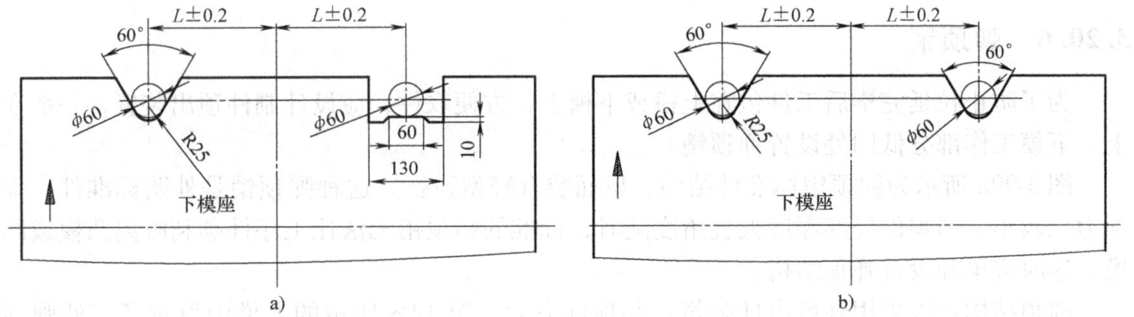

图 3-96　快速定位平面图

a）左槽右平形式　b）左槽右槽形式

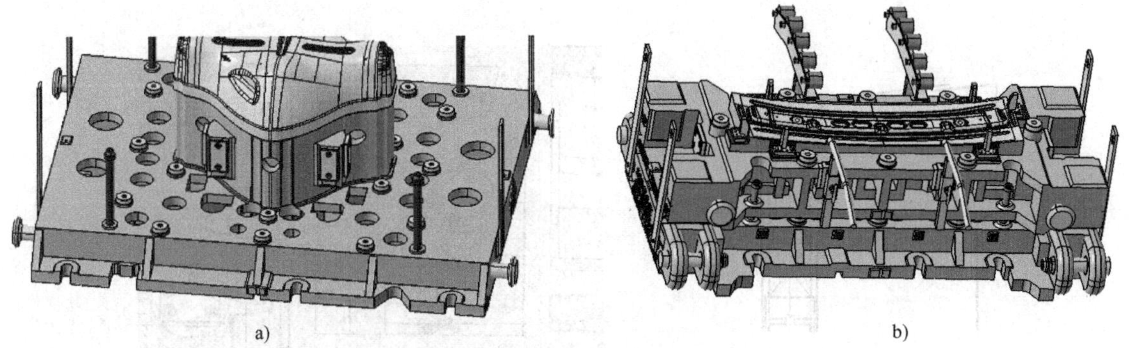

图 3-97　下模快速定位示例

a）左槽右平形式　b）左槽右槽形式

3.20.5　排气孔和排气弯管

拉延模必须在凸模和凹模的凹角及最后成形墩死的部位设置排气孔。排气孔的大小为 ϕ4mm 或 ϕ6mm。排气孔的数量应尽量多，并设在低凹位置。

上模排气孔还要考虑防止灰尘堵塞，因此应设置排气弯管或在出气孔上方加整体防尘盖板。图 3-98 所示为装排气弯管的拉延模凹模。

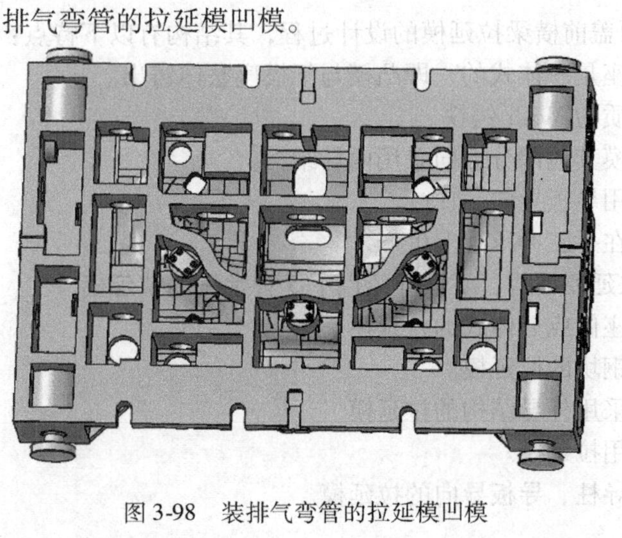

图 3-98　装排气弯管的拉延模凹模

3.20.6　弹顶销

为了防止拉延完毕后工件包在上模或下模上，方便取件，应设计制件顶出装置，一般在上、下模工作部分低凹处设置弹顶销。

图 3-99a 所示为弹顶销标准件结构，里面装有轻型弹簧。这种弹顶销是外购标准件，弹顶力比较小。当零件局部深度大且角度陡时，标准的弹顶销无法让工序件顺利脱离凸模或凹模，这时应单独设置弹顶结构。

弹顶结构可以采用红色中性弹簧，其顶件力大。图 3-98 所示的上模中设置了三处弹顶结构，该结构包括顶料销、弹簧和弹簧盖板，弹簧外购 SWM 系列的矩形弹簧，其余自制。图 3-99b 所示为自制弹顶结构放大图。

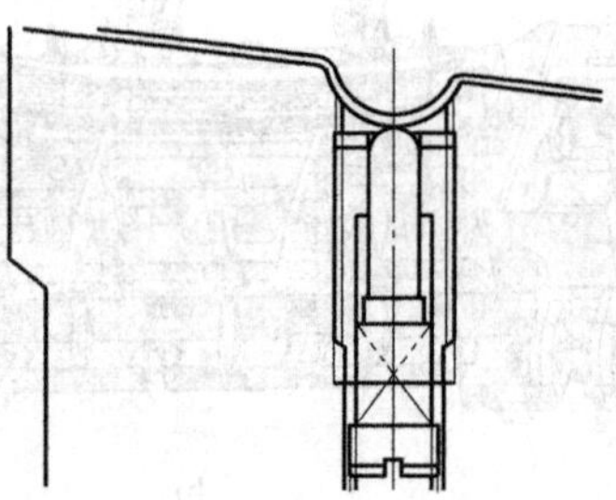

a)

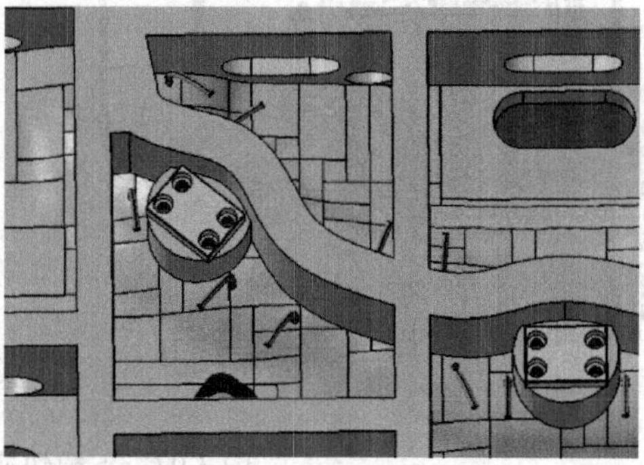

b)

图 3-99　拉延模弹顶结构

a）弹顶销标准件结构　b）自制弹顶结构放大图

3.21　其他常见拉延模结构

本项目讲述了顶盖前横梁拉延模的设计过程，其结构有以下特点：

1）凸模与下模座是一体式的，即凸模与下模座整体铸出。

2）工作部分材质为 MoCr 铸铁。

3）压边圈与下模其他部分导向采用内导结构。

4）上、下模仅用导板导向。

5）本项目模具在手工冲压线上生产。

为了深入了解拉延模结构，下面介绍以下 5 种常见的拉延模。

1）凸模与下模座做成分体式的拉延模。

2）工作部分镶钢块的拉延模。

3）压边圈导向采用外导结构的拉延模。

4）自动生产线用拉延模。

5）上、下模用导柱、导板导向的拉延模。

3.21.1　凸模与下模座做成分体式的拉延模

拉延模下模的凸模与下模座分开，凸模材料可采用 MoCr 铸铁、GM241 和 GM246 等，材料价格较高，下模座采用普通铸铁，如 HT300，价格不高，可以节省材料成本。当模具整体尺寸较大时，节省材料成本的效果更加明显。目前大多数覆盖件拉延模的凸模与下模座分开铸造，两者使用不同的材料。

图 3-100 所示为凸模与下模座分开的拉延模下模。图 3-100b 所示为拉延凸模，此凸模固定在下模座上，凸模材质为 MoCr 铸铁，下模座材质为 HT300。凸模下端伸出台肩布置螺钉和销钉，凸模除了用螺钉、圆柱销固定在下模座上外，还用到了键。键的联接是平面接触，能承受较大的侧向力，在覆盖件模具中受侧向力较大的部件要用键进行固定。设计压边圈时，要考虑其下部应避开凸模台肩和凸模螺钉头部。

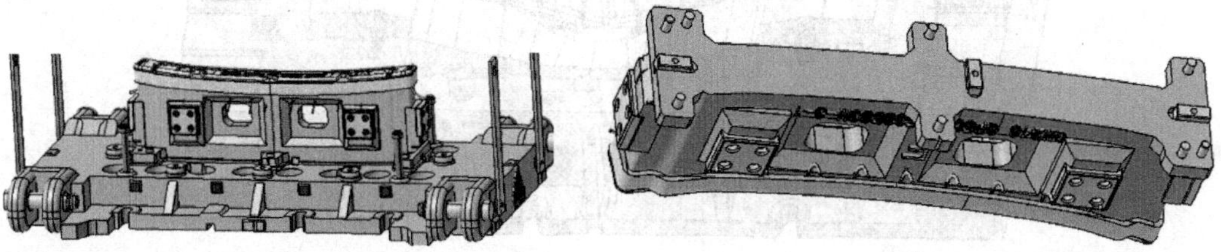

a)　　b)

图 3-100　凸模与下模座分开的拉延模下模

a）凸模与下模座　b）凸模

3.21.2　工作部分镶钢块的拉延模

拉延模的工作部件采用铸件（如 MoCr 铸铁）时，其工作表面淬火后能达到的硬度为 50～55HRC，对于厚板件或高强度钢板这样的硬度不能满足使用要求，模具容易产生拉毛和磨损。

对于厚板零件或高强度钢的拉延，有必要在拉延模工作部分镶上钢件，并进行整体淬火，热处理硬度在 58HRC 以上。拉延模工作部分镶钢常用的材料有 T10A、Cr12MoV 和 SKD11，这三种材料的使用性能和价格依次由低到高。当工作部分需镶钢块时，拉延模多在压边圈和上模上镶钢块。镶块的设计很重要，镶块的大小应方便加工、钳工起吊和热处理，还要考虑成本的控制。镶块的分块交界处有一定的角度，应错开板件的进料方向。固定镶块的螺钉和销钉不能露出型面。镶块的后面应有背托以承受侧向力，根据情况有时还要用键固定。

对于纵梁等重要零件的成形类模具，工作部分镶入 SKD11，还要对其进行表面 TD 覆层处理，在工件表面形成一层数微米至数十微米的金属碳化物覆层，从而大大提高了模具工作部分的硬度的耐磨性；解决了工件表面的拉伤问题，也大幅度提高了模具的使用寿命。图 3-101 所示为后地板左纵梁拉延模下模压边圈上镶钢块的情况，右侧为其镶块组合图。图 3-102 所示为后地板左纵梁拉延模上模镶钢块的情况。

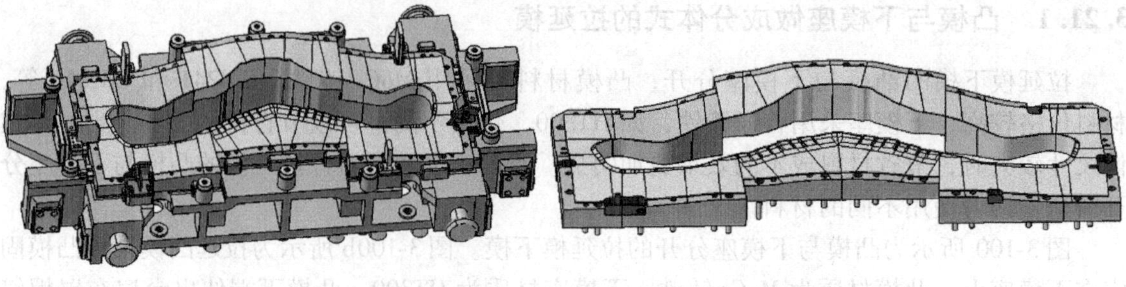

图 3-101　后地板左纵梁拉延模下模压边圈上镶钢块的情况

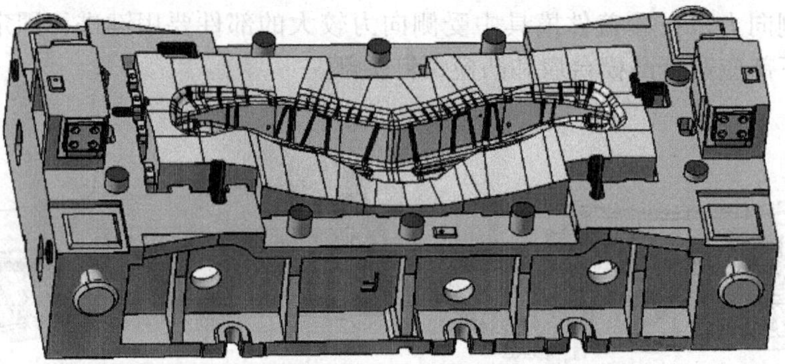

图 3-102　后地板左纵梁拉延模上模镶钢块的情况

当拉延模工作部分镶钢块后，材料成本增加，加工成本和人工成本均增加，且钢在热处理后有变形，热处理后模具工作部分变硬，给二次加工和钳工调试带来了很大的困难。

3.21.3　压边圈导向用外导结构的拉延模

前面介绍过压边圈的外导结构，压边圈与下模座的导向在下模座四角处，故外导结构又称为四角外导结构，这种结构的实际使用很广泛。

图 3-103 所示为左/右后轮罩内板拉延下模及压边圈，图 3-104 所示为散热器连接板拉延下模及凸模，两者的压边圈导向均采用外导结构，这是因为两者分模线形状复杂，内导板不容易布置。采用外导结构后，模具的外形尺寸并没有增加。

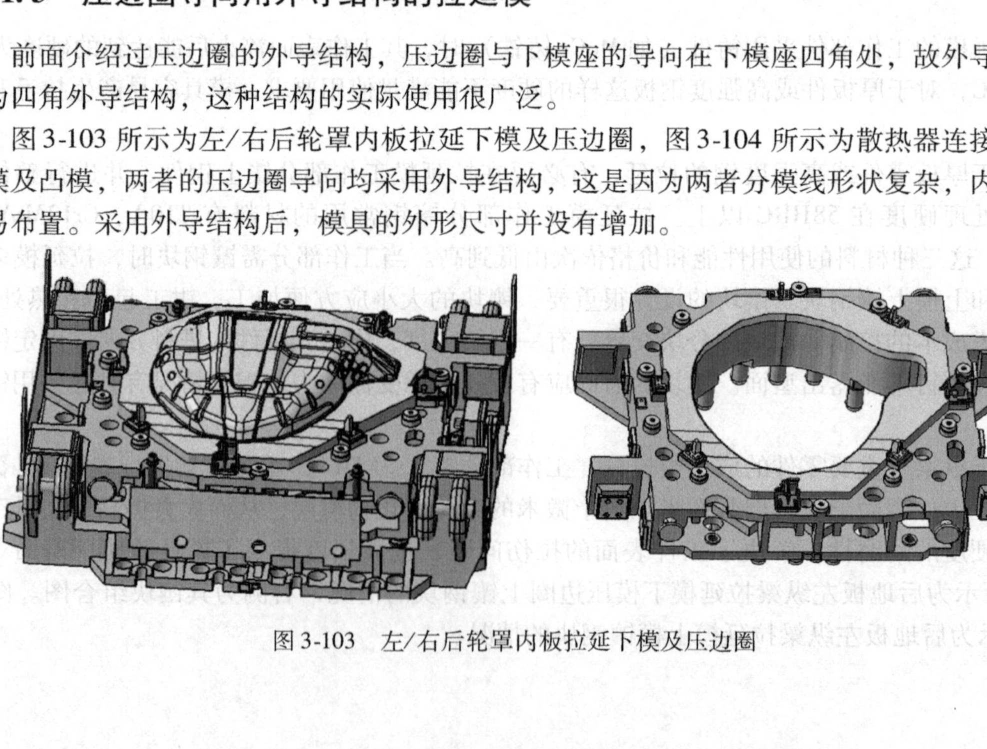

图 3-103　左/右后轮罩内板拉延下模及压边圈

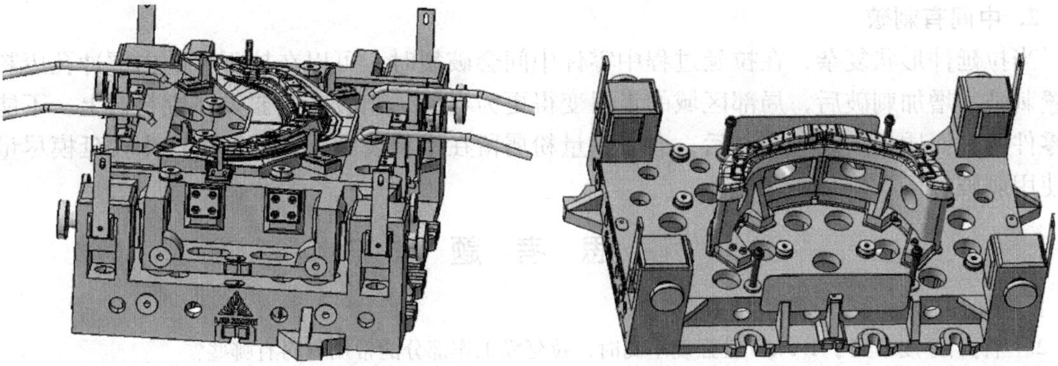

图 3-104　散热器连接板拉延下模及凸模

3.21.4　自动生产线用拉延模

冲压生产机械化自动化是提高冲压生产率、保障安全生产的根本途径。在不增加设备和人力的情况下可以使产量大幅度提高，而且能够保证质量，提高材料利用率。目前不少国内汽车企业采用自动冲压生产线。

自动生产线用模具具有许多特殊要求，如要求前后各工序的送料高度基本一致。对于拉延模来说，有必要在压边圈上设置两处带传感器的定位器，下模座上装有防水接线盒。另外，拉延模的顶杆在工作中要全部顶起一定的距离，而不论其是否被用到，这样免去了换模时顶杆取放所需要的时间。图 3-105 所示为左/右后轮罩内板拉延下模及下模座，用于自动生产线，其下模座上与下工作台顶杆孔相对应的位置全部开出 ϕ90mm 的顶杆孔，工作时全部顶杆都顶起来，顶起行程由厂家规定。（注意：压边圈的筋条设计要考虑避开所有顶杆，这与人工生产线使用的模具是不同的。）

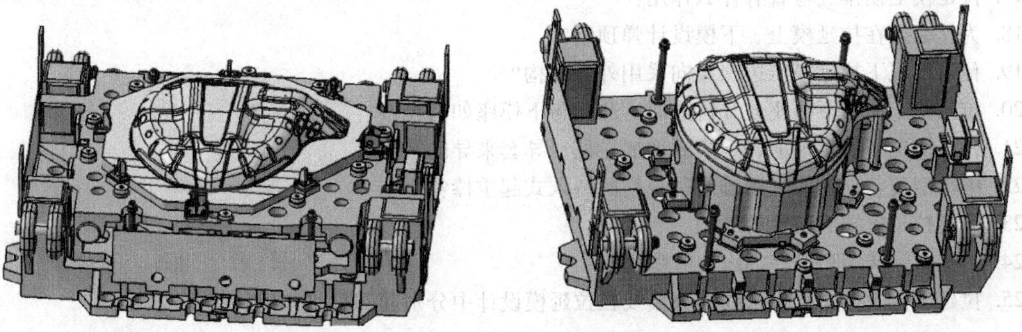

图 3-105　左/右后轮罩内板拉延下模及下模座

3.21.5　上、下模用导柱、导板导向的拉延模

拉延模上、下模通常采用导板导向，有时可增加导柱导向，其中导套装在上模，导柱装在下模座或压边圈上。在以下情况下可增加导柱进行导向。

1. 周边有切角

对于人工线生产，当坯料比较薄，且坯料需要切角才能保证拉延件质量时，宜在拉延之前增加一套落料模。有时为了节省落料模，可在拉延模上增加切角。这样得到拉延工序件和切角废料，生产效率相对比较低。

2. 中间有刺破

当拉延件形状复杂，在拉延过程中零件中间会破裂时，可以在拉延件的内部冲孔废料区设置刺破。增加刺破后，局部区域的走料变得更为容易。刺破一定要设在废料区上，不能影响零件的表面质量。设置刺破后，会有少量粉屑留在模具表面，在实际生产中拉延模尽量不要使用刺破。

思考题

1. 拉延模的工作部分为哪三部分？
2. 当材料厚度不大于 1.5mm 且强度不高时，拉延模工作部分的常用材料有哪些？
3. 拉延模下模顶杆孔布置的原则有哪些？
4. 说明限位块的常见外形尺寸和材料。
5. 为什么拉延模会出现模具中心与压力机中心不重合的情况？
6. 简述平衡块布置的原则。
7. 简述压边圈上定位器的设计过程。
8. 列举几种常见小型导板的尺寸规格。
9. 简述压边圈内导向布置的原则。
10. 简述压边圈内导向的设计过程。
11. 为什么应沿拉延上模分模线布置一周筋条？
12. 如何对压边圈进行限位设计？常用的等高套筒有哪几种？
13. 安全防护板有什么作用？
14. 如何设计拉延模到底标记？
15. 拉延模 CH 孔有什么作用？
16. 拉延模下模快速定位有哪几种常见形式？
17. 拉延模上模排气弯管有什么作用？
18. 为什么要在拉延模上、下模设计弹顶销？
19. 什么情况下拉延模压边圈导向采用外导结构？
20. 拉延模凸模与下模座分开铸造时，凸模与下模座如何连接？
21. 什么情况下拉延模上、下模要增加导柱、导套来导向？
22. 中小型覆盖件一般采用哪几种规格的铸入式起重棒？
23. 简述拉延模端头设计的原则。
24. 拉延模泡沫实型贴字的内容有哪些？
25. 拉延工艺数模中的板料线和分模线在拉延模设计中分别起到哪些作用？

第 4 章 顶盖前横梁修边冲孔模设计

修边冲孔是覆盖件重要的冲压工序，修边简称为 TR，冲孔简称为 PI 或 PC。修边冲孔工序一般在拉延工序之后进行。修边的目的是修切掉覆盖件拉延时的工艺补充部分，获得修边工序件。当修边冲孔工作内容较多，对模具强度、废料排出和生产操作造成影响时，应分成多个工序进行。

修边冲孔得到的工序件应方便取出，因此应设有向上顶出机构。对于较长的和圈状废料，为了排出时安全和方便，需进行分块，在修边冲孔模中用废料切断刀把废料切断。分块的大小要根据排出形式、运输方式及用途去向等因素决定。废料的排出非常重要，是滑出工作台外还是滑出模具外，应按照客户要求进行设计。

4.1 工作任务

本项目的工作任务是根据工法图等已知条件进行三维设计，这里使用 UG 软件设计顶盖前横梁修边冲孔模。本工序在顶盖前横梁拉延工序之后。产品名称为顶盖前横梁，产品编号为 L11-5701012，模具编号为 L11-5701012-2-3-TR + PI。下面对工艺数模、工作台和技术要求等已知条件进行分析，以便于下一步设计。

4.1.1 原始工艺数模

顶盖前横梁产品所用材料为 DC03，料厚 $t=0.8\text{mm}$，使用设备为 XP2FCB-500F 框架式液压机，在人工线上生产。本修边冲孔模对顶盖前横梁全周进行修边。顶盖前横梁产品图中孔比较多，由于产品为细长零件，因此无法一次性完成修边冲孔。为了简化设计，本工序仅冲一个孔。

UG 软件中多用图层对各设计要素进行管理，表 4-1 列出了修边冲孔模设计前期用到的图层及其含义。图 4-1 所示为顶盖前横梁修边冲孔模产品数模、修边线、废料切断刀线及冲孔线轮廓。打开图层 16、20 和 21 便可以看到。

表 4-1 前期图层管理

对象类型	图层名	图层内对象描述	备注
绝对坐标	16	模具中心线	过数模基准点与绝对坐标系原点
工艺数模	20	原始的产品数模	未处理的片体
	21	修边线、废料切断刀线及冲孔线轮廓	处理好的三维曲线
	22	拉延模工艺数模	已延长和缝合

图层 16 对应的是三条模具中心线，即绝对坐标系中的三条轴线。通过前期处理实现模具中心线与绝对坐标系重合。在工法图中由数模基准点、冲压方向等元素确定了一个修边冲孔坐标系，然后用 UG 变换中的“重定位”命令，把整理好的修边冲孔模设计所需要的线、曲面等重定位到绝对坐标系中。这个处理很有必要，它方便了后面的三维设计工作。

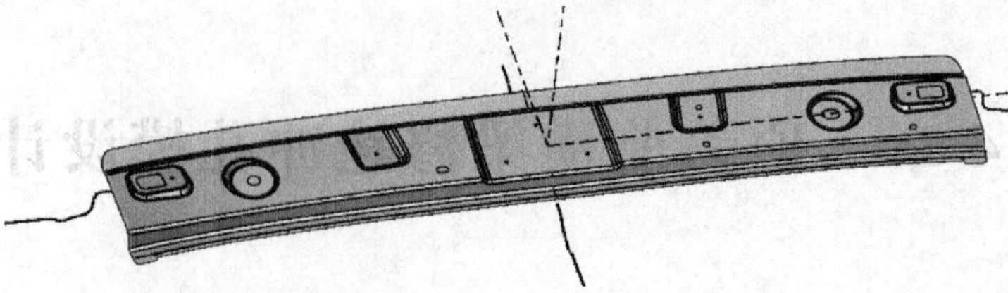

图 4-1　顶盖前横梁修边冲孔模产品数模、修边线、废料切断刀线及冲孔线轮廓

图层 20 对应的是原始的产品数模，未进行处理，曲面没有缝合起来，它由很多个片体组成。零件料厚 0.8mm，向上方偏置 0.8mm 可以得出产品实体。进行模具三维设计时，上、下模均依照片体进行设计，不考虑料厚；但工作型面的数控加工需考虑料厚。

图层 21 对应的是处理好的修边线、废料切断刀线和冲孔线轮廓。本项目只冲一个孔，这样可以简化工作内容。此孔设计尺寸为 $\phi6.5$mm。根据冲压模具知识，冲孔工作部分尺寸以凸模为基准，落料工作部分尺寸以凹模为基准；另按照设计要求，冲孔凸模应比产品图上的孔尺寸加大 0.1mm，故冲孔凸模工作部分的实际尺寸为 $\phi6.6$mm。

图层 22 对应的是延长好的拉延模工艺数模。修边冲孔模是对拉延出的工序件进行冲裁的，应以拉延形状定位。修边中用到的三维型面是以拉延工艺数模为基础的，修边凸模型面与拉延模工艺数模相同；但修边凹模、废料切断刀在高度方向上不同于拉延工艺数模，应以拉延模工艺数模进行偏置得到。废料切断刀型面应低于凸模型面；修边凹模的型面要考虑吃入量、波浪刃口及废料切断处高度加大等因素。

4.1.2　工作台

修边冲孔模常用的机床有机械压力机和液压机，大多数冲压设备在下工作台上设有垫板，称为下工作台垫板。本修边冲孔模使用设备为 XP2FCB-500F 框架式液压机，下工作台垫板尺寸为 2 500mm × 1 600mm，T 形槽上、下宽度分别为 28mm 和 48mm，顶杆过孔为 $\phi40$mm。上工作台 T 形槽的位置与下工作台中的相同。

本项目中机床上工作台实体放入图层 30，下工作台垫板实体放入图层 31。图 4-2 所示为下工作台垫板实体图。图 4-3 所示为下工作台垫板详图，其参数可参考拉延模设计所用的工作台参数。

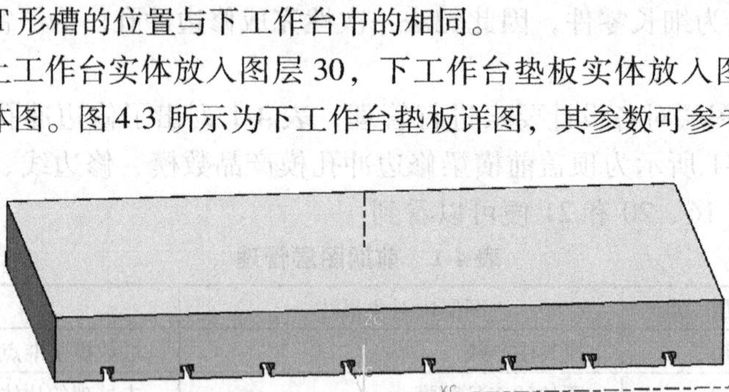

图 4-2　XP2FCB-500F 框架式液压机下工作台垫板实体图

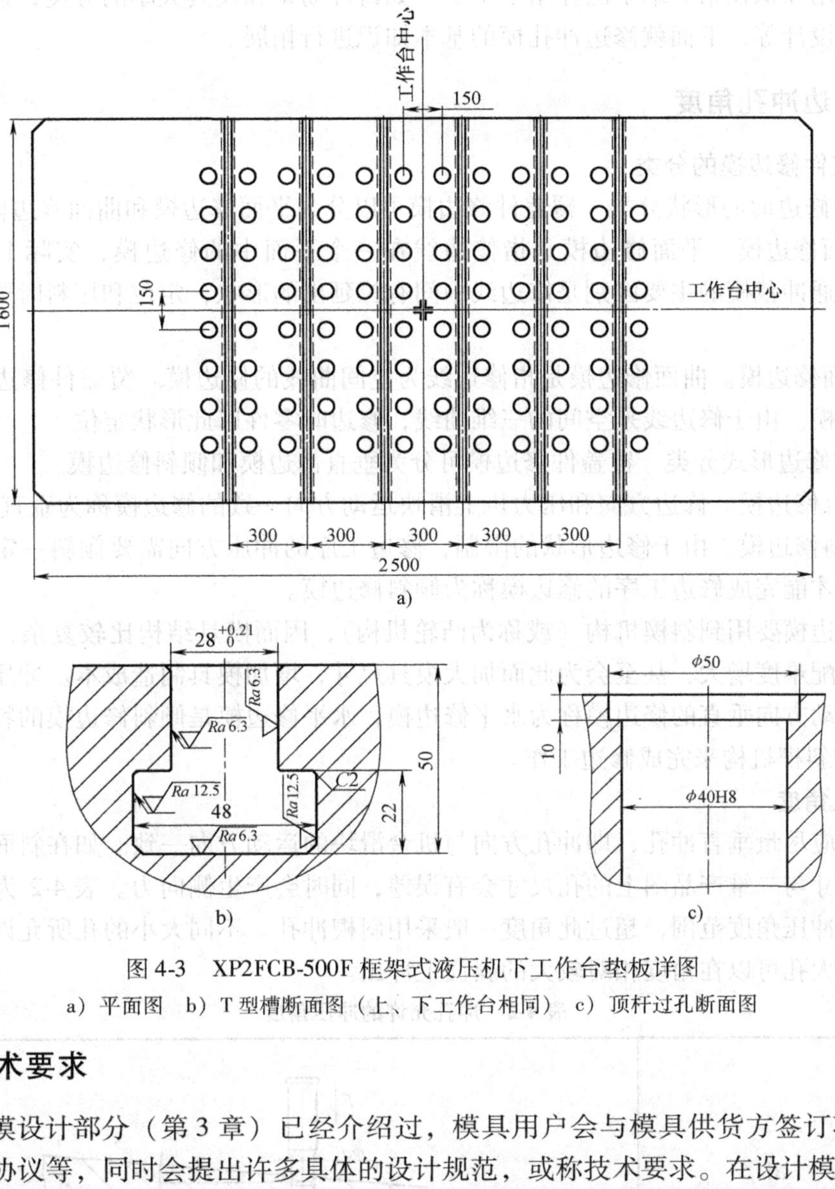

图 4-3　XP2FCB-500F 框架式液压机下工作台垫板详图

a）平面图　b）T 型槽断面图（上、下工作台相同）　c）顶杆过孔断面图

4.1.3　技术要求

在拉延模设计部分（第 3 章）已经介绍过，模具用户会与模具供货方签订项目的技术协议和保密协议等，同时会提出许多具体的设计规范，或称技术要求。在设计模具之前，供货方应全面理解项目技术要求的具体内容，有特殊要求的模具还需另外增加相应的设计规范。

依照技术要求和工法图，顶盖前横梁修边冲孔模在人工线上生产，冲压完毕后工件应向上顶起以脱离下模，废料应滑出工作台外。本模具使用 XP2FCB-500 框架式液压机，闭合高度为 750mm。修边冲孔模工作部分材料为 7CrSiMnMoV，上、下模座和压料板材料均采用 HT300。工作部分型面壁厚为 50mm，主筋厚度为 40mm，副筋厚度为 30mm。

4.2　相关预备知识

在进行模具三维设计之前，有必要对修边冲孔模的一些基本知识进行介绍。覆盖件模具中的一些通用知识在第 3 章中已介绍了不少，如铸件筋条和模具大小的分类，连模板、托料架、起吊的设计等，下面就修边冲孔模的基本知识进行拓展。

4.2.1 修边冲孔角度

1. 覆盖件修边模的分类

（1）按修边面的形状分类　覆盖件修边模可以分为平面修边模和曲面修边模。

1）平面修边模。平面修边模是指修边线在一个平面中的修边模，实际上是平面冲裁模，它与普通冲裁模的主要区别是修边线中间有拉延出的形状，定位和压料时要考虑这些形状。

2）曲面修边模。曲面修边模是指修边线为空间曲线的修边模。覆盖件修边模绝大多数为曲面修边模。由于修边线是空间的三维曲线，修边时零件以此形状定位。

（2）按修边形式分类　覆盖件修边模可分为垂直修边模和倾斜修边模。

1）垂直修边模。修边方向和压力机上滑块运动方向一致的修边模称为垂直修边模。

2）倾斜修边模。由于修边形状的限制，修边工序的冲压方向需要倾斜一定的角度，借助斜楔机构才能完成修边工序的修边模称为倾斜修边模。

倾斜修边模要用到斜楔机构（或称为凸轮机构），因而模具结构比较复杂，模具机械加工和钳工研配难度增大，甚至会为此而加大模具尺寸，增加模具制造成本。冲压运动方向与机台滑块运动方向垂直的修边模称为水平修边模，水平修边模是倾斜修边模的特殊形式，它要用到 0°的斜楔机构来完成修边工作。

2. 冲孔角度

覆盖件应尽量垂直冲孔，即冲孔方向与机台滑块的运动方向一致。如在斜面上冲孔，则得到的孔尺寸与二维产品图上的孔尺寸会有误差，同时会产生侧向力。表 4-2 为在斜面上冲孔所允许的冲压角度范围，超过此角度一般采用斜楔冲孔。不同大小的孔所允许的冲孔角度是不同的，大孔可以在角度相对较大的斜面上冲出。

表 4-2　冲孔允许的冲压角度

简　图	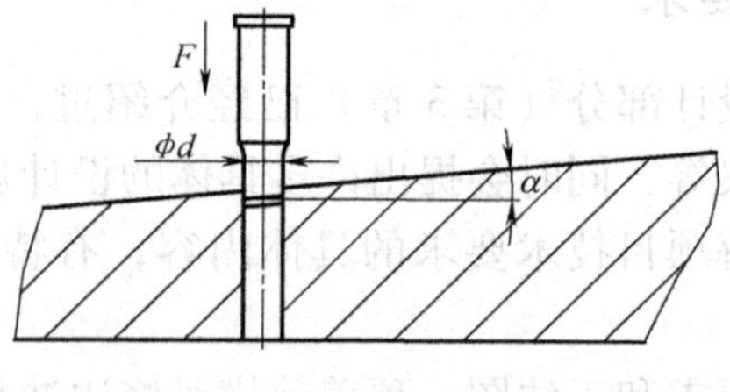		
冲孔直径 d/mm	$d \leq 6$	$6 < d \leq 12$	$d > 12$
允许的冲压角度 α	$< 5^\circ$	$< 10^\circ$	$< 15^\circ$

3. 修边角度

修边角度影响零件的质量和最终的实际尺寸，在前期工法设计时一定要慎重考虑修边角度。

一般说来，在斜面上修边时，修边角度最好不要超过 20°，确有困难时局部区域最大角度不得超过30°。但在修边线在水平面上的投影为直线的情况下可以实现大角度修边，如80°修边，相当于立切，立切时要考虑加大压料板行程。图4-4所示为修边角度示意图。

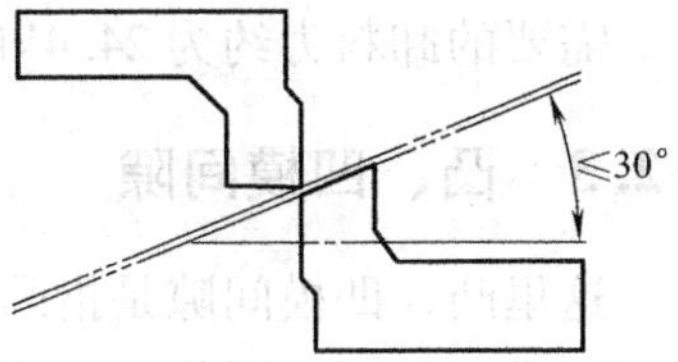

图4-4 修边角度示意图

4.2.2 冲裁力和卸料力的计算

覆盖件修边冲孔模同落料冲孔模一样，也要进行冲裁力和卸料力的计算，冲裁力的大小应小于机床能承受的极限载荷。冲载力的计算涉及覆盖件材料的性能。汽车覆盖件用钢材的生产厂家较多，品种很多，不同材料的性能差别较大。

1. 覆盖件材料的性能

以宝钢生产的几种常用冷轧低碳钢板及钢带为例，其性能及用途见表4-3。

表4-3 宝钢生产的几种常用冷连轧低碳钢板及钢带的性能及用途

材　料	碳的质量分数	屈服强度/MPa	抗拉强度/MPa	公称厚度为1.0~1.6mm时断后伸长率	用　途
DC01	≤0.10%	130~260	≥270	≥32%	一般用
DC03	≤0.08%	120~240	≥270	≥35%	冲压用
DC04	≤0.08%	120~210	≥270	≥39%	深冲用
DC05	≤0.008%	110~190	≥260	≥40%	特深冲用
DC06	≤0.006%	100~180	≥250	≥41%	超深冲用

2. 冲裁力的计算

根据冲压模具知识，修边冲孔工序冲裁力的计算公式为

$$F = LtR_m$$

式中 F——冲裁力（N）；

L——修边冲孔轮廓线长度（mm）；

t——板厚（mm）；

R_m——板材的抗拉强度（MPa）。

为了降低冲裁力，减少生产现场的噪声，常采用波浪刃口的形式。一般来说，一块修边凹模上设计一个波浪刃口，即一端为高点，另一端为低点。修边凹模较长时，也可设计为两个波浪刃口，波浪的高点取在凹模的中部。

本例中冲裁轮廓线长度为2 260.8mm，它包括修边线和冲孔线的总长度。零件材料为DC03，从表4-3可以查得，它的抗拉强度不小于270MPa，可以按300MPa进行计算。零件的长度多是以mm作为单位的，故这里进行一个单位的换算，1MPa = 1N/mm^2，则

$$F = LtR_m = 2\,260.8\text{mm} \times 0.8\text{mm} \times 300\text{N/mm}^2 = 542\,592\text{N} \approx 543\text{kN}$$

3. 卸料力的计算

冲裁完毕后，工件必须从上模各工作部分中脱离下来。卸料力因零件料厚、性能、形状等的不同而各异，一般取冲裁力的2%~8%。由于本例中材料厚度小，抗拉强度不大，形状简单，故卸料力取为冲裁力的4.5%。

卸料力 $F_x = 0.045F = 0.045 \times 542\ 592\text{N} = 24\ 416.64\text{N} \approx 24.4\text{kN}$

需要的卸料力约为 24.4kN。

4.2.3 凸、凹模间隙

这里凸、凹模间隙是指凸模和凹模之间的单边间隙，凸模和凹模之间保持合理的间隙才能得到满意的断面形状。间隙过大断面上会出现毛刺，影响制件质量；间隙过小，断面亮带宽，模具受力大，影响模具寿命。表 4-4 列出了覆盖件修边冲孔模凸、凹模单边间隙。

表 4-4 覆盖件修边冲孔模凸、凹模单边间隙 （单位：mm）

板厚 t	间隙 C	C/t	板厚 t	间隙 C	C/t	板厚 t	间隙 C	C/t
0.6	0.025	4%	1.6	0.100	6.3%	3.2	0.221	6.9%
0.7	0.030	4%	1.8	0.113	6.3%	4.0	0.320	8.0%
0.8	0.030	4%	2.0	0.130	6.5%	4.5	0.400	8.9%
0.9	0.040	4%	2.2	0.143	6.5%	5.0	0.460	9.2%
1.0	0.050	5%	2.5	0.163	6.5%	6.0	0.600	10.0%
1.2	0.060	5%	2.6	0.169	6.5%	7.0	0.700	10.0%
1.4	0.080	6%	2.9	0.200	6.9%	8.0	0.800	10.0%
1.5	0.090	6%	3.0	0.207	6.9%	10	1.000	10.0%

顶盖前横梁料厚为 0.8mm，从表 4-4 可以查得，本项目修边冲孔模凸、凹模单边间隙为 0.03mm。

4.2.4 UG 图层管理

为了方便模具制图和图样管理，同前面拉延模设计一样，本项目修边冲孔模用 UG 软件进行三维设计时，未用到装配的概念，用图层来管理模具各要素。除了表 4-1 中的前期图层管理外，表 4-5 列出了顶盖前横梁修边冲孔模设计中用到的其他图层，三维设计时要遵循这些图层规定。不同的模具企业有不同的图层管理标准，表 4-5 中的图层管理规定仅为了方便本项目的模具设计。

表 4-5 图层管理规定（修边冲孔模）

对象类型	图层名	图层内对象描述	备注
修边凸模	40	修边凸模实体	
	41	凸模螺钉和圆柱销	需补螺钉和圆柱销
废料切断刀	50	废料切断刀工作图层	需补两处废料切断刀
	51	废料切断刀螺钉和圆柱销	需补螺钉和圆柱销
	52	废料切断刀凸台曲线	
修边凹模	60	凹模实体工作图层	需分块，补螺孔和销孔
下模座	73	下模座端头实体	
	78	下模座中间部分实体	下模座工作图层，需求和

（续）

对象类型	图层名	图层内对象描述	备注
上模座	83	上模座部分端头及凹模背托曲线	需作出上模端头及凹模背托
	88	上模座工作图层	
压料板	98	压料板工作图层	
冲孔凸模及固定板	100	冲孔凸模	
	101	冲孔凸模固定板座面曲线	
	105	冲孔凸模固定板	
	106	冲孔凸模垫板	
冲孔凹模	113	冲孔凹模实体及防转销	
	118	冲孔凹模镶套标准件	未用型面裁剪，应隐藏
压料板导向	120	压料板导板	
	121	与压料板导向的上模座导滑凸台曲线	
	122	压料板导板安装面用曲线	
压料板限位	130	压料板限位螺栓	
	131	上模座内限位螺栓凸台曲线	
	132	压料板限位螺栓过孔实体	待与压料板求差
弹性元件	140	弹簧	
	141	弹簧凸台及弹簧孔曲线	
端头与上、下模导向	150	部分外导板	需补其余导板
	151	部分上模外导板曲线	
	152	部分下模外导板曲线	
	154	导柱	
	155	导套	
	156	导柱设计用到的 3 条曲线	导柱孔及凸台创建
	157	导套设计用到的 3 条曲线	导套孔及凸台创建
	158	导套盖板	
筋条设计	160	筋条实体	下模筋条、上模筋条
	161	上模掏空	
下模顶出	170	气缸顶出机构	
	171	避开气缸及穿线孔的实体	
废料盒	175	废料盒及废料滑板	
	176	废料盒放置凸台实体和掏空用实体、漏料孔实体	
限位器及存放块	180	限位器	
	181	限位器凸台用曲线	
	185	存放块	
缓冲橡胶	190	缓冲橡胶	
	191	上、下模缓冲橡胶凸台用曲线	

（续）

对象类型	图层名	图层内对象描述	备注
基准孔	195	创建上、下模加工基准孔用曲线	
连模板	200	连模板工作图层	需创建此图层
	201	部分连模板凸台曲线	
上、下模起吊	210	铸入式起重棒	模座上要作出起吊孔
	211	模座起吊孔处加厚用到的曲线	
参考用	251～254	凹模各中间创建过程实体	
垃圾层	255	不用的元素移入此图层	

4.2.5　其他知识

1. 修边冲孔模工作部分材质

修边冲孔模工作部分包括冲孔凸模、修边凸模、修边凹模、冲孔凹模和废料切断刀。对于外形尺寸不大的孔，冲孔凸模和凹模可采用外购的标准件，材料由标准件厂家确定。下述修边冲孔模工作部分主要是指模具厂家需要自制的工作零件，包括修边凸模、修边凹模、自制冲孔凸模、自制冲孔凹模和废料切断刀。

修边冲孔模工作部分的材料与覆盖件材料有关。

1）当板材厚度不超过1.5mm且不是高强度钢板时，修边冲孔模工作部分采用冷作模具用钢7CrSiMnMoV，它方便钳工补焊，经火焰淬火后刃口部分的硬度可达到57HRC左右。

2）当板材厚度超过1.5mm或为高强度钢板时，修边冲孔模工作部分大多采用Cr12MoV。Cr12MoV是冲压模具工作部分的首选材料。对工作部分材料有特殊要求时可以用SKD11，SKD11是一种高碳高铬合金工具钢，热处理后具有很高的硬度和耐磨性，并具有淬透性强、尺寸稳定性好的特点，适宜制作高精度、长寿命的冷作模具。两种材料经整体热处理后硬度均可达到60HRC左右。

2. 二次修边

当修边冲孔工作内容较多，且一次性修完周边会影响模具强度、废料排出和冲压操作时，有必要分成两道工序完成外周修边工作，称为二次修边。二次修边时需要考虑刃口交接处理，否则前后修边工序交接处接合不顺，毛刺较大。图4-5所示为二次修边刃口交接处理示意图，前后修边处作了0.5～0.7mm的偏置。

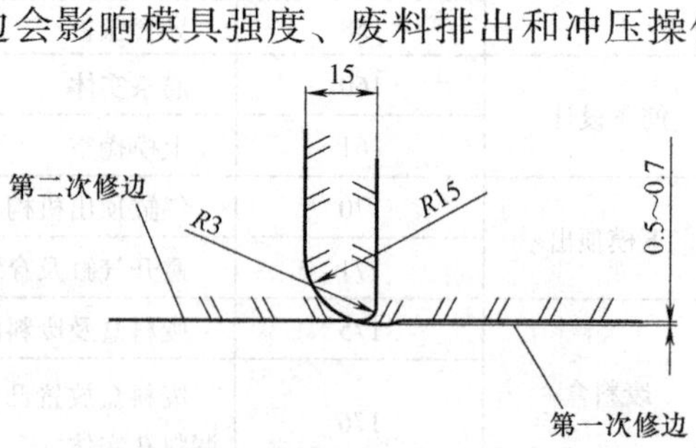

图4-5　二次修边刃口交接处理示意图

3. 覆盖件修边尺寸的确定

对于修边工序之后需要翻边整形的覆盖件，其修边尺寸的确定是一项重要的技术工作。确定修边外形尺寸是指确定拉延后需要翻边整形的形状尺寸。简单的直线翻边，可以通过计算得到。而对于曲线翻边的展开形状和尺寸，如通过计算获得则相当困难，有时甚至是不可能的。对于复杂的直线翻边，由于影响因素较多，又不可控制，计算所得的修边尺寸也不容易保证翻边高度，因此必须经过试验才能最后确定修边尺寸。

确定修边外形尺寸的步骤如下：

1）通过计算得出修边外形尺寸的初始值。对于复杂零件，需借助 CAD 和 CAE 软件进行展开计算。

2）利用合格拉延工序件，按计算的初始值制造修边外形样板，如可通过激光切割得到样板。

3）在合格的翻边整形模上，对修边外形样板进行多次翻边整形试验，把翻边整形后的零件放在检具上检验，根据产品情况修改修边外形，反复调试，得出修边线。

修边冲孔工序在拉延工序之后，但修边外形尺寸与翻边整形模直接相关，修边外形确定后才能对修边冲孔模工作部分进行机械加工。因此，实际上模具厂家是先制造拉延模和翻边整形模，再制造修边冲孔模的，但在前期可进行修边冲孔模的大型件铸造、钢件备料及非工作部分的加工。

4. 常用内六角圆柱头螺钉和圆柱销

（1）内六角圆柱头螺钉　从表 4-6 可以看出，L_1 是螺钉进入模具部件的深度。对于铸件，$L_1 > 1.5d$；对于钢件，$L_1 > 2d$。在大中型覆盖件模具中，用得较多的内六角圆柱头螺钉规格为 M16 和 M12，小型模具中用得较多的则是 M10 和 M12。

表 4-6　常用内六角圆柱头螺钉　（单位：mm）

简　图

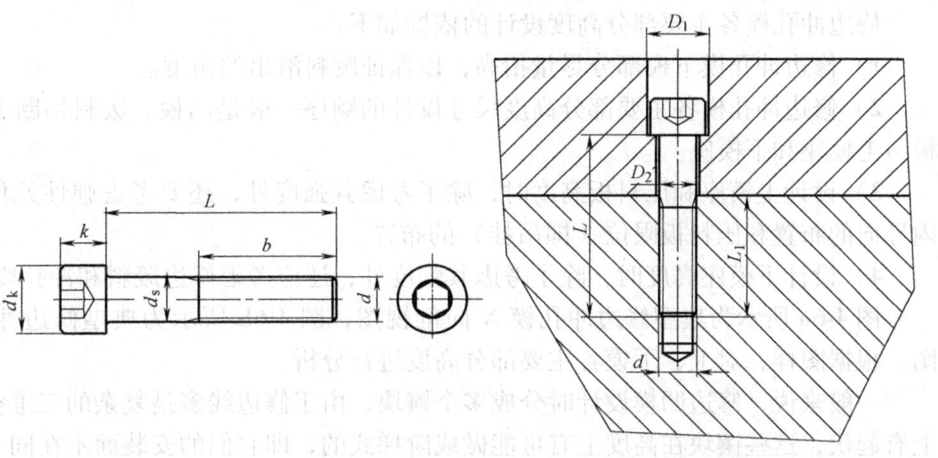

螺纹规格 d	M6	M8	M10	M12	M16	M20
头部高度 k	6	8	10	12	16	20
头部直径 d_k	10	13	16	18	24	30
d_s（最大值）	6	8	10	12	16	20
b（参考）	24	28	32	36	44	52
沉孔直径 D_1	12	15	18	20	26	33
螺孔直径 D_2	7	9	11	13.5	18	22

内六角圆柱头螺钉规格表示为 $\mathrm{M}d \times L$，L 为公称长度，例如 M12 × 50。

（2）圆柱销　模具中多用内螺纹圆柱销。表 4-7 列出了常见的内螺纹圆柱销。圆柱销与零件以 H7/g6 配合，配合长度可以参照内六角圆柱头螺钉的旋入深度 L_1。

表 4-7 内螺纹圆柱销 （单位：mm）

公称直径 d	6	8	10	12	16	20
内螺纹规格($d_1 \times P$)	M4×0.7	M5×0.8	M6×1.0	M6×1.0	M8×1.25	M10×1.5

4.3 模具总体规划

在第 3 章中，讲到了模具外形尺寸，模具的长、宽、高尺寸决定了模具的质量。在模具结构初步确定的情况下，修边冲孔模的长和宽在设计前期可以估算一下。一般来说，覆盖件模具报价以模具外形尺寸为基础预估得到。

4.3.1 模具各部分高度

如前所述本项目模具闭合高度为 750mm。下一步应确定的是如何分配上、下模各主要部分的高度，应在三维实体设计前做好规划，对各种方案进行优化。修边冲孔模各主要部分包括修边凸模、凹模、废料切断刀、压料板、上模座和下模座。注意，修边冲孔模的高度基准线就在工法设计中给出的数模基准点位置，它也是修边冲孔模二维图样在高度方向上进行标注的基准。

修边冲孔模各主要部分高度设计的依据如下：

1）修边冲孔模下模部分尽量抬高，以保证废料滑出的角度。

2）修边冲孔模各主要部分高度尺寸设计的顺序一般是凸模、废料切断刀和凹模→压料板→上模座和下模座。

3）设计上模座和压料板高度时，除了考虑其强度外，还要考虑弹性元件布置、压料板内导向的布置和压料板限位（即吊挂）的布置。

4）设计下模座高度时，除了考虑其强度外，还应考虑修边废料和冲孔废料的排出。

图 4-6a 所示为典型修边冲孔模 X 向剖视图，图 4-6b 所示为典型修边冲孔模 Y 向剖视图。根据图样，对上、下模各主要部分高度进行分析。

一般来说，修边凹模设计时分成多个镶块，由于修边线多是复杂的三维空间曲线，高度上有起伏，这些镶块在高度上有可能做成阶梯式的，即它们的安装面不在同一高度。这些镶块最薄处的厚度应为 55～60mm。

修边凸模是否分块与其外形有关，当修边线长度和宽度较大或修边线高度落差较大时，修边凸模多采用分块的形式。修边凸模最薄处的高度应不小于 80mm，以保证废料滑出顺畅。废料切断刀的高度与废料形状有关，如高度过小，废料切断刀凸台会影响废料的滑出，切断处的最小厚度建议大于 70mm。

与压料板有关的设计主要包括弹性元件、压料板限位（即压料板的吊挂）和压料板导向这三部分的设计。对于弹性元件来说，要考虑其安装空间，还要保证各安装面的厚度，这涉及模座和压料板的强度。压料板限位一般有侧销和等高套筒两种形式。如果用侧销，则要求压料板和上模座的高度尺寸稍大一些。压料板导向时，导板装在压料板上，一般的修边冲孔模的压料行程不会超过 30mm，导向行程不大，高度设计上容易满足，所以说压料板导向对高度设计的影响不大。

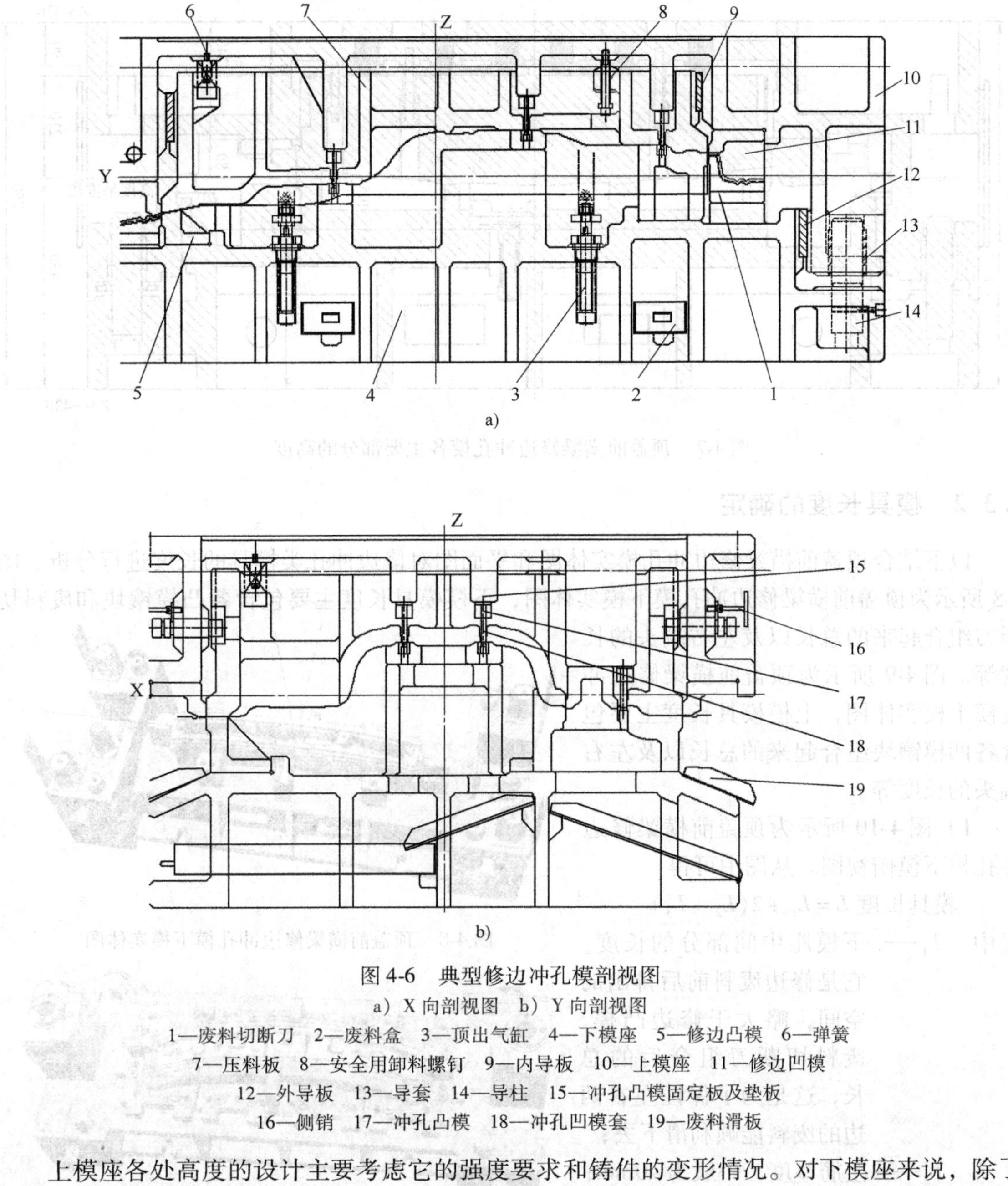

图 4-6　典型修边冲孔模剖视图

a）X 向剖视图　b）Y 向剖视图

1—废料切断刀　2—废料盒　3—顶出气缸　4—下模座　5—修边凸模　6—弹簧　7—压料板　8—安全用卸料螺钉　9—内导板　10—上模座　11—修边凹模　12—外导板　13—导套　14—导柱　15—冲孔凸模固定板及垫板　16—侧销　17—冲孔凸模　18—冲孔凹模套　19—废料滑板

上模座各处高度的设计主要考虑它的强度要求和铸件的变形情况。对下模座来说，除了这两点外，还要考虑废料滑出角度。不同的项目有不同的要求，对于技术要求中废料是滑出工作台外还是滑出模具外这两种情况，下模座废料滑道的角度要求是不一样。模具中间的较大冲孔废料如何滑出是设计时要特别注意的问题，这些废料应从下模座下面滑出来。

图 4-7 所示为顶盖前横梁修边冲孔模各主要部分的高度，标注基准为高度基准线、上模座上平面和下模座下平面。首先确定各工作部分的高度，这里设定高度基准线（通过数模基准点）处高度值为 Z＝0，修边凸模底部高度值为 Z＝－105mm，废料切断刀底部高度值为 Z＝－105mm，凹模顶部平面处高度值为 Z＝80mm，压料板上平面高度值为 Z＝210mm，上模座顶部平面高度值为 Z＝320mm，下模座底部平面高度值为 Z＝－430mm。

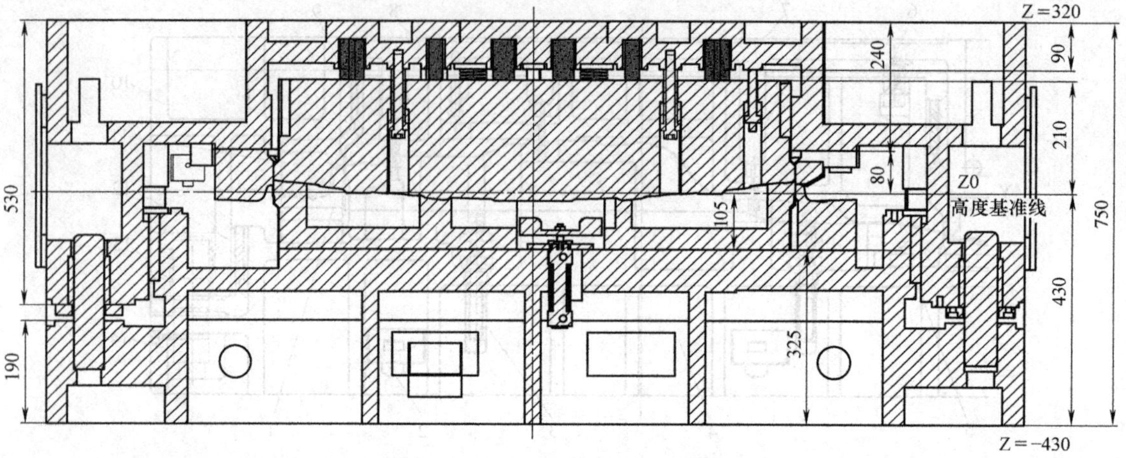

图 4-7　顶盖前横梁修边冲孔模各主要部分的高度

4.3.2　模具长度的确定

以下结合顶盖前横梁修边冲孔模实体图和平面图对修边冲孔类模具的长度进行分析。图 4-8 所示为顶盖前横梁修边冲孔模下模实体图，下模模具长度主要包含各凸模镶块和废料切断刀组合起来的总长以及左右端头的长度等。图 4-9 所示为顶盖前横梁修边冲孔模上模实体图，上模模具长度主要包含各凹模镶块组合起来的总长以及左右端头的长度等。

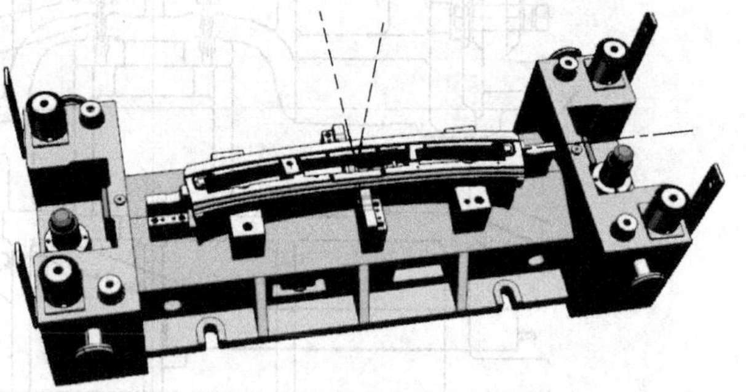

图 4-8　顶盖前横梁修边冲孔模下模实体图

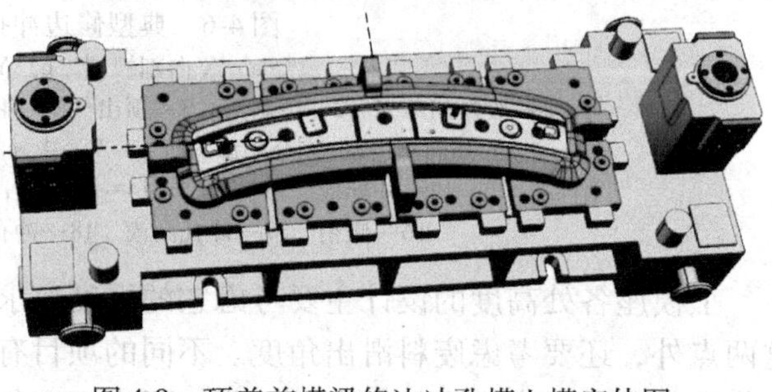

图 4-9　顶盖前横梁修边冲孔模上模实体图

1）图 4-10 所示为顶盖前横梁修边冲孔模下模俯视图。从图中可得

模具长度 $L = L_1 + 2(L_2 + L_3)$

式中　L_1——下模座中间部分的长度，它是修边废料前后排出的空间，略大于修边凸模、废料切断刀组合后的总长，这是为了保证左右两边的废料能顺利滑下去；

L_2——主筋厚度，一般为 40mm；

L_3——下模端头部分尺寸，应保证导柱、导板的安装空间足够。

2）图 4-11 所示为顶盖前横梁修边冲孔模上模俯视图，从图中可得

$$模具长度\ A = A_1 + 2(A_2 + A_3)$$

式中　A_1——上模中间部分的长度，它是修边凹模组合起来的总长；

A_2——上模左右端头的长度，应保证导套、导板的安装空间足够；

A_3——修边凹模背托处到上模端头的距离。

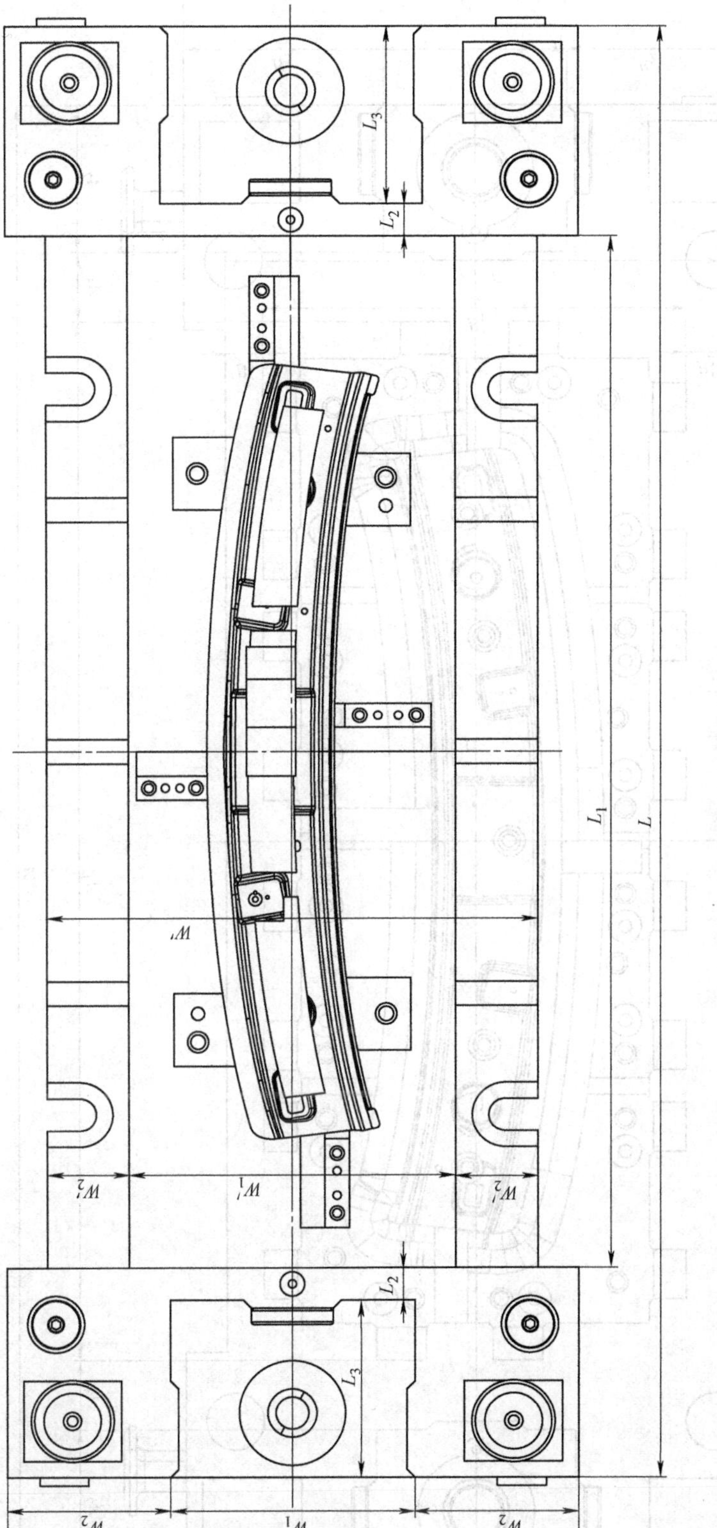

图4-10　顶盖前横梁修边冲孔模下模俯视图

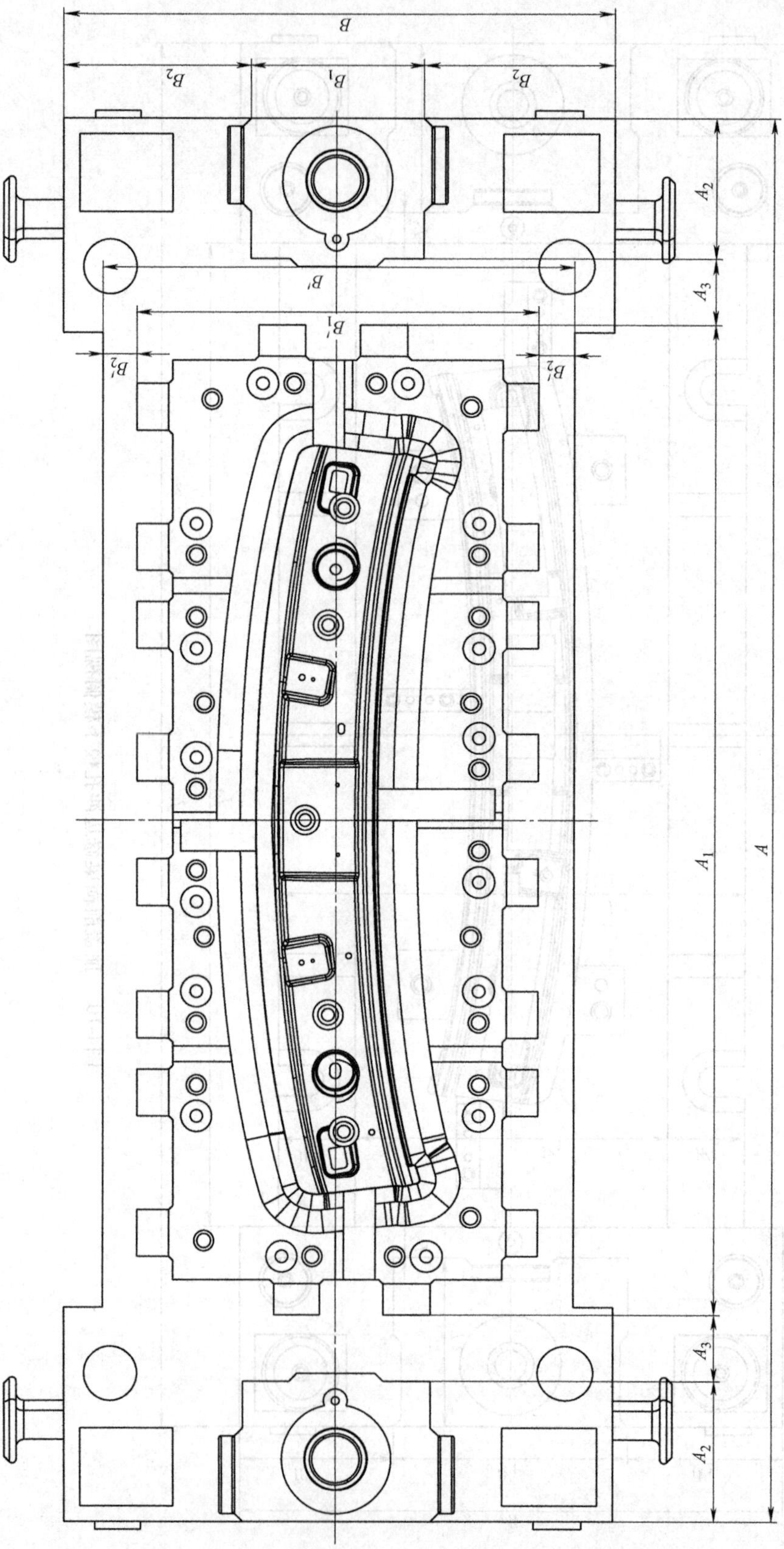

图4-11　顶盖前横梁修边冲孔模上模俯视图（左右翻转）

以上所述的 L 与 A 实际是同一个数值，上、下模的模具长度数值是相等的。从上面两个等式可以知道，模具长度取决于修边废料的长度。修边废料越长，修边凹模镶块组合起来的长度就越大，废料从前后排出去的长度空间应越大，模具端头长度也越大，因此模具长度就越大。本项目模具长度确定为 1 800mm。

4.3.3　模具宽度的确定

下面结合顶盖前横梁修边冲孔模实体图和俯视图对修边冲孔类模具的宽度进行分析。由图 4-8 可知，从模具中部来看，下模模具宽度主要包含各凸模镶块和废料切断刀组合起来的宽度以及压板槽范围的宽度等；从模具左右两个端头来看，下模模具宽度主要包含端头宽度和安全区宽度等。由图 4-9 可知，从模具中部来看，上模模具宽度主要包含各修边凹模镶块组合起来的宽度和压板槽范围的宽度等；从模具左右两个端头来看，上模模具宽度主要包含端头宽度和安全区宽度等。

1）由图 4-10 可知下模宽度的计算公式为

$$端头处模具宽度\ W = W_1 + 2W_2$$

式中　W_1——下模座左右端头凹下部分的宽度，它是上、下模导向的空间；

W_2——下模左右端头处的缓冲橡胶放置区域等的宽度，两者都与模具的大小有关。

$$模具中心处宽度\ W' = W_1' + 2W_2'$$

式中　W_1'——修边凸模和废料切断刀组合起来的宽度，它也包含了废料滑道的宽度；

W_2'——前压板槽区域的宽度。

2）由图 4-11 可知上模宽度的计算公式为

$$端头处模具宽度\ B = B_1 + 2B_2$$

式中　B_1——上模座左右端头凸起部分的宽度，它是上、下模导向的空间；

B_2——上模左右端头处的缓冲橡胶放置区域等的宽度。

$$模具中间部分宽度\ B' = B_1' + 2B_2'$$

式中　B_1'——修边凹模及其背托组合起来的宽度，也包含了中间压料板的宽度；

B_2'——前后侧加长部分的宽度，如果要与上模压板槽侧平齐，则应在上模座修边凹模背托之外再加宽一些。

以上所述的 W 与 B 实际是同一个数值，即上、下模左右端头处的模具宽度数值是相等的。但模具左右端头处的宽度与模具中间部分的宽度不一定相等，取两者之中的较大值作为模具的宽度。从上面两个等式可以知道，模具宽度主要取决于修边废料的长度。修边废料越长，修边凹模镶块组合起来的宽度就越大，废料从前后排出去的宽度空间应越大，模具端头的宽度也越大，因此模具宽度就越大。本项目模具属于细长类模具，左右端头处模具宽度为 700mm，模具中心处模具宽度为 600mm，模具整体宽度为 700mm。

另外，顶盖前横梁修边冲孔模的模具中心与机械中心是重合的。经过处理后，数模基准点在绝对坐标系原点，图层 16 中的三条模具中心线与绝对坐标的三轴线一一对应。完成模具总体规划后就可以进行三维模具设计。

4.4　修边凸模设计

修边凸模固定在下模座上，下模座材料一般为 HT300。除了切除废料外，修边凸模还对零件起到定位的作用。修边凸模所用材料一般为铸造空冷钢 7CrSiMnMoV 或 Cr12MoV，在覆盖件料厚不大于 1.5mm 且不是高强度钢的情况下，其修边凸模用铸造空冷钢 7CrSiMnMoV，否则多使用 Cr12MoV。

4.4.1　修边凸模样式

1. 仅修边的凸模

图 4-12 所示为常见的两种修边凸模的样式。

1）当修边线宽度不大，如小于 500mm 时，多采用图 4-12a 所示的形式，修边凸模做成整体式，前后是刃口，中间用螺钉和圆柱销来固定凸模，这种凸模是整块的，所受侧向力小。

2）当修边线宽度较大时，多采用图 4-12b 所示的形式，前后凸模分开制作，这样就会产生侧向力，有必要在凸模刃口远端设置背托，背托高度多取 30mm 或 40mm，当凸模镶块的高度大于其宽度时，背托面应相应加高。另外，修边线太宽时，如果凸模只在前后修边处对工件进行定位和支撑，则下模定位型面太少，需要在下模座上补充中间型面来对工件进行可靠定位，以防止某些薄板工件变形。

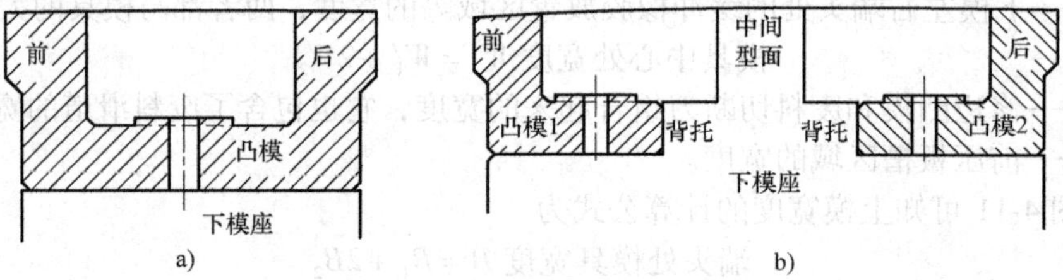

图 4-12　修边凸模样式

a）修边凸模样式一　b）修边凸模样式二

2. 修边冲孔凸凹模

当修边凸模上有冲孔工作内容时，修边凸模又起到了冲孔凹模的作用，故称为凸凹模。图 4-13 所示为修边冲孔凸凹模简图，它与仅修边的凸模相似，唯一的区别在于增加了冲孔内容。从图中可以看到有两处冲孔，一处用冲孔凹模镶套，多为外购标准件；另一处直接在凸凹模上冲孔。在冲孔较大或冲孔凹模镶套布置空间不够时，就可以直接在凸凹模上冲孔。

冲孔工作内容也可以不设在修边凸模上，视情况而定。以下情况不在修边凸模上冲孔：

1）冲孔凹模装在自制的凹模固定板上，固定板材料一般为 45 钢或 Q235A，在凹模固定板上镶入冲孔凹模镶套，镶套为外购标准件。

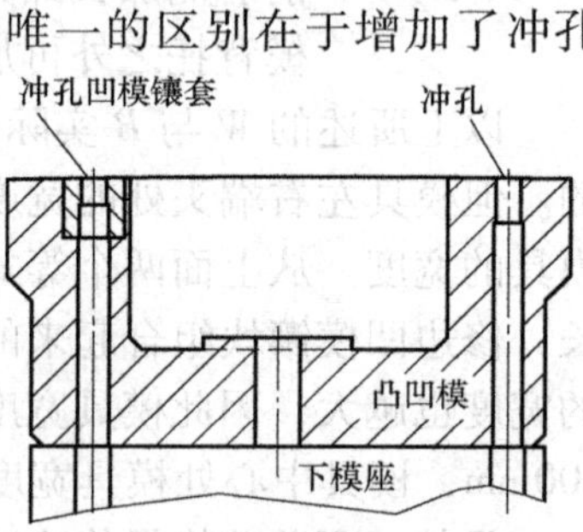

图 4-13　修边冲孔凸凹模简图

2）对于自制冲孔凹模，直接在上面冲孔。冲孔凹模固定在下模座上，材料与修边凸模相同，也可以用 Cr12MoV 等钢。

4.4.2　修边凸模设计要求

修边凸模与废料切断刀几乎是同时进行设计的。修边凸模与废料切断刀组合在一起固定在下模座上，因此修边凸模与废料切断刀的二维平面图通常是合在一起的。

图 4-14 所示为某修边冲孔模修边凸模及废料切断刀组合平面图，修边凸模及废料切断刀的材料都是铸造空冷钢（7CrSiMnMoV）。从图中可以看出修边凸模共分成 3 块，废料切断刀共 9 处。在修边凸模中部布置螺钉和圆柱销，并避开气缸顶出部件 3。冲孔凹模镶套 4 装在修边凸模 5 上，此镶套为外购标准件。

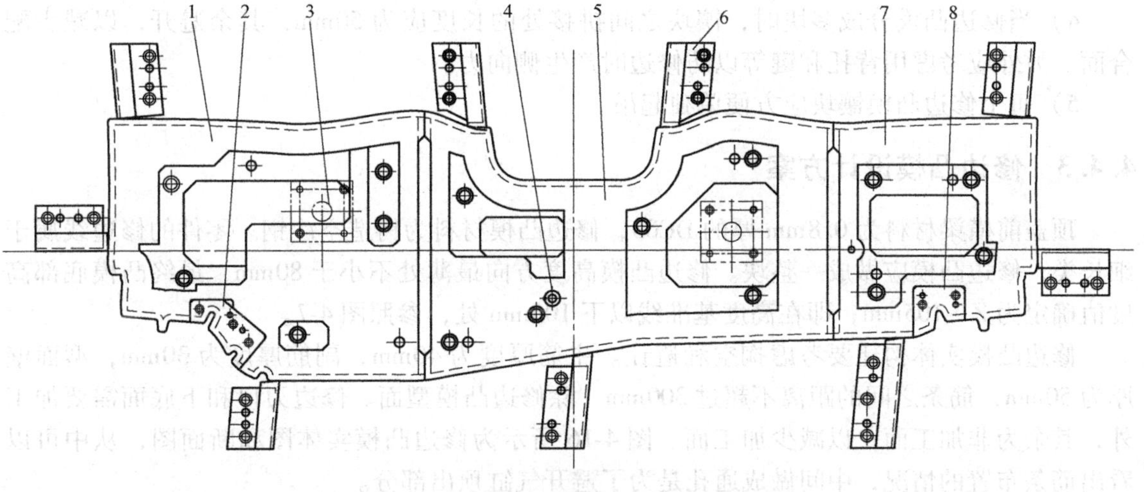

图 4-14　修边凸模及废料切断刀组合平面图

1、5、7—修边凸模　2—镶入的凸凹模钢块 A　3—气缸顶出部件　4—冲孔凹模镶套
6—废料切断刀　8—镶入的凸凹模钢块 B

件 2 为镶入凸凹模的钢块 A，件 8 为镶入凸凹模的钢块 B，两者材料均为 Cr12MoV。由于这两处修边形状复杂，凸模外形用数控加工有困难，且各有一处离修边线很近的冲孔，故镶入凸凹模钢块，刃口部分由线切割得到。这两处镶入的钢块容易损坏，为了方便维修、更换，实际生产中应多做几个备件。

与拉延模一样，修边冲孔模铸件的筋条厚度分为主筋厚度、副筋厚度和型面壁厚三种。修边冲孔模的型面壁厚一般为 50mm，主筋厚度取 40mm，副筋厚度为 30mm。凸模修边线处加工深度为 30 ~ 40mm，加工面到相应的非加工面的距离为 10mm。图 4-15 所示为某细长类模具修边凸模及废料切断刀实体图，修边凸模做成一整块，直接在修边凸模上冲出四处长圆孔，没有空间布置凹模镶套，它的筋条厚度符合前面的规定。

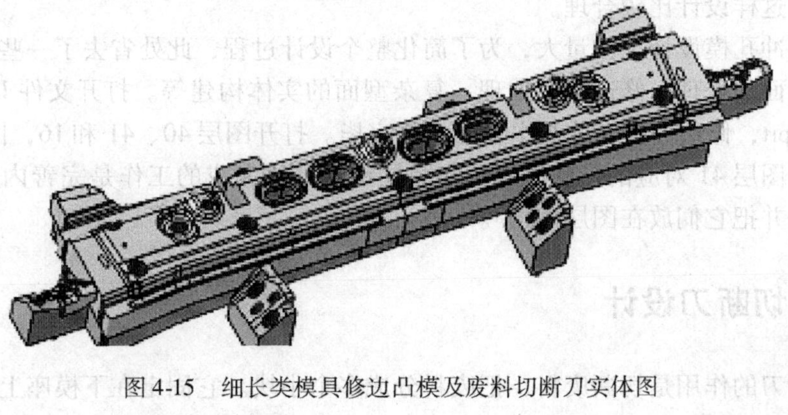

图 4-15　细长类模具修边凸模及废料切断刀实体图

修边凸模设计应注意以下几点：

1）在结构可行的情况下，凸模分块尽量少。在修边线外形尺寸不大时，修边凸模应做成一整块，这样可减少钳工和机械加工工作量。

2）当修边线尺寸较大或高度起伏大时，凸模应分块。

3）修边凸模的高度不能太低，否则废料滑下困难。修边凸模最低处的高度不小于80mm。

4）当修边凸模分成多块时，镶块之间拼接处的长度应为50mm，其余避开，以减少配合面。另外应考虑用背托和键等以防修边时产生侧向力。

5）每个修边凸模镶块应方便单独起吊。

4.4.3　修边凸模设计方案

顶盖前横梁材料为0.8mm厚的DC03，修边凸模材料为铸造空冷钢。零件的修边线属于细长类，修边凸模应做成一整块。修边凸模高度方向最薄处不小于80mm，最终凸模底部高度值确定为Z－105mm，即在高度基准线以下105mm处，参照图4-7。

修边凸模实体构建要考虑掏空和避让。主筋厚度为40mm，副筋厚度为30mm，型面壁厚为50mm，筋条之间的距离不超过300mm。除修边凸模型面、修边刃口和下底面需要加工外，其余为非加工面，以减少加工面。图4-16所示为修边凸模实体图和断面图，从中可以看出筋条布置的情况，中间做成通孔是为了避开气缸顶出部分。

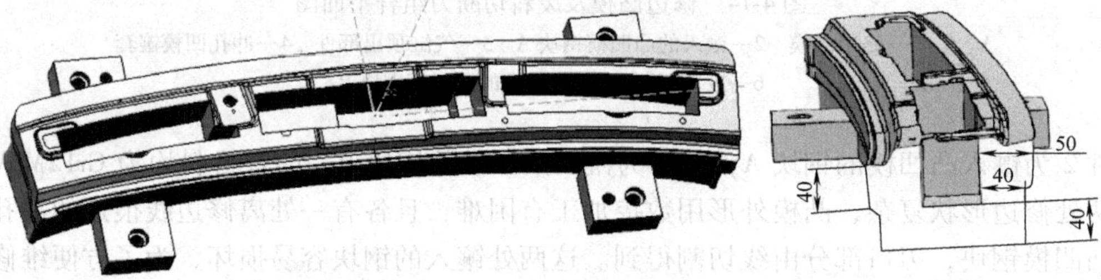

图4-16　顶盖前横梁修边冲孔模修边凸模实体图及断面图

修边凸模用螺钉和圆柱销固定在下模座上，有修边侧向力时有可能用到键。螺钉和圆柱销应布置在修边凸模中间，尽量不要布置在型面上。如果在修边凸模中间布置螺钉和圆柱销有困难，则可以在修边线外侧伸出台肩，在这些台肩上布置螺钉和圆柱销。如图4-16所示，修边凸模中间布置螺钉和圆柱销有困难，在前后各增加两处台肩，螺钉布置在四角，圆柱销布置在对角，这样设计比较合理。

整个修边冲孔模设计工作量大，为了简化整个设计过程，此处省去了一些中间步骤，如工序件复杂曲面的处理、修边线的处理、复杂型面的实体构建等。打开文件L11-5701012-2-3-TR＋PI-ori.prt，修边凸模实体基本上已构建完毕。打开图层40、41和16，图层40对应的是凸模实体，图层41对应的是凸模螺钉和圆柱销。需要完成的工作是完善内六角圆柱头螺钉和圆柱销，并把它们放在图层41中。

4.5　废料切断刀设计

废料切断刀的作用是切断废料，把废料分成多个小块。它固定在下模座上，分布在修边凸模的外侧。废料切断刀的材质和热处理与修边凸模相同。

4.5.1　废料切断刀结构

废料切断刀一般用两个螺钉和两个圆柱销固定在下模座上。当工件料厚 >2mm 时采用 M16 螺钉和 ϕ16mm 圆柱销固定；当工件料厚≤2mm 时采用 M12 螺钉和 ϕ12mm 圆柱销固定，考虑到布置空间不足，也可以用 M10 螺钉和 ϕ10mm 圆柱销。

假设工作时凹模进入凸模 3mm，修边凹模与废料切断刀的高度距离为 2mm，则废料切断刀的型面比凸模型面低 5mm。废料切断刀型面（即刀面）最低点到底面高度至少 70mm，以保证废料顺利滑出，但若废料切断刀高度太大，则会出现失稳现象。

废料切断刀宽度一般为 60mm 左右，宽度过大会影响废料滑出，宽度过小会影响螺钉和圆柱销的布置。当工件料厚大于 1.5mm 时，废料切断刀应设置背托，以防侧向力。

下面介绍两种典型的废料切断刀结构，分别如图 4-17a 和 b 所示。

1）当废料切断刀处的废料型面是平直形状时，采用图 4-17a 所示的形式，其宽度为 60mm。

2）当废料切断刀处的废料型面复杂且 H 超过 100mm 时，采用图 4-17b 所示的形式，这种结构只适用于废料切断刀为铸件的情况。

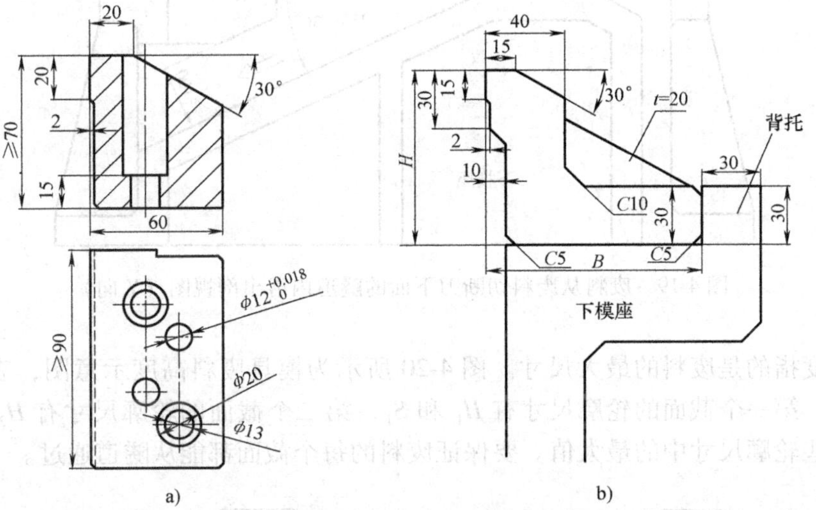

图 4-17　废料切断刀结构

a）废料形状简单时　b）废料形状复杂时

下面介绍废料从模具左右侧的废料切断刀平台下面滑出的结构。

图 4-18 所示为修边冲孔模下模简图，前面有几处废料切断刀，右侧有两处废料切断刀。前面的废料较容易从前面滑出，而右侧中间处的废料难以滑出，此废料必须从废料切断刀座面下穿过。图 4-19 所示为两侧废料从废料切断刀下面的隧道内滑出的剖视图。

当工件宽度较大时，如超过 800mm，模具左侧或右侧会有两处废料切断刀，如图 4-19 所示，这两处废料切断刀之间的废料不能直接从模具前侧或后侧滑下，这块废料要从一处废料切断刀下面的隧道内滑出。隧道的空间和角度有严格要求，高度空间应大于废料的最大尺寸，且最小不得小于100mm，隧道滑出的倾斜角度为25°~30°。

图4-18　修边冲孔模下模简图

1—修边凸模　2—侧面废料切断刀　3—限位器　4—前面废料切断刀

5—下模座　6—废料滑板

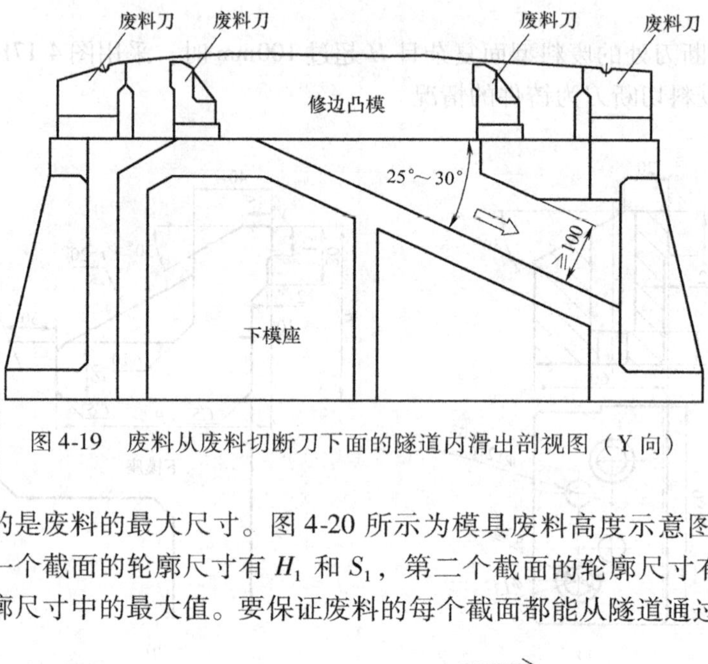

图4-19　废料从废料切断刀下面的隧道内滑出剖视图（Y向）

废料高度指的是废料的最大尺寸。图4-20所示为模具废料高度示意图，表示出了废料的两个截面，第一个截面的轮廓尺寸有 H_1 和 S_1，第二个截面的轮廓尺寸有 H_2 和 S_2，废料高度要取这些轮廓尺寸中的最大值。要保证废料的每个截面都能从隧道通过。

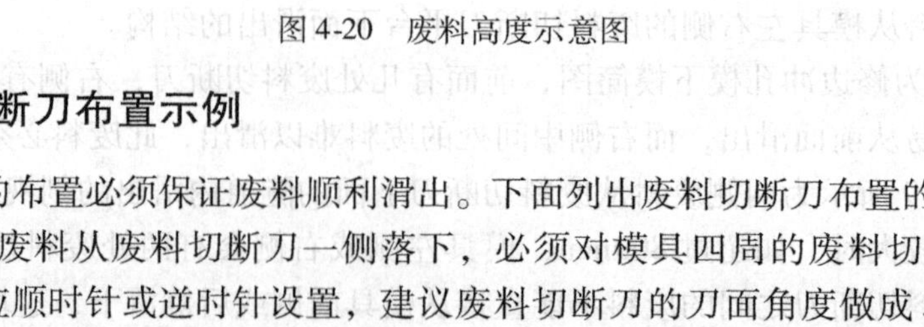

图4-20　废料高度示意图

4.5.2　废料切断刀布置示例

废料切断刀的布置必须保证废料顺利滑出。下面列出废料切断刀布置的典型例子。

1）为了保证废料从废料切断刀一侧落下，必须对模具四周的废料切断刀进行周密设置，废料切断刀应顺时针或逆时针设置，建议废料切断刀的刀面角度做成5°。图4-21所示为废料切断刀布置示意图，废料切断刀沿修边线一周布置，共有 6 把废料切断刀，废料切断刀方向基本上与该处修边线的法向一致，其中前后两处均按 5°布置。

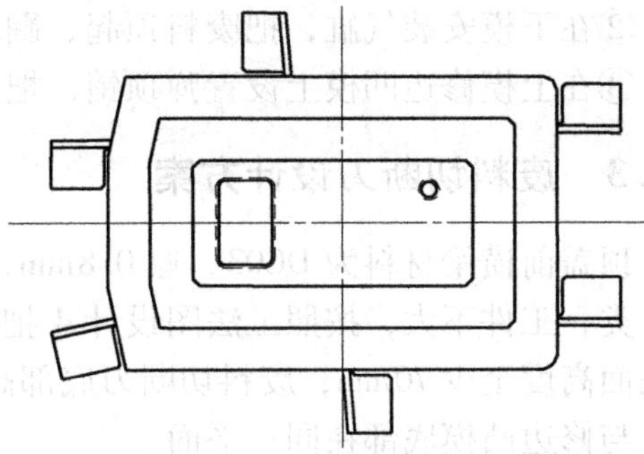

图 4-21　废料切断刀布置示意图

2）修边线有凹槽或凸舌时，废料切断刀的布置如图 4-22 所示。

3）当修边处型面倾斜时，按图 4-23 所示设置废料切断刀。

4）修边线拐角处按图 4-24 所示设计废料切断刀。图 4-24a 所示的前面废料切断刀刃口位置应靠近修边线圆切点位置，否则会影响左侧废料的滑出。图 4-24b 所示的前面废料切断刀刃口位置与图 4-24a 所示相反，其刀座不得伸出左侧修边线外面，否则会影响左侧废料滑出。如图 4-24c 所示，拐角处废料的重心位置会影响废料的滑出，废料的重心应在图中直线的外面。

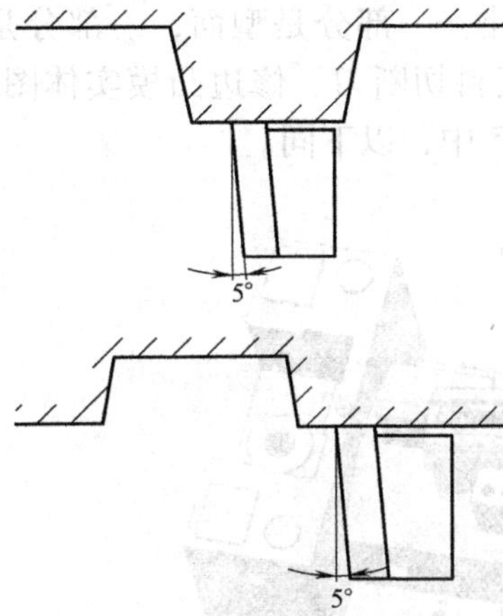

图 4-22　修边线有凹槽或凸舌时废料切断刀的布置

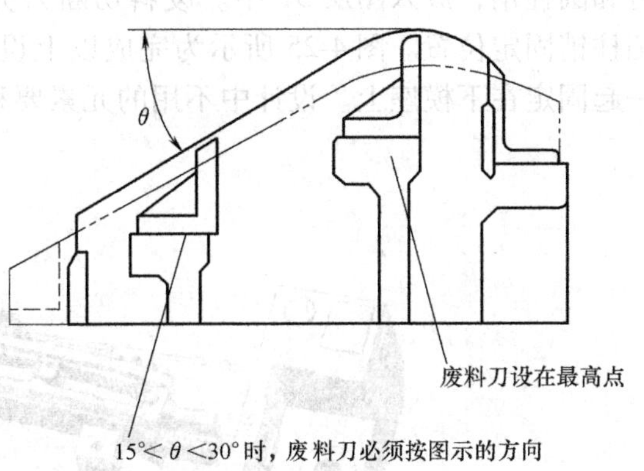

图 4-23　当修边线型面倾斜时废料切断刀的设置

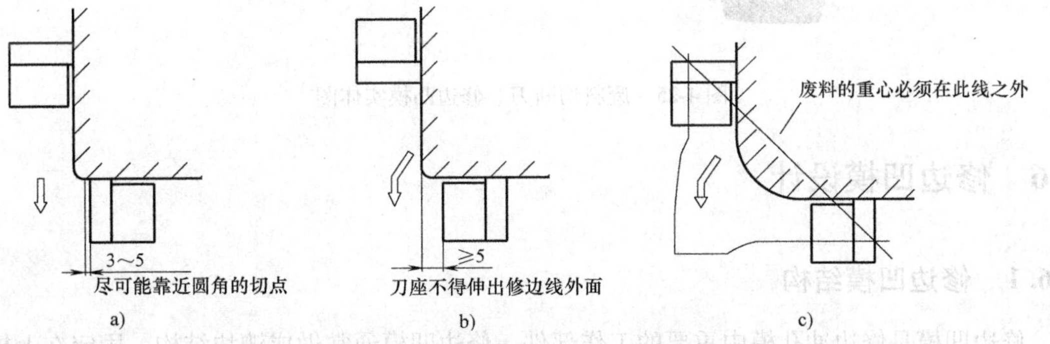

图 4-24　拐角处废料切断刀的布置

a）废料切断刀刃口面对拐角处　b）废料刀刃口背向拐角处　c）拐角处废料的重心位置要求

另外，当不能按图 4-24 所示进行设置时，废料必须强制落下。废料强制落下的主要措施有：

①在上模装提升臂，修边后把废料钩起、翻转。

②在下模安装气缸，把废料顶起、翻转。

③在上模修边凹模上设置弹顶销，把废料顶下去。

4.5.3 废料切断刀设计方案

顶盖前横梁材料为 DC03，厚 0.8mm，废料切断刀材料为铸造空冷钢。零件修边线属于细长类，工件不大，按照工法图设计 4 把废料切断刀。废料切断刀型面（即刀面）最低点到底面高度至少 70mm，废料切断刀底部高度值为 Z－105mm，即在高度基准线以下 105mm 处，与修边凸模底部在同一平面。

打开修边冲孔模文档 L11-5701012-2-3-TR＋PI-ori. prt，打开图层 50、51、52 和 16，关闭其他图层，并把图层 50 作为工作图层。图层 50 对应的是废料切断刀实体，已完成部分废料切断刀实体设计。图层 51 对应的是内六角圆柱头螺钉，图层 52 对应的是废料切断刀凸台曲线。参考图层 21 中的曲线，把废料切断刀补上，并放入图层 50 中。补上内六角圆柱头螺钉和圆柱销，放入图层 51 中。废料切断刀分两部分构建，一部分是型面，一部分是螺钉、圆柱销固定位置。图 4-25 所示为完成以上设计的 4 处废料切断刀、修边凸模实体图，它们一起固定在下模座上。设计中不用的元素要移入图层 255 中，以下同。

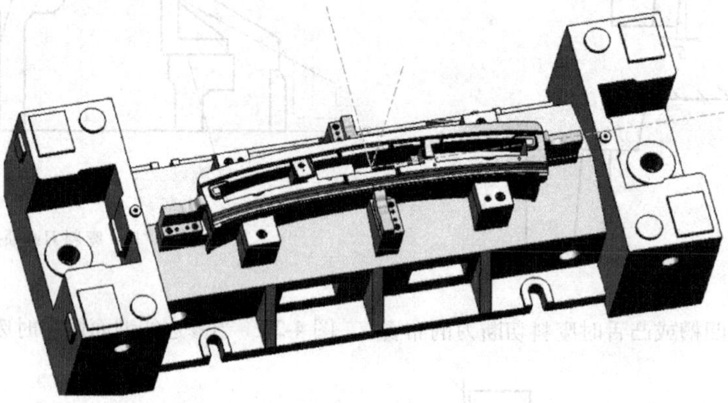

图 4-25 废料切断刀、修边凸模实体图

4.6 修边凹模设计

4.6.1 修边凹模结构

修边凹模是修边冲孔模中重要的工作部件。修边凹模通常做成镶块结构，固定在上模座上。工作时它与凸模配合完成工序件与废料的分离，与废料切断刀配合把废料切成多个分块。

修边凹模的材料与修边凸模相同。修边凹模所用材料为铸造空冷钢（7CrSiMnMoV）或 Cr12MoV，当工件料厚不大于 1.5mm 且不是高强度钢时，修边凹模用铸造空冷钢（7CrSiMnMoV），否则用 Cr12MoV 等钢件。图 4-26a 所示为凹模采用钢块的结构，刃口真空热处理至 58～62HRC。图 4-26b 所示为凹模用铸造空冷钢的结构，刃口火焰淬火至 53～58HRC。

由于修边凹模是镶拼结构，单个镶块工作时会受到侧向力，因此有必要在凹模镶块后面加上背托，以保证凸凹模间隙。图 4-26 所示的两种结构对应的上模座位置都有背托。修边凹模镶块的背托面应做成与模具中心线 X 轴或 Y 轴平行，这样方便加工。

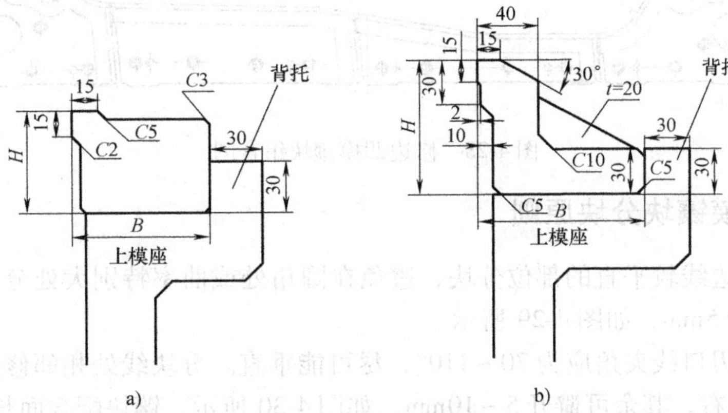

图 4-26　修边凹模

a）钢块结构　b）材料为铸造空冷钢

修边凹模镶块的长度一般不超过 350mm，每块能单独起吊，大多设计 M16 或 M12 的起吊螺孔。当修边凹模镶块为铸造空冷钢时，凹模镶块刃口的最小高度为 55～60mm；若为钢件，则凹模镶块刃口的最小高度取 45mm。修边凹模镶块高度 H 与宽度 B 的比值 $H/B \leqslant 1.1$，以防止修边凹模失稳。

修边凹模镶块用螺钉和圆柱销固定在上模座上，凹模镶块的螺钉和销的位置要合理，且销要有防松脱措施，如增加螺塞。图 4-27 所示为修边凹模镶块用螺钉和圆柱销固定在上模座上的情况。螺钉和圆柱销的尺寸可以参考前文所述的知识。

图 4-27　修边凹模镶块用螺钉和圆柱销固定在上模座上的情况

图 4-28 所示为修边凹模镶块组合图，它由 9 个镶块组成。每个镶块的后面设有背托以防侧向力。每个修边凹模镶块后面做出 5mm 的凸出面与上模座的背托对应，以抵消修边凹模所受的侧向力。每个镶块由两个圆柱销定位，至少用两个螺钉来紧固。

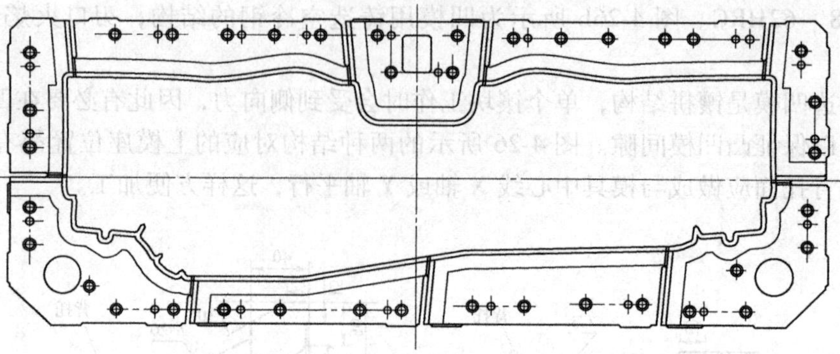

图 4-28　修边凹模镶块组合图

4.6.2　修边凹模镶块分块原则

1）一般在修边线较平直的部位分块，避免在圆角处或曲率特别大处分块，转角处分块线距圆弧终点至少 5mm，如图 4-29 所示。

2）分块线与刃口线夹角应为 70 ~ 110°，尽可能垂直。分块线处相邻修边凹模镶块的配合长度取 40mm 左右，其余可避开 5 ~ 10mm。如图 4-30 所示，镶块配合面长度为 40mm，其余避开。

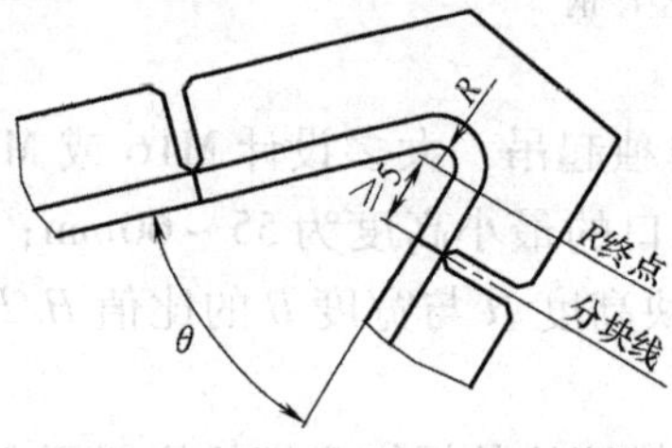

图 4-29　分块线避开转角圆角

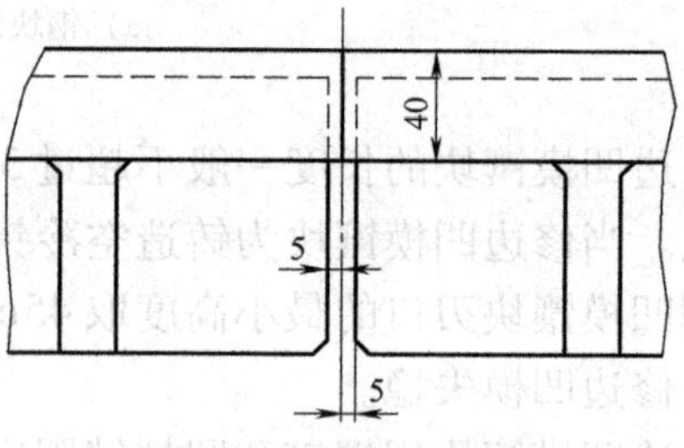

图 4-30　镶块配合面

3）当修边线处型面落差较大时，应分成有台阶的镶块，多个修边凹模镶块的底面不在同一个平面上，如图 4-31 所示。

4）当修边凸模也有分块时，修边凹模镶块的分块线应与修边凸模镶块的分块线错开 5mm 以上，否则会出现修边毛刺。

5）急剧斜面上的分块应避免交角。断面形状中 $\alpha \leqslant 60°$ 时，为避免尖角，按如图 4-32 所示进行分块。

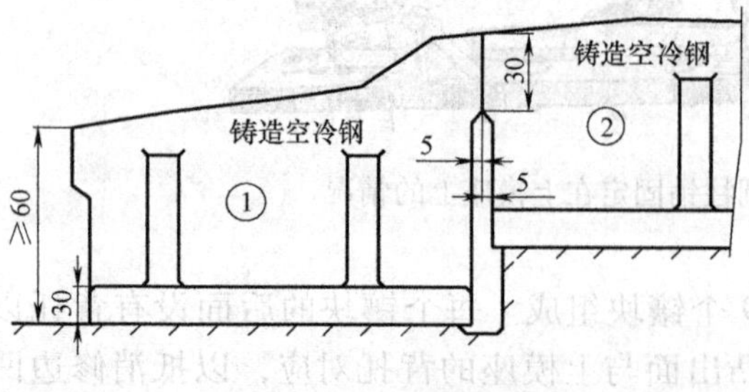

图 4-31　阶梯镶块

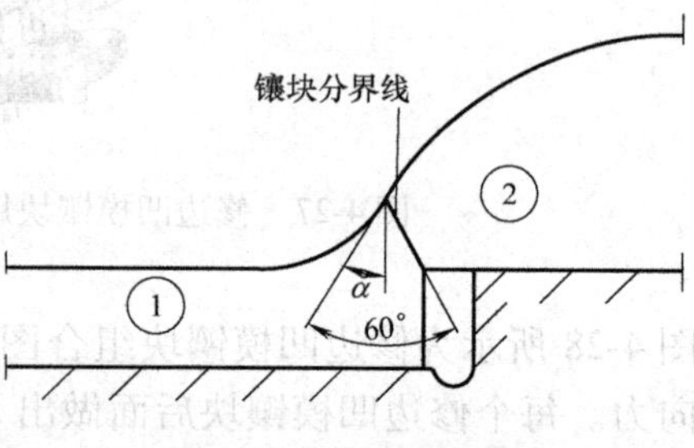

图 4-32　斜面上分块

4.6.3　修边凹模型面

为了降低冲裁力，减少生产现场噪声，修边凹模型面采用波浪刃口，修边工作分阶段进行。修边凹模型面以前工序的工艺数模为基础，进行适当处理，修边凹模一般进入凸模至少3mm，每一块镶块做一段或两段波浪刃口。

图 4-33 所示为凹模型面线与凸模型面线、废料切断刀关系示意图。在废料切断刀刃口处，镶块①上的凹模型面线比凸模型面线低 8mm。废料切断刀上方的凹模型面线（镶块②上）比凸模型面线低 3mm，废料切断刀与凹模高度方向的间隙为 2mm，另外废料切断刀刃口处凹模型面线进入废料切断刀刃口以下 3mm，这样，与废料切断刀刃口处对应的（左侧）凹模型面线比凸模型面线低 8mm。对于厚度大于 1.5mm 的工件，凹模型面线低于凸模型面线，其高度差要加大到 10mm 左右。

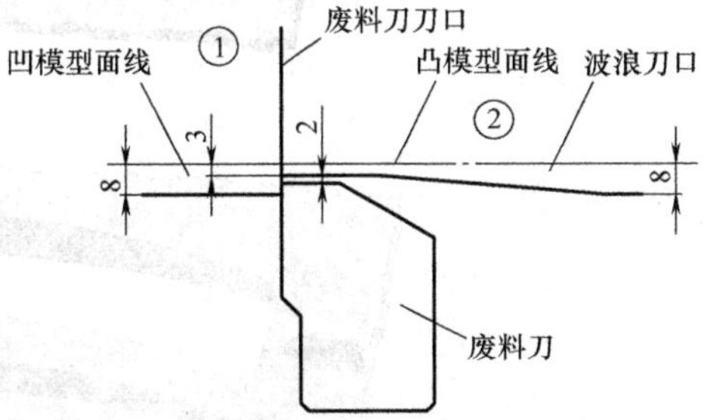

图 4-33　凹模型面线与凸模型面线、废料切断刀关系示意图

4.6.4　修边凹模设计方案

顶盖前横梁材料为 0.8 mm 厚的 DC03，修边凹模材料为铸造空冷钢。修边凹模镶块的长度一般在 300 mm 左右，修边凹模镶块共 8 块。工件修边线落差不大，修边凹模镶块应做成同一高度。修边凹模最薄处高度不小于 55 ~ 60 mm，最终修边凹模底部高度值确定为 Z80 mm，即在高度基准线以上 80 mm 处。

由于修边凹模镶块工作时受到侧向力，故在每个镶块的背后设置了背托，每个镶块至少有两处背托，背托高度为 30mm。每个镶块上布置了三个 M16 螺钉和两个 ϕ16mm 的圆柱销，为了防止工作时凹模圆柱销松脱，在圆柱销位置增加了 10 mm 的凸台，并用螺塞拧紧。另外，镶块的宽度和高度之比要满足技术要求，在镶块高度先确定的情况下，可以适当调整镶块宽度。

打开 L11-5701012-2-3-TR + PI-ori. prt。打开图层 60 并把它作为工作图层，并关闭其他图层，修边凹模整体已设计好，还没有分块，螺钉孔和圆柱销孔有待补全。首先补上螺钉孔和圆柱销孔，并把修边凹模分成 8 块。分块时，首先做出分割凹模体所用的 4 个基准平面。用“特征操作”下的“基准平面”命令，做出 4 个基准平面，分别是从 ZX 平面偏置 -10mm、YZ 平面偏置 300mm、YZ 平面偏置 -300mm 和 YZ 平面。然后分割凹模，用到的是“特征操作”下的“分割体”命令。用上面 4 个基准平面进行多次分割，才能得到 8 个镶块实体，可以将它们涂成不同的颜色以对这些镶块进行区分，在实际生产中，这些镶块应分别打上标记。文件另存为 L11-5701012-2-3-TR + PI-step6-AM. prt。

图 4-34 所示为修边凹模镶块设计过程中依次得到的各个实体图，可参照图层 251 ~ 254。图 4-34d 所示为修边凹模镶块最终简图，注意凹模型面部分不能太多，以倒角的形式避开，另外废料切断刀刃口处的凹模型面要保证能对废料进行分块，这部分需凸出来。

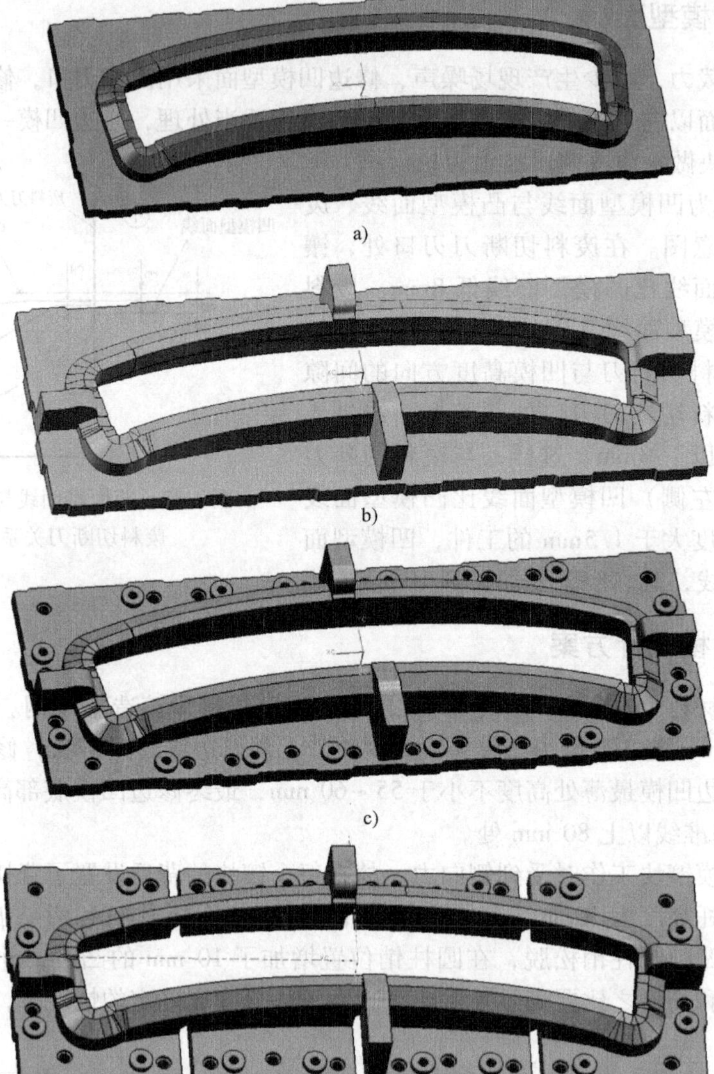

图 4-34　修边凹模镶块设计过程

a）设计了修边型面（内）和底板（外）的修边凹模镶块（左右翻转）　b）加了废料切断刀形状的修边凹模镶块（左右翻转）　c）完成螺钉、圆柱销布置的修边凹模镶块（左右翻转）　d）完成分块的修边凹模镶块（左右翻转）

4.7　下模座设计

4.7.1　下模座结构

上、下模座都是铸件，材料为 HT300。模具铸件形状通过泡沫实型并辅以人工制作出来，泡沫实型制作要考虑收缩量和特殊形状件的变形。泡沫实型加工方便，成本低，较容易实现型面加工、掏空和减重等。

修边冲孔模下模主要包括下模座、修边凸模和废料切断刀三部分。图 4-35 所示为车门外板修边冲孔模下模结构图，下面以此图为参考对修边冲孔模下模座结构进行分析。修边冲孔模下模座的主要结构有以下两部分。

图 4-35　车门外板修边冲孔模下模结构图

（1）中间部分　它除了包括修边凸模、冲孔凹模、废料切断刀的安装面和废料滑道外，还包括前后压板部分等。压板部分主要用来固定下模座、对下模进行快速定位等。中间部分的长度必须确保废料顺利滑出。

（2）左右端头部分　它是上、下模导向的位置，图 4-35 所示的修边冲孔模是用导柱、导套和导板导向的，也是安全区、限位器、缓冲橡胶、连模板、吊耳（中小模具用铸入式起重棒)、基准孔和气路控制用快速接头的放置区域。

4.7.2　下模座设计一般过程

设计下模座时，根据前一道工序零件（如拉延件）的大小确定其长度、宽度和高度。根据修边凸模、废料切断刀、废料滑出要求和前后压板位置设计出中间部分框架结构，做出修边凸模、废料切断刀、冲孔凹模的安装平台及废料滑道，并根据前一道工序零件的大小和设计标准确定导向形式和端头尺寸。然后确定各功能部分的位置。

（1）端头部分　如导柱、导板（或导滑面)、安全区、限位器、缓冲橡胶、连模板、吊耳（或铸入式起重棒）和基准孔等。

（2）中间部分　如废料盒、废料滑板、漏料孔、压板槽结构、快速定位、顶料气缸机构和托料架等。

最后对功能部分进行处理，做出功能部分平台。下模座要进行相应的加厚材料和减去材料的处理，这个处理与下模座筋条设计一起考虑。筋条的厚度按加工面厚 50mm、主筋厚 40mm、副筋厚 30mm 设计，各筋条之间的距离一般不大于 300mm。注意下模座以下各筋条要方便冲孔废料的滑出，气缸顶出线路应四周贯通。

4.7.3　下模座设计方案

打开 L11-5701012-2-3-TR + PI-step6-AM. prt。打开图层 73 和 78，关闭其他图层，并把图

层 78 作为工作图层。

图层 78 对应的是下模座中间实体。图 4-36 所示为下模座中间部分初始结构，1、2、3 三处为下模座上部功能面，位置 1 对应的是废料切断刀安装平台，位置 2 对应的是修边凸模安装平台，位置 3 对应的是废料滑下的斜坡，前后废料滑道的角度为 20°。位置 4 对应的是前后压板槽，用于把下模座固定在下工作台上。位置 5 对应的是主筋，筋板厚度为 40mm。

图层 73 对应的是下模座端头实体。左右端头除了上、下模导向外，还包括缓冲橡胶和限位块等的安装位置。下模导向处设有凹槽，左右两端凹槽的宽度不一样，左端为 300mm，右端为 320mm，这样可防止上、下模装错。

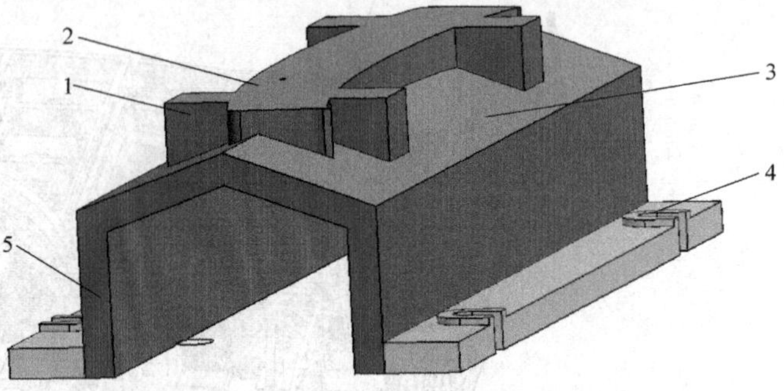

图 4-36　下模座中间部分初始结构

1—废料刀安装平台　2—修边凸模安装平台　3—废料滑下的斜坡　4—前后压板槽　5—主筋

对下模座中间实体和下模座端头实体进行合并。利用“求和”命令，以前面或后面压板实体作为目标体，其他实体作为工具体，得到图 4-37 所示的下模座初始结构，文件另存为 L11-5701012-2-3-TR + PI-step7-XM. prt。部分重要尺寸在图 4-37 所示的下模座初始结构俯视图中标出。后面内容中将会进一步对下模座进行处理。

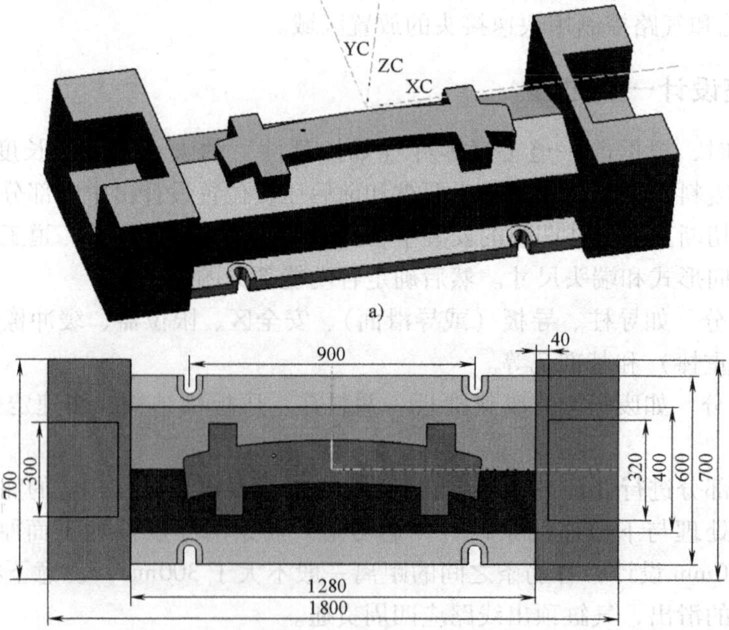

图 4-37　下模座初始结构

a）立体图　b）俯视图

4.8 上模座设计

4.8.1 上模座结构

上模座是铸造出来的，材料为HT300。修边冲孔模上模主要包括上模座、修边凹模、冲孔凸模和压料板四部分。修边凹模分成多个镶块，固定在上模座平台上，每个镶块后面至少有两个背托。修边凹模围成一周，表示一次修完外轮廓。修边凹模里面是压料板，压料板主要起压料和顶出工件的作用。压料板在上模座中间的型腔内，其设计内容多而复杂，且与上模座的设计相互关联。4.9中将学习压料板设计。

图4-38所示为车门外板修边冲孔模上模结构图，图4-39所示为去掉压料板和修边凹模镶块的车门外板修边冲孔模上模结构图。下面以两图为参考对修边冲孔模上模座结构进行分析。修边冲孔模上模座的主要结构有以下两部分。

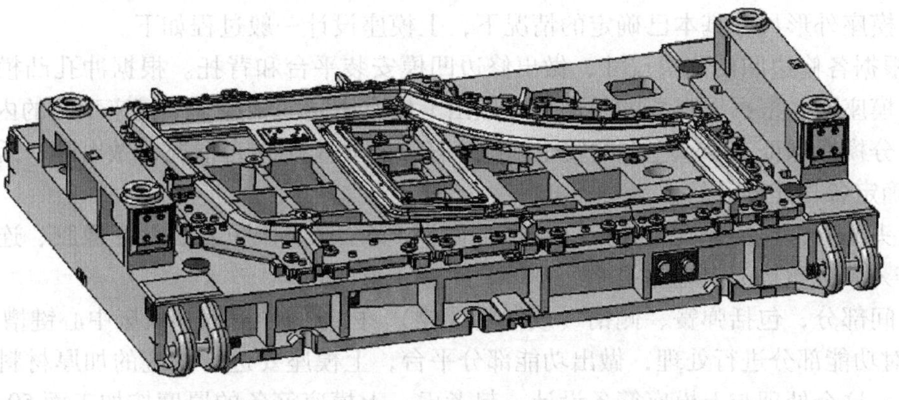

图4-38　车门外板修边冲孔模上模结构图

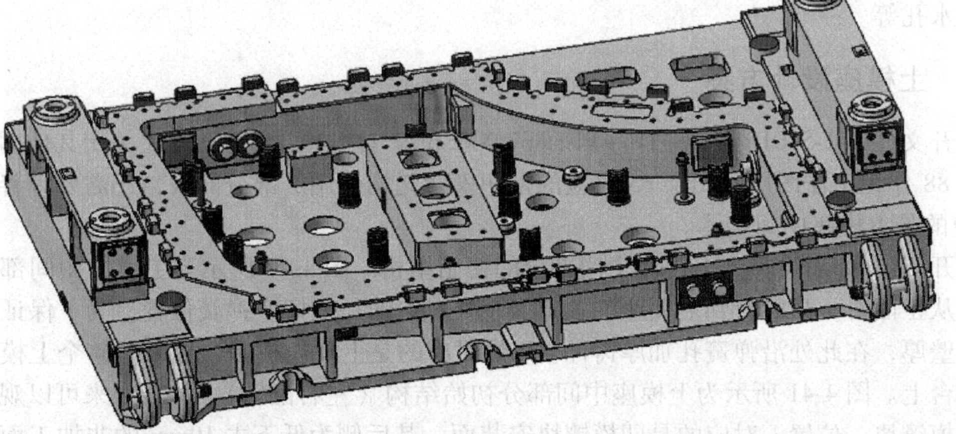

图4-39　车门外板修边冲孔模上模结构图（去掉压料板和修边凹模镶块）

（1）中间部分　它包括修边凹模的安装面、冲孔凸模的安装座面、与压料板相对应的型腔和前后压板部分等。上模座中与修边凹模相关的主要有凹模安装面及凹模背托。冲孔凸模固定在上模座上，图 4-39 所示的上模座型腔内的平台就是车门外板修边冲孔模冲孔凸模（铸钢）的安装位置。压料板设置在上模座型腔内，压料板的导向、限位和弹性压料部分与上模座结构有直接关系，从图 4-39 来看，上模座与压料板设计相关的结构主要包括内导导滑面、弹簧孔和侧销孔（或卸料螺栓孔）等。上模座前后压板部分的主要作用是把上模固定在上工作台上，与下模座前后压板相似。

（2）左右端头部分　左右端头部分是上、下模导向的位置，从图 4-38 可以看出，上、下模是用导柱、导套和导板导向的，这部分也是安全区凸台、限位器凸台、缓冲橡胶凸台、连模板凸台、吊耳（中小型模具用铸入式起重棒）和基准孔的区域。

4.8.2　上模座设计一般过程

上模座的长度、宽度和高度的设计与下模座是一起考虑的，许多尺寸是相互关联的，模具设计前期要做好整体上的考虑，再经多次调整和优化，得到上、下模座的长度、宽度和高度尺寸。上、下模座外形的长度和宽度应尽量取一致。

在上模座外形尺寸基本已确定的情况下，上模座设计一般过程如下。

1）根据各修边凹模镶块尺寸，做出修边凹模安装平台和背托。根据冲孔凸模外形，做出冲孔凸模座面。根据压料板的外形尺寸做出上模座中间的型腔，上模座型腔的内形轮廓应与压料板分模线保证 10mm 左右的安全间隙。还要根据上工作台情况，做出前、后压板。

2）确定各功能部分的位置。

①端头部分，包括导套、导板（或导滑面）、安全区、限位器、缓冲橡胶、连模板、吊耳（或铸入式起重棒）和基准孔等。

②中间部分，包括弹簧、侧销（或卸料螺栓）、内导的导滑面和机床中心键槽等。

3）对功能部分进行处理，做出功能部分平台，上模座要进行相应的加厚材料和减去材料的处理，这个处理与上模座筋条设计一起考虑。上模座筋条的厚度按加工面 50mm、主筋 40mm、副筋 30mm 设计，各筋条之间的距离一般不大于 300mm，还可适当进行减重处理及设计排水孔等。

4.8.3　上模座设计方案

打开文件 L11-5701012-2-3-TR + PI-step7-XM. prt。打开图层 83 和 88，关闭其他图层，并把图层 88 作为工作图层。图层 83 对应的是凹模背托构建用的部分曲线，还需要完善，图层 88 对应的是上模座中间实体。

打开图层 88 后可见到上模座中间部分的初始结构。图 4-40 所示为上模座中间部分初始结构，从正面看，只能看到上模座的顶部。A 处对应的是上模座弹簧位置，为了保证弹簧孔后面的壁厚，在此处沿弹簧孔加厚铸件。B 处对应的是上模压板槽，用来把整个上模锁紧在上工作台上。图 4-41 所示为上模座中间部分初始结构（左右翻转），翻转过来可以观察压料板和凹模镶块，位置 1 对应的是凹模镶块安装面，其后侧为低下去 10mm 的非加工面，位置 2 对应的是上模座型腔，即压料板位置，位置 3 对应的是前后压板位置。筋条厚度按加工面 50mm、主筋 40mm 设计。

图 4-42 所示为上模座初始结构实体图，可以看到，上模座端头包括 1 区与 2 区，1 区为上模两端凸出来的导腿，此处与下模导向。2 区为非加工平面，它与修边凹模四周的非加工

面等高，在 2 区要布置限位器凸台和缓冲器凸台等。图 4-43 所示为上模座初始结构平面图（左右翻转），上面标出了一些重要尺寸，上模座左端头处导腿宽度为 220mm，右端头处为 240mm，这样可防止上、下模装错。

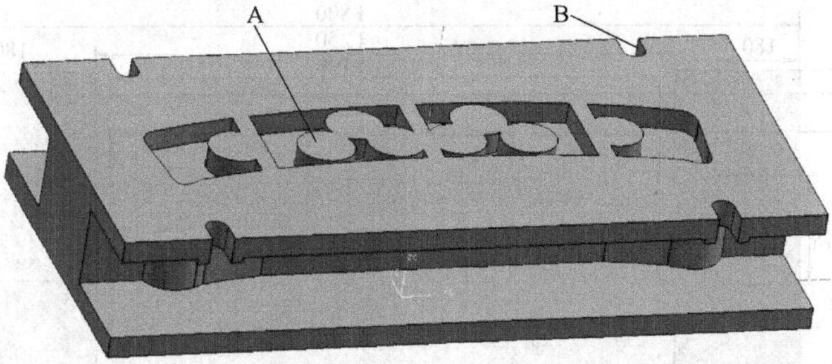

图 4-40　上模座中间部分初始结构（从正面看）
A—上模座弹簧位置　B—上模压板槽

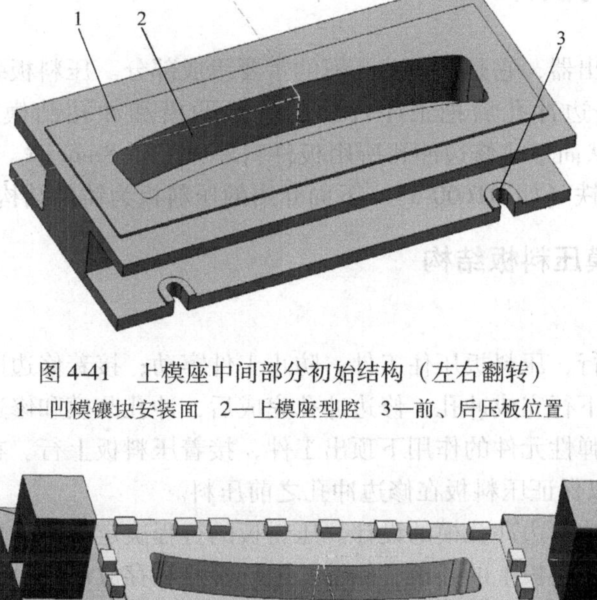

图 4-41　上模座中间部分初始结构（左右翻转）
1—凹模镶块安装面　2—上模座型腔　3—前、后压板位置

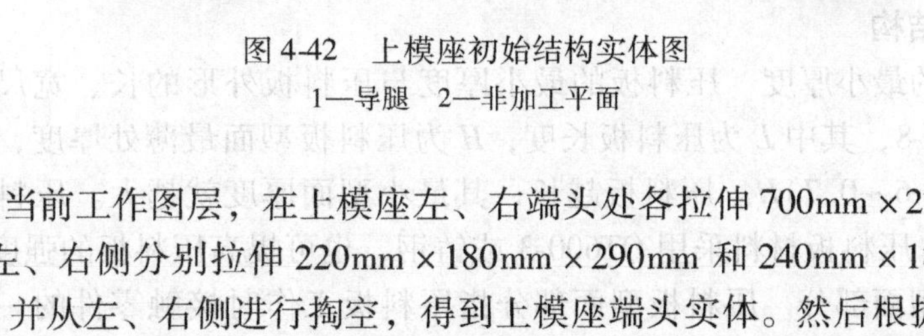

图 4-42　上模座初始结构实体图
1—导腿　2—非加工平面

以图层 88 为当前工作图层，在上模座左、右端头处各拉伸 700mm × 275mm × 230mm 的长方体，接着在左、右侧分别拉伸 220mm × 180mm × 290mm 和 240mm × 180mm × 290mm 的长方体（导腿），并从左、右侧进行掏空，得到上模座端头实体。然后根据凹模（图层 60）的外周形状，做出多个凹模背托。最后对上模座中间实体、上模座端头和凹模背托进行合并。利用“求和”命令，以上模座中间实体作为目标体，其他实体作为工具体，得到图 4-

42 所示的上模座初始结构实体图，文件另存为 L11-5701012-2-3-TR + PI-step8-SM. prt。部分重要尺寸在图 4-43 所示的上模座初始结构平面图中可以看到，上模座的外形尺寸要与下模座一致。后面将会进一步对上模座进行处理。

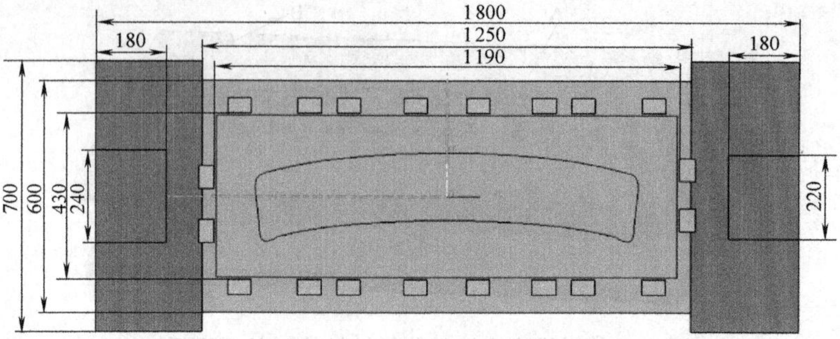

图 4-43　上模座初始结构平面图（左右翻转）

4.9　压料板结构设计

压料板又称为顶出器，它是修边冲孔模的重要组成部分。压料板装在上模，在修边冲孔之前压紧板料，在修边冲孔后把工序件顶出修边凹模和冲孔凸模。压料板材料一般为 HT300，当压料板形状简单或修边冲孔所用板件料厚大于 1. 8mm 时，多用铸钢（如 ZG310-570），也可用球墨铸铁（如 QT600-3）。下面介绍的压料板为铸件结构。

4. 9. 1　修边冲孔模压料板结构

1. 压料板的行程

工作时，上模下行，压料板压住工件，防止工件窜动；接着修边凹模随工作台滑块下行完成修边，冲孔凸模下行完成冲孔。修边冲孔完成后，冲孔凸模和修边凹模先随工作台滑块上行，压料板在上模弹性元件的作用下顶出工件，接着压料板上行。在不工作时，压料板凸出凹模至少 10mm，以保证压料板在修边冲孔之前压料。

压料板的行程影响修边冲孔模的设计。压料板的行程决定上模弹性元件的压缩量，如弹簧的压缩量；另外，压料板上的导板、侧销、限位螺栓和存放块的设计都与压料板的行程有关。考虑到工件的料厚和修边凹模型面部分的形状，本项目压料板行程为 25mm。在上一节已介绍，修边凹模要做成波浪刃口，最高点进入凸模 8mm，波浪刃口结构加大了压料板的行程。

2. 压料板的结构

（1）压料板的最小厚度　压料板的最小厚度与压料板外形的长、宽尺寸有关。压料板的最小厚度见表 4-8，其中 L 为压料板长度，H 为压料板型面最薄处厚度，H' 为压料板最薄处厚度，$H' = (0.6 \sim 0.7)H$。压料板越长，其最小型面厚度就越大。压料板强度变弱处可以局部镶上钢块，压料板材料采用 QT600-3 或铸钢，也可提高压料板的强度。

（2）压料板型面部分　压料板型面部分指压料板工作时接触零件的一侧。除修边线内周边 30 ~ 50mm、冲孔线外周边 20mm 之内压料外，压料板其余部分均须避开三维型面，以减少加工和钳工研配。

如图 4-44 修边冲孔模简图所示，B_1 为压料板周边的压料宽度，B_1 一般取 30 ~ 50mm；B_2 为修边凸模修边线周边的型面宽度，B_2 应略大于 B_1。

表 4-8　压料板最小厚度

简图	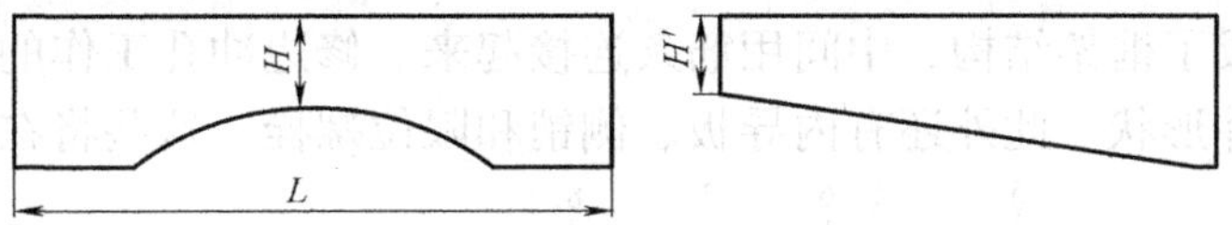					
L/mm	<750	750 ~ 1 250	1 251 ~ 1 750	1 751 ~ 2 250	2 251 ~ 2 600	>2600
H/mm	100	101 ~ 120	121 ~ 140	141 ~ 160	161 ~ 180	>180

（3）压料板外周的加工面深度　压料板外周分模线的加工深度为 30 ~ 40mm，其余部分做 10mm 避开。图 4-44 中的 H_1 取 30 ~ 40mm，上部做出 10mm 的避开。与冲孔凸模相对应的压料内孔（比冲孔凸模工作部分直径大 1mm 左右）的深度不能太大，否则会与冲孔凸模干涉；也不能太小，太小影响该处的压料强度，图 4-44 中的 H_3 取 4 ~ 6mm。

（4）压料板外周间隙　压料板外周分模线与修边凹模修边线的单边间隙为 0.5mm，冲孔压料处与冲孔凸模之间的单边间隙也为 0.5mm。如间隙过大，板件会有变形，在修边、冲孔处会出现毛刺。图 4-44 中对此都标上了间隙 0.5mm。

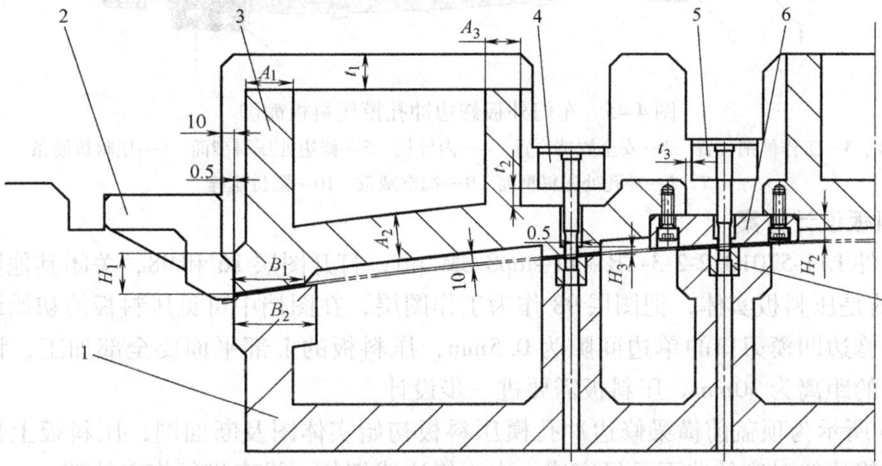

图 4-44　修边冲孔模简图

1—修边凸模　2—修边凹模　3—压料板　4—冲孔凸模①及固定板、垫板　5—冲孔凸模②及固定板、垫板　6—压料板镶块　7—冲孔凹模

（5）压料板各处厚度　型面厚度为 50mm，主筋厚度为 40mm，副筋厚度为 30mm，筋条之间的距离一般不大于 300mm，覆盖件模具设计时大多要遵循这一要求。图 4-44 中 A_1 = 40mm，A_2 = 40mm，A_3 = 30mm。A_1 为主筋厚度，A_2 为压料板下部主筋厚度，压料板下部主筋与零件表面的距离为 10mm，型面深度至少为 50mm，A_3 为副筋厚度。

（6）压料板要避开冲孔凸模固定板等　如图 4-44 所示，t_1 为压料板与上模座之间的间隙，$t_1 \geqslant 20$mm；t_2 为压料板与冲孔固定板下面的间隙，$t_2 \geqslant 10$mm；t_3 为压料板与冲孔凸模固定板周边的间隙，$t_3 \geqslant 10$mm。

（7）压料板镶块　对于易折断的凸模或使用球锁凸模时，冲孔凸模周围的压料部分采用单独的压料板镶块，只要拆下压料板镶块就可以拆下冲孔凸模，使凸模拆卸容易。如图 4-44 所示，压料板镶块用螺钉和销钉固定在压料板上，更换凸模时不用拆下整个压料板。

图 4-45 所示为车门外板修边冲孔模压料板简图，由于修边轮廓大，压料板外形尺寸大，压料板做成了框架结构，中间用筋条连接起来。修边冲孔工作的位置进行压料，不工作的位置避开工件形状。此外还有内导板、侧销和限位螺栓，这些将在后面进行介绍。

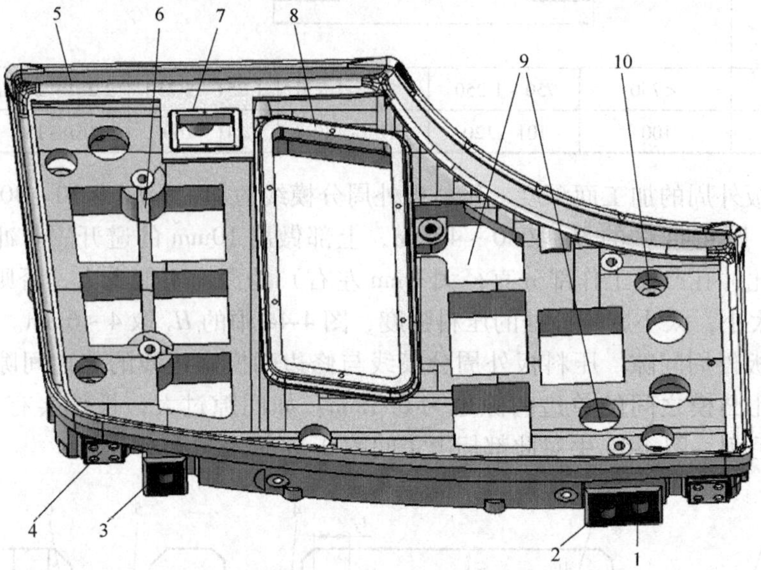

图 4-45　车门外板修边冲孔模压料板简图

1、3—工作侧销位置　2—安全侧销位置　4—内导板　5—修边处压料型面　6—压料板筋条
7、8—冲孔处压料型面　9—掏空减重　10—限位螺栓

3. 压料板设计方案

打开文件 L11-5701012-2-3-TR + PI-step8-SM. prt，打开图层 16 和 98，关闭其他图层。图层 98 对应的是压料板实体，把图层 98 作为工作图层，在图档中可见压料板的初始结构。压料板外周与修边凹模刃口的单边间隙为 0. 5mm，压料板的上部平面要全部加工，该平面到上模座型腔的距离为 30mm。压料板需要进一步设计。

图 4-46 所示为顶盖前横梁修边冲孔模压料板初始实体图及断面图，压料板上型面、压料板周边与修边线对应的曲面已经完成。由于修边线细长，没有进行掏空处理。

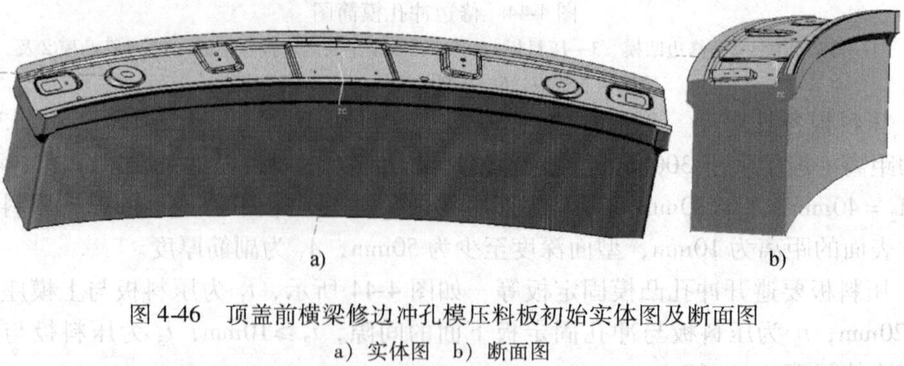

图 4-46　顶盖前横梁修边冲孔模压料板初始实体图及断面图

a）实体图　b）断面图

4.9.2 压料板导向结构

1. 修边冲孔模压料板导板布置

修边冲孔模压料板是活动部件，它与上模座通过导板来导向。用螺钉把导板固定在压料板上，在上模座相应位置做出导滑面。压料板是放在上模座型腔内的，导板在上模内部，一般来说模具装配好后从外面观察不到导板，故这种导向也属于内导向。

在第3章已介绍过拉延模压边圈与凸模的导向，修边冲孔模压料板导向设计与拉延模压边圈设计基本相同，不同的是压料板导板应布置在压料板外周修边线之内，就是说导板装好后不能露出压料板外周修边二维线之外；而压边圈导向用到的导板应布置在凸模分模线之外，否则凸模导板安装位难以加工。在修边冲孔模压料板上，导板应整体布置在修边线以内，否则压料板不能单独拆下，而需取出与内导板干涉的修边凹模镶块后才能取出压料板。模具维修、检查时拆下压料板会增加工作量。

修边冲孔模压料板导向设计中还要遵循与拉延模压边圈内导设计相同的几点要求。

1）内导板安装面必须与模具中心线X轴或Y轴线平行。图4-47所示为车门外板修边冲孔模压料板俯视图，图4-48所示为车门外板修边冲孔模压料板主视图，可以看出所有的导板都平行于模具中心线X轴或Y轴。

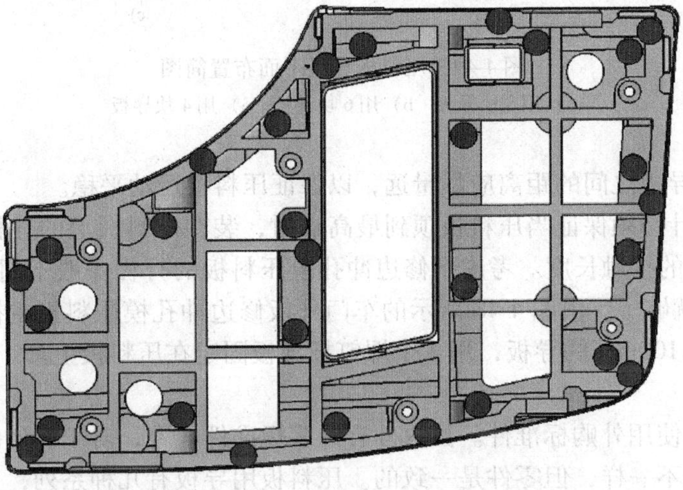

图4-47 车门外板修边冲孔模压料板俯视图

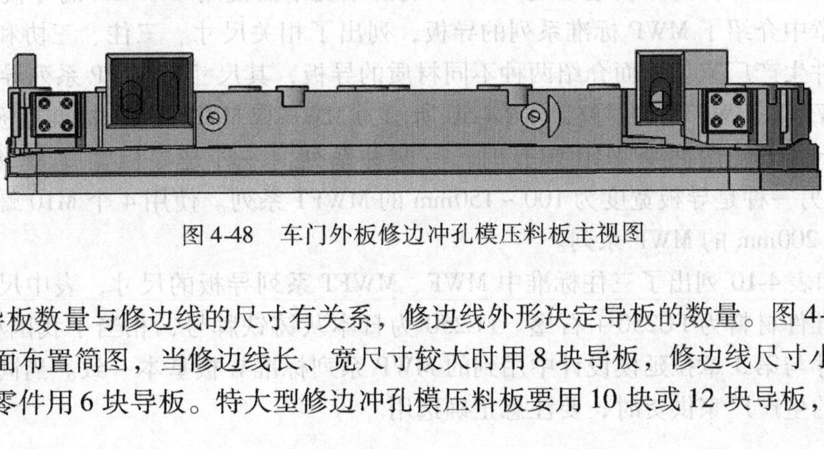

图4-48 车门外板修边冲孔模压料板主视图

2）内导板数量与修边线的尺寸有关系，修边线外形决定导板的数量。图4-49所示为压料板导板平面布置简图，当修边线长、宽尺寸较大时用8块导板，修边线尺寸小时用4块导板，细长类零件用6块导板。特大型修边冲孔模压料板要用10块或12块导板，在修边冲孔模压料板前后侧各用 3 块或 4 块导板。因车门外板属于中型零件，因此图 4-47 所示的车门外板修边冲孔模压料板用了 8 块导板。

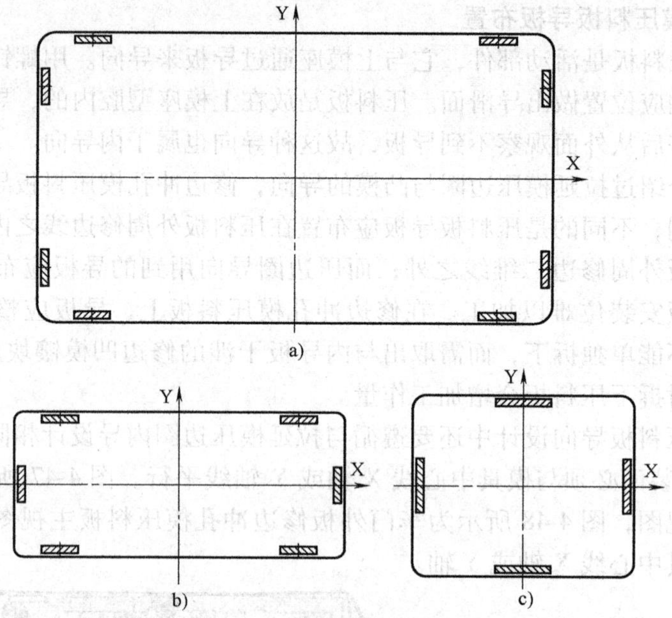

图 4-49　压料板导板平面布置简图
a）用 8 块导板　b）用 6 块导板　c）用 4 块导板

3）同一方向导板之间的距离应尽量远，以保证压料板运动平稳。

4）导板的设计必须保证当压料板顶到最高点时，装在压料板上的导板与上模座上的导滑面至少有 50mm 的接触长度。考虑到修边冲孔模压料板的行程一般不超过 30mm，导板长度一般取 100mm 就够了。由图 4-48 所示的车门外板修边冲孔模压料板主视图可知，压料板上有 8 块 100mm × 100mm 的导板，用 4 个螺钉把导板固定在压料板上。

2. 导板标准

压料板的导板使用外购标准件。国内外有许多标准件厂家，对于相似的标准件各个标准件厂家的牌号可能不一样，但零件是一致的。压料板用导板有几种系列，主要区别在于导板材质不同，压料板导板的厚度通常是 20mm，特殊情况下需使用厚 10mm 的导板。

在第 3 章中介绍了 MWP 标准系列的导板，列出了相关尺寸。三住、三协和盘起都是冲压模具标准件生产厂家。下面介绍两种不同材质的导板，其尺寸与 MWP 系列导板相同。

（1）MWF 和 MWFT 标准导板　图 4-50 所示为 MWF 和 MWFT 系列标准导板，该标准件厚度为 20mm。当使用两个 M10 螺孔时，有两种系列，一种是导板宽度为 28 ~ 75mm 的 MWF 系列，另一种是导板宽度为 100 ~ 150mm 的 MWFT 系列。使用 4 个 M10 螺孔的导板是宽度为 100 ~ 200mm 的 MWF 系列。

表 4-9 和表 4-10 列出了三住标准中 MWF、MWFT 系列导板的尺寸，表中尺寸与图 4-50 对应。该标准件材料为 FC250 + 石墨。FC250 为日本灰铸铁牌号，相当于我国材料 HT250。它的外形尺寸与第 3 章拉延模设计中用到的 MWP 系列标准导板基本一致。当同样的冲模标准件由不同的生产厂家供货时，要注意正确选用。

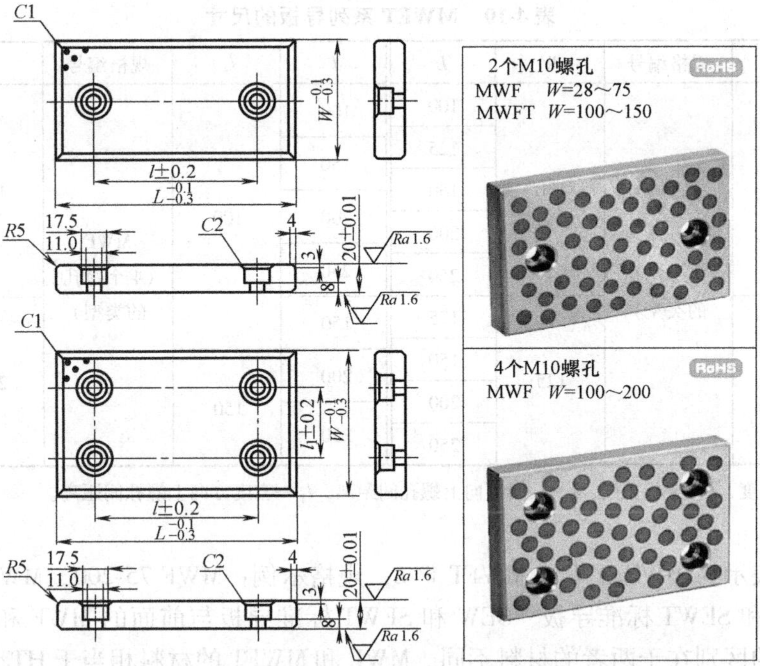

图4-50　MWF和MWFT系列标准导板

表4-9　MWF与MWFT系列导板的尺寸　（单位：mm）

l	规格编号	W	L	l	规格编号	W	L
45			75	25			75
50			100	50			100
75		28	125	75	MWF（2个螺孔的类型）	75	125
100			150	100			150
150			200	150			200
45			75	50			100
50			100	75			125
75		38	125	100		100	150
100	MWF（2个螺孔的类型）		150	150			200
150			200	200			250
45			75	75			125
50			100	100	MWFT（2个螺孔的类型）	125	150
75		48	125	150			200
100			150	200			250
150			200	100			150
45			75	150			200
50		58	100	200		150	250
100			150	250			300

注：W—导板宽度，L—导板长度，l—长度方向上螺孔。

表 4-10　MWFT 系列导板的尺寸　（单位：mm）

l	l_1	规格编号	W	L
50	50	MWF（4 个螺孔的类型）	100	100
75				125
100				150
150				200
200				250
75	50		125	125
100				150
150				200
200				250

l	l_1	规格编号	W	L
100	100	MWF（4 个螺孔的类型）	150	150
150				200
200				250
250				300
150			200	200
200	150			250
250				300

注：W—导板宽度，L—导板长度，l—长度方向上螺孔间距离，l_1—宽度方向上螺孔间距离。

采购规格表示为 MWF W-L 或 MWFT W-L，规格示例：MWF 75-200，MWFT 125-200。

（2）SEW 和 SEWT 标准导板　SEW 和 SEWT 标准导板与前面的 MWF 和 MWFT 标准导板相似，唯一的区别在于两者的材料不同。MWF 和 MWFT 的材料相当于 HT250，而 SEW 和 SEWT 的材料为 CAC304（日本的黄铜牌号，相当于我国的 ZCuZn25Al6Fe3Mn3）铜板，铜合金导板摩擦因数小，导向时阻力小，使用性能良好，但价格较贵，当技术要求中提出应使用铜合金导板时才会用到。

SEW 和 SEWT 系列导板的厚度均为 20mm。SEW 和 SEWT 标准导板的外形尺寸和螺钉布置与 MWF 和 MWFT 标准导板相同。当使用两个 M10 螺孔时，有两种系列，一种是导板宽度为 28～75mm 的 SEW 系列，另一种是导板宽度为 100～150mm 的 SEWT 系列。使用 4 个 M10 螺孔的是导板宽度为 100～200mm 的 SEW 系列。

3. 压料板导向设计方案

打开文件 L11-5701012-2-3-TR + PI-step8-SM. prt，打开图层 16、120、121、122 和 98，关闭其他图层。图层 98 对应的是压料板实体，图层 120 对应的是压料板导板，图层 121 为上模座与压料板导向的导滑面凸台曲线，图层 122 对应的是压料板导板安装面用曲线，把图层 98 作为工作图层。

图 4-51 所示为顶盖前横梁修边冲孔模压料板导板平面布置简图。由于压料板外形细长，故采用 6 个导板，前后各 2 个，左右各 1 个。由于压料板行程为 25mm，因此导板长度取 100mm 就可以了。查表 4-9 和表 4-10 所列三住标准中 MWF 和 MWFT 系列导板的尺寸，选用 2 个 MWF58-100 和 4 个 MWFT100-100 的导板。

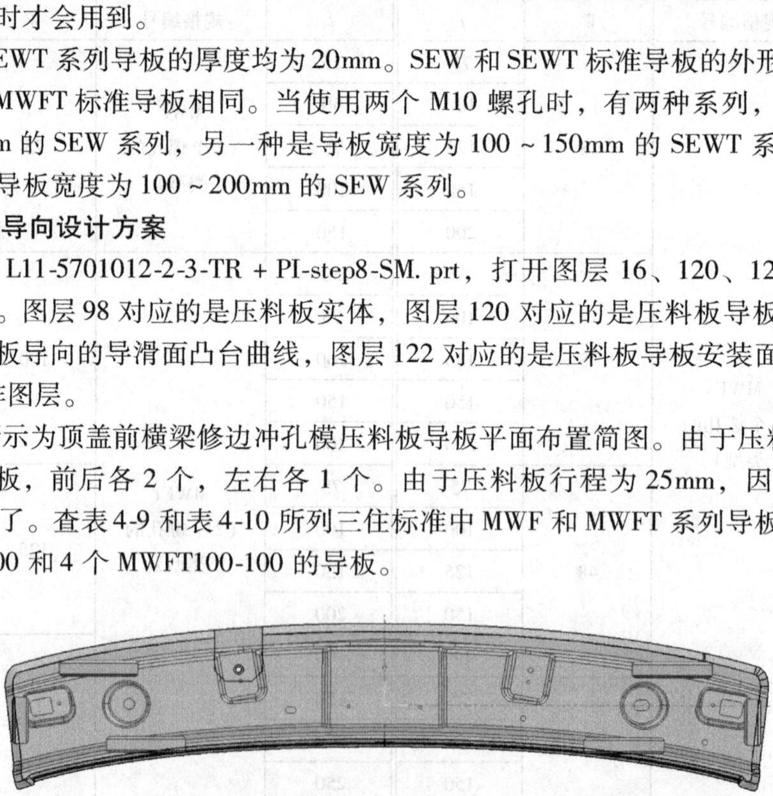

图 4-51　顶盖前横梁修边冲孔模压料板导板平面布置简图

下一步在压料板上做出导板安装面。用图层 122 中的 6 段封闭曲线进行拉伸，“选择意图”为已连接的曲线，拉伸方向为 ZC 方向，起始值为 105mm，结束值为 210mm，得到 6 个近似长方体的实体，并把它们与压料板本体求差，以压料板为目标体，得到了压料板上的导板安装面。图 4-52 所示为完成导板安装面设计的顶盖前横梁修边冲孔模压料板图。

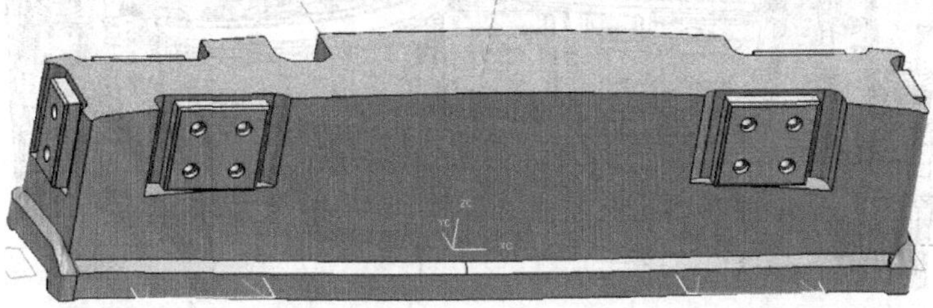

图 4-52　完成导板安装面设计的顶盖前横梁修边冲孔模压料板图

最后一步在上模座型腔内做出内导用导滑面。关掉图层 98 即压料板实体，打开图层 88 即上模座实体。把图层 88 作为工作图层。用图层 121 中的 6 段封闭曲线进行拉伸，“选择意图”为已连接的曲线，拉伸方向为 ZC 方向，起始值为 80mm，结束值为 190mm，得到 6 个近似长方体的实体，并把它们与上模座本体求和，以上模座本体为目标体，得到上模座内导用的凸出来的导滑面。检查发现，压料板与上模座导向处有干涉，要去掉压料板导向安装处下部多余的材料。图 4-53 所示为完成导滑面设计的顶盖前横梁修边冲孔模上模座图。最后文件改名另存为 L11-5701012-2-3-TR + PI-step9-YLB. prt。

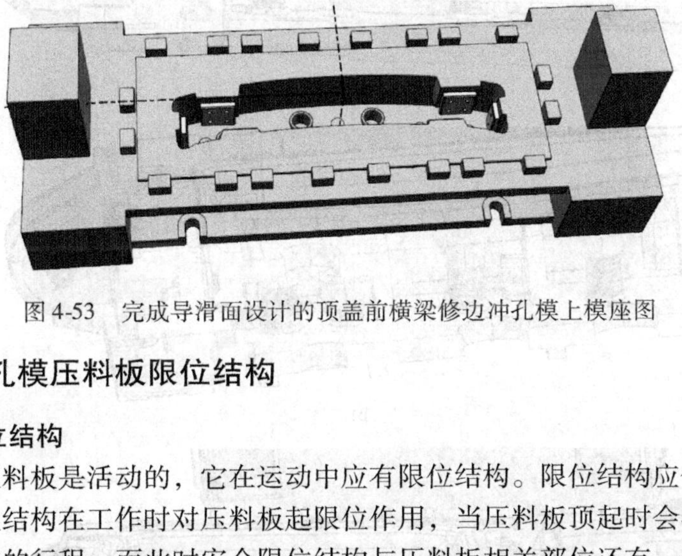

图 4-53　完成导滑面设计的顶盖前横梁修边冲孔模上模座图

4.9.3　修边冲孔模压料板限位结构

1. 压料板限位结构

修边冲孔模压料板是活动的，它在运动中应有限位结构。限位结构应包括工作限位和安全限位。工作限位结构在工作时对压料板起限位作用，当压料板顶起时会与工作限位结构接触，限制了压料板的行程，而此时安全限位结构与压料板相关部位还有一个安全距离。只有当工作限位结构损坏时，安全限位结构才与压料板相关部位接触。

修边冲孔模压料板限位结构有侧销和限位螺栓两种。大中型模具应使用侧销来限位，常见的是四个工作限位用侧销和两个安全侧销同时使用。中小型模具可用限位螺栓来限位，至少有两个用于工作限位，另两个用于安全限位。安全限位行程比工作限位行程大 15mm 或 20mm。

图 4-54 所示为拆去凹模镶块的车门外板修边冲孔模上模图，可以看到上模前面有三个

侧销，其中有两个为工作侧销，一个为安全侧销。上模后面也是三个侧销，其安全侧销与前面的安全侧销呈对角分布。压料板上还有多处安全用限位螺栓。

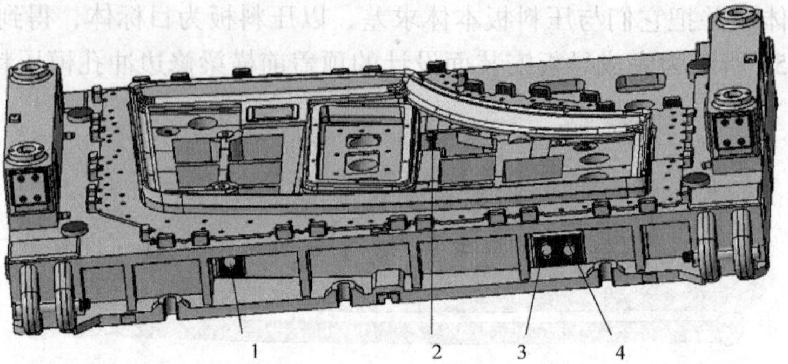

图 4-54　拆去凹模镶块的车门外板修边冲孔模上模图

1、4—工作侧销　2—限位螺栓　3—安全侧销

图 4-55 所示为车门外板修边冲孔模上模压料板上几处限位的断面图，分别为安全侧销、工作侧销和限位螺栓。工作侧销和安全侧销相似，但工作侧销外形上多一段卡槽，工作侧销

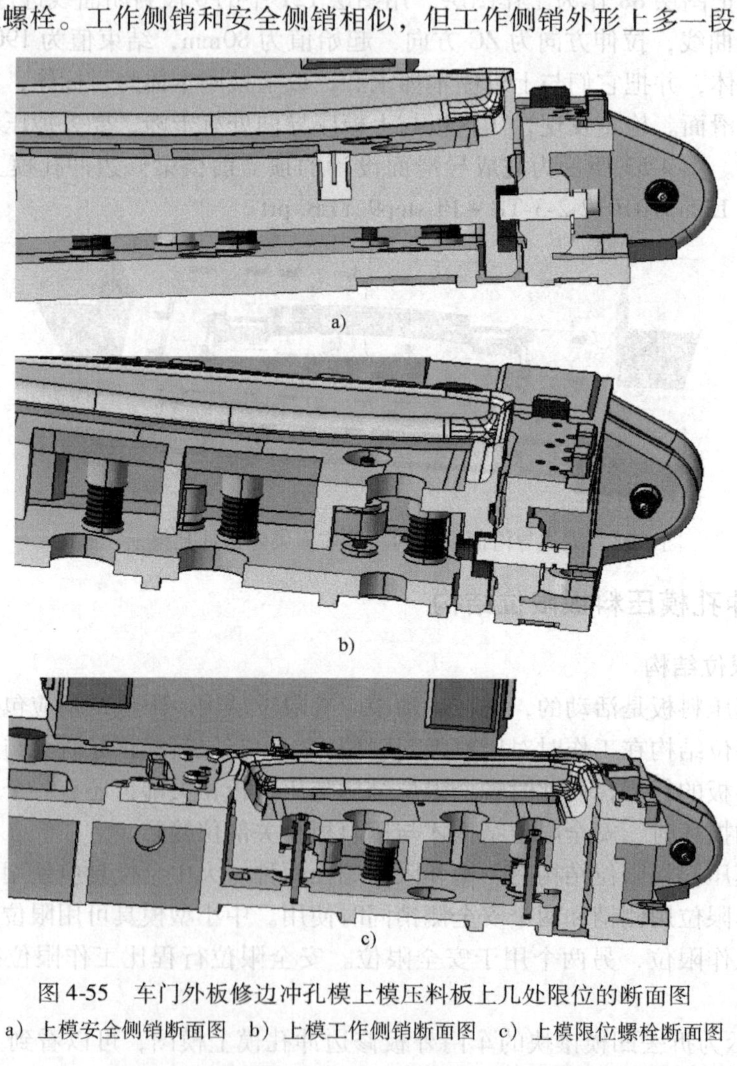

图 4-55　车门外板修边冲孔模上模压料板上几处限位的断面图

a）上模安全侧销断面图　b）上模工作侧销断面图　c）上模限位螺栓断面图

对应的压料板位置多钻了一级圆孔。正常工作时安全侧销与压料板不接触。当工作侧销与安全侧销较近时，它们在上模座的固定平面和压料板的侧销孔基准平面应合并起来，如图 4-54 中的 3、4。

2. 侧销组件

侧销结构比较简单，一端用侧销压板固定在上模座上，穿过上模座圆孔，另一端伸入压料板的侧销槽内。图 4-56 所示为 SOSP 系列侧销，表 4-11 列出了 SOSP-AT 和 SOSP-BT 系列侧销各规格的尺寸。SOSP-BT 为工作侧销，SOSP-AT 为安全侧销。从表中可看出，侧销常用长度（L）为 60mm、80mm、100mm 和 120mm，其外径（D）为 20 ~ 70mm，用得最多的是 ϕ30mm、ϕ40mm 和 ϕ50mm 三种规格。

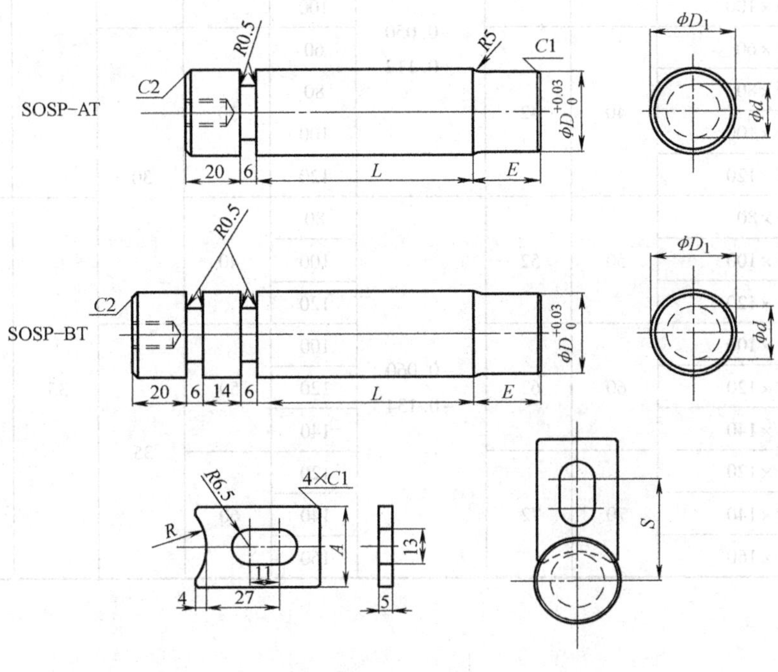

图 4-56　SOSP 系列侧销

外购规格：SOSP-AT（BT）$D \times L$，D 为侧销外径，L 为侧销长度。规格示例：SOSP-AT（BT）50 ×80。

侧销一端固定在上模座上，一端进入压料板上的侧销槽中，侧销的设计关系到上模座和压料板。图 4-57 所示为侧销安装尺寸示意图，表 4-12 列出了相关设计尺寸。这里详细介绍不同大小的侧销在设计时的一系列尺寸要求，并列出了每个侧销能承受的载荷。如外径为 40mm 的侧销，它能承受的载荷为 1685kg，整个模具用 4 个侧销，则可以承受 6740kg 的载荷。

3. 限位螺栓组件

中小型模具压料板用限位螺栓来限位。压料板上装有侧销的模具也可以用安全限位螺栓。压料板至少用 2 个安全限位螺栓，其行程应比工作限位螺栓加长 15mm 或 20mm。

限位螺栓的知识在 3.16 节压边圈的限位中介绍过了，限位螺栓组件包括等高套筒和标准内六角圆柱头螺钉。等高套筒的材料为 45 钢，它与内六角圆柱头螺钉合起来使用起限位作用。

表 4-11 SOSP-AT、SOSP-BT 系列侧销各规格的尺寸 （单位：mm）

规格	D	D_1	e9	L	d	E	R	A	S
SOSP-AT(BT)-20×40				40					
SOSP-AT(BT)-20×60	20	22	−0.040 −0.092	60	14				35
SOSP-AT(BT)-20×80				80					
SOSP-AT(BT)-30×60				60		25			
SOSP-AT(BT)-30×80	30	32		80	20				38
SOSP-AT(BT)-30×100				100			20	30	
SOSP-AT(BT)-40×60			−0.050 −0.112	60					
SOSP-AT(BT)-40×80	40	42		80	30				43
SOSP-AT(BT)-40×100				100					
SOSP-AT(BT)-40×120				120		30			
SOSP-AT(BT)-50×80				80					
SOSP-AT(BT)-50×100	50	52		100	40				48
SOSP-AT(BT)-50×120				120					
SOSP-AT(BT)-60×100				100					
SOSP-AT(BT)-60×120	60	62	−0.060 −0.134	120	50		35	50	53
SOSP-AT(BT)-60×140				140					
SOSP-AT(BT)-70×120				120		35			
SOSP-AT(BT)-70×140	70	72		140	60				58
SOSP-AT(BT)-70×160				160					

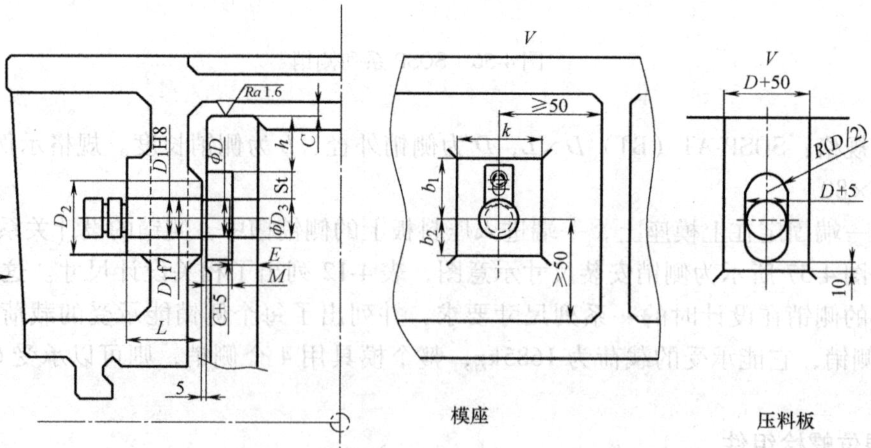

图 4-57 侧销安装尺寸示意图

表 4-12　侧销设计中各尺寸的要求

侧销型号	30	40	50	60	侧销型号	30	40	50	60
D/mm	30	40	50	60	h/mm	50	60	70	80
D_1/mm	32	42	52	62					
D_2/mm	70	80	90	100	k/mm	80	80	90	90
D_3/mm	32	42	52	62	b_1/mm	60	65	70	75
E/mm	40	40	50	50					
M/mm	25	30	30	35	b_2/mm	30	40	50	60
使用场合	小型模具	中型模具	大型模具	特大型模具	载荷/kgf①	891	1 685	3 300	5 093

① 1kgf = 9.80665N。

图 4-58 所示为限位螺栓安装形式，其安装尺寸参照表 4-13，表中列出了限位螺栓设计的一些关键尺寸，数值仅供参考。

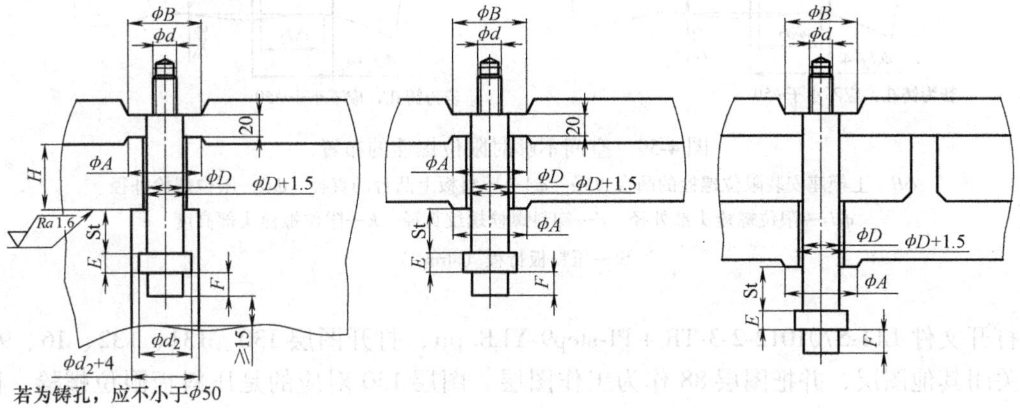

图 4-58　限位螺栓安装形式

ϕB—上模座安装限位螺栓的凸台直径　ϕA—压料板上凸台的直径　ϕD—限位螺栓外径　ϕd_2—限位螺栓头部外径　d—卸料螺栓螺纹直径　E—限位螺栓头部高度　St—压料板行程（stroke）

表 4-13　限位螺栓设计的关键尺寸

规格	A/mm	B/mm	容许的最大载荷/kg
M12 × 1.5	55	55	270
M16 × 1.75	65	65	470
M20 × 2.0	75	75	740

在压料板空间狭小、难以布置限位螺栓的情况下，可采取图 4-59 所示的结构。图 4-59a 所示的结构在压料板上钻限位螺栓孔，图 4-59b 所示的结构在限位螺栓上套弹簧，在上模座上钻弹簧孔和限位螺栓螺孔。

4. 压料板限位结构的设计方案

由于本项目模具修边线细长，模具的外形尺寸不大，故采用限位螺栓进行限位。在压料板上钻等高套筒过孔，在上模座内攻螺纹。采用 3 个工作限位螺栓，规格为 CBH25-85，并用 2 个安全限位螺栓，规格为 CBH25-100，安全限位行程比工作行程大 15mm。

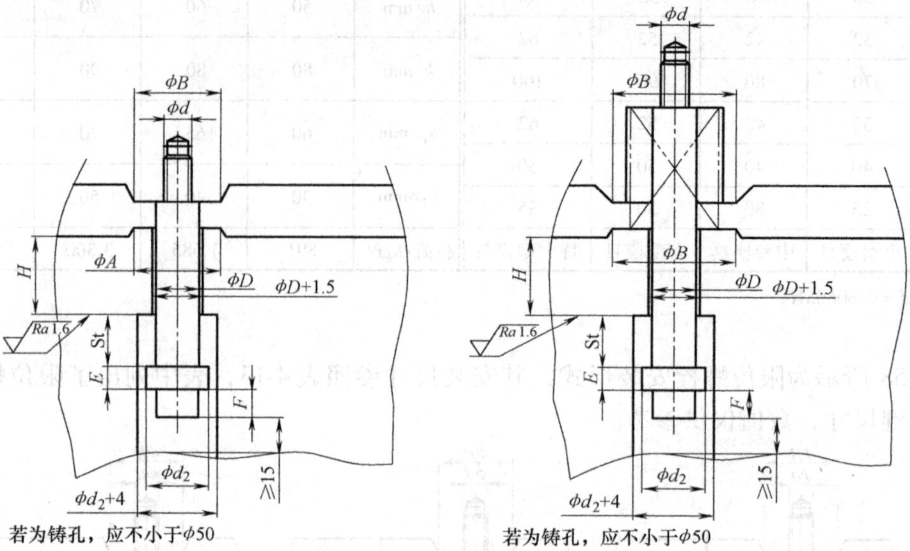

图 4-59　空间不够时限位螺栓的布置

ϕB—上模座安装限位螺栓的凸台直径　ϕA—压料板上凸台的直径　ϕD—限位螺栓外径

ϕd_2—限位螺栓头部外径　d—卸料螺栓螺纹直径　E—限位螺栓头部高度

St—压料板行程（stroke）

打开文件 L11-5701012-2-3-TR + PI-step9-YLB. prt，打开图层 130、131、132、16、98 和 88，关闭其他图层，并把图层 88 作为工作图层。图层 130 对应的是压料板限位螺栓，图层 131 对应的是上模座内限位螺栓凸台曲线，图层 132 对应的是压料板限位螺栓过孔实体。

首先创建上模座中的限位螺栓凸台。关掉图层 98、130 和 132，用图层 131 中的 5 个圆进行拉伸，拉伸方向为 ZC 方向，起始值为 10mm，结束值为 0，得到 5 个圆台，并把它们与上模座本体求和，以上模座本体为目标体，得到图 4-60 所示的增加限位螺栓凸台的上模座实体图。

下一步在压料板上做出限位螺栓过孔。关掉图层 88 和 131，打开图层 98 和 132，并把图层 98 作为当前工作图层。用“布尔运算”中的“求差”命令，以压料板本体作为目标体，以图层 132 中所对应的实体作为工具体，得到完成限位螺栓过孔的压料板实体，单击“保存”命令。图 4-61 所示为完成限位螺栓过孔的压料板实体图，可以看到左右两端和中间处限位螺栓为工作螺栓，其余两个为安全螺栓，它们的钻孔深度一样，通过等高套筒长度上的差别来实现工作限位和安全限位。接着在上模座上做出 M16 的螺孔。

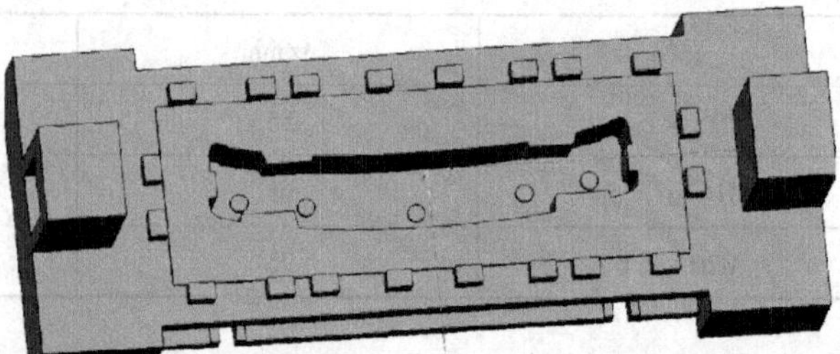

图 4-60　增加限位螺栓凸台的上模座实体图

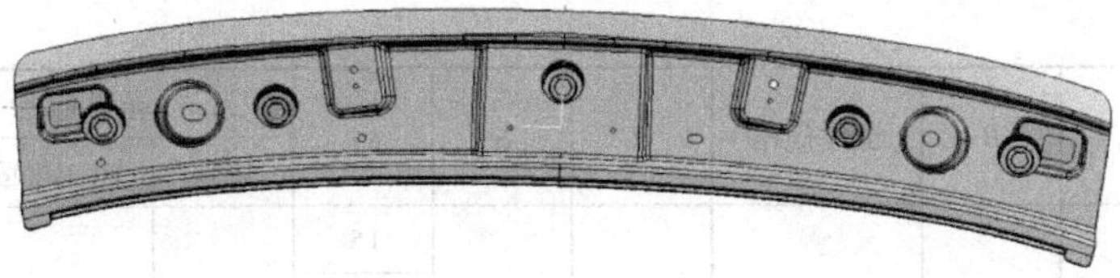

图 4-61　完成限位螺栓过孔的压料板实体图

4.9.4　修边冲孔模压料用弹性元件

1. 常用弹性元件

修边冲孔模常用的压料弹性元件有橡胶、矩形弹簧和氮气弹簧等。它们固定在上模座和压料板之间，对压料板施加力。橡胶主要用于在平面上完成的简易冲孔模。

（1）矩形弹簧　矩形弹簧是覆盖件模具中使用最为广泛的弹性元件，综合性能较好。弹簧的布置必须保证压料力的平衡。弹簧的布置原则为：尽量靠近修边冲孔处，均匀分布，考虑整体的受力平衡，如图 4-62 所示。

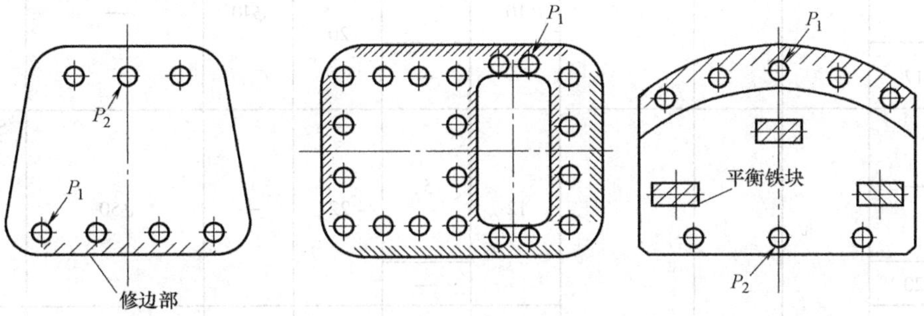

图 4-62　弹簧布置示意图

压料用矩形弹簧的固定方式有两种，一种是在上模座上或压料板上钻弹簧孔来固定，另一种是在凸台上装弹簧固定销把弹簧固定起来。弹簧固定销的外径应小于弹簧内径，其长度应比弹簧压缩到底时的长度短 10mm 以上。弹簧固定销的规格见表 4-14。

表 4-14　弹簧固定销的规格　（单位：mm）

简图

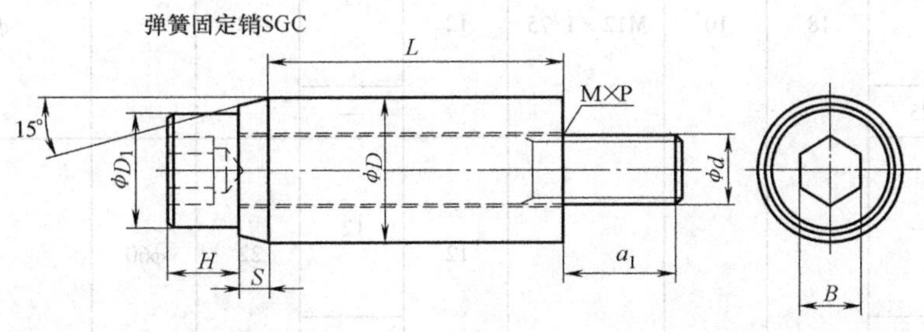

D	d	D_1	B	螺纹规格	H	S	a_1	弹簧外径		规格编号
								较轻	轻、中、重、极重	规格 D-L
14	—	10	4	M6×1.0	4	4	12	φ30	φ30	SGC 14-12
										30
			5		6		11			60

（续）

D	d	D_1	B	螺纹规格	H	S	a_1	弹簧外径		规格编号
								较轻	轻、中、重、极重	规格 D-L
16	—	13	6	M8×1.25	8	5	15 13	$\phi 35$	$\phi 35$	SGC 16-18 30 60 80
19	— 17	16	8	M10×1.5	10	5 —	17 20	—	$\phi 40$	SGC 19-28 40 60 80 100
20	— 17				10	5 —	17 20	$\phi 40$	—	SGC 20-23 40 60 80 100
23	— 20				12	5 —	22	—	$\phi 50$	SGC 23-30 40 60 80 100 120
26	— 21				12	8 —	24 22	$\phi 50$	—	SGC 26-28 60 80 100 120
28	— 23	18	10	M12×1.75	12	12 —	22	—	$\phi 60$	SGC 28-30 40 60 80 100 120
31	— 25				12	12 —	22	$\phi 60$	—	SGC 31-28 40 60 80 100 120
36	— 30				12	15 —	25	$\phi 70$	$\phi 70$	SGC 36-40 60 80 100 120

采购规格表示为 SGC *D-L*，*D* 为弹簧固定销外径，*L* 为弹簧固定销（不包括螺纹部分）长度。示例：SGC 23-40。

使用矩形弹簧压料时，要在图样上绘出弹簧力线图。弹簧力线图要有弹簧规格、弹簧常数、弹簧数量、预压量、预压力和最终力等。从图 4-63 可以看出，选用 5 个 SWM 50 × 125 的红色矩形弹簧，弹簧常数为 12. 5kgf/mm，即每压 1mm 产生 12. 5kgf 的力。弹簧预压 16mm，行程为 25mm，到底时压缩 25mm。预压状态下 5 个弹簧产生的力为 1 000kg，最终产生的力为 1 562. 5kgf 的力。

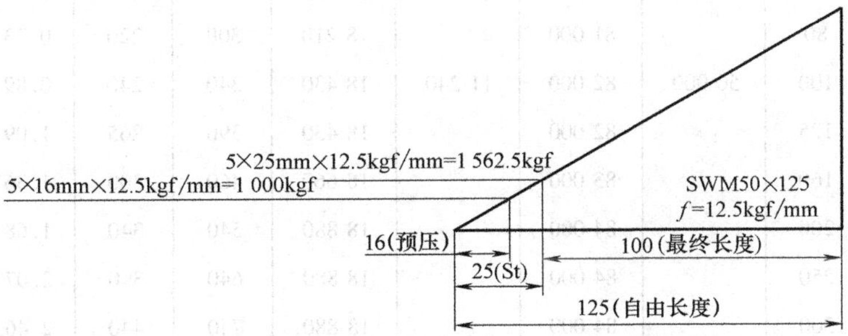

图 4-63　弹簧力线图示例

（2）氮气弹簧　压料力不足或空间有限时，可选用氮气弹簧提供压力。氮气弹簧又称为氮气缸，价格较高，但它提供的力大。使用时应注意氮气弹簧的底部必须要有支撑直接传力至机床，与氮气弹簧的活塞杆顶部接触的压料板部位必须加厚 20mm 的垫板。在厚板、细长件的修边冲孔模中要采用氮气弹簧压料。

2. 氮气弹簧标准件

氮气弹簧的生产厂家比较多，图 4-64 所示为氮气弹簧及其 5 种固定形式。下面简单介绍 Kaller 标准的部分氮气弹簧产品，见表 4-15。

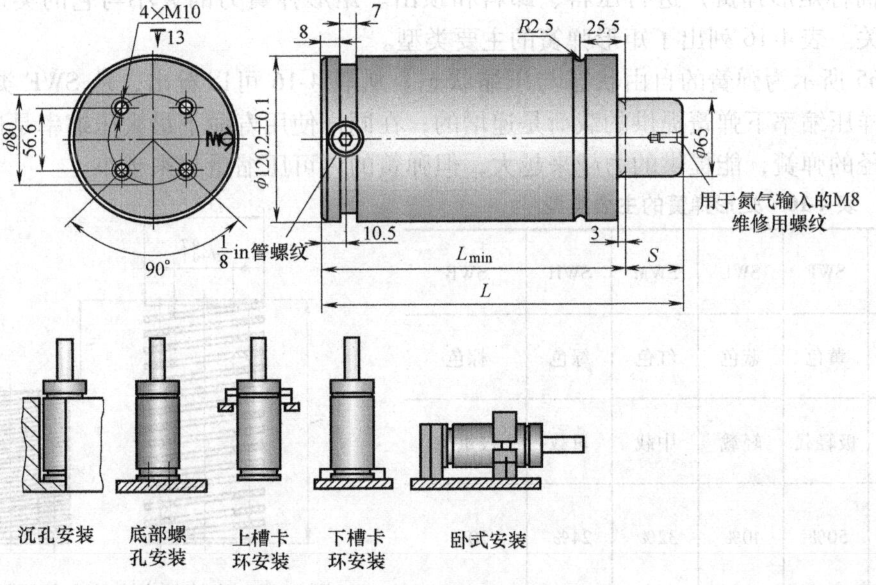

图 4-64　氮气弹簧及其 5 种固定形式

（1in = 0. 0254m）

表 4-15　Kaller 标准 TU5000 系列氮气弹簧标准

规格	行程 S/mm	力(15MPa,20℃)/N 初始力	力(15MPa,20℃)/N 最终力①	力(15MPa,20℃)/lbf 初始力	力(15MPa,20℃)/lbf 最终力①	L ± 0.25 /mm	L min/mm	氮气体积 (l)	质量 /kg	ISO
TU 5000-025	25		71 000		15 960	190	165	0.32	12.40	✓
TU 5000-038	38.1		75 000		16 860	216.2	178.1	0.42	13.10	
TU 5000-050	50		77 000		17 310	240	190	0.51	13.70	✓
TU 5000-064	63.5		80 000		17 990	267	203.5	0.60	14.40	
TU 5000-080	80		81 000		18 210	300	220	0.73	15.30	✓
TU 5000-100	100	50 000	82 000	11 240	18 430	340	240	0.89	16.40	✓
TU 5000-125	125		82 000		18 430	390	265	1.09	17.70	✓
TU 5000-160	160		83 000		18 660	460	300	1.36	19.60	✓
TU 5000-200	200		84 000		18 880	540	340	1.68	21.70	
TU 5000-250	250		84 000		18 880	640	390	2.07	22.40	
TU 5000-300	300		84 000		18 880	740	440	2.46	27.10	

注：1. 1lbf = 4. 448 22N。

① 最大行程时的力。

规格示例：TU5000-100，查表 4-15 得出，其最大行程为 100mm，初始力为 50kN，到底最大力为 82kN。

3. 矩形弹簧标准件

大多数情况下，上模用矩形弹簧来压料、顶出工件。只有当卸料力很大或弹簧布置空间有限时才用氮气弹簧来卸料。在覆盖件模具修边冲孔模、翻边整形模中一般使用矩形螺旋弹簧（以下简称矩形弹簧）进行压料、卸料和顶出。矩形弹簧力的大小与它的类型、直径和压缩率有关。表 4-16 列出了矩形弹簧的主要类型。

图 4-65 所示为弹簧的自由状态与压缩状态。从表 4-16 可以看出，从 SWF 类型到 SWB 类型，同样压缩率下弹簧提供的载荷是递增的；在同样使用寿命下最大压缩率是递减的；对于相同直径的弹簧，能提供的力越来越大，但弹簧的许可压缩量越来越小。

表 4-16　矩形弹簧的主要类型

类型	SWF	SWL	SWM	SWH	SWB
颜色	黄色	蓝色	红色	绿色	棕色
载荷	极轻载	轻载	中载	重载	极重载
最大压缩率（30 万次）	50%	40%	32%	24%	20%

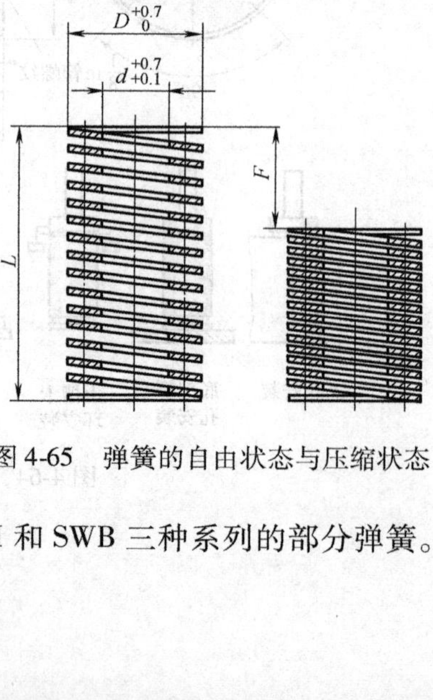

图 4-65　弹簧的自由状态与压缩状态

表 4-17、表 4-18 和表 4-19 分别列出了 SWL、SWM 和 SWB 三种系列的部分弹簧。弹簧

常数为每压缩1mm所产生的力，表中L为弹簧自由状态下的长度，F为压缩量，弹簧力＝弹簧常数×压缩量。D为弹簧外径，d为弹簧内径，$d=D/2$。

表4-17　SWL（轻载）系列部分弹簧

D /mm	d /mm	L /mm	弹簧常数 /(kgf/mm)	$F=32\%L$ F/mm	$F=32\%L$ 负载/kgf	$F=36\%L$ F/mm	$F=36\%L$ 负载/kgf	$F=40\%L$ F/mm	$F=40\%L$ 负载/kgf	规格 D-L
30	15	50	6.1	16	97	18	109	20	121	30-50
		70	4.3	22.4		25.2		28		30-70
		100	3.0	32		36		40		30-100
		125	2.4	40		45		50		30-125
		150	2.0	48		54		60		30-150
40	20	50	10.8	16	173	18	194	20	216	40-50
		70	7.7	22.4		25.2		28		40-70
		100	5.4	32		36		40		40-100
		150	3.6	48		54		60		40-150
		200	2.7	64		72		80		40-200
50	25	50	16.9	16	270	18	304	20	338	50-50
		70	12.1	22.4		25.2		28		50-70
		100	8.5	32		36		40		50-100
		150	5.6	48		54		60		50-150
		200	4.2	64		72		80		50-200

表4-18　SWM（中载）系列部分弹簧

D /mm	d /mm	L /mm	弹簧常数 /(kgf/mm)	$F=25.6\%L$ F/mm	$F=25.6\%L$ 负载/kgf	$F=28.8\%L$ F/mm	$F=28.8\%L$ 负载/kgf	$F=32\%L$ F/mm	$F=32\%L$ 负载/kgf	规格 D-L
30	15	50	11.3	12.8	144	14.4	161	16	180	30-50
		70	8	17.9		20.2		22.4		30-70
		100	5.6	25.6		28.8		32		30-100
		125	4.5	32		36		40		30-125
35	17.5	50	15.3	12.8	195	14.4	220	16	245	35-50
		70	10.9	17.9		20.2		22.4		35-70
		100	7.7	25.6		28.8		32		35-100
		125	6.1	32		36		40		35-125
		150	5.1	38.4		43.2		48		35-150
40	20	50	20	12.8	256	14.4	288	16	320	40-50
		70	14.3	17.9		20.2		22.4		40-70
		100	10	25.6		28.8		32		40-100
		125	8	32		36		40		40-125
		150	6.7	38.4		43.2		48		40-150
		200	5	51.2		57.6		64		40-200

（续）

D /mm	d /mm	L /mm	弹簧常数 /(kgf/mm)	F = 25.6%L		F = 28.8%L		F = 32%L		规格
				F/mm	负载/kgf	F/mm	负载/kgf	F/mm	负载/kgf	D-L
50	25	50	31.3	12.8	400	14.4	450	16	500	50-50
		70	22.3	17.9		20.2		22.4		50-70
		100	15.6	25.6		28.8		32		50-100
		125	12.5	32		36		40		50-125
		150	10.4	38.4		43.2		48		50-150
		175	8.9	44.8		50.4		56		50-175
		200	7.8	51.2		57.6		64		50-200
		250	6.2	64		72		80		50-250
		300	5.2	76.8		86.4		96		50-300
60	30	70	32.1	17.9	575	20.2	648	22.4	720	60-70
		100	22.5	25.6		28.8		32		60-100
		125	18	32		36		40		60-125
		150	15	38.4		43.2		48		60-150
		175	12.9	44.8		50.4		56		60-175
		200	11.3	51.2		57.6		64		60-200
		250	9	64		72		80		60-250
		300	7.5	76.8		86.4		96		60-300

表 4-19 SWH（重载）系列部分弹簧

D /mm	d /mm	L /mm	弹簧常数 /(kgf/mm)	F = 19.2%L		F = 21.6%L		F = 24%L		规格
				F/mm	负载/kgf	F/mm	负载/kgf	F/mm	负载/kgf	D-L
40	20	100	20	19.2	384	21.6	432	24	480	40-100
		125	16	24		27		30		40-125
		150	13.3	28.8		32.4		36		40-150
		200	10	38.4		43.2		48		40-200
		250	8	48		54		60		40-250
50	25	100	31.3	19.2	600	21.6	675	24	750	50-100
		125	25	24		27		30		50-125
		150	20.8	28.8		32.4		36		50-150
		200	15.6	33.6		43.2		48		50-200
		250	12.5	48		54		60		50-250
		300	10.4	57.6		64.8		72		50-300
60	30	100	45	19.2	864	21.6	973	24	1080	60-100
		125	36	24		27		30		60-125
		150	30	28.8		32.4		36		60-150
		200	22.5	33.6		43.2		48		60-200
		250	18	48		54		60		60-250
		300	15	57.6		64.8		72		60-300

（1）SWL（轻载）系列部分弹簧

弹簧代号示例：SWL40-100。

（2）SWM（中载）系列部分弹簧

弹簧代号示例：SWM50-100。

（3）SWH（重载）系列部分弹簧

弹簧代号示例：SWH60-150。

4. 压料板弹性元件的设计方案

修边冲孔模压料板起到顶出和压料的作用，本项目用弹簧压料。修边冲孔模压料用弹簧有很多种，在中小型模具中多用直径为 50mm 的中型弹簧，此处压料板行程为 25mm，考虑到弹簧的压缩比，本项目模具使用弹簧 SWM 50-100，弹簧不预压，工作到底时弹簧压缩 25mm。

规格 SWM50-100 的弹簧为红色矩形弹簧，弹簧常数为 15.6kgf/mm，即每压缩 1mm 产生 15.6kgf 的力。在 4.2.2 冲裁力计算中，已求得需要的卸料力至少为 2 442kgf。下面进行弹簧力计算。

一个 SWM50-100 弹簧压缩 25mm 产生的力为

$$F = 15.6\text{kgf/mm} \times 25\text{mm} = 390\text{kgf}$$

需要的弹簧个数为

$$n = 2\ 442/390 = 6.26$$

从上面的计算来看，至少需要 7 个 SWM 50-100 弹簧，最终确定本项目采用 8 个 SWM 50-100 弹簧。

打开文件 L11-5701012-2-3-TR + PI-step9-YLB. prt，打开图层 140、141、16 和 88，关闭其他图层，把图层 88（即上模座）作为工作图层。图层 140 对应的是弹簧，图层 141 对应的是上模弹簧凸台及弹簧孔曲线。下面的工作是在上模座上做出 ϕ70mm 的弹簧凸台及 ϕ55mm 的弹簧孔。

先做弹簧凸台。用图层 141 中的 8 个 ϕ70mm 的圆进行拉伸，拉伸方向为 ZC 方向，起始值为 10mm，结束值为 0，得到 8 个圆台，并把它们与上模座本体求和，以上模座本体为目标体。

接着做弹簧孔。用图层 141 中的 8 个 ϕ55mm 的圆进行拉伸，拉伸方向为 ZC 方向，起始值为 55mm，结束值为 0，得到 8 个圆台，并把它们与上模座本体求差，以上模座本体为目标体，得到图 4-66 所示的 8 处 ϕ55mm 深 55mm 的弹簧孔，最后保存文件。

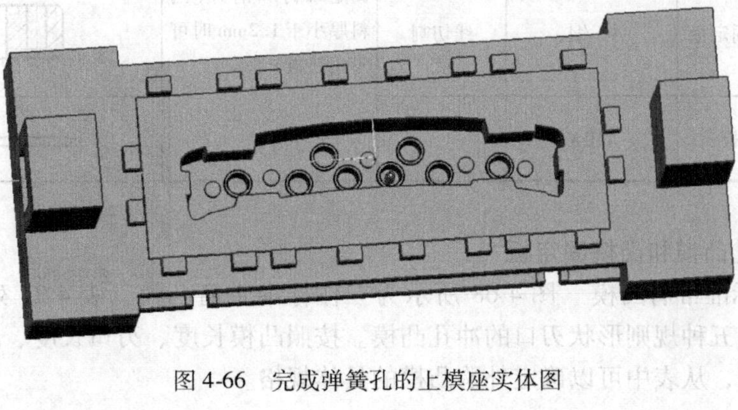

图 4-66　完成弹簧孔的上模座实体图

4.10 冲孔凸模设计

冲孔凸模装在上模，是修边冲孔模中重要的工作部件。冲孔凸模有时称为冲头或冲子。冲孔的形状多样，有大孔，也有小孔。冲大孔时，冲孔凸模可以采用自制的铸钢或钢件，并直接用螺钉和圆柱销固定在上模，不用凸模固定板；冲孔外形尺寸不大时，要用凸模固定板来固定凸模，多数还用到凸模垫板。在厚板冲裁中，冲孔凸模做成斜刃，以降低冲裁力。

在冲不大的规则孔时，如圆孔、方孔和长腰孔，冲孔凸模和凸模固定板应以通用标准件的形式外购，方便维修和更换。冲模标准件厂家很多，如三住、三协和盘起等。当冲不规则的孔或较大的孔时，冲孔凸模通常要自制，这种凸模称为非标准冲孔凸模。以下对这两种情况进行简要说明。

1. 非标准冲孔凸模（或称为非标冲头）

表 4-20 列出了覆盖件模具中的几种非标准冲孔凸模。图 4-67 列出了某异形自制凸模、凸模固定板及凸模的固定方式。

表 4-20　非标准冲孔凸模

形式	类型	材料	加工方式	说明	图例
整体式	带法兰边凸模	Cr12MoV	数控铣	不能直接在凸模上固定螺钉和销钉	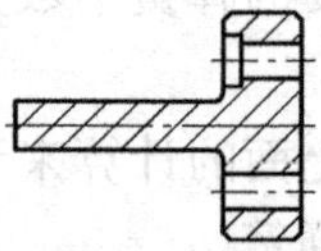
		7CrSiMnMoV	数控铣		
	直通凸模	Cr12MoV	线切割	只能布置一个或两个螺钉	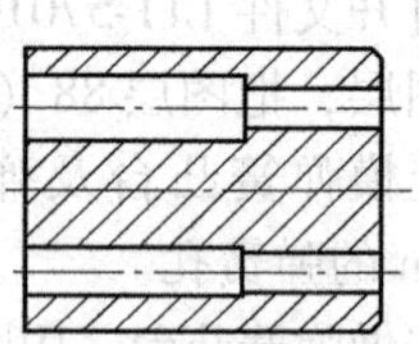
		7CrSiMnMoV	数控铣	直接在凸模上固定螺钉和销钉	
分体式（带固定板）	带台肩凸模	Cr12MoV	线切割	不能直接在凸模上固定螺钉和销钉（当料厚小于 1.2mm 时可不用垫板）	
	凸模固定板	45 钢	线切割		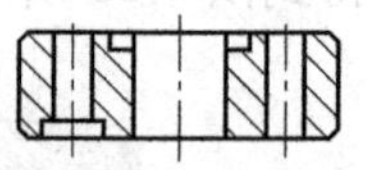
	垫板	T10A			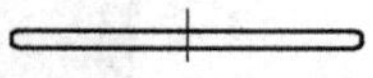

2. 标准冲孔凸模和凸模固定板

（1）三住标准带肩凸模　图 4-68 所示为三住标准带肩凸模，表 4-21 列出了其规格尺寸。表中列出了五种规则形状刃口的冲孔凸模。按照凸模长度、刃口长度、凸模材料和固定部分直径等内容，从表中可以确定外购凸模的具体规格。

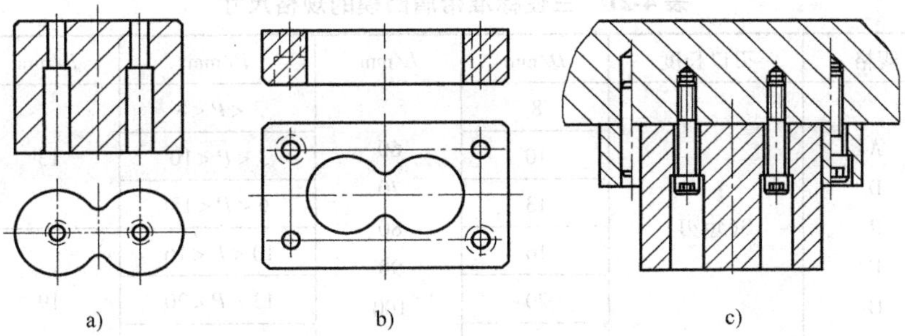

图 4-67　某异形自制凸模、凸模固定板及凸模的固定方式

a）异形凸模　b）异形凸模固定板　c）异形凸模的固定

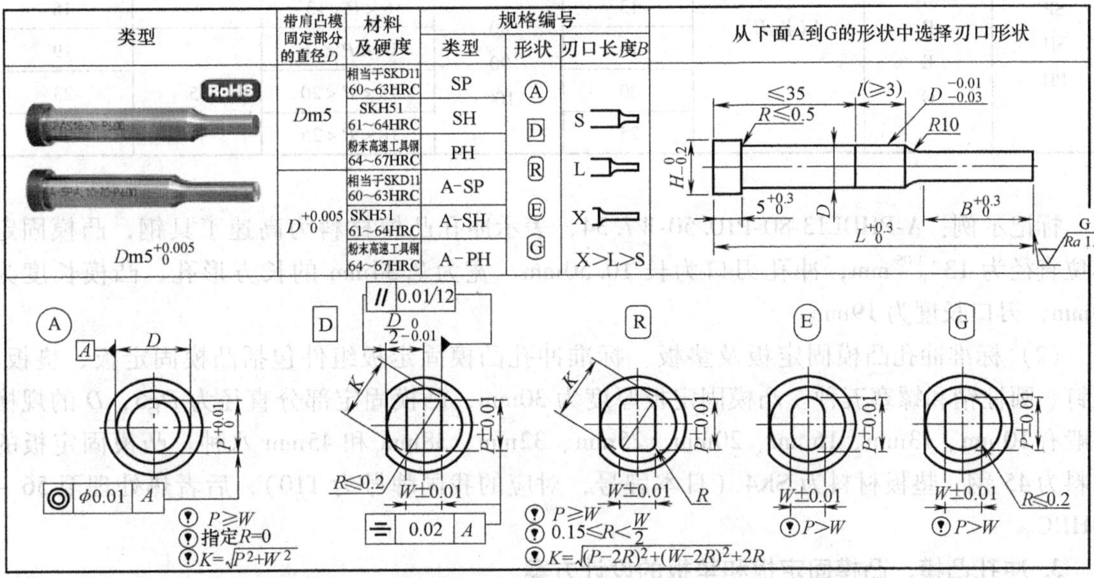

图 4-68　三住标准带肩凸模

对图 4-68 进行如下说明：

1）除圆孔外，凸模都有防转平面。

2）图中规格编号一栏中有类型、形状和刃口长度三个子档目。类型一栏中 SP、SH、PH 的区别在于凸模材料不同，SP 型材料为 SKD11，SH 型材料为 SKH51，PH 型材料为粉末高速工具钢。

3）形状一栏中的 A、D、R、E 和 G 分别代表不同的冲孔形状，A 代表圆孔，D 代表长方形孔，R 代表有圆角的长方形孔，E 代表长腰孔，G 代表直线与圆弧不相切的长圆孔。

4）刃口长度一栏中，S 表示短刃，L 表示长刃，X 表示加长刃口。

5）H 为凸模头部直径，它比凸模固定部位直径（D）大 3mm。

6）K 为凸模刃口对角线最大长度，它应小于凸模固定部位直径（D）。

7）A-SP、A-SH、A-PH 与 SP、SH、PH 的不同之处在于凸模固定部分直径不同，前者为 $D^{+0.05}_{\ 0}$，后者为 Dm5。

表 4-21　三住标准带肩凸模的规格尺寸

类型	规格	刃口长度	D/mm	L/mm	P/mm	B/mm	H/mm
(Dm5) SP SH PH	A D R E G	S(短刃)	8	60 70 80 90 100	3 < P < 8	13	11
			10		3 < P < 10		13
			13		6 < P < 13		16
			16		10 < P < 16	19	19
			20		13 < P < 20		23
			25		18 < P < 25		28
(Dm5) SP SH PH	A D R E G	L(长刃)	8	60 70 80 90 100	3 < P < 8	19	11
			10		3 < P < 10		13
			13		6 < P < 13		16
			16		10 < P < 16	25	19
			20		13 < P < 20		23
			25		18 < P < 25		28

标记示例：A-PHDL13-80-P10. 50-*W*7. 34，表示冲孔凸模材料为高速工具钢，凸模固定部位直径为 $13^{+0.05}_{0}$ mm，冲孔刃口为长 10. 50mm、宽为 7. 34mm 的长方形孔，凸模长度为 80mm，刃口长度为 19mm。

（2）标准冲孔凸模固定板及垫板　标准冲孔凸模固定板组件包括凸模固定板、垫板、螺钉、圆柱销和螺塞五种。凸模固定板厚度为 30mm，凸模固定部分直径为 *D*g6，*D* 的规格一般有 10mm、13mm、16mm、20mm、25mm、32mm、38mm 和 45mm 八种。凸模固定板的材料为 45 钢，垫板材料为 SK4（日本牌号，对应的我国牌号为 T10），后者热处理至 56 ~ 60HRC。

3. 冲孔凸模、凸模固定板和垫板的设计方案

本项目冲一个圆孔，近似处理后孔的大小为 ϕ6. 5mm。冲孔以凸模为准，落料以凹模为准，冲孔先要确定凸模的尺寸，然后以凸模及间隙来确定冲孔凹模的尺寸。由于冲孔凸模在工作中不断磨损，得到的孔的实际尺寸会变小，按照技术协议，冲孔凸模工作部分的尺寸应比工件公称尺寸双边大 0. 1mm。此处冲孔凸模工作部分的尺寸确定为 ϕ6. 6mm。

覆盖件冲孔模中凸模长度大多取 80mm 或 90mm，本项目凸模长度按 90mm 设计。凸模固定部分应略大于冲孔工作尺寸，查表取其固定部分尺寸为 ϕ10mm。由于是圆孔，凸模规格确定为 A，并取长刃口 L 型，最终冲孔凸模规格确定为 SPAL10-90-P6. 6（带肩凸模）。

冲孔凸模一旦确定，凸模固定板就确定了。冲孔凸模固定板后面应有垫板，板厚小于 1. 2mm 的工件冲孔可以不用垫板。垫板的作用是增加受力面积，分散冲孔对上模的压应力。标准的冲孔固定板垫板一般为 5mm 厚，如用于厚板冲裁，垫板加厚至 8mm。本项目冲孔部分选用带垫板的凸模固定板，查找相关三住标准，选用固定板合件 CP-AP10。

打开文件 L11-5701012-2-3-TR + PI-step9-YLB. prt，打开图层 100、101、105、106、16 和 88，并关闭其他图层，以图层 88 为当前工作图层。图层 100 对应的是冲孔凸模，图层 101 对应的是上模座冲孔凸模固定板座面曲线，图层 105 对应的是冲孔凸模固定板，图层

106 对应的是冲孔凸模垫板，图层 88 对应的是上模座。

冲孔凸模已置于正确位置，目前的任务是做出上模座凸模固定板安装面。用图层 101 中的封闭曲线进行拉伸，“选择意图”为已连接的曲线，拉伸方向为 ZC 方向，起始值为 80mm，结束值为 240mm，得到一个长方体，并把它与上模座本体求和，以上模座本体为目标体，得到上模座凸模固定板安装面。图 4-69 所示为完成凸模固定板安装面设计的顶盖前横梁修边冲孔模上模座图。最后文件改名另存为 L11-5701012-2-3-TR + PI-step10-PUNCH. prt。再打开 98 层，可以看到压料板已避开了冲孔凸模、凸模固定板和垫板，如图 4-70 所示。

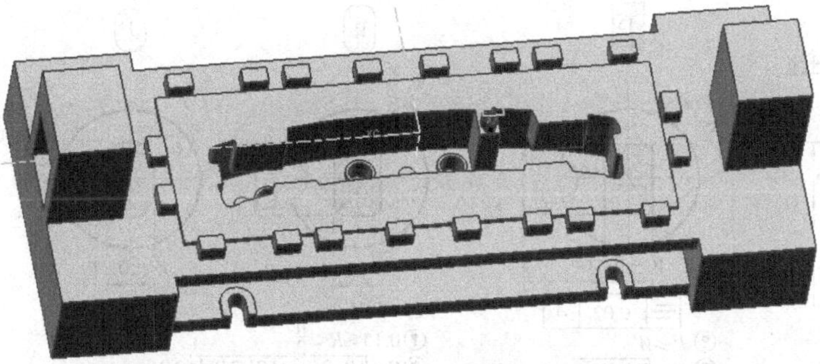

图 4-69　完成凸模固定板安装面设计的顶盖前横梁修边冲孔模上模座图

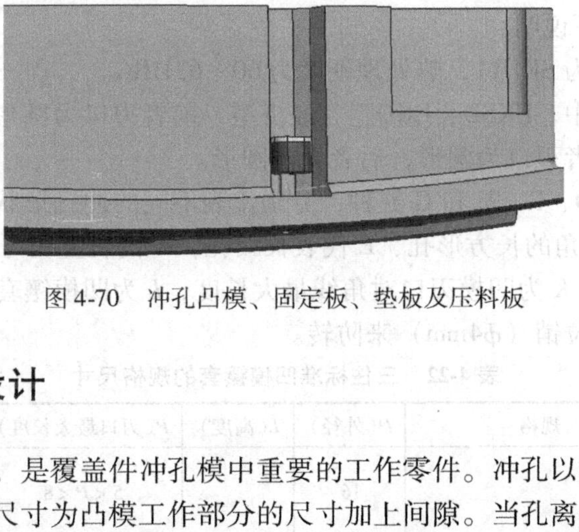

图 4-70　冲孔凸模、固定板、垫板及压料板

4.11　冲孔凹模设计

冲孔凹模装在下模，是覆盖件冲孔模中重要的工作零件。冲孔以凸模为准，间隙放在凹模上，凹模工作部分的尺寸为凸模工作部分的尺寸加上间隙。当孔离修边线较近或孔尺寸较大时，冲孔凹模工作部分直接做在修边凸模上，即在凸模上加工出冲孔工作部分，这时修边凸模成了凸凹模；当孔尺寸不大时，要用到冲孔凹模镶套，冲孔凹模镶套一般是外购标准件，凹模镶套打入修边凸模或凹模固定板中，由于采用了标准件形式，它方便维修和更换。

1. 标准冲孔凹模镶套

图 4-71 所示为三住标准凹模镶套，表 4-22 列出了其具体规格尺寸，材料为 SKD11，热处理至 60 ~ 63HRC。与标准冲孔凸模一样，凹模镶套也列出了五种类型：A 型、D 型、R 型、E 型和 G 型。镶套外形为圆形，有必要用 ϕ4mm 的圆柱销防转，非圆形孔和斜面上的孔也要防转。

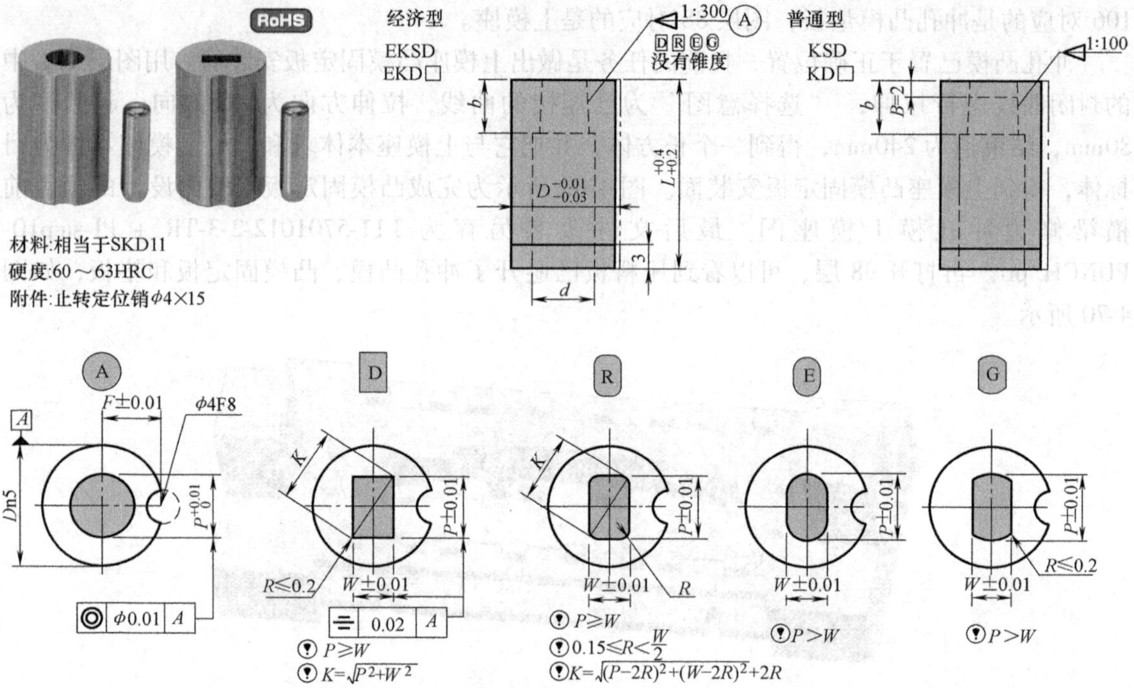

图 4-71　三住标准凹模

对图 4-71 进行如下说明：

1）凹模镶套材料为 SKD11，热处理硬度为 60～63HRC。

2）凹模镶套类型中，EKSD、EKD□为经济型，前者刃口为圆形，后者为非圆形。KSD 和 KD□为普通型，前者刃口为圆形，后者为非圆形。

3）形状分为 A、D、R、E 和 G 五种，分别代表不同的冲孔形状，A 代表圆孔，D 代表长方形孔，R 代表有圆角的长方形孔，E 代表长腰孔，G 代表直线与圆弧不相切的长圆孔。

4）*b* 为刃口高度，*K* 为凹模刃口对角线最大长度，*L* 为凹模镶套高度。

5）凹模镶套以定位销（ϕ4mm）来防转。

表 4-22　三住标准凹模镶套的规格尺寸　（单位：mm）

*D*n5（外径）		规格	*D*（外径）	*L*（高度）	*P*（刃口最大长度）	*b*	*d*	*F*
16	+0.020 +0.012	A 型：EKSD KSD D 型：EKDD KDD R 型：EKDR KDR E 型：EKDE KDE G 型：EKDG KDG	16	20 25 30 35	5 < *P* < 8	8	10.6	8
20	+0.024 +0.015		20		7 < *P* < 11		12.6	10
25			25		10 < *P* < 15		16.6	12.5
32	+0.028 +0.017		32		14 < *P* < 20		20.6	16
38			38		19 < *P* < 26		26.6	19
45			45		25 < *P* < 35		36	22.5
50			50		33 < *P* < 40		41	25
56	+0.033 +0.020		56		38 < *P* < 45		46	28

规格示例：EKDR *D-L-P-W-R*（带有圆角的长方形孔的凹模镶套），EKSD *D-L-P*（刃口为圆形的凹模镶套）。例如：EKDR 16-25-*P*7.00-*W*3.60-*R*1.00，表示冲孔凹模镶套材料为SKD11，热处理硬度为60～63HRC，刃口呈锥形；镶套高25mm，外径为16mm，凹模刃口的长、宽分别为7.00mm、3.60mm，圆角为*R*1mm，并装有防转销。而 EKSD 20-25-*P*7.16表示刃口为圆形，凹模镶套外径为20mm，刃口尺寸为ϕ7.16mm，高度为25mm。

2. 冲孔凹模的设计方案

冲孔凹模应尽量采用标准的凹模镶套，以便于维修和更换。凹模镶套高度一般取25mm。凹模镶套要考虑防转，在斜面和曲面上冲孔时，凹模镶套刃口深度要根据型面落差加大，相应凹模镶套高度要加大。本项目冲孔凹模采用镶套形式。

本项目冲一个孔，冲孔凸模工作部分尺寸为ϕ6.6mm，从表4-4中查凸、凹模间隙，得到双边间隙为0.06mm，故冲孔凹模镶套工作部分取为ϕ6.66mm。由表4-22查得冲孔凹模标准镶套为EKSD 16-25-*P*6.66，镶套高度为25mm，外径为16mm。

打开文件 L11-5701012-2-3-TR + PI-step10-PUNCH.prt，打开图层113、118、40和16，关闭其他图层，并把图层113作为当前工作图层。图层113对应的是已修剪的冲孔凹模镶套实体及防转销，图层118对应的是冲孔凹模镶套标准件，未用型面来裁剪。

图4-72所示为斜面上的凹模镶套，凹模镶套上部应符合工作型面，即与工件形状一致。外购的标准冲孔凹模镶套上、下都是平的，有必要进行人工处理，把凹模镶套上部形状磨成与工件形状一致，最高点到底面的高度为25mm，最低处刃口长度至少为3mm。

图4-73所示为本项目的冲孔凹模镶套，图4-73a所示为未处理的冲孔凹模镶套，上部是平的，局部比凸模型面高；图4-73b所示为处理过的凹模镶套和防转销，其上部磨成了斜面，与工件形状吻合。

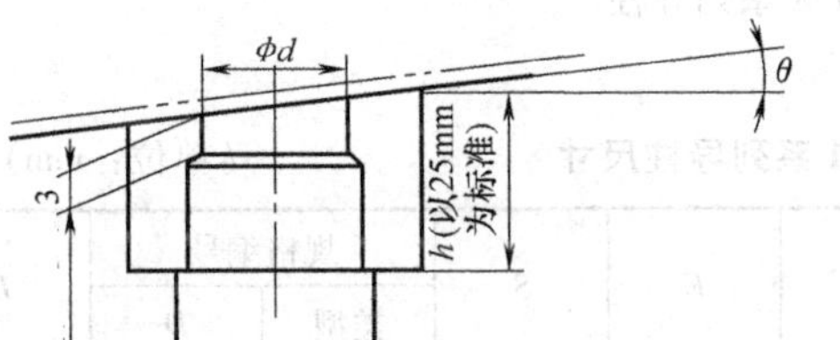

图4-72　斜面上的凹模镶套

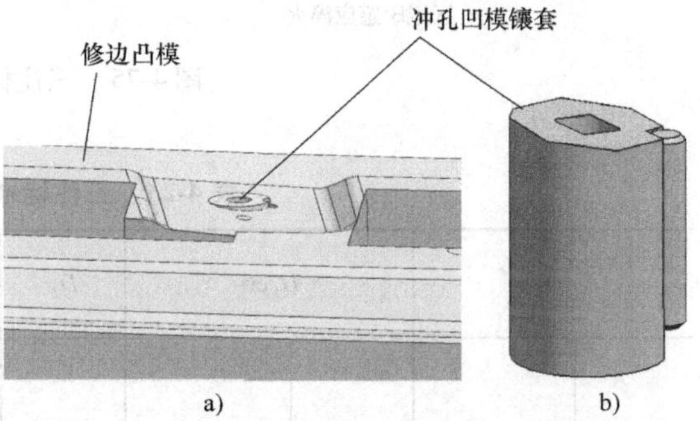

图4-73　冲孔凹模镶套

4.12　上、下模导向设计

修边冲孔模上、下模用导柱和导套进行导向，在有侧向力的情况下应加上导板导向，导板在模具两端，也称为外导板。如果模具宽度不大，则左、右端头各用一个导柱，图4-74所示的修边冲孔模端头就用到了导板加导柱来导向，左、右各用了一个导柱。当模具宽度较大时，左、右端头各用两个导柱来导向。

在3.11.4压边圈内导设计和4.9.2压料板导向结构中，已对导板知识作了详细介绍，学习了导板标准件和导板导向的设计。在修边冲孔模上、下模导向设计中，导板导向的知识可借鉴已介绍的相关内容，此处重点介绍导柱和导套。

1. 导柱和导套标准件

修边冲孔模要用到导柱和导套来导向，导柱装在下模，导套装在上模。导柱和导套一般作为标准件外购。下面介绍三住标准GPM系列导柱和GBF（GBW）系列导套。

（1）三住标准GPM系列导柱　图4-75所示为三住标准GPM系列导柱，表4-23列出了其具体尺寸，材料为45钢，B区域表面感应淬火至55HRC以上。按外径大小分，有六种规格，其中直径50mm、60mm、80mm和100mm的导柱最常用，分别用于小型、中型、大型和特大型模具。

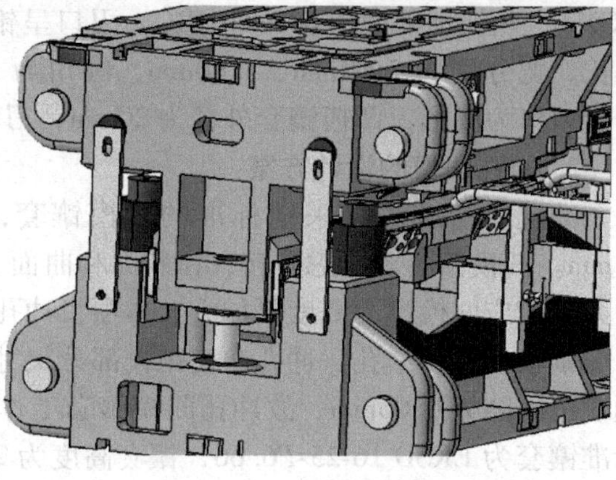

图4-74　修边冲孔模端头略图

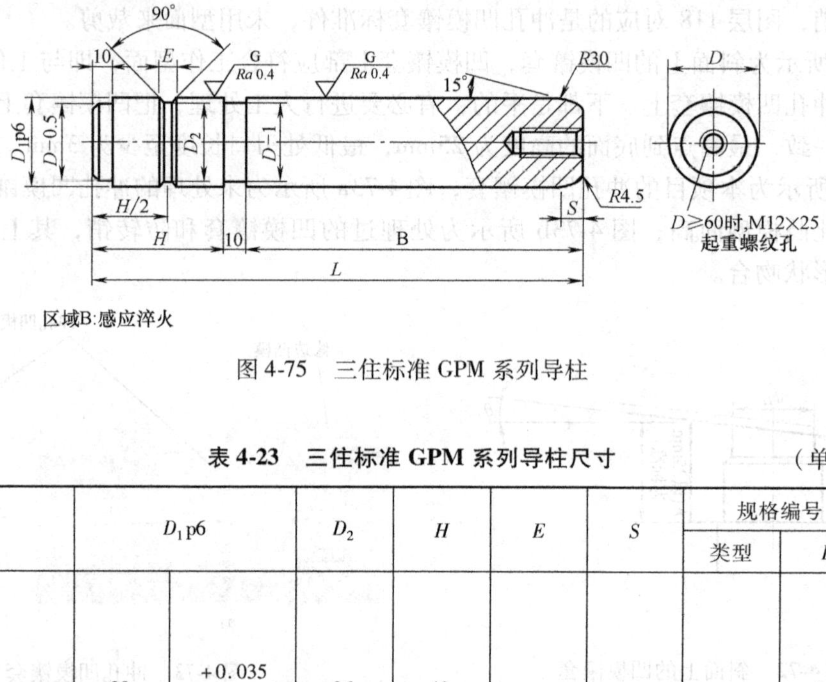

图4-75　三住标准GPM系列导柱

表4-23　三住标准GPM系列导柱尺寸　　（单位：mm）

D		D_1p6		D_2	H	E	S	规格编号 类型	规格编号 D	L
30	−0.005 −0.015	30	+0.035 +0.022	26	40	8	5	GPM	30	100
										120
										140
										160
										180
40		40	+0.042 +0.026	36	50				40	120
										140
										160
										180
										200

（续）

D		D_1p6		D_2	H	E	S	规格编号		L
								类型	D	
50	-0.005 -0.015	50	+0.042 +0.026	45	70	10	10	GPM	50	160
										180
										200
										250
										300
60	-0.010 -0.020	60	+0.051 +0.032	55	90	12			60	200
										220
										250
										300
										350
80	-0.010 -0.025	80	+0.051 +0.032	75	120	12	10		80	250
										300
										350
										400
100	-0.010 -0.025	100	+0.059 +0.037	95	150	12			100	300
										350
										400
										450
										500

采购规格：GPM*D*-*L*，*D* 为导柱外径，*L* 为导柱长度。规格示例：GPM60-250。

（2）三住标准 GBF（GBW）系列导套　图 4-76 所示为三住标准 GBF（GBW）系列导套，表 4-24 列出了其具体尺寸。GBF 系列导套材料为 FC250 铸铁，GBW 系列导套材料为铜

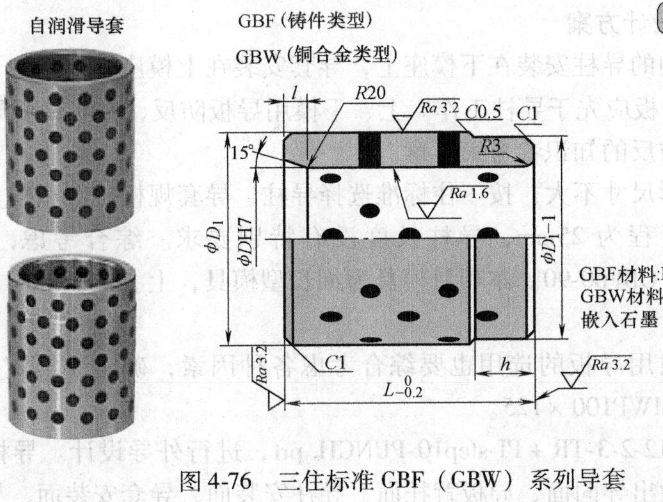

图 4-76　三住标准 GBF（GBW）系列导套

合金，两者均嵌入三种石墨。它们除了材料不同外，其余完全相同。GBF（GBW）系列导套与 GPM 系列的导柱标准件是一一对应的，也有六种规格。对应尺寸表格中的 *D* 都是一致的，是两者滑动部分的尺寸。按此标准，当导柱规格为 GPM50-200 时，导套应选用 GBF50-75。

表 4-24　三住标准 GBF（GBW）系列导套尺寸　　（单位：mm）

D_1		D_{H7}		L	h	l	规格编号	
							类型	D
50	±0.008	30	$^{+0.021}_{0}$	50	10	5	GBF（铸铁） GBW（铜合金）	30
60	±0.0095	40	$^{+0.025}_{0}$	60				40
70		50		75	15	10		50
80	±0.011	60	$^{+0.030}_{0}$	90	20			60
100		80		120	25			80
120	±0.0125	100	$^{+0.035}_{0}$	150				100

采购规格：GBF*D-L*，*D* 为导套工作时与导柱滑动的内径，*L* 为导套长度。规格示例：GBF60-90，表示导套内径为 60mm，外径为 80mm，长度为 90mm。

2. 端头及上、下模导向布置

图 4-77 所示为上、下模导向的三种形式，图 4-77a 所示为导板导向，且左右各用两个导柱；图 4-77b 所示为导板导向，且左右各用一个导柱；图 4-77c 所示为仅用四个导柱导向，未用到导板，适应于修边冲孔侧向力较小的情况。

表 4-25 列出了不同规格导柱、导套的相关设计尺寸。表 4-26 列出了端头导板及导柱的尺寸，应根据模具的大小选用。这两个表格与图 4-77 对应。修边冲孔模上、下模导向用导板的规格可以参考拉延模上、下模导向的规定，如大型模具应用直径为 80mm 的导柱，模具端头宽度为 180mm，外导板宽度为 150mm，外导板的长度与与压料板的行程有关。

3. 上、下模导向的设计方案

本项目上、下模导向的导柱安装在下模座上，导套安装在上模座上。修边开始时导柱应进入导套 50mm 以上，导板应先于导柱工作。上、下模用导板防反，左右两侧导板到 X 轴的距离不一样。上、下模防反的知识参考第 3 章。

由于本项目模具外形尺寸不大，按三住标准选择导柱、导套规格，中型模具导柱一般取直径为 60mm，压料板行程为 25mm，导柱长度没有特别要求。综合考虑，导柱规格为 GPM60-250，导套规格为 GBF60-90。本项目模具为细长型模具，上、下模导向左右各用 3 个导板，左右各 1 个导柱。

同样，上、下模导向用导板的选用也要综合考虑各种因素，确定导板宽度为 100mm，长度为 125mm，规格为 MWP100 × 125。

打开文件 L11-5701012-2-3-TR + PI-step10-PUNCH. prt，进行外导设计。导板已放在了合适的位置，主要工作是做出导向面、导板背托面、导柱安装面、导套安装面、导柱孔和导套孔等。用到的图层有16、78、88、150、151、152、154、155、156、157和158，其中图层150对应的是外导板，图层151对应的是上模外导板曲线，图层152对应的是下模外导板曲线，图层154对应的是导柱，图层155对应的是导套，图层156对应的是导柱设计用曲线，图层157对应的是导套设计用曲线，图层158对应的是导套盖板。

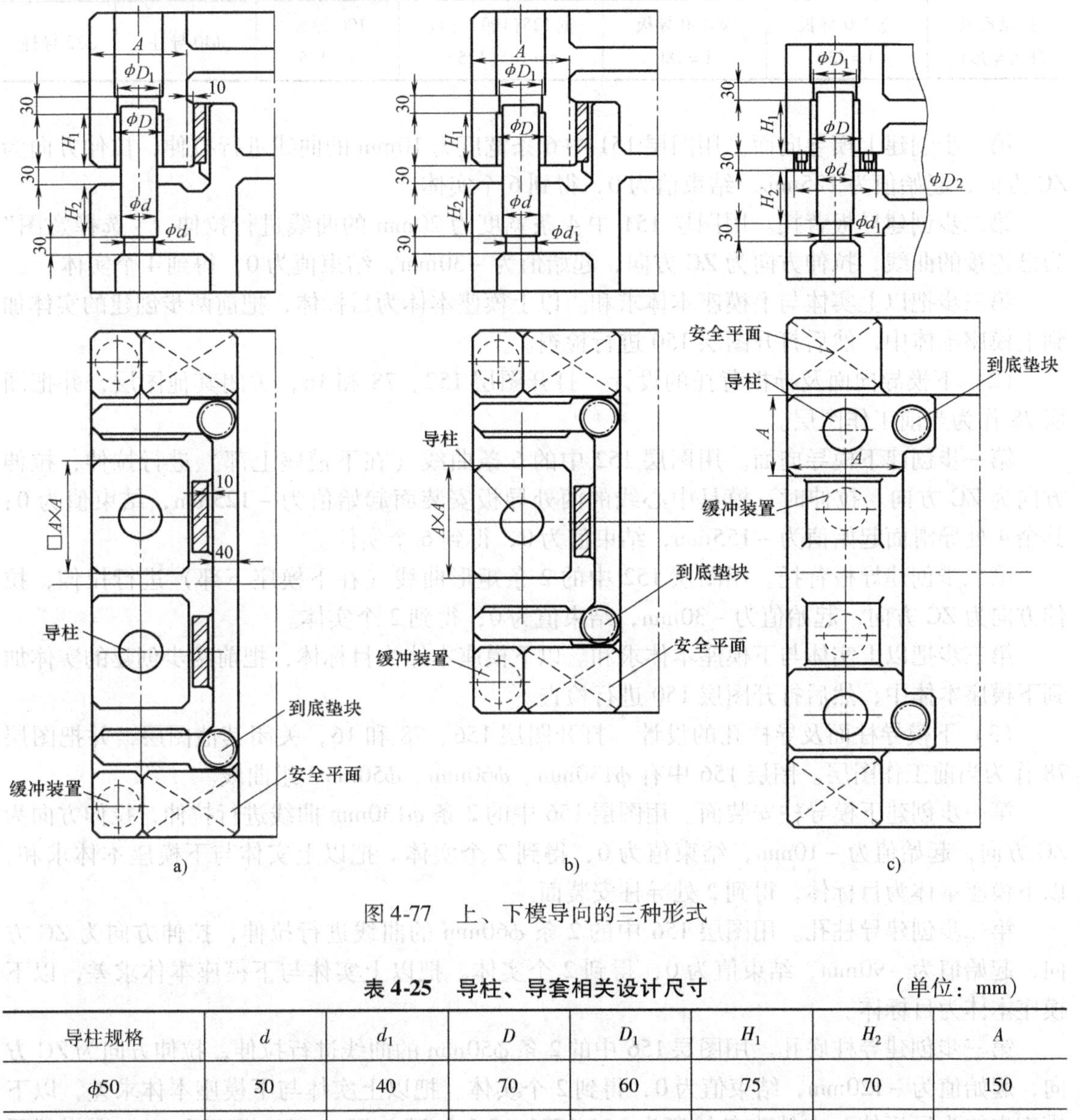

图4-77　上、下模导向的三种形式

表4-25　导柱、导套相关设计尺寸　（单位：mm）

导柱规格	d	d_1	D	D_1	H_1	H_2	A
ϕ50	50	40	70	60	75	70	150
ϕ60	60	50	80	70	90	90	160
ϕ80	80	70	100	90	120	120	190
ϕ100	100	90	120	110	150	150	210

（1）上模导向面及导板背托的设计　打开图层151、88和16，关闭其他图层，并把图层88作为当前工作图层。

表 4-26 端头导板及导柱的尺寸 （单位：mm）

模具类型	特大型	大型	中型	小型	钢板模	
修边冲孔模	宽 200 导板 + ϕ100 导柱	宽 150 导板 + ϕ80 导柱	宽 100 导板 + ϕ60 导柱	ϕ50 导柱	ϕ40 导柱	ϕ32 导柱
拉延模或翻边整形模	宽 200 导板 $A=230$	宽 150 导板 $A=180$	宽 125(100)导板 $A=145(125)$	100 导板 $A=125$	ϕ40 导柱	ϕ32 导柱

第一步创建上模导向面。用图层 151 中 6 条宽度为 10mm 的曲线进行拉伸，拉伸方向为 ZC 方向，起始值为 125mm，结束值为 0，得到 6 个实体。

第二步创建导板背托。用图层 151 中 4 条宽度为 20mm 的曲线进行拉伸，“选择意图”为已连接的曲线，拉伸方向为 ZC 方向，起始值为 -30mm，结束值为 0，得到 4 个实体。

第三步把以上实体与上模座本体求和。以上模座本体为目标体，把前两步创建的实体加到上模座本体中，然后打开图层 150 进行检查。

（2）下模导向面及导板背托的设计　打开图层 152、78 和 16，关闭其他图层，并把图层 78 作为当前工作图层。

第一步创建下模导向面。用图层 152 中的 6 条曲线（在下模座上部）进行拉伸，拉伸方向为 ZC 方向。拉伸时，模具中心线的两处导板安装面起始值为 -125mm，结束值为 0；其余 4 处导滑面起始值为 -155mm，结束值为 0，得到 6 个实体。

第二步创建导板背托。用图层 152 中的 2 条矩形曲线（在下模座下部）进行拉伸，拉伸方向为 ZC 方向，起始值为 -30mm，结束值为 0，得到 2 个实体。

第三步把以上实体与下模座本体求和。以下模座本体为目标体，把前两步创建的实体加到下模座本体中，然后打开图层 150 进行检查。

（3）下模导柱面及导柱孔的设计　打开图层 156、78 和 16，关闭其他图层，并把图层 78 作为当前工作图层。图层 156 中有 ϕ130mm、ϕ60mm、ϕ50mm3 组曲线。

第一步创建下模导柱安装面。用图层 156 中的 2 条 ϕ130mm 曲线进行拉伸，拉伸方向为 ZC 方向，起始值为 -10mm，结束值为 0，得到 2 个实体。把以上实体与下模座本体求和，以下模座本体为目标体，得到 2 处导柱安装面。

第二步创建导柱孔。用图层 156 中的 2 条 ϕ60mm 的曲线进行拉伸，拉伸方向为 ZC 方向，起始值为 -90mm，结束值为 0，得到 2 个实体。把以上实体与下模座本体求差，以下模座本体为目标体。

第三步创建导柱底孔。用图层 156 中的 2 条 ϕ50mm 的曲线进行拉伸，拉伸方向为 ZC 方向，起始值为 -120mm，结束值为 0，得到 2 个实体。把以上实体与下模座本体求差，以下模座本体为目标体。文件改名另存为 L11-5701012-2-3-TR + PI-step12-GUIDE. prt。得到的下模座实体图如图 4-78a 所示。底孔用来打出导柱。

（4）上模导套面及导套孔的设计　打开图层 157、88 和 16，关闭其他图层，并把图层 88 作为当前工作图层。图层 157 中有 ϕ140mm、ϕ80mm、ϕ70mm3 组曲线。

第一步创建上模导套安装面。用图层 157 中的 2 条 ϕ140mm 曲线进行拉伸，拉伸方向为 ZC 方向，起始值为 10mm，结束值为 0，得到 2 个实体。把以上实体与上模座本体求和，以上模座本体为目标体，得到 2 处导套安装面。

第二步创建导套孔。用图层 157 中的 2 条 ϕ80mm 的曲线进行拉伸，拉伸方向为 ZC 方向，起始值为 90mm，结束值为 0，得到 2 个实体。把以上实体与上模座本体求差，以上模座本体为目标体。

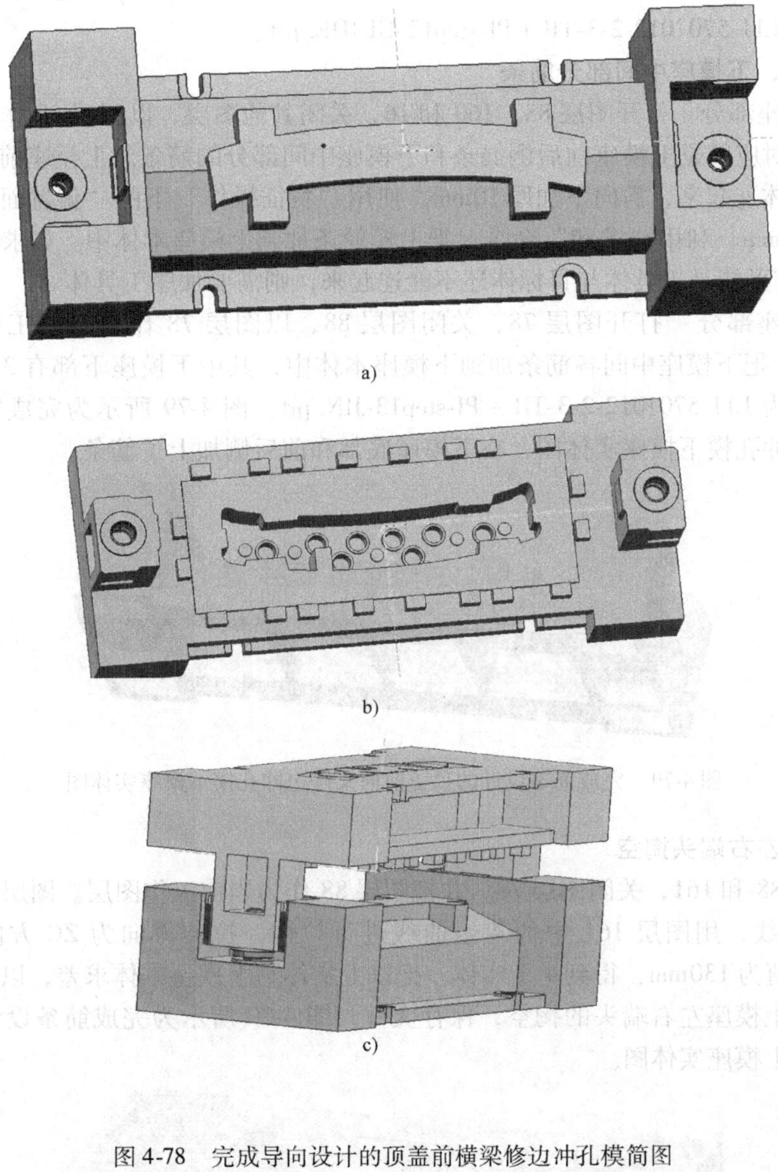

a)

b)

c)

图 4-78　完成导向设计的顶盖前横梁修边冲孔模简图

a）下模座实体图　b）上模座实体图　c）侧面简图

第三步创建导套底孔。用图层 157 中的 2 条 ϕ70mm 的曲线进行拉伸，拉伸方向为 ZC 方向，起始值为 420mm，结束值为 0，得到 2 个实体。把以上实体与上模座本体求差，以上模座本体为目标体，保存文件。得到的上模座实体图如图 4-78b 所示。底孔用来打出导套。图 4-78c 所示为完成导向设计的顶盖前横梁修边冲孔模侧面简图。

4.13 筋条设计

上、下模座筋条的布置要求与拉延模一样，工作部分型面壁厚 50mm，主筋厚度 40mm，副筋厚度 30mm。筋条之间的距离不大于 300mm，在冲孔废料较大时下模座筋条间距可以加大。打开文件 L11-5701012-2-3-TR + PI-step12-GUIDE. prt。

1. 上模座、下模座中间部分筋条

（1）上模座部分　打开图层 88、160 和 16，关闭其他图层，以图层 88 作为当前工作图层，图层 160 对应的是上模座前后侧筋条和下模座中间部分的筋条。上模座前面的三根筋条未与上模座本体连起来，需向下加厚 10mm。使用“特征操作”下的“偏置面”命令，把筋条下部加厚 10mm。利用“求和”命令，把上模筋条加到上模座本体中。如求和时出现“非歧义实体”，有可能是工具体与目标体还不能连起来，则需要加厚工具体。

（2）下模座部分　打开图层 78，关闭图层 88，以图层 78 作为当前工作图层。利用“求和”命令，把下模座中间各筋条加到下模座本体中，其中下模座下部有 3 处，前后各 3 处。文件另存为 L11-5701012-2-3-TR + PI-step13-JIN. prt。图 4-79 所示为完成筋条设计的顶盖前横梁修边冲孔模下模座实体图，在下模座底部和前后侧加上了筋条。

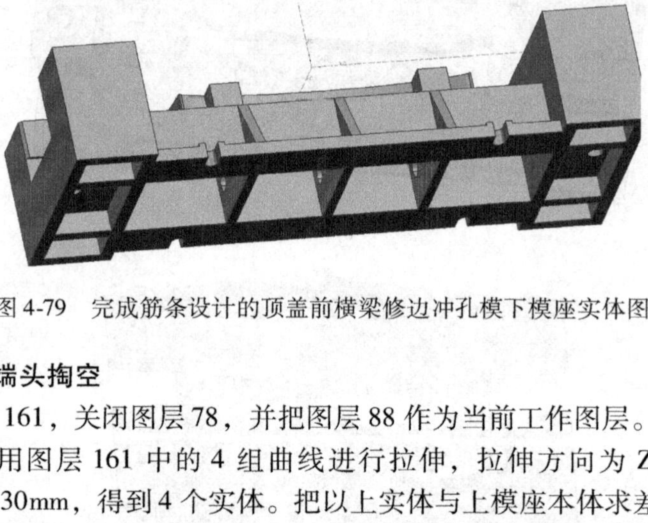

图 4-79　完成筋条设计的顶盖前横梁修边冲孔模下模座实体图

2. 上模座左右端头掏空

打开图层 88 和 161，关闭图层 78，并把图层 88 作为当前工作图层。图层 161 对应的是上模掏空用曲线，用图层 161 中的 4 组曲线进行拉伸，拉伸方向为 ZC 方向，起始值为 320mm，结束值为 130mm，得到 4 个实体。把以上实体与上模座本体求差，以上模座本体为目标体，实现上模座左右端头的掏空，保存文件。图 4-80 所示为完成筋条设计的顶盖前横梁修边冲孔模上模座实体图。

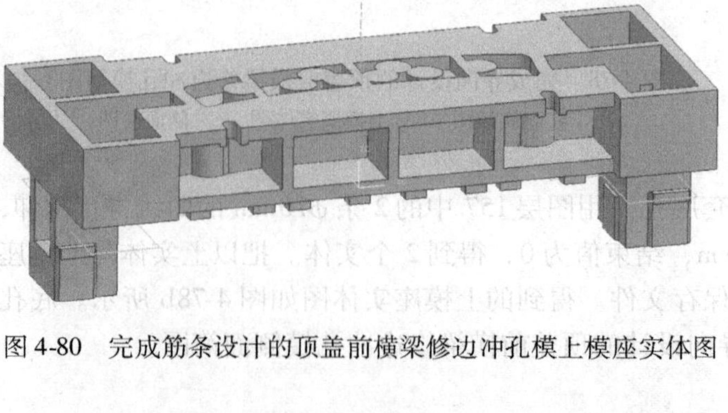

图 4-80　完成筋条设计的顶盖前横梁修边冲孔模上模座实体图

4.14　辅助部分设计

顶盖前横梁修边冲孔模设计是一个比较复杂的过程，除了前面各主要部分设计外，还有一些辅助部分的设计，如气缸顶出设计、废料盒及废料滑板设计、限位器及存放块设计、缓冲橡胶设计等。以下对这些辅助部分的设计进行简要介绍。

4.14.1　气缸顶出设计

模具完成修边冲孔后，工件留在凸模上，需要用气缸顶起工件，工件顶起时应离开凸模 10mm 以上。对于小型工件，多在气缸上装上橡胶，修边冲孔完成后气缸顶起来，至少两处接触，橡胶把工件顶出凸模；对于大型工件，要做出多处顶起结构，保证制件平稳顶起，且方便取出工件。

下模座筋条的布置要考虑到气缸接线的布置，即需要根据机床情况在下模座的适当位置开出管线过孔及集管座安装位置。

打开图层 78、16、170 和 171，关闭其他图层，并以图层 78 为当前工作图层。图层 170 对应的是气缸顶出机构，图层 171 对应的是避开气缸及穿线孔的实体。把图层 171 中的实体与下模座本体求差，以下模座本体（即图层 78 中的实体）作为目标体，图 4-81 所示为下模座顶出气缸示意图。文件改名另存为 L11-5701012-2-3-TR + PI-step14-FZ. prt。

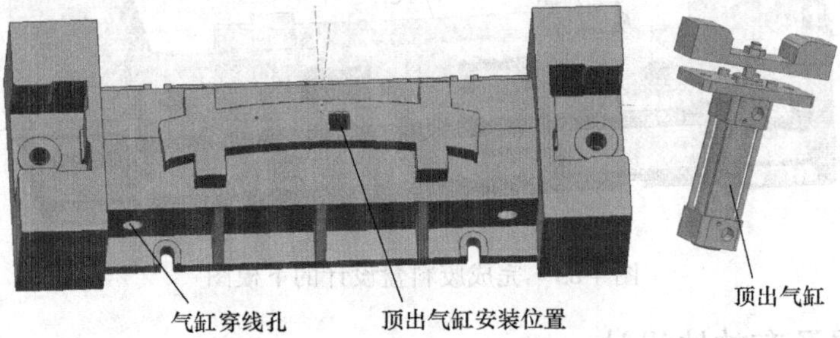

图 4-81　下模座顶出气缸示意图

4.14.2　废料盒及废料滑板设计

修边冲孔模废料处理是设计中关键的一步。小型冲孔废料可用废料盒收集。大型冲孔废料可通过滑板滑出，必须确认废料滑到模具外还是压力机工作台外。当需要滑出工作台外时，需设计二级废料滑道。

用厚 2mm 的板料现场制作废料滑板，尽可能用一块板构成滑板。考虑维修和安装，滑板采用内六角圆柱头螺钉固定。为了保证废料能顺畅地滑下来，一级废料滑道的角度至少应为 25°，二级废料滑道应不小于 20°。图 4-82 所示为修边冲孔废料滑出示意图。

打开文件 L11-5701012-2-3-TR + PI-step14-FZ. prt，打开图层 78、16、175 和 176，关闭其他图层，并把图层 78 作为当前工作图层。图层 175 对应的是废料盒，图层 176 对应的是废料盒凸台实体和掏空用实体。把图层 176 中的红色实体与下模座本体求差，得到下模座废料盒空间和下模座废料孔；然后把图层 176 中的绿色实体即废料盒支承面与下模座本体求和，得到图 4-83 所示的下模图，保存文件。

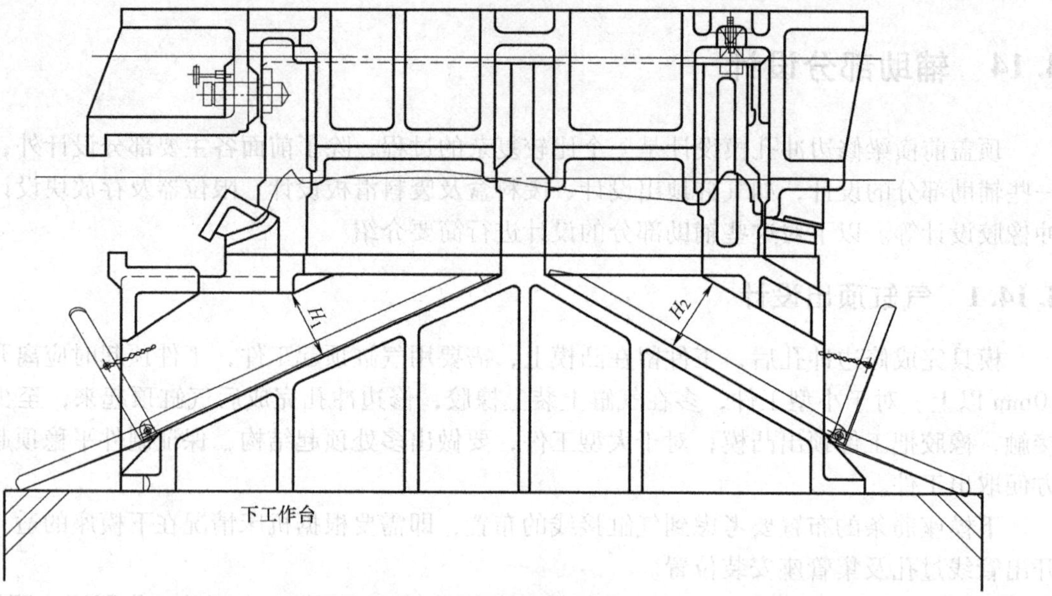

图 4-82　修边冲孔废料滑出示意图

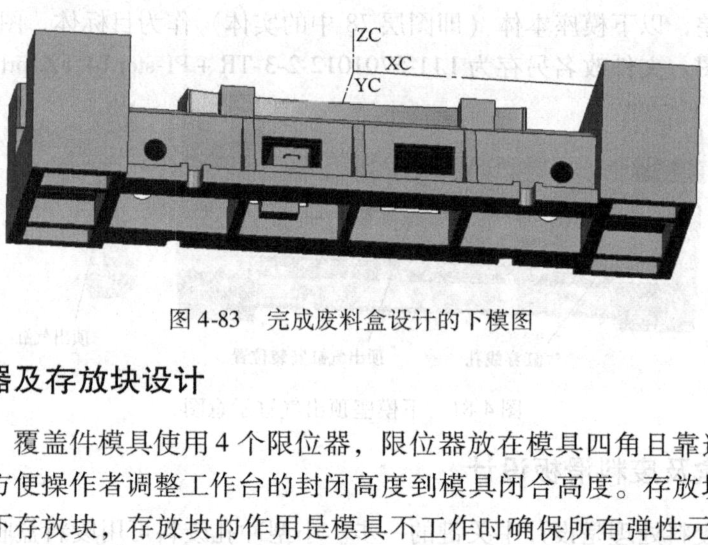

图 4-83　完成废料盒设计的下模图

4.14.3　限位器及存放块设计

除拉延模外，覆盖件模具使用 4 个限位器，限位器放在模具四角且靠近操作者的位置。限位器的作用是方便操作者调整工作台的封闭高度到模具闭合高度。存放块置于限位器上，冲压生产时要取下存放块，存放块的作用是模具不工作时确保所有弹性元件处于非压缩状态。

限位器一般涂成黄色，存放块为红色，用链条把存放块与下模座连起来。它们的材料为 45 钢。限位器高度通常取 40mm，存放块的高度与上、下模的压料行程有关。限位器的外径与存放块相同，大多为 60mm 或 80mm。图 4-84 所示为本项目使用的限位器及存放块。

打开文件 L11-5701012-2-3-TR + PI-step14-FZ. prt，打开图层 78、88、16、180、181 和 185，关闭其他图层，并把图层 78 作为当前工作图层。图层 180 对应的是限位器，图层 185 对应的是存放块，图层 181 对应的是上、下模限位器凸台构建用曲线。

对图层 181 中位于下方的 4 个圆进行拉伸，拉伸方向为 ZC 方向，起始值为 10mm，结束值为 0，得到 4 处下模座限位器凸台。把以上实体与下模座本体求和，以下模座本体为目标体，得到下模座限位器凸台。

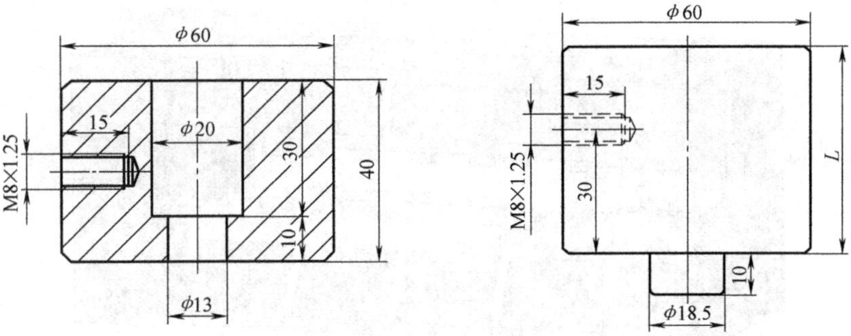

图 4-84　限位器及存放块

对图层 181 中位于上方的 4 个圆进行拉伸，拉伸方向为 ZC 方向，起始值为 -80mm，结束值为 0，得到 4 处上模座限位器凸台。把以上实体与上模座本体求和，以上模座本体为目标体，得到上模座限位器凸台，保存文件。

4.14.4　缓冲橡胶设计

修边冲孔模需设计缓冲装置，缓冲橡胶设置于模具四角处，外面用钢管把缓冲橡胶固定在下模座上。图 4-85 所示为缓冲橡胶，表 4-27 列出了缓冲橡胶规格，其中 D 为橡胶直径，H_1 为橡胶在自然状态下的高度，H 为缓冲橡胶在模具闭合时的高度，即压缩后的高度。表中四种规格的缓冲橡胶分别适用于大小不同的模具。

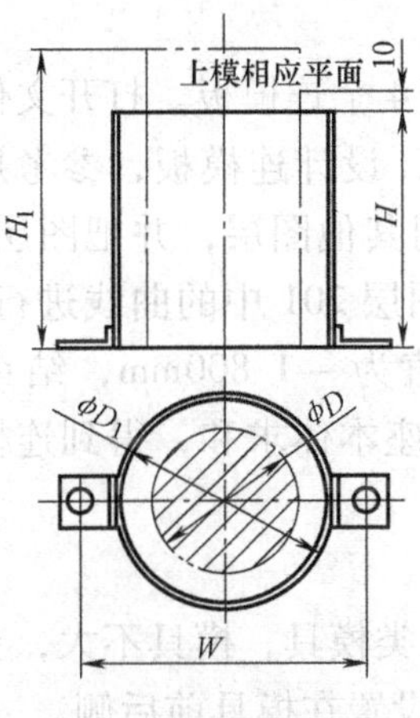

图 4-85　缓冲橡胶

表 4-27　各种规格缓冲橡胶的尺寸

（单位：mm）

缓冲橡胶规格	D	D_1	H	H_1	W
ESBT 50-110	50	89	85	110	119
ESBT 70-140	70	101.6	110	140	132
ESBT 90-140	90	139.8	110	140	170
ESBT 100-140	100	165.2	110	140	195

本任务中修边冲孔模缓冲橡胶规格为 ESBT 70-140，橡胶直径为 70mm，数量为 4 个。打开文件 L11-5701012-2-3-TR + PI-step14-FZ. prt，打开图层 78、88、16、190 和 191，关闭其他图层，并把图层 78 作为当前工作图层。图层 190 对应的是缓冲橡胶，图层 191 对应的是上、下模缓冲橡胶凸台用曲线。与限位器凸台创建相似，用这些曲线分别在上、下模座创建 10mm 高的凸台，并保存。得到图 4-86 所示的上、下模端头，上、下模缓冲橡胶凸台之间的距离为 110mm。

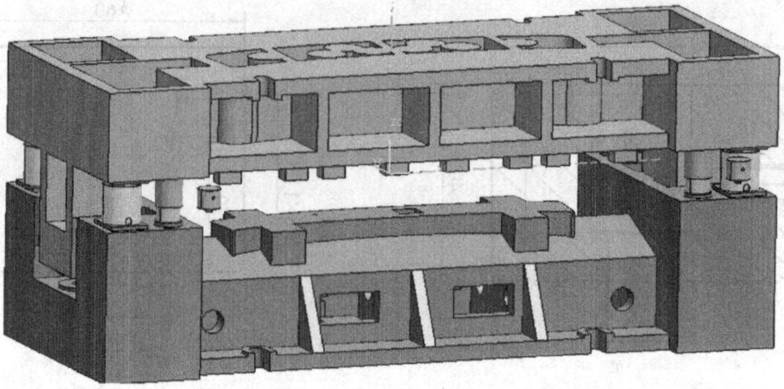

图 4-86 顶盖前横梁修边冲孔模上、下模端头

4.14.5 其他设计

1. 基准孔的设计

覆盖件模具在上、下模座上设置 ϕ10H7、深 20mm 的加工基准孔，一般设置 3 处，不用时基准孔要用圆柱销堵起来，故也称三销基准孔。其他需要数控加工的模具零件也要设计加工基准孔。基准孔尽量布置在模具中心线上，加工完成后应在旁边打上钢印，打印内容为基准孔的坐标值。

打开图层 195，其对应的为创建上、下模基准孔用曲线。先在下模座本体上创建 10mm 高的基准孔凸台，做出左右各一处基准孔，与下模座本体依次求和与求差。然后在上模座本体上创建 3 处基准孔凸台，并做出 3 处基准孔，保存文件。

2. 连模板的设计

第 3 章中已经介绍了连模板，连模板设置在模具侧面，共用 4 个连模板。打开文件 L11-5701012-2-3-TR + PI-step14-FZ. prt，创建图层 200 作为工作图层，设计连模板，参考尺寸为 340mm × 60mm × 10mm。接着打开图层 201、78、88 和 16，关闭其他图层，并把图层 78 作为当前工作图层。图层 201 对应的是部分连模板凸台曲线。用图层 201 中的曲线进行拉伸，第一次拉伸起始值为 10mm，结束值为 0，第二次拉伸起始值为 – 1 800mm，结束值为 – 1 810mm。把这些 10mm 厚的长方体分别与上模座本体和下模座本体求和，得到连模板凸台，保存文件。

3. 模具起吊的设计

模具起吊的知识在第 3 章中已经介绍过。本项目模具为细长类模具，模具不大，上、下模起吊的形式选为铸入式起重棒。铸入式起重棒规格为 HK50，设置在模具前后侧。

打开文件 L11-5701012-2-3-TR + PI-step14-FZ. prt，打开图层 210、211、78、88 和 16，关闭其他图层，并把图层 88 作为当前工作图层。图层 210 对应的是铸入式起重棒，图层 211 对应的是上、下模座起重棒关联部分设计用到的曲线。上、下模安装起重棒处要保证铸件壁厚，用图层 211 中的四条曲线拉伸，拉伸方向为 ZC 方向，起始值为 250mm，结束值为 130mm，得到 4 处实体。把以上实体与上模座本体求和，以上模座本体为目标体，并对上模座铸入式起重棒处加厚。关闭图层 210，在上、下模座前、后侧分别做出铸入式起重棒安装孔（ϕ50mm）曲线，接着做出实体并分别与上、下模座本体求差，得到铸入式起重棒的安装孔，深度为 100mm，保存文件。

设计完成后要对图样进行认真检查，如发现问题，应及时进行处理。设计到此步，发现下模座废料切断刀安装面被遗漏，用草图创建 4 个矩形，拉伸后保证与凸模安装面等高，并与下模座本体求和。

打开图层 16、40、50、60、78、88、98、100、105、106、113、120、130、140、150、154、155、158、170、175、180、185、190、200 和 210，关闭其他图层，把图层 78 作为当前工作图层，完成顶盖前横梁修边冲孔模的设计。图 4-87 所示为顶盖前横梁修边冲孔模装配图。图 4-88 所示为顶盖前横梁修边冲孔模下模实体图。图 4-89 所示为顶盖前横梁修边冲孔模上模实体图（左右翻转）。

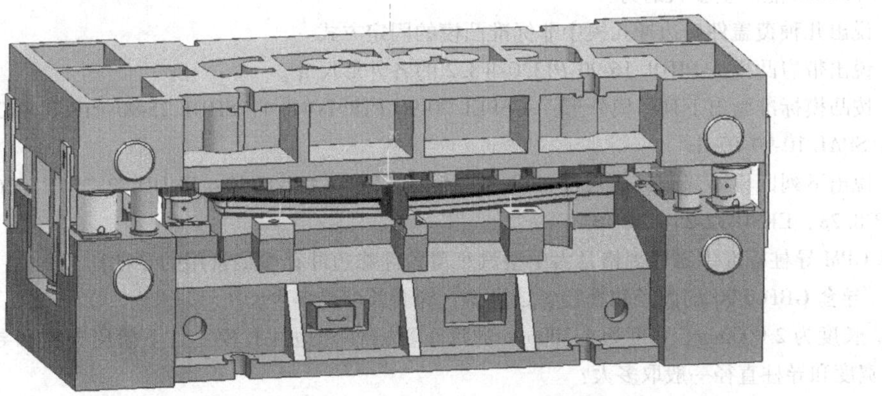

图 4-87　顶盖前横梁修边冲孔模装配图

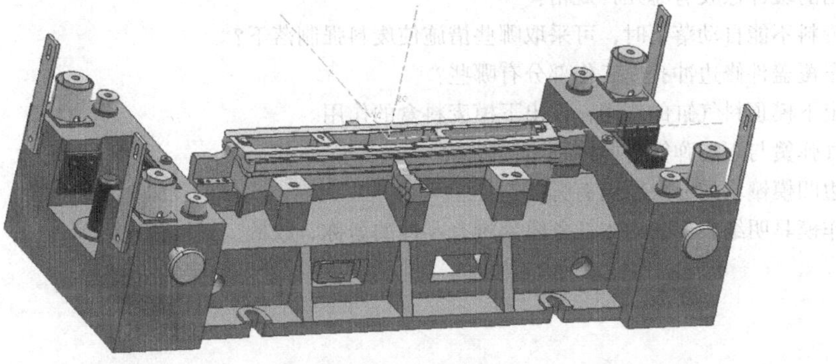

图 4-88　顶盖前横梁修边冲孔模下模实体图

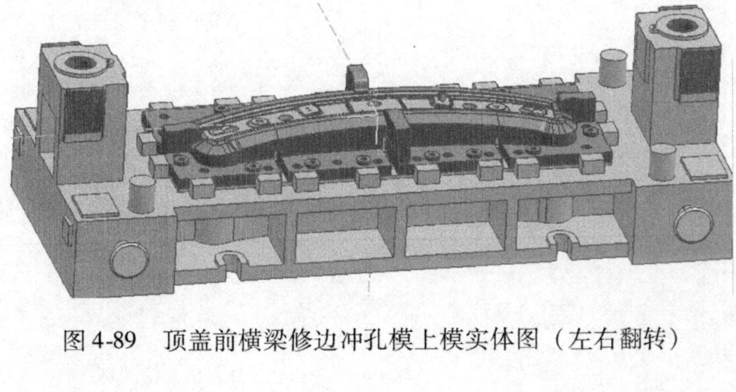

图 4-89　顶盖前横梁修边冲孔模上模实体图（左右翻转）

思考题

1. 汽车覆盖件修边冲孔模修边凸模、修边凹模一般使用什么材料？热处理方面有什么要求？

2. 试画出两种典型汽车覆盖件修边冲孔模废料切断刀结构图。

3. 汽车覆盖件修边冲孔模工作到底时，凹模型面线与凸模型面线、废料切断刀有何关系？请画出三者关系的示意图。

4. 大型汽车覆盖件修边冲孔模压料板如何进行限位？安全限位的行程和工作限位的行程相差多少？

5. 一个规格为 SWM50 – 200 的中载弹簧压缩 50mm 能产生多大的力？一个规格为 SWL50 – 200 的轻载弹簧压缩 50mm 能产生多大的力？

6. 说出几种覆盖件修边冲孔模中非标准凸模的固定方式。

7. 说出带肩凸模 A-PHDL 16-90-*P*13. 0-*W*8. 2 的各外形尺寸。

8. 按凸模标准画出下列凸模外形：A-SPEL 20-90-*P*18. 1-*W*8. 4；SHDL 25-90-*P*18. 8-*W*10. 1；SPAS 16-80-*P*14. 1；SPAL 10-90-*P*7. 1。

9. 说出下列凹模镶套的具体尺寸：EKDR 16-25-*P*6. 1-*W*4. 1-*R*1. 0；EKDD 32-25-*P*18. 16-*W*14. 16；EKSD 50-25-*P*38. 28；EKSD 32-25-*P*14. 18。

10. GPM 导柱标准中哪些规格是大中型汽车覆盖件修边冲孔模最常用的导柱？

11. 导套 GBF60-90 的内径和外径各是多少？导套长度是多少？

12. 长度为 2 000mm、宽度为 1 300mm 的汽车覆盖件修边冲孔模上、下模用导板和导柱进行导向时，其导板宽度和导柱直径一般取多大？

13. 中型汽车覆盖件修边冲孔模限位器的外形尺寸一般为多少？存放块的高度如何确定？

14. 汽车覆盖件修边冲孔模下模装有缓冲橡胶，它有什么作用？

15. 常用的缓冲橡胶有哪几种规格？

16. 当废料不能自动落下时，可采取哪些措施使废料强制落下？

17. 汽车覆盖件修边冲孔模工作部分有哪些？

18. 说出下模顶料气缸的作用，说出下模废料盒的作用。

19. 氮气弹簧与矩形弹簧有何区别？

20. 修边凹模镶块的分块原则有哪些？

21. 制作模具明细表，表达本任务模具所有零件的名称、数量、材料和规格等。

第5章　翻边整形模设计

翻边整形工序是覆盖件模具中重要的冲压工序。翻边整形工序一般是覆盖件最后的成形工序，多在修边冲孔之后进行，工件的翻边整形质量直接影响整个汽车车身的装配质量。翻边简称为FL，整形简称为RST。

翻边整形模主要应用于下面几种情况：

1）无法一次成形得到复杂形状时。当工件局部形状复杂，无法直接拉延出来，需在拉延或其他成形工序之后进行整形。如拉延时由于零件破裂等原因，需要加大圆角，才能使零件顺利拉出，此时就要求拉延后再增加整形工序，使圆角符合装配要求。

2）修边角度无法满足时。当工件在拉延工序后再修边时，若发现修边角度过大，不能满足产品质量要求，则有必要采用翻边整形工序对修边线所在面进行一定的处理，以保证修边角度。此时，覆盖件常见的工序是拉延→修边冲孔→翻边整形。

3）先落料后成形的工件。这类模具不用拉延、修边工序，成形时可能需要分几个工序才能完成。

根据覆盖件的翻边位置和翻边方向，翻边工序类型可分为以下四种：

1）垂直翻边整形。翻边整形方向就是压力机滑块的运动方向。

2）水平翻边整形。翻边整形方向和压力机滑块运动方向垂直。

3）倾斜翻边整形。翻边整形方向和压力机滑块运动方向成一定的角度。

4）复合翻边整形。对于具体的覆盖件，有可能有两处以上的翻边整形，而它们的方向有可能不同，因此会出现上述三种翻边整形类型的组合。

本章主要介绍垂直翻边整形，它是翻边整形模设计中最常见的一种。

5.1　翻边整形模结构

下面以发动机罩外板翻边模为例介绍翻边整形模结构，它属于典型的垂直翻边整形模。图5-1所示为发动机罩外板产品简图。发动机罩外板料厚0.8mm，材料为DC03。翻边工序的内容是发动机罩外板四周垂直向下翻边，其下一工序是发动机罩外板与内板包边。

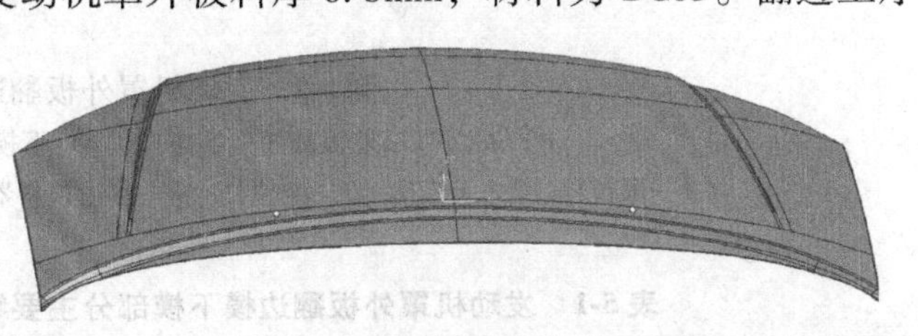

图5-1　发动机罩外板产品简图

5.1.1　发动机罩外板翻边模下模结构

图5-2所示为发动机罩外板翻边模实体图，表5-1为发动机罩外板翻边模下模部分主要零件明细表，列出了其名称、数量和材料等。

下模工作部分为翻边凸模，材料为MoCr铸铁。凸模用螺钉、圆柱销和键固定在下模座上。下模部分用 6 个定位销对修边后的工件进行定位。四周垂直翻边完成后，零件会紧紧包在凸模上，故在下模设置了翻边顶料器把翻边工件顶起来，从凸模处脱开，特别是在拐角处要设置翻边顶料器。为了方便取出工件，在凸模中间设置了气缸顶料机构，翻边后的工件可以通过气缸顶料机构顶起来，此模具采用一个气缸、四处型面接触的方式来顶起工件。与修边冲孔模一样，此模具四周也设置限位柱（或称为限位器）。

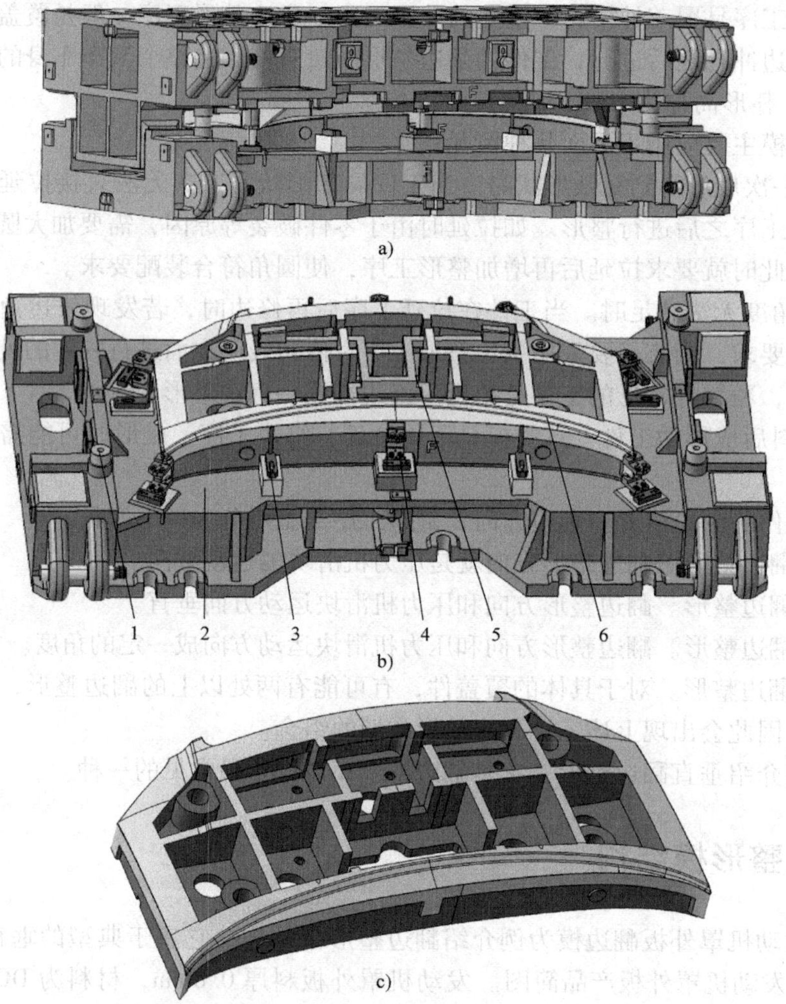

图 5-2　发动机罩外板翻边模实体图

a）发动机罩外板翻边模实体图　b）下模实体图　c）凸模实体图

1—限位柱　2—下模座　3—定位销　4—翻边顶料器　5—气缸顶料机构　6—翻边凸模

表 5-1　发动机罩外板翻边模下模部分主要零件明细表（与图 5-2b 对应）

件号	名称	数量	材料	备注	件号	名称	数量	材料	备注
1	限位柱	4	45 钢	铸件	4	翻边顶料器	8		组件
2	下模座	1	HT300	铸件	5	气缸顶料机构	6		组件
3	定位销	6	Q235A	组件	6	翻边凸模	1	MoCr 铸铁	铸件

5.1.2　发动机罩外板翻边模上模结构

图 5-3 所示为发动机罩外板翻边模上模实体图，表 5-2 为发动机罩外板翻边模上模主要零件明细表。

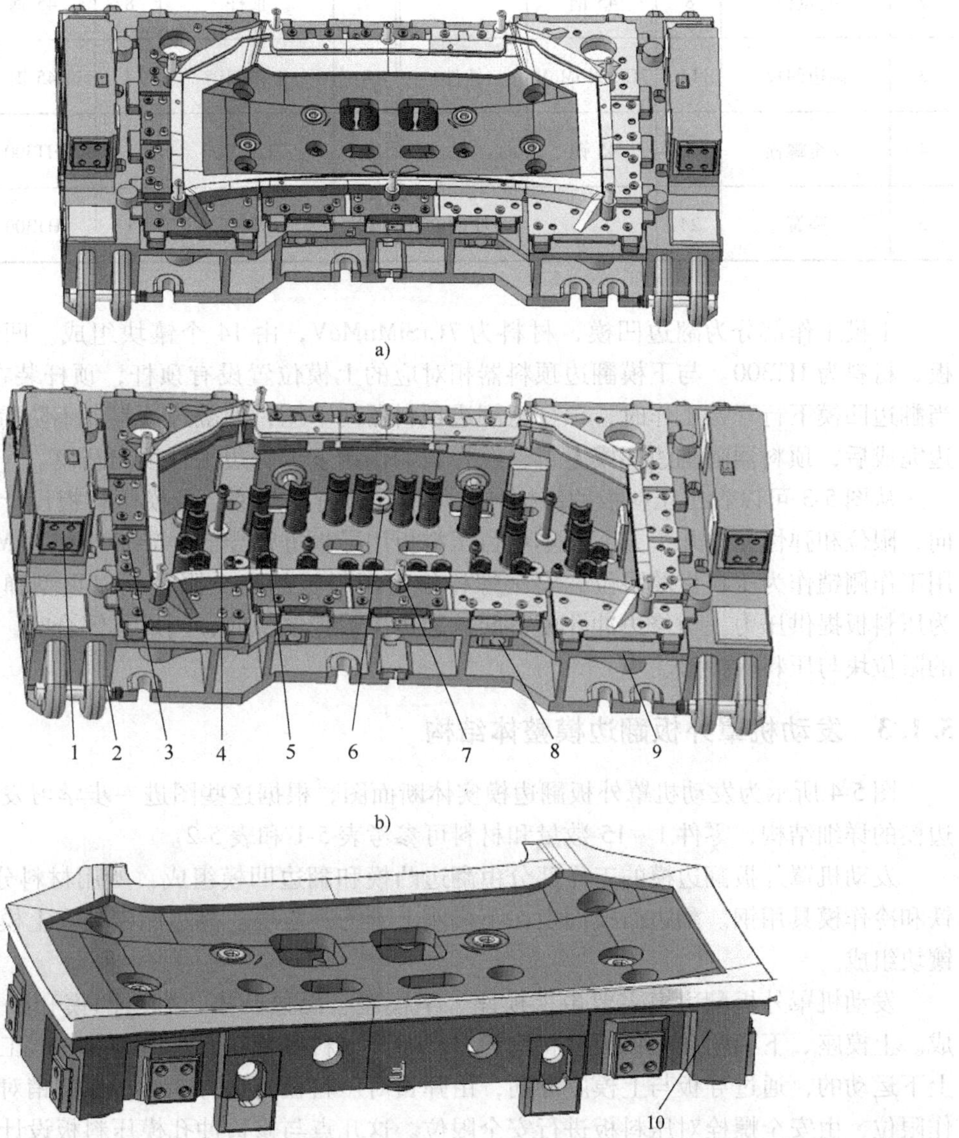

图 5-3　发动机罩外板翻边模上模各实体图

a）上模实体图　b）上模实体图（去掉压料板）　c）压料板图

1—导板　2—起重棒　3—翻边凹模　4—安全螺栓　5—弹簧　6—限位块　7—顶杆

8—工作侧销　9—上模座　10—压料板

表 5-2 发动机罩外板翻边模上模主要零件明细表（与图 5-3 对应）

件号	名称	数量	材料	备注	件号	名称	数量	材料	备注
1	导板	8	HT300	铸件	6	限位块	8	45 钢	
2	起重棒	8	45 钢		7	顶杆	8	45 钢	
3	翻边凹模	14	7CrSiMnMoV	铸件	8	工作侧销	4	45 钢	
4	安全螺栓	6	45 钢		9	上模座	1	HT300	铸件
5	弹簧	24		SWH 60-200	10	压料板	1	HT300	铸件

上模工作部分为翻边凹模，材料为 7CrSiMnMoV，由 14 个镶块组成。凹模内侧是压料板，材料为 HT300。与下模翻边顶料器相对应的上模位置设有顶杆，顶杆装在翻边凹模上。当翻边凹模下行开始工作时，顶杆把翻边顶料器向下压，使翻边顶料器不防碍向下翻边，翻边完成后，顶料器随翻边凹模上行，在弹簧的作用下把翻边工件顶出凸模。

从图 5-3 可以看出压料板的结构与修边冲孔模有些类似，上模压料板设计时也要考虑导向、限位和弹性元件几个方面。本项目压料板用导板进行导向，导板规格为 MWP100 × 100。用工作侧销作为压料板的限位，安全螺栓作为压料板的安全限位，以重型弹簧 SWH60-200 为压料板提供压力。与修边冲孔模不同，翻边压料板要镦底，当模具闭合时，装在上模座内的限位块与压料板接触。

5.1.3 发动机罩外板翻边模整体结构

图 5-4 所示为发动机罩外板翻边模实体断面图，根据这些图进一步学习发动机罩外板翻边模的详细结构，零件 1 ~ 15 数量和材料可参考表 5-1 和表 5-2。

发动机罩外板翻边模的工作部分由翻边凸模和翻边凹模组成，所用材料分别为 MoCr 铸铁和冷作模具用钢。翻边凸模固定在下模座上，为一整块。翻边凹模装在上模座上，由多个镶块组成。

发动机罩外板翻边模主要由上模座、下模座、翻边凸模、翻边凹模和压料板五部分组成。上模座、下模座和压料板材料均为 HT300。压料板装在上模座型腔内，工作时压料板是上下运动的，通过导板与上模座导向，由弹簧对压料板施加力。由工作侧销对压料板进行工作限位，由安全螺栓对压料板进行安全限位。这几点与修边冲孔模压料板设计是一致的。注意模具到底时压料板与下模座通过限位块镦底，以保证成形质量。

翻边前，修边后的工序件放在凸模上，由于凸模形状平缓，不能对工序件进行完全定位，因此有必要增加定位器对零件外周进行可靠定位。由于四周垂直向下翻边，翻边后工件会紧紧包在凸模上，难以取出工件，故在下模设置翻边顶料器，翻边后把工件顶出凸模；与翻边顶料器对应的上模位置设置顶杆。

图 5-4 发动机罩外板翻边模实体断面图

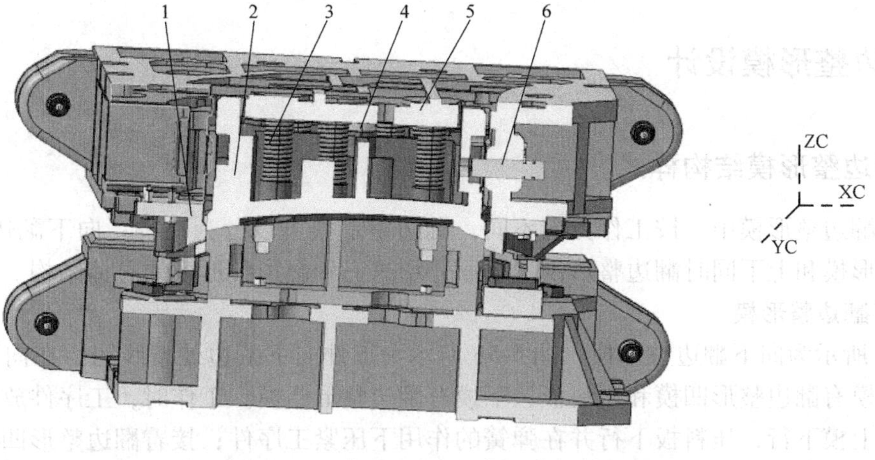

a)

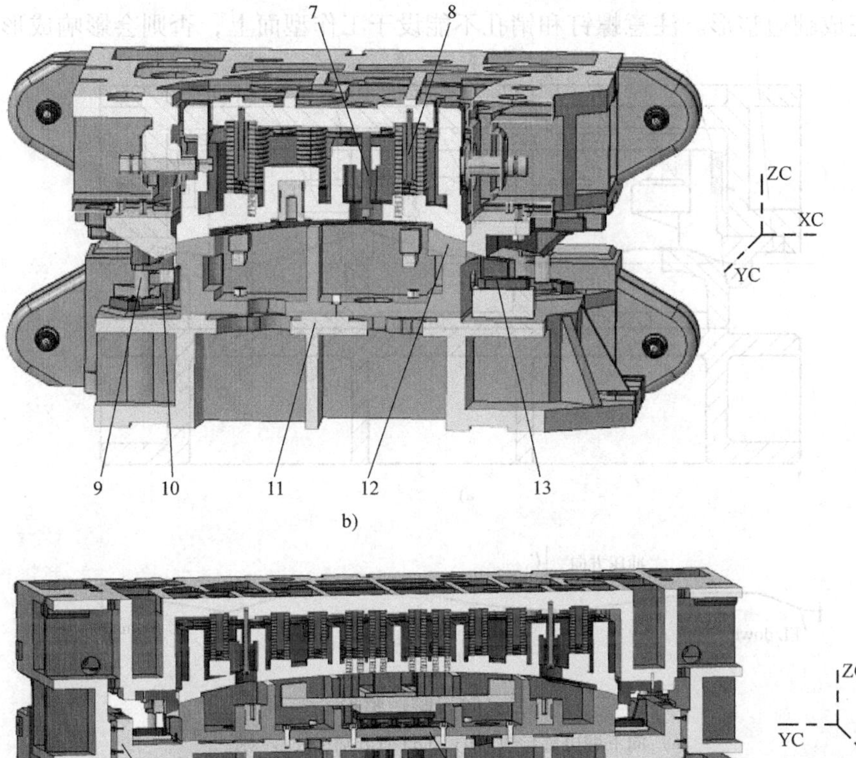

b)

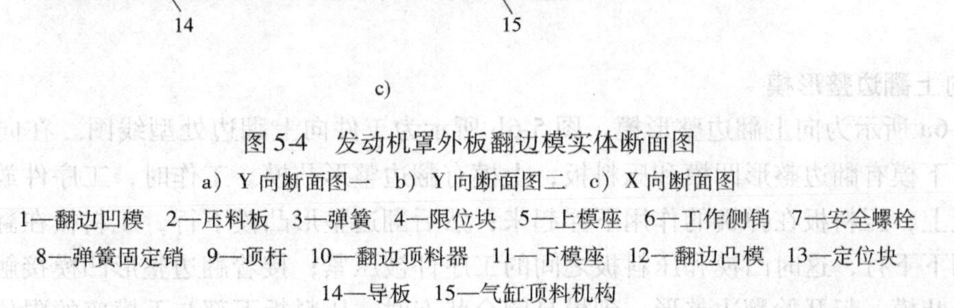

c)

图 5-4 发动机罩外板翻边模实体断面图

a）Y 向断面图一 b）Y 向断面图二 c）X 向断面图

1—翻边凹模 2—压料板 3—弹簧 4—限位块 5—上模座 6—工作侧销 7—安全螺栓 8—弹簧固定销 9—顶杆 10—翻边顶料器 11—下模座 12—翻边凸模 13—定位块 14—导板 15—气缸顶料机构

5.2　翻边整形模设计

5.2.1　翻边整形模结构样式

在垂直翻边整形模中，按工作方向不同，翻边整形模可以分为三种：向下翻边整形模、向上翻边整形模和上下同时翻边整形模。下面介绍这三种翻边整形模的总体结构。

1. 向下翻边整形模

图 5-5a 所示为向下翻边整形模，图 5-5b 所示为工件向下翻边处型线图。在向下翻边整形模中，上模有翻边整形凹模和压料板，下模有翻边整形凸模。工作时，工序件放在翻边整形凸模上，上模下行，压料板下行并在弹簧的作用下压紧工序件；接着翻边整形凹模下行接触工序件开始翻边整形；到模具闭合状态时，压料板上部与上模座的限位块刚性接触，压出产品形状，完成翻边整形。注意螺钉和销孔不能设于工作型面上，否则会影响成形质量。

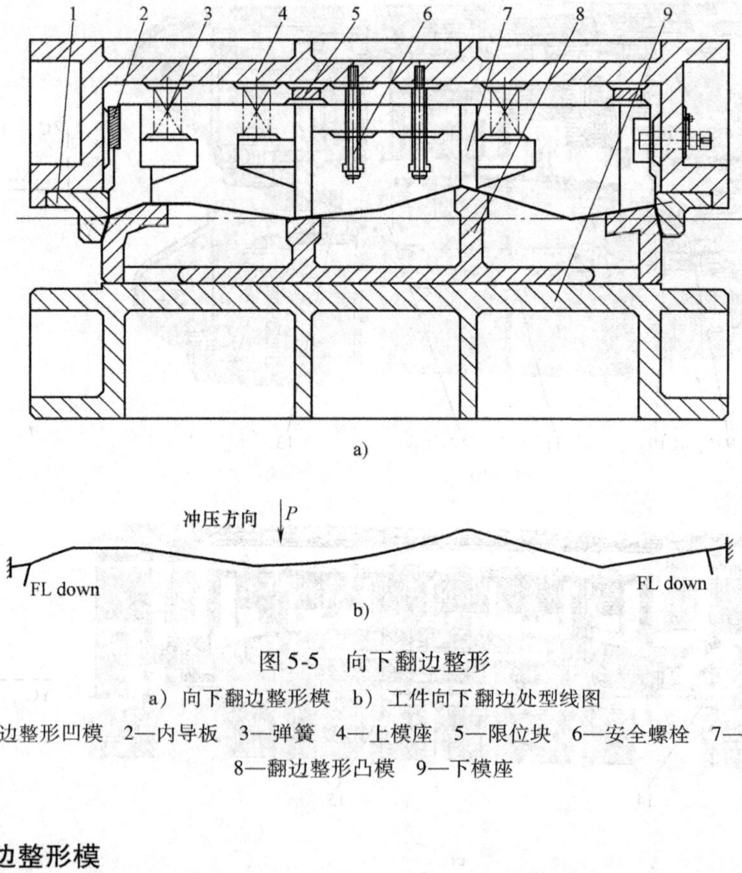

图 5-5　向下翻边整形

a）向下翻边整形模　b）工件向下翻边处型线图

1—翻边整形凹模　2—内导板　3—弹簧　4—上模座　5—限位块　6—安全螺栓　7—压料板　8—翻边整形凸模　9—下模座

2. 向上翻边整形模

图 5-6a 所示为向上翻边整形模，图 5-6b 所示为工件向上翻边处型线图。在向上翻边整形模中，下模有翻边整形凹模和压料板，上模有翻边整形凸模。工作时，工序件放在翻边整形压料板上，压料板在弹簧的作用下浮起来；然后翻边整形凸模下行，压料板在翻边整形凸模的作用下下行，这时凸模和压料板之间的工序件被压紧；接着翻边整形凹模接触工件，与翻边整形凸模一起开始翻边整形；到模具闭合状态时，压料板下部与下模座的限位块刚性接

触，压出产品形状，完成向上翻边整形。

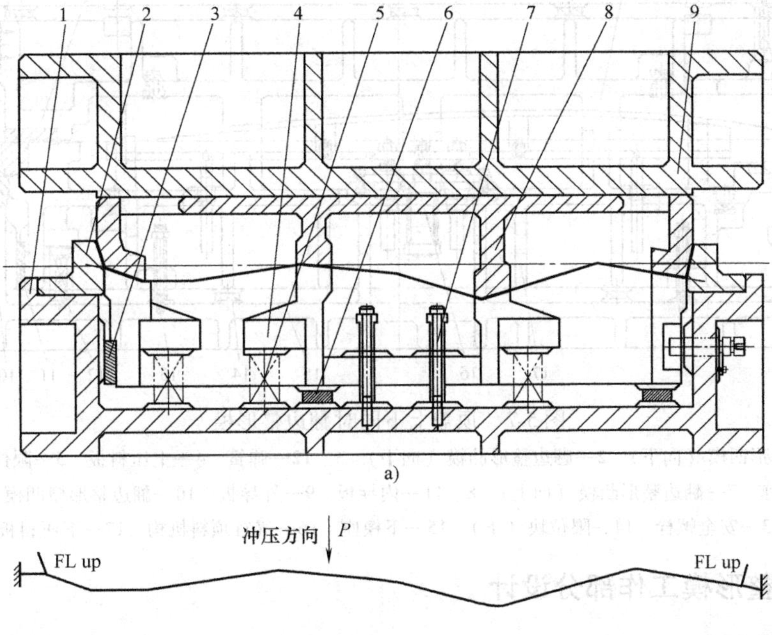

图 5-6　向上翻边整形

a）向上翻边整形模　b）工件向上翻边处型线图

1—下模座　2—翻边整形凹模　3—内导板　4—压料板　5—弹簧　6—限位块　7—安全螺栓　8—翻边整形凸模　9—上模座

3. 上下同时翻边整形模

图 5-7 所示为顶盖上下同时翻边整形模，模具结构比较复杂。其工作部分有翻边整形凹模（向下）、翻边整形凸模（向下）、翻边整形凸模（向上）和翻边整形模凹模（向上）四部分。上模部分主要有上模座、上压料板、翻边整形凹模（向下）和翻边整形凸模（向上）四部分，下模部分主要有下模座、下压料板、翻边整形模凹模（向上）和翻边整形凸模（向下）四部分。

上下同时翻边整形模中，上、下压料板都要上下运动，上、下模导向行程应比上压料板和下压料板行程之和大 60mm 以上，提高了对上、下模导向行程的要求，加大了存放块的高度。上下同时翻边整形模中，翻边整形凸模（向下）装在下压料板上，翻边整形凸模（向上）装在上压料板上，上、下压料板均可以采用普通的铸铁 HT300，而翻边整形凸模（向下）和翻边整形凸模（向上）采用 7CrSiMnMoV 或 Cr12MoV 等质优价高的材料。

4. 翻边整形模结构小结

1）向上翻边整形时，翻边整形凸模在上模，翻边整形凹模和压料板在下模。

2）向下翻边整形时，翻边整形凸模在下模，翻边整形凹模和压料板在上模。

3）有向上和向下的翻边整形时，上、下模均有翻边整形凹模和压料板，上、下压料板都要上下运动和压料，上、下模的导向行程要足够。

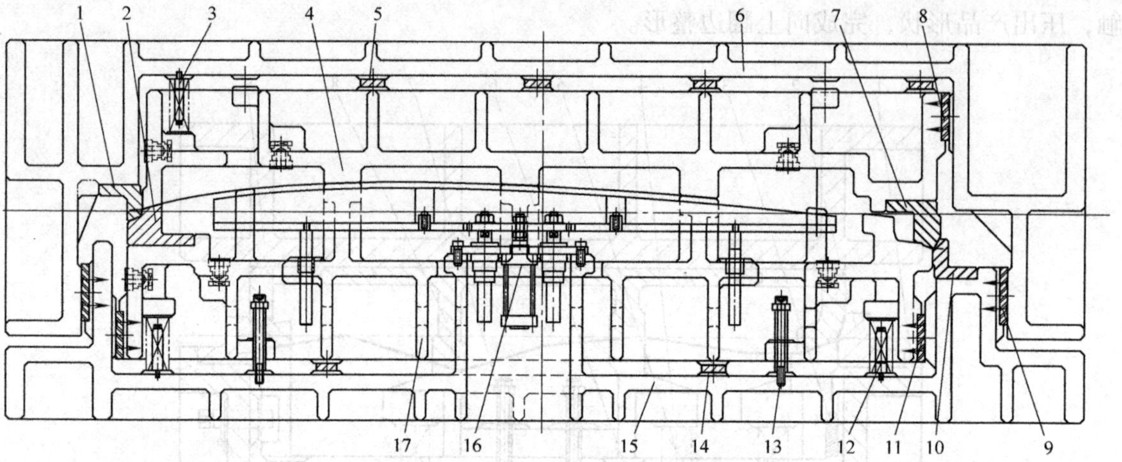

图 5-7　顶盖上下同时翻边整形模

1—翻边整形凹模（向下）　2—翻边整形凸模（向下）　3、12—弹簧　4—上压料板　5—限位块（上）
6—上模座　7—翻边整形凸模（向上）　8、11—内导板　9—外导板　10—翻边整形模凹模（向上）
13—安全螺栓　14—限位块（下）　15—下模座　16—气缸顶料机构　17—下压料板

5.2.2　翻边整形模工作部分设计

1. 工作部分材料

翻边整形模工作部分包括翻边整形凸模和翻边整形凹模，两者多采用镶块形式。当工件料厚大于 1.5mm 或为高强度钢板时，翻边整形凸模和翻边整形凹模材料均为 Cr12MoV 或其他钢件。当工件料厚不大于 1.5mm 且不是高强度钢板时，翻边整形凸模材料多用 MoCr 铸铁，热处理后硬度达到 54HRC 左右；翻边整形凹模镶块采用 7CrSiMnMoV，热处理后硬度能达到 57HRC 左右。

2. 工作部分结构形式

翻边整形工作部分的结构与修边冲孔模工作部分的结构相似。图 5-8 所示为顶盖后横梁修边整形模上模部分，修边凹模与翻边整形凹模分别固定在上模座前、后侧，模具前、后侧的工作内容分别是修边和翻边整形。

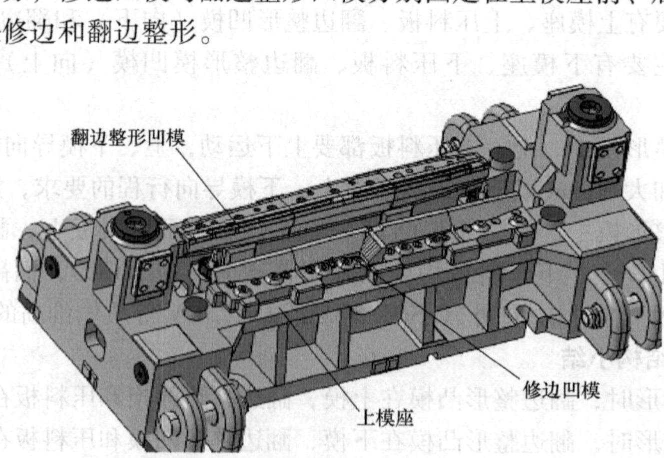

图 5-8　顶盖后横梁修边整形模上模部分

图 5-9 所示为顶盖后横梁修边整形模翻边整形凹模与修边凹模，从两个视角进行观察。翻边整形凹模与修边凹模两者的材料均为 7CrSiMnMoV，采用铸造镶块结构。

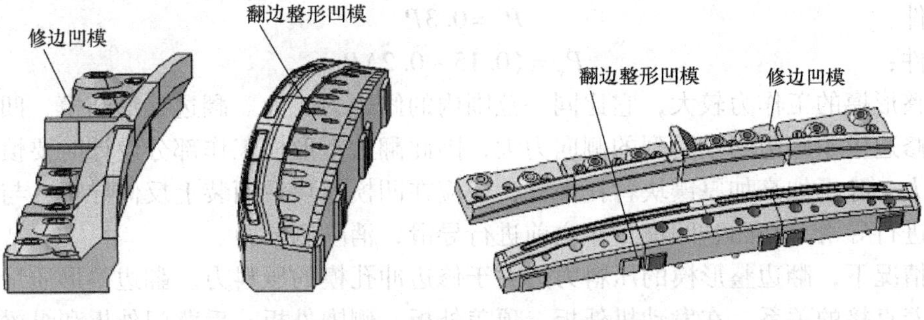

图 5-9　顶盖后横梁修边整形模翻边整形凹模与修边凹模（两种视角）

修边凹模型面部分的宽度一般为 15mm 左右，刃口后面以 30°左右的斜面过渡。翻边整形模凹模的型面部分要完全依工件形状设计，且型面范围比翻边整形后得到的工件大 10mm 左右。两者以螺钉和圆柱销固定在上模座上，且后面设有背托，以防侧向力。

3. 工作部分采用材料

图 5-10 所示为工作部分镶块采用 Cr12MoV 等材料时的结构。镶块用螺钉和圆柱销固定在上模座上，使用 M12 或 M16 的内六角圆柱头螺钉。镶块工作部分的高度要超过工件高度。在下模座上应设置背托以防侧向力。

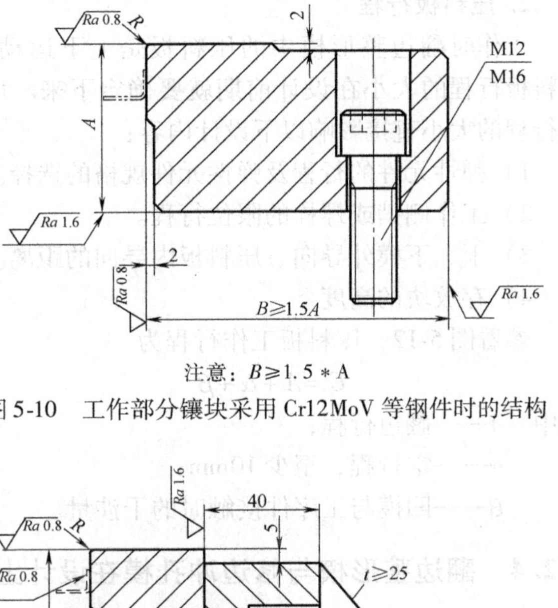

注意：$B \geq 1.5 * A$

图 5-10　工作部分镶块采用 Cr12MoV 等钢件时的结构

图 5-11 所示为从侧面固定的翻边整形凹模镶块。从侧面用螺钉锁紧翻边整形凹模镶块，方便调整凸、凹模侧面间隙，方便钳工调试，利于控制工件回弹。该结构在梁类零件成形中应用广泛，是一种很实用的结构。螺孔不应暴露出于有效型面，否则会在零件表面留下压痕。

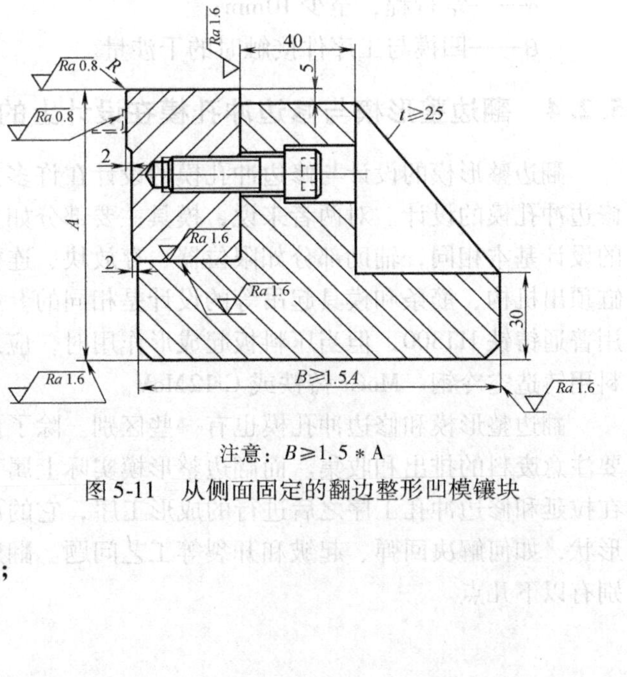

注意：$B \geq 1.5 * A$

图 5-11　从侧面固定的翻边整形凹模镶块

5.2.3　翻边整形力与压料板行程

1. 翻边整形力

翻边整形力的计算比较复杂，它与模具结构有关系。

（1）翻边整形力

弯曲整形力　$P = Fq$

式中　F——整形部分的投影面积（mm）；

q——整形所需的单位压力（MPa）。

（2）压料力（P_y） 压料力一般为弯曲整形力的15%~30%。

外板件：
$$P_y = 0.3P$$
内板件：
$$P_y = (0.15 \sim 0.2)P$$

翻边整形模的工作力较大，它比同一范围内的修边力要大。翻边整形凸模、凹模受到的侧向力比修边模中修边凹模受到的侧向力大，因此翻边整形模工作部分设计时要慎重考虑如何防侧向力，除了加高加厚镶块背托面外，还应在凹模镶块后面装上反侧导板，与模座上的反侧凸台进行导滑，在凸、凹模工作之前进行导滑，消除侧向力。

一般情况下，翻边整形模的压料力远大于修边冲孔模的压料力。翻边整形质量与压料力的大小有着直接的关系。在发动机外板、顶盖外板、侧围外板、后背门外板和纵梁这些重要汽车覆盖件的翻边整形模中，压料力比较大，常用多个氮气弹簧作为压力源，仅一个氮气弹簧就能提供几万牛的压紧力，大大提高了压料力，且压料力稳定，保证了覆盖件的翻边整形质量要求，但氮气弹簧的价格比普通弹簧高。

2. 压料板行程

工作时翻边整形模中的压料板是上下运动的，压料板行程的大小在设计前期就要确定下来。压料板行程的大小直接影响以下设计内容：

1）弹性元件的行程及弹性元件规格的选择。

2）工作侧销或螺栓的限位行程。

3）上、下模外导向、压料板内导向的距离。

4）存放块的高度。

参看图5-12，压料板工作行程为

$$C = A + \alpha + \beta$$

式中 A——翻边行程；

α——空行程，至少10mm；

β——凹模与工序件接触时的干涉量。

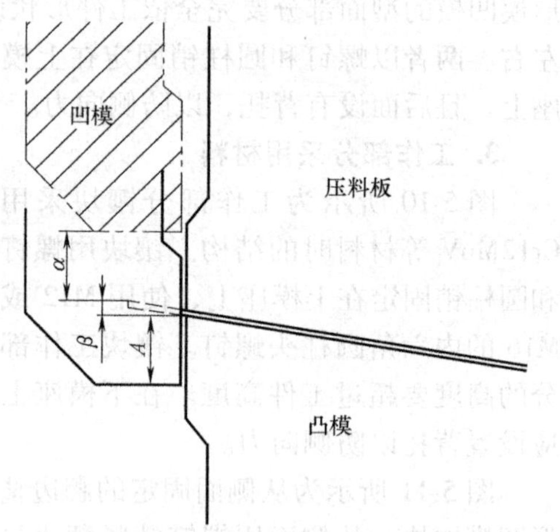

图5-12 翻边整形模压料板行程计算示意图

5.2.4 翻边整形模与修边冲孔模在设计上的主要区别

翻边整形模的设计与修边冲孔模的设计在许多方面是类似的，翻边整形模的设计可参考修边冲孔模的设计。对两者来说，模具主要部分如上模座、下模座、压料板和工作部分镶块的设计基本相同，辅助部分如限位器、存放块、连模板、三销基准孔、下模托料架、下模气缸顶出机构、筋条和模具起吊等的设计是相同的。如翻边整形模上下模座、压料板材料也采用普通铸铁HT300，但当压料板起成形作用时，应用合金铸铁，如MoCr铸铁。工作零件材料用铸造空冷钢、MoCr铸铁或Cr12MoV。

翻边整形模和修边冲孔模也有一些区别。除了保证修边冲孔质量外，修边冲孔模设计时要注意废料的排出和收集。而翻边整形模实际上属于成形类模具，大多数情况下翻边整形是在拉延和修边冲孔工序之后进行的成形工序，它的设计重点在于如何保证工件翻边整形后的形状，如何解决回弹、起皱和开裂等工艺问题。翻边整形模与修边冲孔模在设计上的主要区别有以下几点。

（1）上、下模导向部分 修边冲孔模用导柱、导套来导向，如果侧向力较大，修边冲孔模可增加导板来导向。单纯的翻边整形工序用导板进行导向就可以了，如果翻边整形之外还有修边、冲孔和分切等分离工序内容，则模具上、下模之间应增加导柱、导套来导向。

（2）工作部分的形状和材质 翻边整形凹模型面部分应按工件形状设计，且翻边型面范围应比工件略大。修边凹模型面部分宽 15mm 就够了，并以斜面过渡，废料切断刀位置要考虑与工序件形状吻合。

对于料厚不大于 1.5mm 的非高强度钢板，修边模工作部分都用铸造空冷钢，而翻边整形模工作部分多用 MoCr 铸铁或铸造空冷钢。当工作部分做成整体式或大镶块时，翻边整形模工作部分材料用 MoCr 铸铁，当工作部分为中小型镶块时，材料多选用铸造空冷钢。

（3）限位块的设计 拉延模下模设有限位块，翻边整形模也用限位块。翻边整形模限位块固定在模座上，模具工作到底时，限位块与压料板刚性接触镦底，压出产品形状。限位块设计时应注意模座上要有筋条与之对应，这是因为模座上与限位块对应位置受力大。修边冲孔模不用限位块，修边冲孔模压料板不用镦底。限位块材料为 45 钢，厚度为 20mm，根据模具的大小，限位块外径有 50mm、60mm、70mm 和 80mm 不同的规格。

（4）缓冲装置的设计 修边冲孔是瞬间受力，在短时间产生的冲裁力大，需在修边冲孔模下模座四角设置缓冲橡胶。而翻边整形模与拉延模一样，可以不设置缓冲装置。

（5）冲裁力上的差别 一般来讲，当翻边整形范围与修边冲孔范围相差不大时，同一零件的翻边整形力大于其修边冲孔力，翻边整形模压料力大于修边冲孔压料力。当翻边整形力不平衡时，翻边整形工作部分镶块应有防侧向力的措施。

图 5-13a 所示为后地板中段翻边整形模剖视图，图 5-13b 所示为后地板中段翻边整形模下模简图（拆去压料板），图 5-13c 所示为后地板中段翻边整形模上模简图。该翻边整形模进行非全周翻边整形，实际上是三段翻边整形，工作时翻边整形侧向力大，有必要采取防侧向力的措施。

在图 5-13 所示的后地板中段翻边整形模中，工作内容是向上翻边整形，翻边整形凸模固定在上模座上，下模部分有翻边整形凹模和压料板。在下模翻边整形凹模工作部分的外侧设置导板，如图 5-13b 所示的 A、B 处；在上模座上有凸出来的反侧台位置，如图 5-13c 所示的 a、b 处导滑面。工作时压料板向上顶起，工序件放在压料板上，上模下行，反侧台与导板接触并导向，即 A 处导板与 a 处导滑面、B 处导板与 b 处导滑面上下导向，得到反侧向力，然后翻边整形凸模与凹模对工件进行翻边整形，反侧向力的作用使整个模具翻边整形受力平衡。反侧导向的设计要确保导板与导滑面先行导入 20mm 以上，再开始翻边整形。一般每一个翻边整形凹模镶块设置两处导板。

（6）操作上的差别 修边冲孔模强调修边轮廓质量、废料能否顺利滑出模具或工作台，而翻边整形模多考虑工件表面的整形质量、翻边后工件从凸模和凹模顺利脱出等。

（7）生产安排上的差别 在覆盖件模具生产安排上，先安排制造拉延模和翻边整形模具，这样不影响交付样件并可试装车。一般要在成形类模具试模后才能确定修边冲孔模的加工尺寸，即利用拉延得到的工序件，按计算尺寸割出修边冲孔工序件形状，经多次翻边整形试模验证，修正工序件尺寸后，才能加工修边冲孔模工作部分。

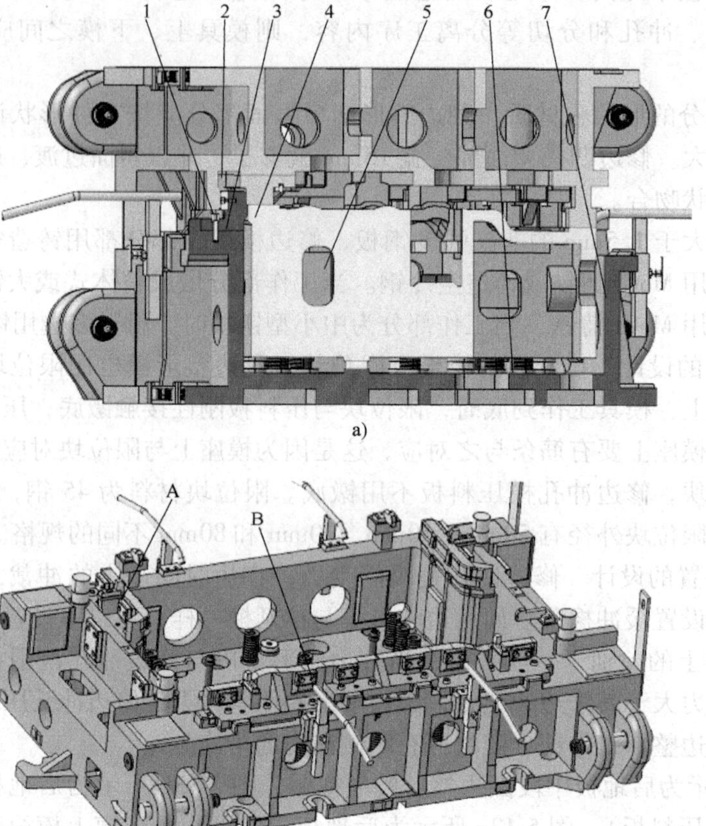

图 5-13　后地板中段翻边整形模

a）剖视图　b）下模简图（拆去压料板）　c）上模简图

1—上模座反侧台位置　2—导板　3—翻边整形凹模　4—翻边整形凸模　5—下压料板

6—限位块　7—下模座

5.3　常见翻边整形模结构

前面介绍了发动机罩外板翻边模，它是向下翻边的，压料板和翻边凹模在上模，翻边凸模在下模。下面以实体图形式介绍其他常见翻边整形模的结构，它们分别是向上翻边整形模、上下同时翻边整形模、工作部分用钢件的翻边整形模和翻边整形与其他工序复合的模具。

5.3.1　向上翻边整形模结构

下面以前风窗下横梁上板翻边整形模实体图为例，说明向上翻边整形模结构。图 5-14 所示为前风窗下横梁上板产品简图，在翻边整形工序中有 A、B、C 三处向上翻边。

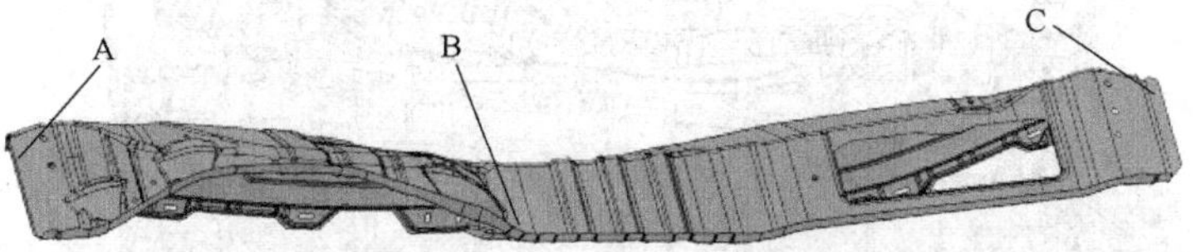

图 5-14　前风窗下横梁上板产品简图

图 5-15 所示为前风窗下横梁上板翻边整形模，其中 5-15a 所示为前风窗下横梁上板翻边整形模轴测图，图 5-15b 所示为前风窗下横梁上板翻边整形模下模实体图，图 5-15c 所示为去掉压料板的前风窗下横梁上板翻边整形模下模实体图，图 5-15d 所示为前风窗下横梁上板翻边整形模上模实体图（左右翻转）。

该模具主要有以下几个特点：

1）该模具属于中型模具，工作内容仅为翻边整形，故上、下模用导板来导向。由于所制零件为细长类，上、下模用 6 处导板来导向。

2）下模四角有限位器和安全区，还设置 4 个氮气弹簧，在模具工作时对上、下模起缓冲作用，模具不工作时起存放器的作用。

3）该模具的工作内容为向上翻边整形，翻边凹模和压料板设在下模，翻边凸模设在上模，冲压生产开始时工序件放在压料板上并可靠定位。

4）由于该模具的工作内容为局部翻边整形，而非全周翻边整形，冲压生产时会产生很大的侧向力，因此应采取防侧向力的措施。在模具前侧设置了三组防侧向力的导向，在左、右侧各设置一组防侧向力的导向。

5）前风窗下横梁上板材料为厚度小于 1.5mm 的非高强度钢板，因此模具主要部分为铸件，上下模座、压料板的材料为 HT300；翻边整形凹模材料为铸造空冷钢，热处理后硬度在 57HRC 左右；翻边整形凸模材料为 MoCr 铸铁，热处理后硬度在 54HRC 左右。

6）压料板结构与其他翻边整形模压料板结构相似。压料板用导板与下模座导向，用弹簧对压料板施加压力，用侧销对压料板进行限位，压料板下部有限位块来镦底。该模具的压料板在下模，其上部型面部分对工序件进行有效定位。

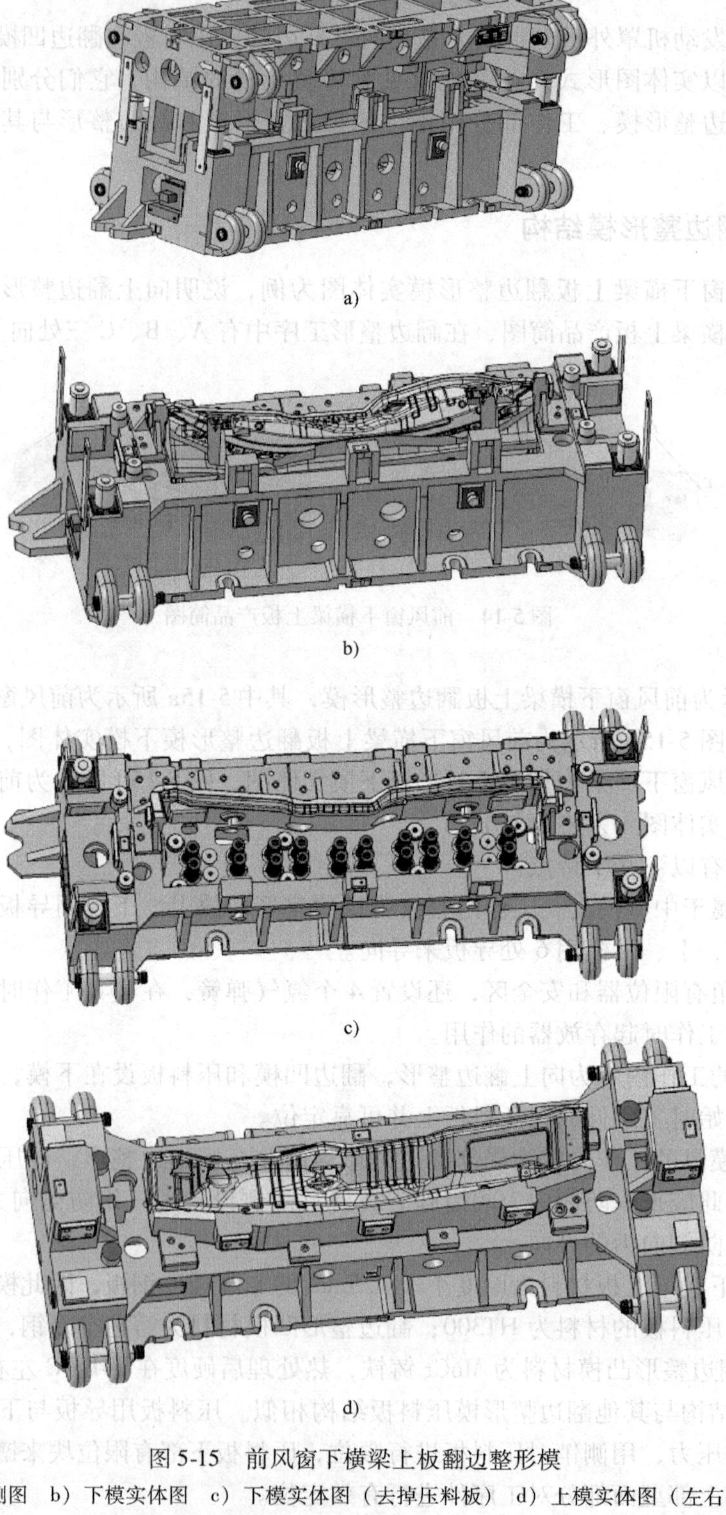

图 5-15　前风窗下横梁上板翻边整形模

a）轴测图　b）下模实体图　c）下模实体图（去掉压料板）　d）上模实体图（左右翻转）

5.3.2　上下同时翻边整形模结构

下面以后地板前梁翻边整形模实体图为例，说明上下同时翻边整形模结构。图 5-16 所示为后地板前梁修边工序件及产品简图，在翻边整形工序中工件的大部分向上翻边，右侧小部分向下翻边。

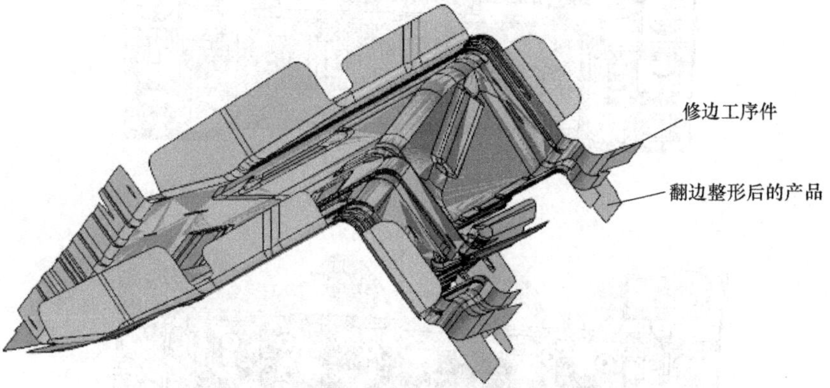

图 5-16　后地板前梁修边工序件及产品简图

图 5-17 所示为后地板前梁翻边整形模，其中图 5-17a 所示为其轴测图，图 5-17b 所示为其剖视图，图 5-17c 所示为其下模实体图，图 5-17d 所示为去掉压料板的下模实体图，图 5-17e 所示为上模实体图（左右翻转），图 5-17f 所示为去掉压料板的上模实体图，图 5-17g 所示为上压料板实体图。

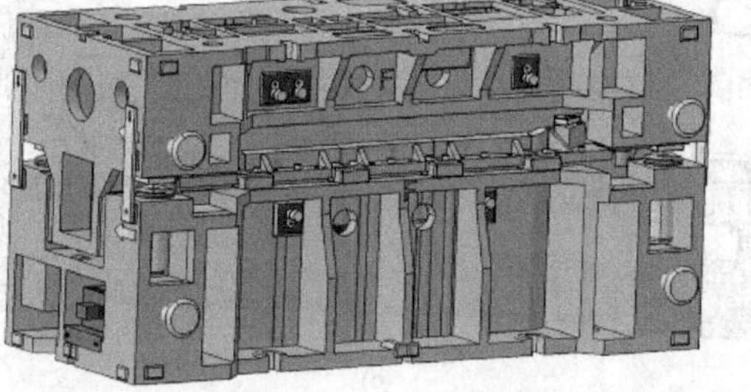

a)

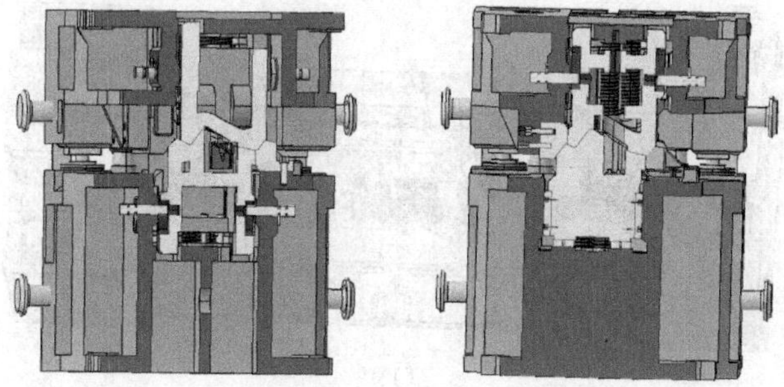

b)

图 5-17　后地板前梁翻边整形模
a）轴测图　b）剖视图

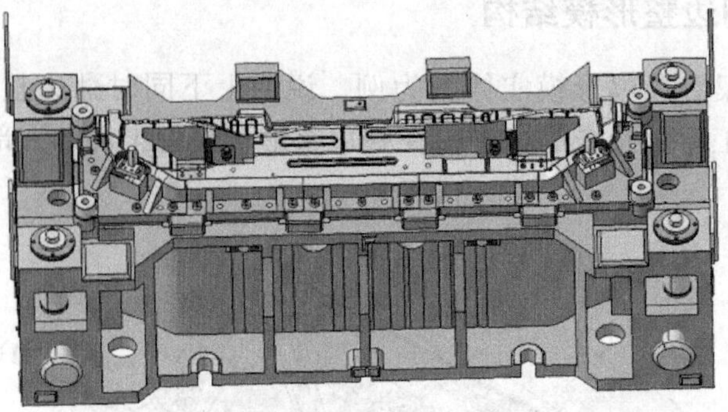

c)

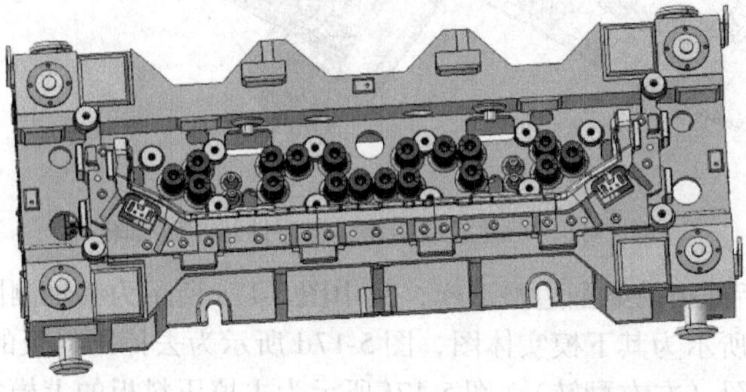

d)

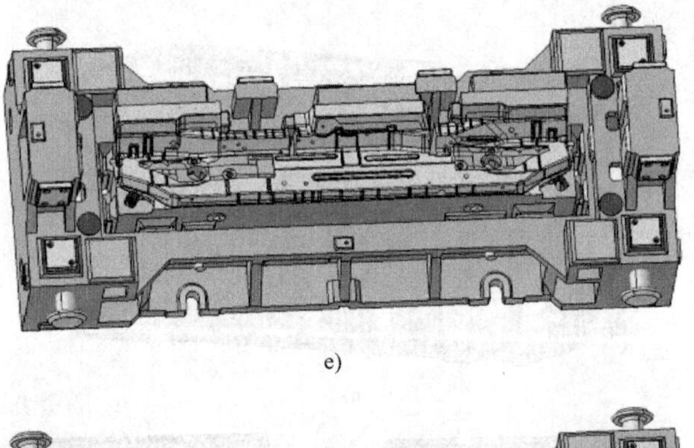

e)

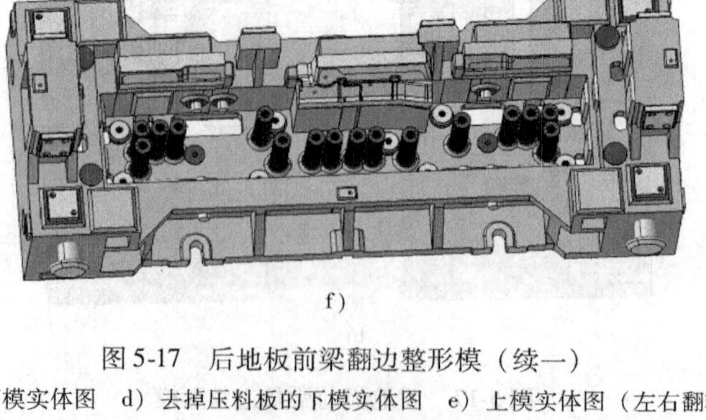

f)

图 5-17　后地板前梁翻边整形模（续一）

c）下模实体图　d）去掉压料板的下模实体图　e）上模实体图（左右翻转）

f）去掉压料板的上模实体图

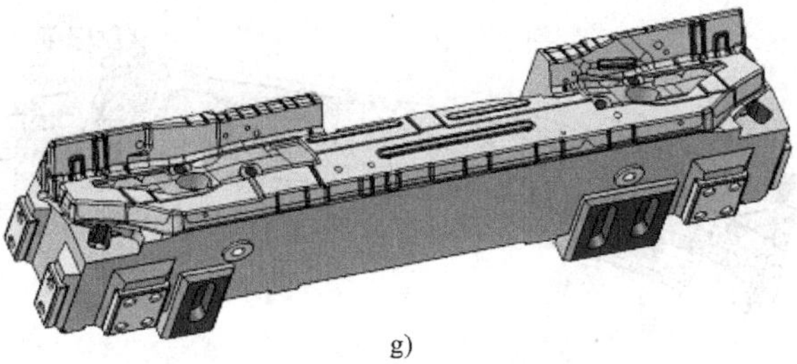

g)

图 5-17　后地板前梁翻边整形模（续二）

g）上压料板实体图

该模具属于细长类的中型模具。与前风窗下横梁上板翻边整形模一样，该模具四角有安全区和限位器，还设置了氮气弹簧，起到缓冲和存放的作用。该模具用定位器和下压料板来定位，定位器设在压料板外侧。

该模具的工作内容为上下同时翻边整形，模具结构与单纯的向上翻边整形或向下翻边整形不一样。该模具上、下模都有压料板和翻边凹模。上模主要部分有上模座、上压料板和向下翻边整形凹模，下模主要部分有下模座、下压料板和向上翻边整形凹模。

由于零件细长，没有单独设置翻边凸模，而是把压料板作为翻边整形凸模，这时压料板兼用作工作零件，不能采用普通的铸件（如 HT300），压料板材料应为 MoCr 铸铁。上、下模座材料为 HT300，上压料板、下压料板材料均为 MoCr 铸铁，向上翻边整形凹模和向下翻边整形凹模材料均为铸造空冷钢。

上、下压料板结构与其他翻边整形模压料板结构相似。上、下压料板用导板与模座来导向，用弹簧对上、下压料板施加压力，用侧销、螺栓对上、下压料板进行限位。上、下压料板用限位块来镦底，上、下模座型腔都设有限位块，上模设置 9 处限位块，下模设置 10 处限位块，限位块与模座的筋条相对应。

由于该模具的工作内容为局部翻边整形，而非全周翻边整形，冲压生产时会产生很大的侧向力，因此该模具应采取防侧向力的措施，因此在模具后侧设置了两组防侧向力的导向。

5.3.3　工作部分用钢件的翻边整形模

对于材料厚度大于 1.5mm 或高强度板工件的翻边整形模，工作部分材料应用钢件，目前大多使用材料为 Cr12MoV 的钢块。对工作零件的硬度、耐磨性和热处理变形要求很高时，其材料应选用 SKD11，并对其表面进行 TD 处理。下面以中柱加强板整形模来说明工作部分用钢件的翻边整形模结构。

图 5-18 所示为中柱加强板工序件简图。图 5-19 所示为中柱加强板整形模各视图，图 5-19a 所示为中柱加强板整形模轴测图，图 5-19b 所示为中柱加强板整形模下模实体图。该模具进行 3/4 工序，主要内容为对圆角部分进行整形，有一段外边废料要在整形后再在 4/4 工序进行修边。

该模具四角设置安全区和限位器，由于是单纯的整形，该模具没有用到缓冲橡胶。该模具的下模座上设置了平衡块，与压料板加工凸台相对应，起到平衡压料力的作用，这一点与拉延模压边圈上的平衡块类似。

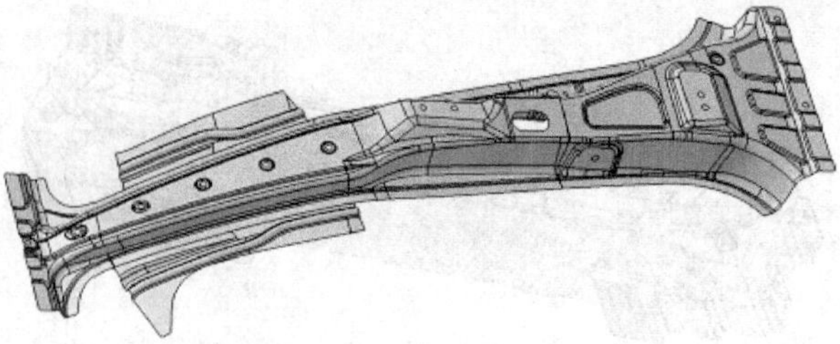

图 5-18　中柱加强板工序件简图

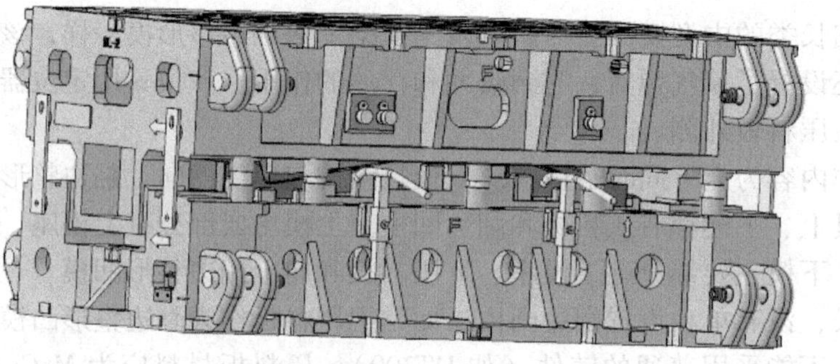

a)

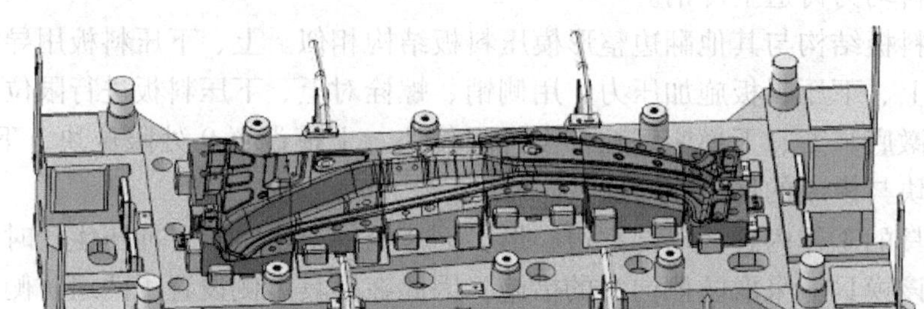

b)

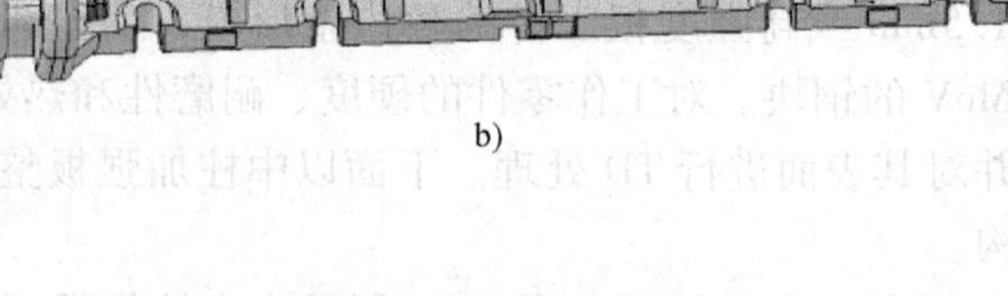

c)

图 5-19　中柱加强板整形模

a）轴测图　b）下模实体图　c）整形凸模

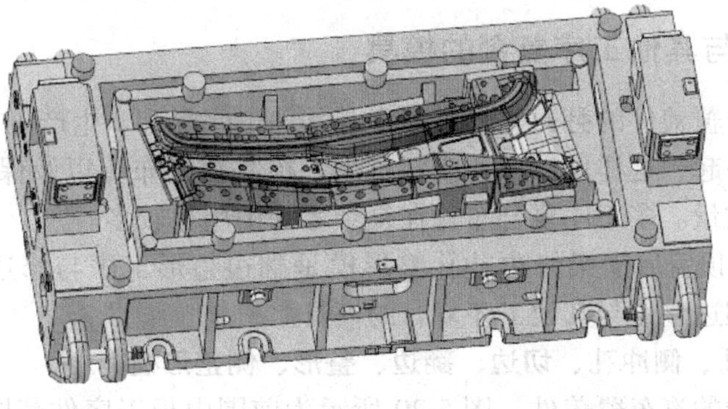

d)

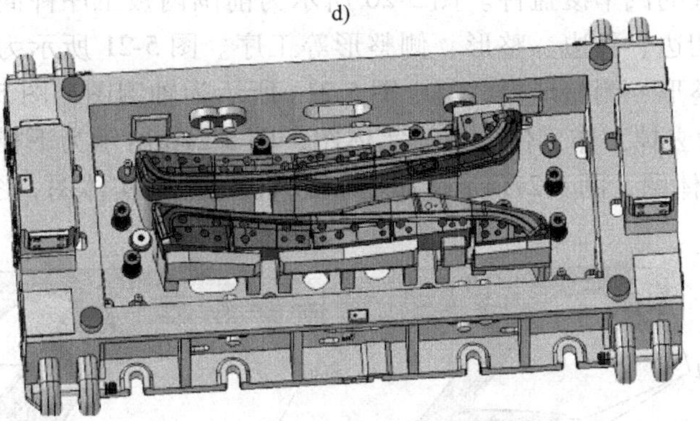

e)

图 5-19　中柱加强板整形模（续）

d）上模实体图（左右翻转）　e）去掉压料板的上模实体图

中柱加强板的材料为 1.2/B340/590DP，它属于双相高强度冷连轧钢板，其抗拉强度不小于 590MPa，屈服强度不小于 340MPa。由于中柱加强板材料为高强度钢板，因此工作部分应采用钢件。

中柱加强板整形模为向下整形类模具，整形凹模和压料板在上模，整形凸模在下模。该模具工作部分不能用铸钢或合金铸铁，整形凹模和整形凸模的材料均采用 Cr12MoV，并要进行整体淬火处理。工作部分采用钢件后，材料成本增加，机械加工难度增大，热处理后一般不能进行二次加工，钳工研配工作量增加，整个模具成本增加。

中柱加强板整形模整形凸模分为五块，在高度上做成台阶式。这些凸模镶块用螺钉和圆柱销固定在下模座上。每个镶块长度一般不超过 300mm，每个镶块应设置起吊螺孔。为方便镶块组立时定位，在下模座上加工出背托面，组立时镶块紧靠背托面。

中柱加强板整形模上模的整形凹模镶块前后各有五块，由于受到较大的侧向力，因此在这些镶块的背后（上模座上）设置加强背托面。由于中柱加强板材料为高强度钢板，整形压料力大，因此为了增大压料力，上模使用 12 个绿色的重型弹簧，压料力超过 100kN。压料板型面部分细长，强度弱，为了加大压料板强度，在外周加主筋与中间型面连起来，一些筋条从整形凹模镶块穿过。这样不仅加大了压料板强度，也可方便布置弹簧、限位结构、内导结构和限位块。压料板中间型面部分细长，为了确保整形压料板的强度，其材料不能用普通铸铁，应用强度更优的铸钢，该压板料的材料为 ZG310-570。上、下模座材料仍为 HT300。

5.3.4　翻边整形与其他工序复合的模具

在实际生产中，覆盖件的翻边整形工序常与其他工序复合。生产工艺中靠后的覆盖件冲压工序可以复合在一起，这样可以方便废料排出和模具结构布置以及保证模具零件强度等，有时可以减少模具数量。多工序复合布置在复杂零件中用得较多。

如图5-9所示，顶盖后横梁修边冲孔整形模是翻边整形工序与修边冲孔工序复合的模具。下面介绍两种翻边整形与其他工序复合的模具。

1. 前围内板冲孔、侧冲孔、切边、翻边、整形、侧整形模

前围内板是复杂的汽车覆盖件。图5-20所示为前围内板工序件简图。其成形模具包含了冲孔、侧冲孔、切边、翻边、整形、侧整形等工序。图5-21所示为前围内板冲孔、侧冲孔、切边、翻边、整形、侧整形模，其中图5-21a所示为轴测图，图5-21b所示为下模实体图，图5-21c所示为去掉工作零件的下模实体图，图5-21d所示为下模工作零件实体图，图5-21e所示为上模实体图，图5-21f所示为去掉压料板的上模实体图，图5-21g所示为压料板实体图。

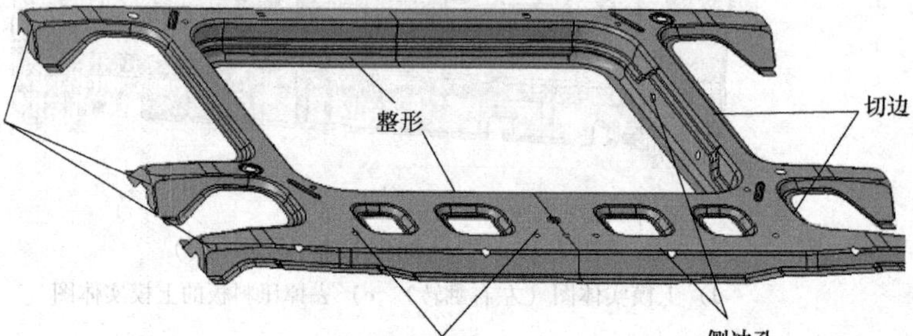

图5-20　前围内板工序件简图

由于该模具的工作内容既包含分离工序，又包含成形工序，因此上、下模除了有导柱、导套进行导向外，还有导板来导向。该模具宽度为1 250mm，长度为2 300mm，上、下模用4组导柱、导套进行精确导向，并用8个MWP 125×125的导板进行面导向。该模具四角设置了缓冲橡胶、安全区和限位器。

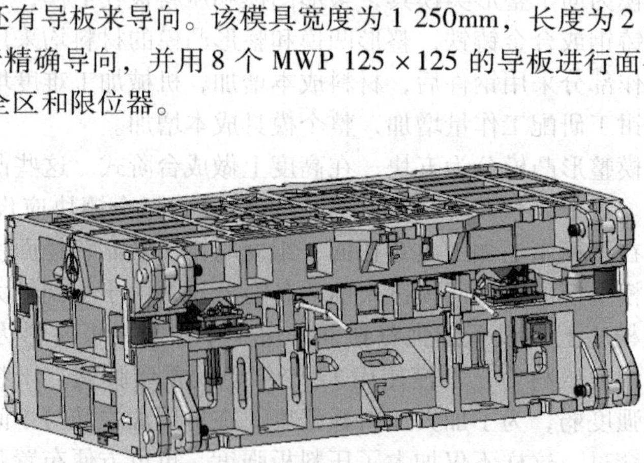

a)

图5-21　前围内板冲孔、侧冲孔、切边、翻边、整形、侧整形模

a）轴测图

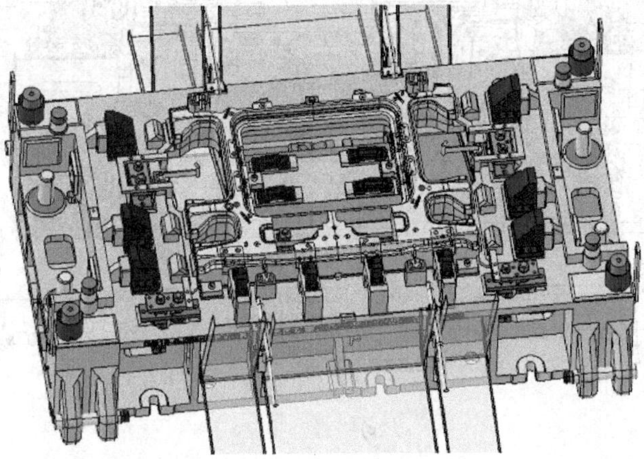

b)

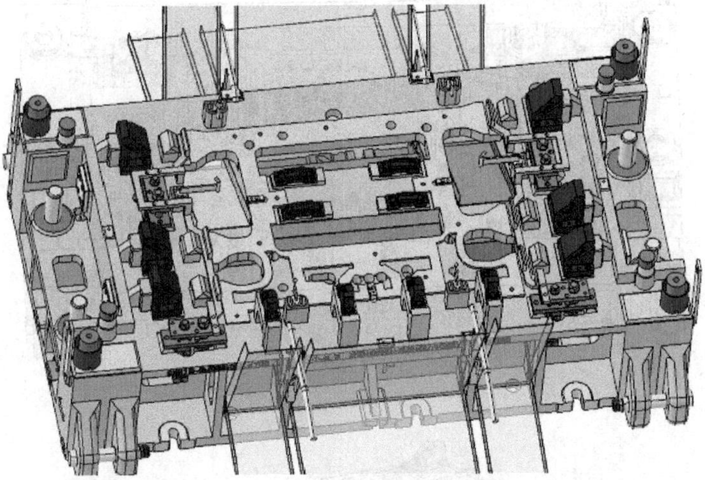

c)

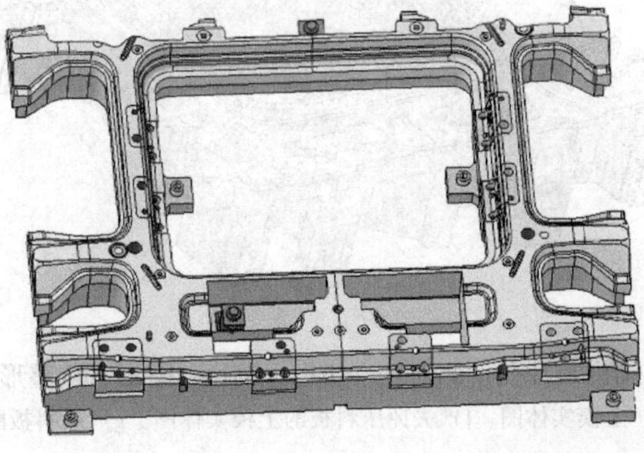

d)

图 5-21　前围内板冲孔、侧冲孔、切边、翻边、整形、侧整形模（续一）

b）下模实体图　c）去掉工作零件的下模实体图　d）下模工作零件实体图

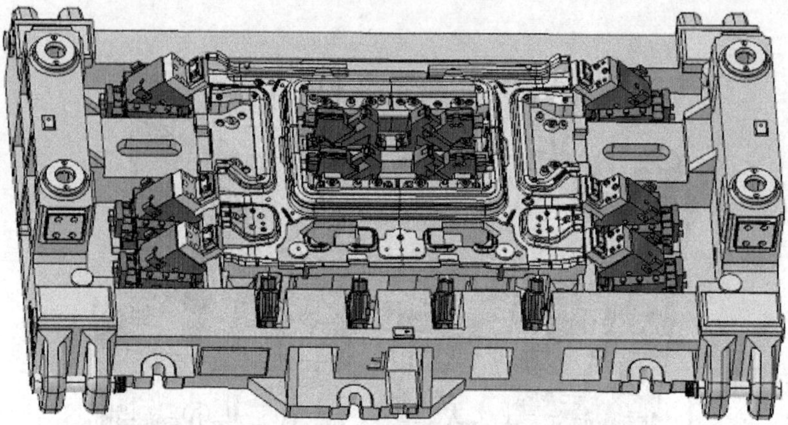

e)

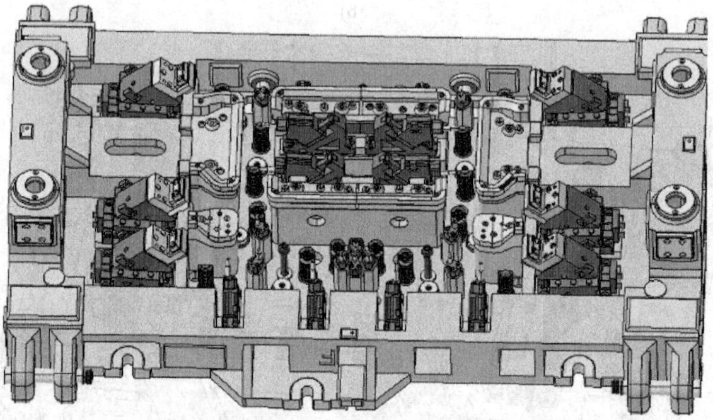

f)

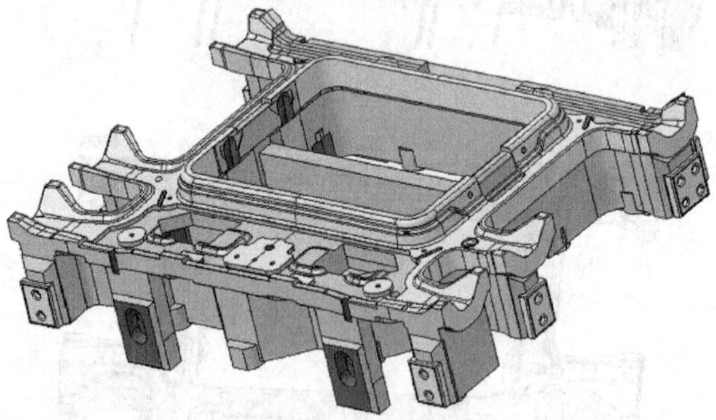

g)

图 5-21　前围内板冲孔、侧冲孔、切边、翻边、整形、侧整形模（续二）
e）上模实体图　f）去掉压料板的上模实体图　g）压料板图

由于该模具的工作内容包含冲孔、侧冲孔和切边等，因此模具设计时要考虑切边和冲孔废料，较大的废料要滑出工作台外，左、右两侧的废料要从凸模下滑出去，需要足够的滑出空间和滑出角度；较小的废料要用废料盒收集；下模座高度要满足废料滑出条件。

下模工作零件的设计要考虑以下方面：

1）前围内板是薄板件，其模具包含冲孔、侧冲孔和切边等分离类工序，与之相关的工作部分应采用铸造空冷钢。

2）该零件中间是空的，投影面积不大，如果将下模工作部分分成多个镶块，则布置螺钉和圆柱销有困难，因此下模工作部分应做成一整块铸钢，方便机械加工和钳工组立。

3）为了方便维修和更换，冲孔凹模、侧冲孔凹模应单独做出，并镶在下模工作零件上。冲孔部分能采用标准圆形镶套的都按标准件设计，凹模镶套需外购；不能镶入标准圆形镶套的就直接在下模工作零件上加工出凹模型孔。为方便加工，侧冲孔部分全部镶入材料为Cr12MoV的侧冲孔凹模镶块，侧冲孔凹模镶块固定在下模工作零件上，做好加工基准后，这些侧冲孔凹模镶块可拆下来单独加工，加工工艺得到简化。

4）下模工作零件中不在成形或分离工作范围之内的部分，在定位可靠的情况下应掏空并避开工件，这样可以节省材料，减少型面加工，减少钳工研配工作量。

5）下模工作零件中工作内容较多，螺钉孔布置有困难。螺钉孔与冲孔凹模、侧冲孔凹模之间有距离要求，螺钉孔与修边凸模之间有距离要求，螺钉孔不能布置在整形型面上，还应考虑平衡布置，个别部位应做出凸耳以设置螺钉孔。

该模具上模压料板设计复杂。因模具包含翻边、整形、侧整形等工作内容，压料板应镦底，上模以限位块来镦底。整形压料力较大，上模用 20 个绿色的重型弹簧压料，压料力超过 150kN。该模具用 4 个工作限位对压料板进行限位，用 4 个安全螺栓对压料板进行安全限位。在压料板导向上，根据压料板外形，压料板上固定 8 个导板与上模座导滑面进行导向，左、右、前、后各 2 组导向。压料板型面部分的设计要考虑工作部分及周围压料，其他部分可比型面低 10～15mm，即避开工件 10～15mm，或完全掏空以避开工件。

侧冲孔、侧整形部分采用标准斜楔，这些标准斜楔都是悬吊凸轮机构，工作零件安装在上模。在斜楔上安装侧冲孔凸模组件（包括凸模、凸模固定板及凸模垫板）、侧整形凸模。侧冲孔、侧整形会产生侧向力，在悬吊凸轮的背后即模座上设置背托。侧整形凸模背后还应设置反侧导板，与下模相应的导滑面导向。

2. 发动机罩内板整形冲孔模

图 5-22 所示为发动机罩内板产品略图。图 5-23 所示为发动机罩内板整形冲孔模，图 5-23a 所示为发动机罩内板整形冲孔模前视图，图 5-23b 所示为去掉压料板的发动机罩内板整形冲孔模上模图，图 5-23c 所示为发动机罩内板整形冲孔模上模部分零件图，图 5-23d 所示为发动机罩内板整形冲孔模压料板实体图，图 5-23e 所示为发动机罩内板整形冲孔模下模实

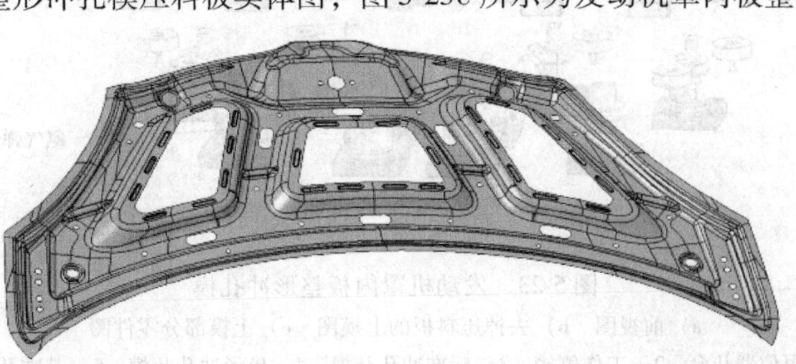

图 5-22　发动机罩内板产品略图

体图。该模具的工作内容除了全周整形外，还要冲多个孔。

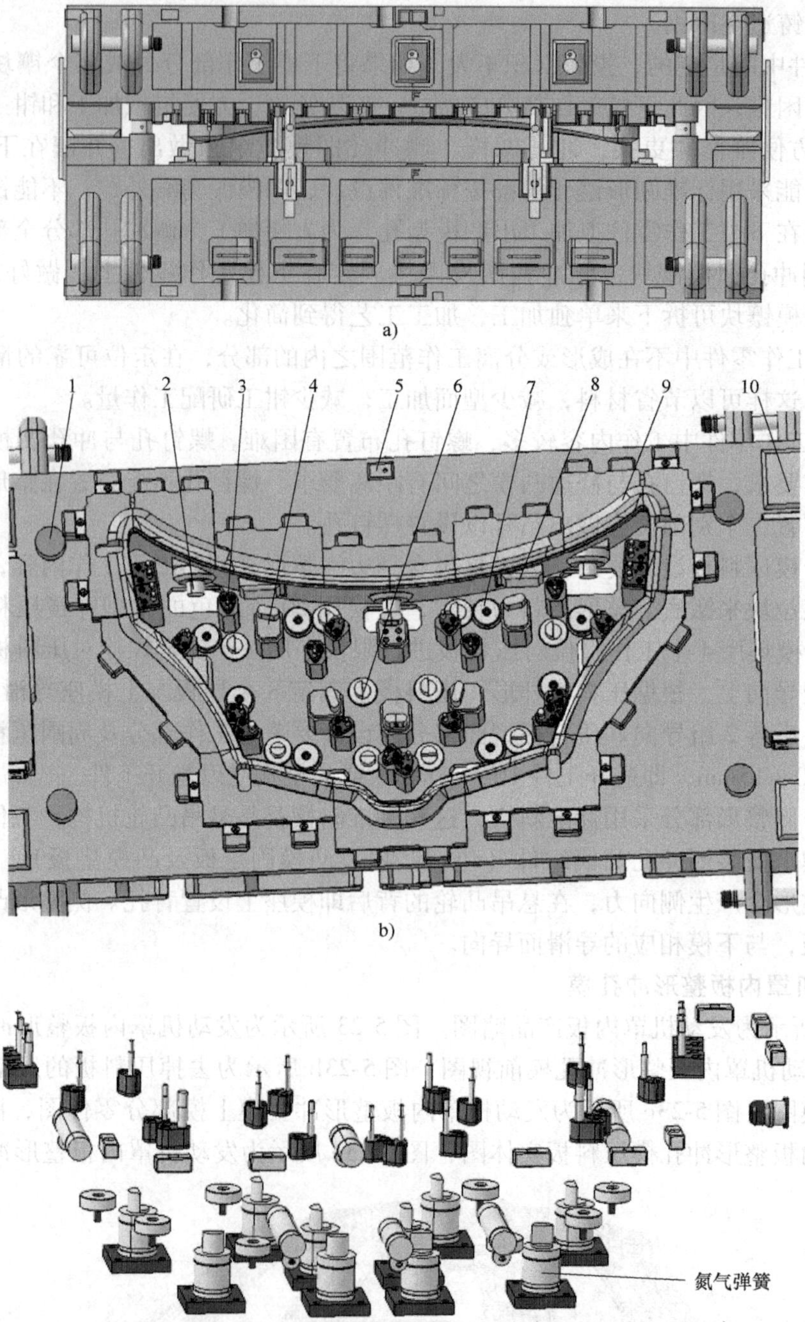

图 5-23　发动机罩内板整形冲孔模

a）前视图　b）去掉压料板的上模图　c）上模部分零件图

1—限位器凸台　2—工作侧销　3—标准冲孔凸模　4—异形冲孔凸模　5—基准孔凸台　6—氮气弹簧　7—限位块　8—导滑面　9—整形凹模　10—安全区平面

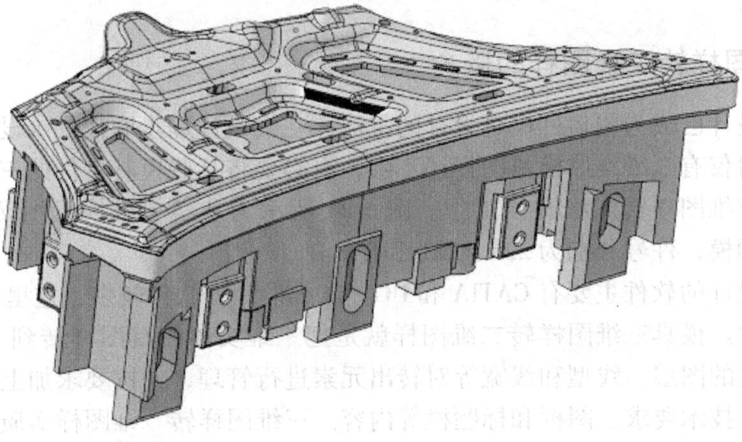

d）

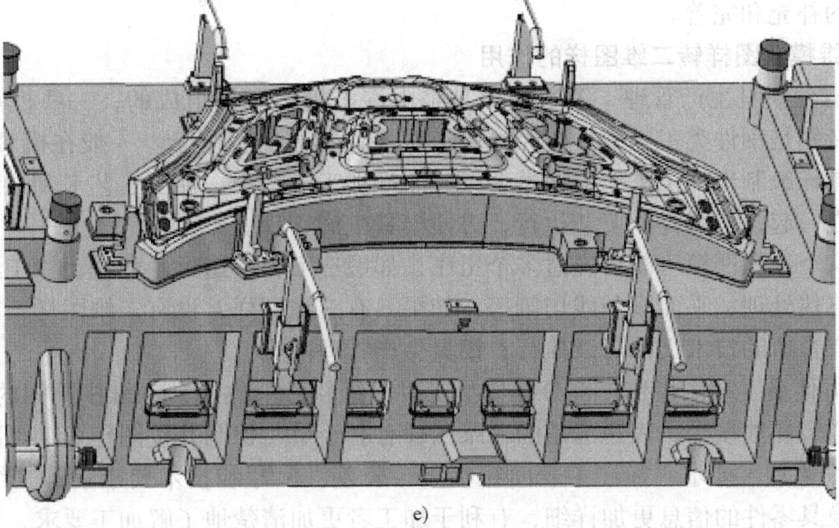

e）

图 5-23　发动机罩内板整形冲孔模（续）
d）压料板实体图　e）下模实体图

发动机罩内板整形冲孔模整形力比较大，在上模用氮气弹簧来压料。一个氮气弹簧提供 30kN 以上的力，10 个氮气弹簧提供 300kN 以上的压料力。氮气弹簧施加的力很大，模具设计时要考虑氮气弹簧的顶部与上模座上平面平齐，即工作时氮气弹簧固定板的顶部与压力机上工作台接触，把力直接传递给上工作台。

下模部分结构较简单。下模工作零件既是整形凸模，又是冲孔凹模，且冲孔较多，下模工作零件不宜分成镶块，而宜铸成一整块。考虑到下模工作部分要冲孔，下模工作零件材料确定为铸造空冷钢。冲孔废料多且孔较小，全部用废料盒收集。

5.4　三维图样转二维图样

5.4.1　三维图样转二维图样的概念

三维模具设计已成为覆盖件模具设计的主流，三维设计逐步取代二维设计。但在实际模具制造中，有时仅有三维实体模具图样还不够，有必要将某些模具零件的三维图样转成二维图样，这就是三维图样转二维图样工作。图 5-24 所示为从某三维模具图转出的二维略图，包含 3 个钢块凹模，件号分别为 226、221 和 218。

用于三维设计的软件主要有 CATIA 和 UG。二维设计的软件较多，这里以 AutoCAD 作为二维设计的软件。模具三维图样转二维图样就是把三维实体模具图样转到 AutoCAD 类型的文档中，按规定的图层、线型和线宽等对转出元素进行管理，并按要求加上尺寸标注、表面粗糙度、公差、技术要求、图框和标题栏等内容。三维图样转二维图样实质是以三维图样为基础，以平面图形式表达模具整体结构或零件结构，并在平面图中对三维图样中的各种信息进行必要的补充和完善。

1. 三维模具图样转二维图样的作用

（1）方便模具生产管理　覆盖件模具是由许多模具零件组成的，一些模具零件加工工序繁多，特别是钢件类工作零件要经过多道工序，工艺流程复杂。一般在模具零件加工前，应按二维图样编制出加工工艺，在整个模具零件加工流程中，加工工艺卡和二维图样始终与零件实物在一起，按图样和工艺执行，方便模具生产管理。

例如一个冲孔凹模可能要经过多个工序，如锻造下料、退火、粗铣、钳工组立、数控铣型面、最终热处理、平面磨和线切割等，如果只有三维图样，没有二维图样，则编制工艺不方便，没有合适的技术文件可以执行，模具生产管理困难。

（2）方便员工按图操作　部分操作员工对三维软件不熟悉，三维模具图的读图能力弱，而二维图样容易被接受，表达清楚的二维图样有利于员工识图并按图作业，可减少失误。

（3）细化加工要求　标注了表面粗糙度、公差、尺寸和技术要求后，二维模具图样表达清楚，模具零件的信息更加详细，有利于加工者更加清楚地了解加工要求，更容易达到模具零件生产技术要求，特别是转外协加工时作用更加明显。

（4）检查三维图样的正确性　三维模具图转出二维图后，通过尺寸标注等技术工作可以检查三维实体图样的正确性。

2. 三维模具图样转二维图样的要求

（1）表达出模具零件在整个装配中的位置　模具零件三维图样转出二维图样时，应在二维图样标题栏中表达出名称、序号、材料、数量和热处理要求等，与明细表和三维图一致。模具零件序号要与它在模具装配图和明细表中的序号一致，模具零件在整个装配中的位置应清楚地表达出来。

为了表达出各模具零件在装配图中的位置，通常在三维模具图中绘制三条模具中心线，即 X 轴、Y 轴和 Z 轴，在三维图样转二维图样后，这三条线要转到各视图中，这样可以清楚地看到各零件的位置。这三条线还可以作为模具零件尺寸标注的基准。模具零件图较复杂时，还应在二维图中增加轴测图，使图样表达更加直观。

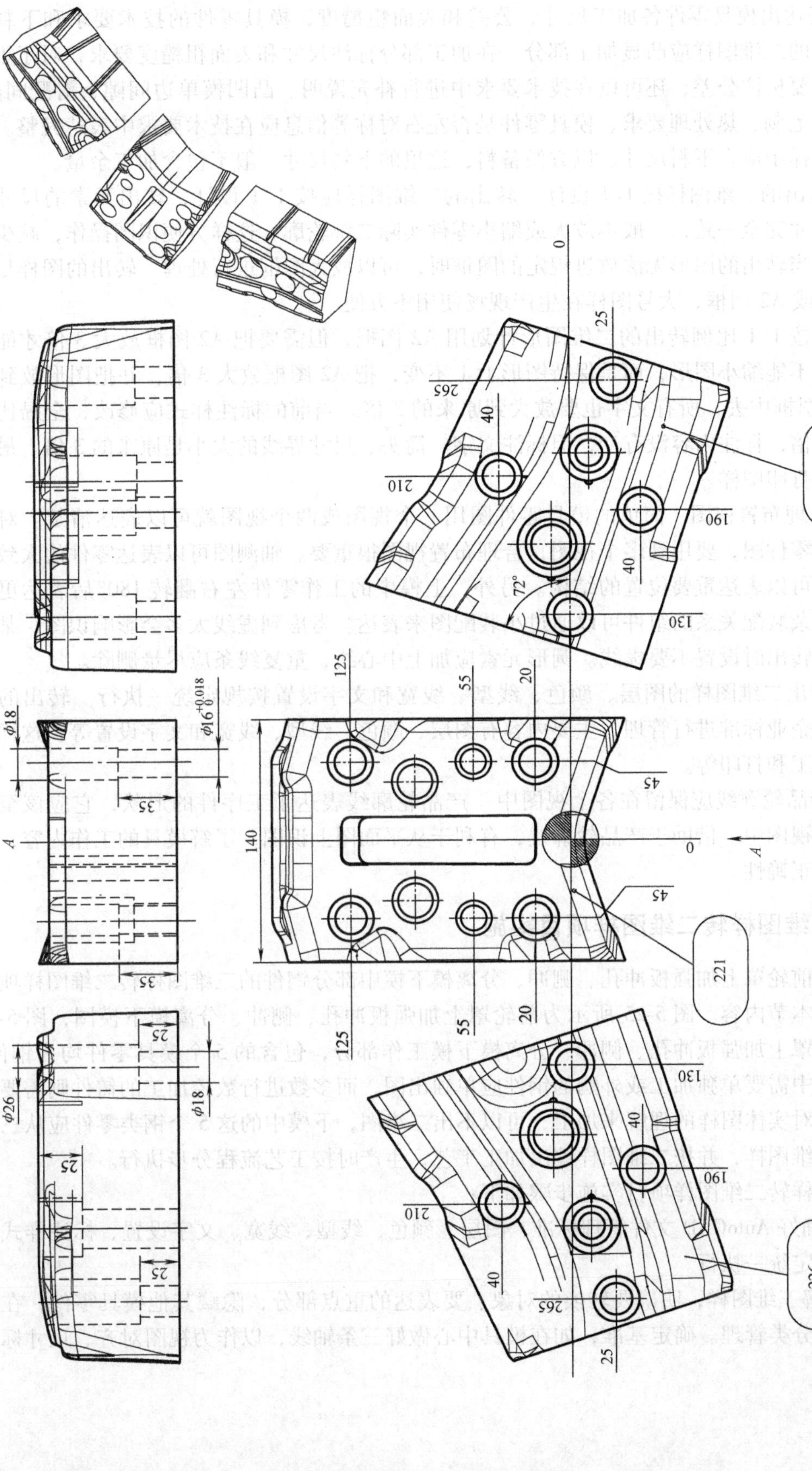

下模镶块组合图

图5-24　从某三维模具图转出的二维略图

（2）表达出模具零件各加工尺寸、公差和表面粗糙度，模具零件的技术要求和下料尺寸等　转出的二维图样应凸显加工部分。在加工部分标注尺寸和表面粗糙度要求，对于重要的加工部分要标注公差，还可以在技术要求中进行补充说明。凸凹模单边间隙、滑配间隙、周边倒角去毛刺、热处理要求、模具零件是否左右对称等信息应在技术要求中表达完整。另外，二维图样中应有下料尺寸，以方便备料，这里的下料尺寸一般不包含加工余量。

（3）转出的二维图样按1:1设计　转出的二维图样应按1:1设计，转出元素的尺寸与零件实际尺寸完全一致，一般不放大或缩小零件实际二维轮廓，这样方便识图操作，减少各环节失误。当转出的图形无法放进规定的图框时，可以放大图框进行处理。转出的图样尽量用A4、A3或A2图框，大号图样在生产现场使用不方便。

例如某按1:1比例转出的二维图形计划用A2图框，但需要把A2图框放大3倍才能放进去，这时不能缩小图形，而是保持图形1:1不变，把A2图框放大3倍，并把图形放到放大后的A2图框中去，所有文字也要放大到原来的3倍。当前的标注样式应修改，全局比例为原来的3倍，标注内容没有变，但标注文字、箭头、尺寸界线的大小是原来的3倍。最后按1:3比例打印图样。

（4）合理布置视图　简单的模具零件图用一个视图或两个视图就可以表达清楚。对于复杂的模具零件图，要用到多个视图，合理布置视图很重要。轴测图可以表达零件的大致轮廓，剖视图可以表达重要位置的结构。另外，上模中的工作零件左右翻转180°后表达更为清楚。有复杂装配关系的组件可以通过小装配图来表达。考虑到虚线太多会影响识图，某些视图可以在转出时设置不要虚线。圆形元素应加上中心线，重复线条应尽量删除。

（5）转出二维图样的图层、颜色、线型、线宽和文字设置按规定统一执行　转出的二维图样应按企业标准进行管理，主要内容有图层、颜色、线型、线宽和文字设置等，这样可方便识图加工和打印等。

（6）产品轮廓线应保留在各个视图中　产品轮廓线表达了工序件的形状，它应该至少部分保留在视图中。借助于产品轮廓线，有利于从平面图上识图，了解模具的工作内容，并检查图样的正确性。

5.4.2　三维图样转二维图样项目实施

下面以前轮罩上加强板冲孔、侧冲、分离模下模中部分钢件的三维图样转二维图样项目为例来说明本节内容。图5-25所示为前轮罩上加强板冲孔、侧冲、分离模下模图，图5-26所示为前轮罩上加强板冲孔、侧冲、分离模下模工作部分，包含的5个模具零件均为钢件。覆盖件模具中需要单独加工或外购的钢件应单独出图，而多数进行数控加工的铸件则需要编程人员根据对实体图样的理解来加工，可以不出二维图，下模中的这5个钢类零件应从三维图样转到二维图样，并按二维图样编出加工工艺，生产时按工艺流程分步执行。

三维图样转二维图样项目实施步骤如下：

1）明确好AutoCAD文件管理标准，图层、颜色、线型、线宽、文字设置、标注样式和图框等按规定统一执行。

2）理解三维图样，明确要转换的对象、要表达的重点部分，隐藏其他模具零件，在三维图中进行分类管理。确定基准，如在模具中心做好三条轴线，以作为视图对齐、尺寸标注的基准。

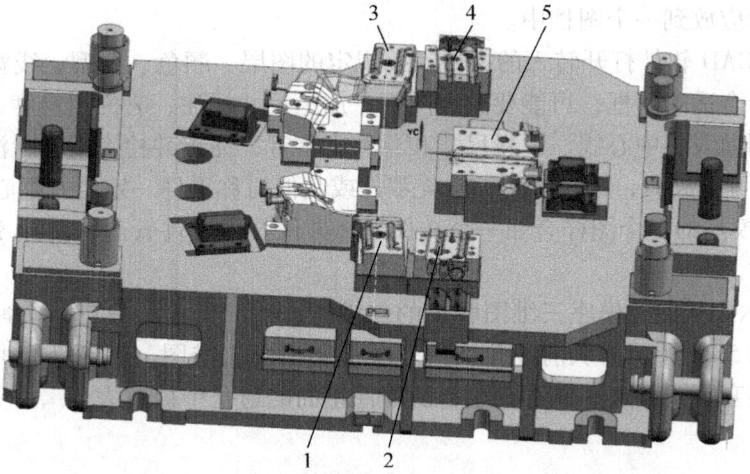

图 5-25 前轮罩上加强板冲孔、侧冲、分离模下模图

1—前凹模座 2—前冲孔凹模 3—分离凹模 4—后冲孔凹模 5—后凹模座

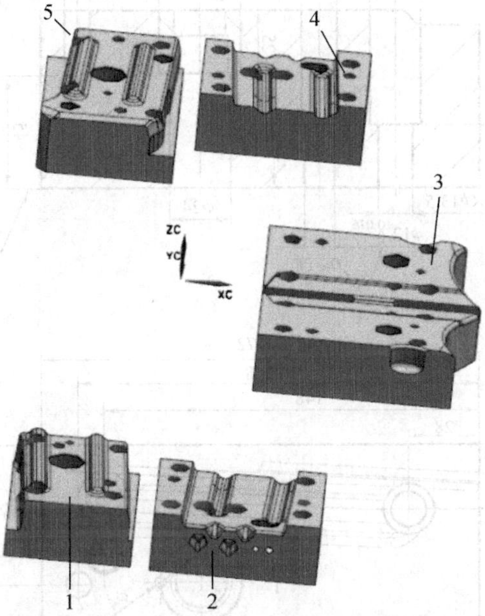

图 5-26 前轮罩上加强板冲孔、侧冲、分离模下模工作部分

1—前凹模座 2—前冲孔凹模 3—分离凹模 4—后冲孔凹模 5—后凹模座

3）在制图模块中生成各种视图。视图数量要合理，确定好用来表达零件的视图，并在制图模块中根据需要生成多个视图。剖视图以能充分表达图样的含义为准，主要是要将加工部分表达清楚。模具中心线要在视图中显示出来，不能隐藏。接着就在三维软件的制图模块下生成各种视图。

4）把三维软件的二维图转换到 AutoCAD 软件中。在 UG 软件中用制图模块中的“2D 转换”命令，生成 dwg 类型的文件，而在 CATIA 中用“制图”中的“另存为 dwg 类型的文件”就可以了。模具零件较多时，需要分开转出，应逐个转出二维图，但一套模具中所有的零件图样最后应放到一个图档中。

5）用 AutoCAD 软件打开转入的文件，按规定的图层、颜色、线型、线宽和文字设置等进行管理。选择合适的图框，可能要放大图框。加上尺寸标注、表面粗糙度、公差、技术要求、明细表、剖面线、中心线、下料尺寸和各种文字等，完善并检查图样。注意图样一定要1∶1 绘制，图框可以放大，圆、圆弧、轴类零件或其他对称零件一定要有中心线。

6）同一副模具的多个图样合在一个文件里，方便技术文件管理，清除不用的图层和样式等，保存文件。

图 5-27 所示为从前凹模座三维图转出的二维图，前凹模座上只有一个冲孔，且凹模采用镶套形式。图 5-28 所示为从前冲孔凹模三维图转出的二维图，有 4 处侧冲孔，其中两处冲孔凹模采用镶套形式，这些侧冲孔废料从零件正面的通孔中掉下去。

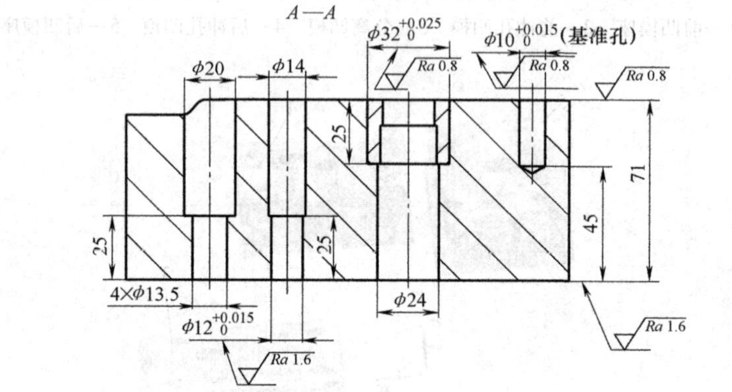

名称：前凹模座　材料：45钢　数量：1　热处理：28～32HRC

图 5-27　从前凹模座三维图转出的二维图

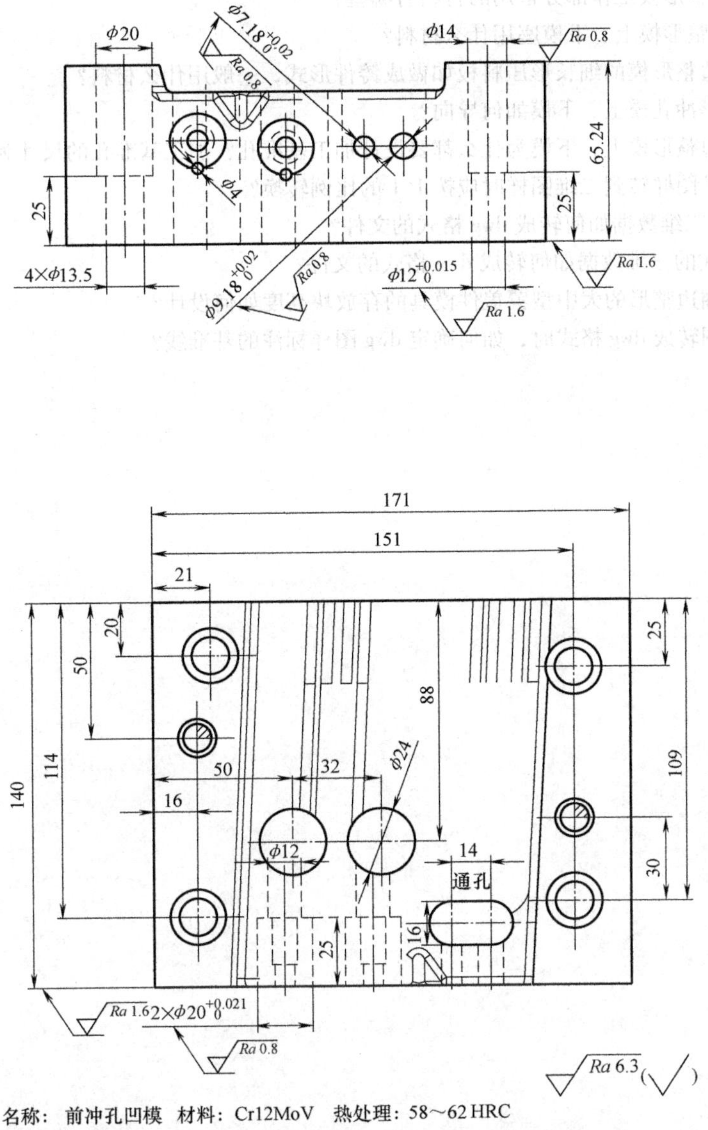

图 5-28　从前冲孔凹模三维图转出的二维图

思　考　题

1. 向下翻边整形的大中型覆盖件模具上、下模各有哪些主要零件？
2. 向上翻边整形的大中型覆盖件模具上、下模各有哪些主要零件？
3. 上下同时翻边整形的大中型覆盖件模具上、下模各有哪些主要零件？
4. 有压料板的翻边整形模为什么要设计限位块？
5. 覆盖件翻边凹模与修边凹模在结构上有什么区别？
6. 大中型翻边整形模压料板一般采用什么限位结构？

7. 大中型翻边整形模压料板的压料力来源主要有哪些？
8. 大中型翻边整形模工作部分常用的材料有哪些？
9. 大中型翻边整形模上、下模座用什么材料？
10. 大中型翻边整形模的细长形压料板如做成铸件形式，一般用什么材料？
11. 大中型整形冲孔模上、下模如何导向？
12. 大中型翻边整形模上、下模为什么都要设计加工基准孔？加工基准孔的尺寸为多少？
13. 为什么三维图样转到二维图样时应按 1∶1 的比例转换？
14. UG 格式的三维数据如何转成 dwg 格式的文件？
15. CATIA 格式的三维数据如何转成 dwg 格式的文件？
16. 上下同时翻边整形的大中型覆盖件模具的存放块高度如何设计？
17. 三维模具图转成 dwg 格式时，如何确定 dwg 图样标注的基准线？

参 考 文 献

[1] 林忠钦，李淑慧．车身覆盖件冲压成形仿真［M］．北京：机械工业出版社，2005.

[2] 崔令江．汽车覆盖件冲压成形技术［M］．北京：机械工业出版社，2003.

[3] 梁炳文，陈孝戴，王志恒．板金成形性能［M］．北京：机械工业出版社，2005.

[4] 俞汉清，陈金德．金属塑性成形原理［M］．北京：机械工业出版社，2004.

[5] 钟志华，李光耀．薄板冲压成型过程的计算机仿真与应用［M］．北京：北京理工大学出版社，1998.

[6] 邓陟，王先进，陈鹤峥．金属薄板成形技术［M］．北京：兵器工业出版社，1993.

[7] 王新华．汽车冲压技术［M］．北京：北京理工大学出版社，1999.

[8] 雷正保．汽车覆盖件冲压成形 CAE 技术［M］．长沙：国防科技大学出版社，2003.

[9] 杨玉英．大型薄板成形技术［M］．北京：国防工业出版社，1996.

[10] 周天瑞．汽车覆盖件冲压成形技术［M］．北京：机械工业出版社，2000.

[11] 陈文亮．板料成形 CAE 分析教程［M］．北京：机械工业出版社，2005.

[12] 杨浩．UG NX4 铣制造培训教程［M］．北京：清华大学出版社，2006.

[13] 邓敬东．UG 标准件库开发实例教程［M］．北京：清华大学出版社，2007.

[14] 黄翔，李迎光．UG 应用开发教程与实例精解［M］．北京：清华大学出版社，2005.

[15] 谢龙汉，单岩，周超明．CATIA V5 零件设计［M］．北京：清华大学出版社，2005.

[16] 尤春风．CATIA V5 机械设计［M］．北京：清华大学出版社，2002.

[17] 郑家贤．冲压工艺与模具设计实用技术［M］．北京：机械工业出版社，2005.

[18] 张铮．冲压自动化［M］．成都：电子科技大学出版社，2000.

[19] 陈炎嗣．多工位级进模设计与制造［M］．北京：机械工业出版社，2006.

[20] 成虹．冲压工艺与模具设计［M］．北京：高等教育出版社，2002.

[21] 曾霞文，徐政坤．冷冲压工艺及模具设计［M］．长沙：中南大学出版社，2006.

[22] 李双义．冷冲模具设计［M］．北京：清华大学出版社，2002.

[23] 现代模具技术编委会．汽车覆盖件模具设计与制造［M］．北京：国防工业出版社，1998.

[24] 机械设计手册编委会．机械设计手册［M］．5 版．北京：机械工业出版社，2010.

[25] 中国机械工业教育协会．机械制造工艺与机床夹具［M］．北京：机械工业出版社，2000.